Theorie und Empirie flexibler Wechselkurse

Wirtschaftswissenschaftliche Beiträge

Band 1: Ch. Aignesberger, Die Innovationsbörse als Instrument zur Risikokapitalversorgung innovativer mittelständischer Unternehmen, XVIII/308 Seiten, 1987

Band 2: U. Neuerburg, Werbung im Privatfernsehen, XIII/302 Seiten, 1988

Band 3: J. Peters, Entwicklungsländerorientierte Internationalisierung von Industrieunternehmen, IX/155 Seiten, 1988

Band 4: G. Chaloupek, J. Lamel, J. Richter (Hrsg.), Bevölkerungsrückgang und Wirtschaft, VIII/470 Seiten, 1988

Band 5: P. J. J. Welfens, L. Balcerowicz (Hrsg.), Innovationsdynamik im Systemvergleich, XIX/446 Seiten, 1988

Band 6: K. Fischer, Oligopolistische Marktprozesse, XI/169 Seiten, 1988

Band 7: M. Laker, Das Mehrproduktunternehmen in einer sich ändernden unsicheren Umwelt, IX/209 Seiten, 1988

Band 8: I. von Bülow, Systemgrenzen im Management von Institutionen, XII/278 Seiten, 1989

Band 9: H. Neubauer, Lebenswegorientierte Planung technischer Systeme XII/171 Seiten, 1989

Band 10: P. M. Sälter, Externe Effekte: „Marktversagen" oder Systemmerkmal? VII/188 Seiten, 1989

Band 11: P. Ockenfels, Informationsbeschaffung auf homogenen Oligopolmärkten, X/163 Seiten, 1989

Band 12: O. Jacob, Aufgabenintegrierte Büroinformationssysteme, VII/177 Seiten, 1989

Band 13: J. Walter, Innovationsorientierte Umweltpolitik bei komplexen Umweltproblemen, IX/208 Seiten, 1989

Band 14: D. Bonneval, Kostenoptimale Verfahren in der statistischen Prozeßkontrolle, V/180 Seiten, 1989

Band 15: T. Rüdel, Kointegration und Fehlerkorrekturmodelle, VIII/138 Seiten, 1989

Band 16: K. Rentrup, Heinrich von Storch, das „Handbuch der Nationalwirthschaftslehre" und die Konzeption der „inneren Güter", X/146 Seiten, 1989

Band 17: M. A. Schöner: Überbetriebliche Vermögensbeteiligung, XVI/417 Seiten, 1989

Band 18: P. Haufs, DV-Controlling, IX/166 Seiten, 1989

Band 19: R. Völker, Innovationsentscheidungen und Marktstruktur, XI/221 Seiten, 1990

Band 20: P. Bollmann, Technischer Fortschritt und wirtschaftlicher Wandel, VIII/184 Seiten, 1990

Band 21: F. Hörmann, Das Automatisierte, Integrierte Rechnungswesen, XI/408 Seiten, 1990

Band 22: W. Böing, Interne Budgetierung im Krankenhaus, XIV/274 Seiten, 1990

Band 23: G. Nakhaeizadeh, K.-H. Vollmer (Hrsg.), Neuere Entwicklungen in der Angewandten Ökonometrie, X/248 Seiten, 1990

Band 24: T. Braun, Hedging mit fixen Termingeschäften und Optionen, VII/167 Seiten, 1990

Band 25: G. Inderst, P. Mooslechner, B. Unger, Das System der Sparförderung in Österreich, VIII/126 Seiten, 1990

Band 26: Th. Apolte, M. Kessler (Hrsg.), Regulierung und Deregulierung im Systemvergleich, XIII/313 Seiten, 1990

Band 27: J. Lamel, M. Mesch, J. Skolka (Hrsg.), Österreichs Außenhandel mit Dienstleistungen, X/335 Seiten, 1990

Band 28: I. Heinz, R. Klaaßen-Mielke, Krankheitskosten durch Luftverschmutzung, XVI/147 Seiten, 1990

Band 29: B. Kalkofen, Gleichgewichtsauswahl in strategischen Spielen, XIII/214 Seiten, 1990

Band 30: K. G. Grunert, Kognitive Strukturen in der Konsumforschung, X/290 Seiten, 1990

Band 31: S. Felder, Eine neo-österreichische Theorie des Vermögens, X/118 Seiten, 1990

Band 32: G. Uebe (Hrsg.), Zwei Festreden Joseph Langs, VII/116 Seiten, 1990

Band 33: U. Cantner, Technischer Fortschritt, neue Güter und internationaler Handel, XVI/289 Seiten, 1990

Band 34: W. Rosenthal, Der erweiterte Maskengenerator eines Software-Entwicklungs-Systems, XIV/275 Seiten, 1990

Band 35: U. Nessmayr, Die Kapitalsituation im Handwerk, XII/177 Seiten, 1990

Band 36: H. Wüster, Die sektorale Allokation von Arbeitskräften bei strukturellem Wandel, IV/148 Seiten, 1990

Band 37: R. Hammerschmid, Entwicklung technisch-wirtschaftlich optimierter regionaler Entsorgungsalternativen, X/239 Seiten, 1990

Band 38: P. Mitter, A. Wörgötter (Hrsg.), Austro-Keynesianismus, V/102 Seiten, 1990

Band 39: A. Katterl, K. Kratena, Reale Input-Output Tabelle und ökologischer Kreislauf, VIII/114 Seiten, 1990

Band 40: A. Gehrig, Strategischer Handel und seine Implikationen für Zollunionen, XII/174 Seiten, 1990

Band 41: G. Nakhaeizadeh, K.-H. Vollmer (Hrsg.), Anwendungsaspekte von Prognoseverfahren, IX/169 Seiten, 1991

Band 42: C. Fantapié Altobelli, Die Diffusion neuer Kommunikationstechniken in der Bundesrepublik Deutschland, XXIV/319 Seiten, 1991

Band 43: J. Richter, Aktualisierung und Prognose technischer Koeffizienten in gesamtwirtschaftlichen Input-Output Modellen, VII/376 Seiten, 1991

Band 44: E. Spranger, Expertensystem für Bilanzpolitik, VIII/228 Seiten, 1991

Band 45: F. Schneider, Corporate-Identity-orientierte Unternehmenspolitik, XXI/295 Seiten, 1991

Band 46: B. Gygi, Internationale Organisationen aus der Sicht der Neuen Politischen Ökonomie, XI/258 Seiten, 1991

Band 47: L. Hennicke, Wissensbasierte Erweiterung der Netzplantechnik, VII/194 Seiten, 1991

Band 48: T. Knappe, DV-Konzepte operativer Früherkennungssysteme, VII/176 Seiten, 1991

Band 49: P. Welzel, Strategische Handelspolitik, XIII/207 Seiten, 1991

Band 50: H. Wiethoff, Risk Management auf spekulativen Märkten, XIV/202 Seiten, 1991

Band 51: R. Riedl, Strategische Planung von Informationssystemen, XII/227 Seiten, 1991

Band 52: K. Sandmann, Arbitrage und die Bewertung von Zinssatzoptionen, VIII/172 Seiten, 1991

Band 53: P. Engelke, Integration von Forschung und Entwicklung in die unternehmerische Planung und Steuerung, XVII/352 Seiten, 1991

Band 54: F. Blumberg, Wissensbasierte Systeme in Produktionsplanung und -steuerung, XVII/268 Seiten, 1991

Fortsetzung auf Seite 359

Tilmann Gerhards

Theorie und Empirie flexibler Wechselkurse

Eine ökonometrische Untersuchung mit Methoden der Kointegration und der multivariaten Zeitreihenanalyse

Mit 38 Abbildungen

Physica-Verlag
Ein Unternehmen
des Springer-Verlags

Reihenherausgeber
Werner A. Müller

Autor
Dr. Tilmann Gerhards
Investment/Research
SGZ-Bank
Südwestdeutsche
Genossenschafts-Zentralbank AG
Bockenheimer Anlage 46
D-60322 Frankfurt am Main

ISBN 978-3-7908-0780-6 ISBN 978-3-642-51510-1 (eBook)
DOI 10.1007/978-3-642-51510-1

CIP-Titelaufnahme der Deutschen Bibliothek
Gerhards, Tilmann:
Theorie und Empirie flexibler Wechselkurse : eine ökonometrischer Untersuchung mit Methoden der Kointegration und der multivariaten Zeitreihenanalyse / Tilmann Gerhards. - Heidelberg : Physica-Verl., 1994
(Wirtschaftswissenschaftliche Beiträge ; Bd. 99)
NE: GT

2201/2202-543210 - Gedruckt auf säurefreiem Papier

Meinen Eltern

Vorwort

Die vorliegende Arbeit ist am Institut für Wirtschaftstheorie und Operations Research der Universität Karlsruhe und im Zusammenhang mit meiner beruflichen Tätigkeit bei der SGZ-Bank, Südwestdeutsche Genossenschafts-Zentralbank AG, Frankfurt a.M. / Karlsruhe entstanden. Sie wurde im Dezember 1993 als Dissertation von der Fakultät für Wirtschaftswissenschaften der Universität Fridericiana zu Karlsruhe genehmigt.

An dieser Stelle möchte ich mich sehr herzlich bei meinem wissenschaftlichen Betreuer, Prof. Dr. Dr. h.c. Wolfgang Eichhorn, für seine Unterstützung und wohlwollende Kritik bedanken, der sich stets Zeit für meine Probleme nahm. Daneben bedanke ich mich herzlich bei Herrn Prof. Dr. Georg Bol für die Übernahme des Korreferats.

Weiterhin gilt mein besonderer Dank Herrn Dr. Karl-Heinz Vollmer, Mitglied des Vorstands der SGZ-Bank, der es mir durch die Schaffung sehr guter Arbeitsbedingungen ermöglicht hat, mich intensiv mit der Theorie kointegrierter Zeitreihen und deren Umsetzung in der empirischen Wirtschaftsforschung zu beschäftigen.

Daneben gebührt meinen Arbeitskollegen in der SGZ-Bank und am Institut für die zahlreichen fruchtbaren Diskussionen und Anregungen herzlicher Dank.

Karlsruhe, im März 1994 Tilmann Gerhards

Inhaltsverzeichnis

1 Einführung

1.1 Die Problemstellung

Zwei Jahrzehnte nach dem Zusammenbruch des Bretton-Woods-Systems und dem Übergang zu flexiblen Wechselkursen zwischen den USA und den wichtigsten Industrienationen stellt die Erklärung und Prognose des Verhaltens frei schwankender Wechselkurse immer noch ein weithin ungelöstes Problem dar. Bei einer Vielzahl von Untersuchungen hat es sich gezeigt, daß das Wechselkursverhalten sehr stark einem random-walk-Prozeß ähnelt, bei dem die Veränderungen von Periode zu Periode kaum vorhersehbar sind (vgl. z.B. Frenkel und Mussa [1985] bzw. Kapitel 7 der vorliegenden Arbeit). Dies gilt insbesondere für die kurzfristige Zeitreihencharakteristik, falls die Datenbasis auf wöchentlichen, täglichen oder mehreren Beobachtungen innerhalb eines Tages beruht.

Auf der anderen Seite erscheint es aus Sicht der ökonomischen Theorie schlüssig, daß sich bilaterale Wechselkurse trotz ihrer starken Schwankungen nicht auf Dauer unabhängig von dem fundamentalen Umfeld der jeweiligen Volkswirtschaften entfernen und sich damit zumindest langfristig in Abhängigkeit von Einflußgrößen wie Zinsen, Preisen, Einkommen, Geldmengen oder deren Erwartungsgrößen entwickeln. Als einflußreiche Ansätze der monetären Außenwirtschaftstheorie, die sich mit den Bedingungen der Wirkungszusammenhänge von Volkswirtschaften unter flexiblen Wechselkursen beschäftigen, sind grundlegende Konzepte wie die Kaufkraftparität und das Mundell-Fleming-Modell ebenso wie monetäre Wechselkursmodelle und Finanzmarktansätze zu nennen. Speziell in Reaktion auf die neuen Herausforderungen an Theorie und Empirie infolge des Übergangs zu flexiblen Wechselkursen zu Beginn der siebziger Jahre entstanden zahlreiche Beiträge und Varianten dieser Erklärungsansätze. Wurde ein Wechselkurs primär als das Austauschverhältnis zweier Güterbündel oder Sozialprodukte betrachtet, so richtete sich der Blick mit dem Aufkommen monetärer Überlegungen stärker auf die Bedeutung eines Wechselkurses als das Verhältnis zweier Geldmengen. In der Formulierung des Finanzmarktansatzes werden Wechselkurse wiederum als Preise dauerhafter Vermögensanlagen angesehen, die auf organisierten Märkten gehandelt werden. So sind Wechselkurse markträumende Preise, die ständigen Fluktuationen unterliegen, um Angebot und Nachfrage auf den internationalen Devisenmärkten auszugleichen. Die erzielten Preise reflektieren dann die Markterwartungen hinsichtlich der gegenwärtigen und zukünftigen Marktverhältnisse.

Ein großer Einfluß für die monetäre Außenwirtschaftstheorie resultiert aus der verstärkten internationalen Integration der Güter- und Kapitalmärkte und der parallel dazu wachsenden Bedeutung der zwischenstaatlichen Wirtschaftsbeziehungen und Kapitalverflechtungen. Mit Beginn des Wechselkursmechanismus im Europäischen Währungssystem (EWS) und den Bestrebungen zu einer europäischen Währungsunion finden ebenso Überlegungen zu den Einflüssen und Auswirkungen von Wechselkursabkommen wieder mehr Berücksichtigung bei der Wechselkursmodellierung. Neben der Betrachtung aus dem fundamentalem ökonomischen Blickwinkel spiegeln Wechselkurse in politischer und gesellschaftlicher Hinsicht sowie unter Sicherheitsgesichtspunkten den Gesamteindruck einer Industrienation wider, der sich der Weltöffentlichkeit präsentiert. Daher können auch Nachrichten über unerwartete Entwicklungen außerhalb des volkswirtschaftlichen Gestaltungsbereichs eines Industrielandes Auswirkungen auf dessen Wechselkursposition haben.

Währungen werden rund um die Uhr an den großen Finanzzentren in Asien (Tokio, Hongkong, Singapur), Europa (London, Frankfurt, Paris) und Amerika (New York) gehandelt, wobei das Volumen, das täglich umgesetzt wird, auf inzwischen rd. 1000 Mrd. US-Dollar geschätzt wird. Die am meisten gehandelten Währungen sind aufgrund ihrer großen Bedeutung für den Welthandel, die Kapitalmärkte und als Reservewährungen der US-Dollar, die D-Mark, der japanische Yen, das britische Pfund, der Schweizer Franken sowie der französische Franc.

Die Vielzahl der verschiedenen Funktionen, die ökonomisch von Wechselkursen ausgeübt und die durch die Kursfindung auf den internationalen Devisenmärkten in Preise umgesetzt werden, läßt die Schwierigkeiten erahnen, die mit dem Versuch verbunden sind, das Wechselkursverhalten zu erklären und die künftige Entwicklung ökonomisch fundiert vorherzusagen.

In dieser Arbeit werden im theoretischen Teil die im Rahmen der monetären Außenwirtschaftstheorie entstandenen Ansätze zur Wechselkurserklärung dargestellt. Der Schwerpunkt liegt dabei auf dem Herausarbeiten der entscheidenden makroökonomischen Einflußfaktoren für das Wechselkursverhalten in einer kompakten Form und die Ermittlung ihrer Bedeutung in den einzelnen theoretischen Wechselkursmodellen. Neben der Untersuchung der Wechselkurstheorien wird eine Darstellung neuerer ökonometrischer Ansätze gegeben und das von uns gewählte Vorgehen zur empirischen Analyse vorgestellt. Ziel des empirischen Teils dieser Arbeit ist es dann, die Möglichkeiten und Grenzen der Erklärung und der Prognose von längerfristigen Wechselkursentwicklungen aufzuzeigen.

Das Anliegen ist daher zweigeteilt. Zum einen sollen die bestehenden kurzfristigen und langfristigen Wirkungszusammenhänge makroökonomischer Variablen moderner offener Volkswirtschaften sowie die existierenden Wechselkurszusammenhänge dargestellt werden. Zum anderen soll untersucht werden, ob mit Hilfe neuer ökonometrischer Ansätze fundamentale theoretische Wechselkursmodelle Erklärungsgehalt besitzen und ob diese auch für Prognoseuntersuchungen umsetzbar sind.

In den letzten Jahren wurden ökonometrische Verfahren entwickelt, die die Möglichkeiten der empirischen Analyse stark erweitert haben. Insbesondere werden dadurch Untersuchungen ermöglicht, die z.B. die Konzentration auf langfristige Gleichgewichtsbeziehungen und dynamische Anpassungsprozesse zulassen, aber ebenso eine Integration verschiedener Ansätze ermöglichen. Bis in jüngste Zeit hat sich der vorwiegende Teil der ökonometrischen und statistischen Theorie unter der Annahme entwickelt, daß die zugrundeliegenden stochastischen Datenprozesse stationär sind. Demgegenüber ist die Mehrzahl der aggregierten Zeitreihen, die in der angewandten Ökonomie betrachtet werden, offensichtlich nicht stationärer Natur, vgl. Nelson und Plosser [1982]. Das schwerwiegende Problem, das entsteht, wenn versucht wird, Zeitreihen zu analysieren, die nichtstationär sind, d.h. die integriert der Ordnung k sind, mit $k>0$, resultiert aus der Tatsache, daß in diesem Fall die normalen statistischen Konvergenzeigenschaften nicht mehr gelten (Hendry [1986]).

Wird die Voraussetzung der Stationarität mißachtet und werden weiterhin Standardverfahren für ökonomische Zeitreihen angewendet, so kann dies dazu führen, daß voneinander unabhängige Variablen in die Schätzmodelle eingehen. Ein derartiges systematisches Gleichverhalten unabhängiger Zeitreihen wird als Scheinkorrelation (spurious regressions) bezeichnet. Um die Schwierigkeiten zu umgehen, die aus den Scheinkorrelationen resultieren, wurde basierend auf den Ideen von Box und Jenkins [1970, 1976] vorgeschlagen, die zu betrachtenden Zeitreihen erst zu differenzieren, um sie stationär zu machen. Als Folge dieser Prozedur gehen jedoch durch die alleinige Analyse der Differenzen ökonomischer Zeitreihen alle Informationen über mögliche langfristige Abhängigkeiten, die im Niveau der Zeitreihen vorliegen, verloren. Eine Möglichkeit, die Kontroverse zwischen der klassischen Ökonometrie und der datengestützten Zeitreihenanalyse (siehe Naylor et. al. [1972], Cooper [1972] oder Sims [1977]) zu lösen, ist der Ansatz kointegrierter Zeitreihen und die Verwendung von Fehler-Korrektur-Modellen. Diese Ansätze eröffnen eine besonders erfolgversprechende Möglichkeit, Zeitreihenanalyse und Ökonometrie zu integrieren.

Das Konzept der Kointegration (Granger [1981], Engle und Granger [1987]) eröffnet die Möglichkeit, Variablen auf langfristige Gleichgewichtbeziehungen zu untersuchen, d.h.

auf die Existenz eines gemeinsamen stochastischen Trends in den Daten. Ist eine Anzahl von Zeitreihen, die einzeln betrachtet nichtstationär sind, kointegriert, dann existiert zwischen diesen mindestens eine Linearkombination, die stationär ist. Diese Linearkombination kann dann als langfristige Beziehung angesehen werden, und die einzelnen Variablen zeigen die gemeinsame Tendenz, sich in Richtung dieser Gleichgewichtsbeziehung zu entwickeln. Speziell der multivariate Maximum-Likelihood-Ansatz von Johansen [1988] eröffnet hierbei eine elegante Möglichkeit der Überprüfung langfristiger Beziehungen. Bei diesem Ansatz werden innerhalb eines vektorautoregressiven (VAR) Systems simultan langfristige Gleichgewichtsbeziehungen und kurzfristige Anpassungsvorgänge geschätzt. Daneben läßt das Verfahren direkte Tests auf die Struktur des gefundenen Kointegrationsraums zu (Johansen und Juselius [1991]).

Die Einsatzmöglichkeiten von autoregressiven Mehrgleichungs-Systemen zur Interpretation makroökonomischer Fluktuationen mit Hilfe von Impulsantwortanalysen und Vorhersagefehler-Varianz-Zerlegungen wurden erstmals von Sims [1980] vorgestellt. Speziell für die dynamische Analyse bieten sich VAR-Systeme an, die ohne Zugrundelegung einer ökonomischen Theorie mit einer geringen Zahl von a-priori-Restriktionen für den datenerzeugenden Prozeß auskommen. Grundproblem des multivariaten Ansatzes ist allerdings andererseits, daß die Zeitreihenmodelle nicht mehr eindeutig sind. Daher wurde in den letzten Jahren von Bernanke [1986], Blanchard und Watson [1986] und außerdem von Sims [1986] ein alternatives Konzept entwickelt, sogenannte strukturelle vektorautoregressive (SVAR) Modelle. Bei diesen Modellen können Strukturannahmen, die z.B. auf einer ökonomischen Theorie basieren, explizit als Hypothesen auf die Form der Beziehungen zwischen den betrachteten Variablen dargestellt werden, ohne daß die Vorteile des Konzeptes der VAR-Modelle verloren gehen.

Im Unterschied zu traditionellen ökonometrischen Modellen, bei denen eine dynamische Analyse meist mit Hilfe von Impulsen in den exogenen Variablen durchgeführt wird, werden in vektorautoregressiven Modellen im allgemeinen keine exogenen Variablen verwendet. Neue Informationen werden hier allein über die Störterme (white noise) in das System eingeführt. Eine Möglichkeit ist dabei die Zerlegung der Fehlervarianz des Systems. Diese Analyse basiert auf einer Aufteilung der Varianz der Vorhersagefehler in die einzelnen Komponenten eines VAR-Modells über verschiedene Zeithorizonte. Sie gibt damit Aufschluß über die Bedeutung der einzelnen Einflußgrößen zur Bestimmung der anderen Systemvariablen. Neben der Untersuchung von Innovations-Zerlegungen bietet sich eine weitere Methode für die Simulation und Analyse von dynamischen Anpassungsvorgängen an. Mit der Hilfe von Impulsantwortfolgen können die Reaktionen der Systemvariablen auf Impulse in einer einzelnen Variablen betrachtet werden.

Für die Prognose von VAR-Systemen bietet sich ein Verfahren an, das auf Littermann [1981, 1986] und Doan, Litterman und Sims [1984] zurückgeht. Der Ansatz basiert darauf, keine starren Restriktionen auf die Parameter vorzugeben, z.B. indem einfach die Lags höherer Ordnung auf Null gesetzt werden. Stattdessen werden für die Koeffizienten eines VAR-Modells Verteilungsannahmen zugrundegelegt, die einen fuzzy-artigen Charakter haben und damit nicht strikt sind. Die resultierenden Gleichungssysteme werden daher auch als bayesianische vektorautorgeressive (BVAR) Modelle bezeichnet.

Die Integration dieser verschiedenen Ansätze der Ökonometrie und der datengestützten Zeitreihenanalyse eröffnet hierbei eine besonders vielversprechende Möglichkeit, neue Resultate für die monetäre Außenwirtschaftstheorie und speziell für die Wechselkursmodellierung zu erhalten. Das Hauptaugenmerk liegt dabei auf langfristigen Gleichgewichtsbeziehungen sowie dynamischen Wirkungszusammenhängen zwischen den wichtigsten fundamentalen Einflußgrößen. So kann unter der Zuhilfenahme dieser neuen ökonometrischen Ansätze mit der vorliegenden Arbeit gezeigt werden, daß den verschiedenen fundamentalen Erklärungsansätzen des Wechselkursverhaltens eine gewisse Gültigkeit zuzuordnen ist. Speziell bei der Kaufkraftparität und der monetären Theorie zeigt sich das Vorliegen langfristig gültiger Gleichgewichtsbeziehungen. Dynamische Anpassungsvorgänge sind dagegen weitgehend konsistent mit dem Mundell-Fleming-Modell und ebenso mit dem portfoliotheoretischen Ansatz.

Die Analyse volkswirtschaftlicher Wirkungszusammenhänge bringt notwendigerweise eine Vielzahl von Vereinfachungen mit sich: In der Theorie geschieht dies hauptsächlich, um die Beweisführung zu erleichtern. Darum werden in den Modellen typischerweise Einschränkungen hinsichtlich der Anzahl der betrachteten Güter und Perioden notwendig, und es werden Beschränkungen auf kleine geschlossene/offene Volkswirtschaften, auf vollkommenen Wettbewerb und auf vollständige Information vorgenommen. In der Ökonometrie wiederum werden Vereinfachungen aufgrund mathematischer, statistischer oder computertechnischer Einschränkungen vorgenommen. Zusätzlich müssen Schwierigkeiten in bezug auf Verfügbarkeit, Fehlerbehaftung, Unvollständigkeit und saisonale Muster des existierenden Datenmaterials berücksichtigt werden.

Die Ergebnisse der vorliegenden Arbeit lassen jedoch ein erstes grundlegendes Ziel der volkswirtschaftlichen Theorie, das Erklärungsziel, in erreichbare Nähe rücken (siehe dazu Eichhorn [1972], Intriligator [1983]). Dabei liegt die Betonung auf dem Verstehen und Erkennen der untersuchten zugrundeliegenden ökonomischen Zusammenhänge flexibler Wechselkurse. Die eingesetzten Modelle ermöglichen auch eine Annäherung an das zweite Ziel, das Vorhersageziel. Wie im weiteren Verlauf dieser Arbeit gezeigt wird, können mit den verwendeten Schätzverfahren tatsächlich bisherige Prognoseresultate verbessert werden.

Falls es also gelingt - auch mit dieser Arbeit - den Weg zu weisen, mit einfachen theoretischen Modellen und linearen Schätzgleichungen einer ausreichenden Erklärungs- und Vorhersagemöglichkeit näher zu kommen, so ist dies als ein erfolgreicher Schritt zu werten, da bei aller Unvollkommenheit nicht vergessen werden sollte, daß: "Ein Modell, das die ganze Buntheit der Wirklichkeit berücksichtigte, nicht nützlicher sein würde als eine Landkarte im Maßstab Eins zu Eins (Joan Robinson)".

1.2 Der Untersuchungsansatz und der Aufbau der Arbeit

Im Rahmen dieser Arbeit wird ein spezielles Vorgehen entwickelt, mit dem der Versuch unternommen wird, zum einen die Zeitreihencharakteristik stochastischer Prozesse zu berücksichtigen und zum anderen die Existenz theoretisch fundierter Gleichgewichtsbeziehungen festzustellen, die dann im weiteren Verlauf bei Prognoseuntersuchungen umgesetzt werden können. Daher wird eine Kombination des Zeitreihenansatzes mit der Tradition klassischer ökonometrischer Modelle angestrebt, um auf der einen Seite diese beiden grundlegenden Ansätze zu vereinigen und auf der anderen Seite ihre jeweilige Eignung für spezielle Problemstellungen herauszustellen.

Ein wichtiger Ansatzpunkt bei dem empirischen Vorgehen ist die Überlegung, nicht von vornherein strikte Hypothesen zugrundezulegen, sondern die wichtigsten Variablen und Koeffizienten weitgehend frei aus den Daten heraus zu schätzen. In einem weiteren Schritt können dann ökonomische Hypothesen wie die Existenz grundlegender langfristiger Gleichgewichtsbeziehungen (Granger [1981], Engle und Granger [1987]) und dynamischer Anpassungsprozesse (Sims [1980]), die mit ökonomischen Theorien übereinstimmen, für die datenerzeugenden Prozesse untersucht werden. Die daraus gewonnenen Ergebnisse können bei der anschließenden Modellierung von Prognosesystemen berücksichtigt werden. Bei einem Großteil anwendungsbezogener Arbeiten werden Eingleichungsmodelle verwendet, bei denen strenge und häufig unrealistische Exogenitätsannahmen zugrundegelegt werden müssen. Dagegen wird innerhalb der vorliegenden Arbeit der Schwerpunkt nicht auf Einzelgleichungen gelegt sondern auf die Schätzung von multivariaten Systemen, in denen die wichtigsten Variablen endogen bestimmt werden.

In vielen empirischen Untersuchungen hat es sich gezeigt, daß das Wechselkursverhalten sehr stark einem random-walk-Prozeß ähnelt, bei dem die Veränderungen von Periode zu Periode kaum vorhersehbar sind. Daher wird für unsere Prognoseexperimente ein Verfahren eingesetzt, das neben langfristigen Gleichgewichtsbeziehungen speziell die empirische Zeitreihencharakteristik von flexiblen

Wechselkursen berücksichtigt. Mit Hilfe des von Litterman [1986] entwickelten bayesianischen vektorautoregressiven Ansatzes kann implizit auf dieses Verhalten der Variablen eingegangen und die Koeffizienten der vektorautoregressiven Gleichungen in Richtung eines random-walk-Prozesses restringiert werden. Das von uns gewählte Vorgehen kombiniert daher ökonomisch begründete langfristige Abhängigkeiten, kurzfristige Wechselwirkungen ebenso wie auch die Charakteristik von Zufallsprozessen zu einem neuen Schätzansatz.

In dieser Arbeit werden die grundlegenden Wechselkurstheorien dargestellt und ihre Bedeutung für die kurz- und längerfristige Erklärung des Wechselkursverhaltens herausgearbeitet. Im empirischen Teil dieser Arbeit werden die obigen Überlegungen im Rahmen einer sehr umfangreichen Untersuchung in die ökonometrische Analyse übertragen mit dem Ziel, eine bessere Begründung der Wirkungszusammenhänge der betrachteten stochastischen Prozesse zu erlangen und die Steigerung der Vorhersagequalität ökonometrischer Wechselkursmodelle zu ermöglichen. Wie oben angedeutet hat der empirische Teil der Arbeit zwei primäre Anliegen: Einerseits die Darstellung der bestehenden kurzfristigen und langfristigen Wirkungszusammenhänge makroökonomischer Variablen moderner offener Volkswirtschaften und andererseits die Untersuchung auf die Prognosequalität fundamentaler Wechselkursmodelle.

Die Arbeit ist dazu in drei Teile gegliedert. Während der erste Teil die verschiedenen theoretischen Ansätze zur Erklärung des Wechselkursverhaltens vorstellt, führt der zweite Teil die modernen ökonometrischen Ansätze ein. Der dritte Teil, der auch den Schwerpunkt dieser Arbeit bildet, ist der empirischen Analyse des Verhaltens flexibler Wechselkurse gewidmet.

Im folgenden wird auf die einzelnen Kapitel eingegangen. Das 2. Kapitel eröffnet den Teil I der Arbeit. In diesem Kapitel werden grundlegende theoretische Konzepte zur Erklärung des Wechselkursverhaltens vorgestellt, d.h. die Kaufkraftparitätentheorie sowie die internationale Zinsparität. Kapitel 3 befaßt sich daraufhin mit den verschiedenen Wechselkursmodellen. Die Schwerpunkte werden dabei auf die Darstellung und komparativ-statische Analyse des Mundell-Fleming-Modells (u.a. Mundell [1961, 1968], Fleming [1962]), des monetären Ansatzes (u.a. Frenkel [1976], Dornbusch [1976], Bilson [1978]) sowie der Finanzmarktmodelle (u.a. Mussa [1976], Branson [1977]) gelegt.

Teil II der Arbeit stellt neuere ökonometrische Ansätze vor. Dazu wird in Kapitel 4 eine Einführung in Zeitreihenmodelle (Box und Jenkins [1970]) gegeben, und es wird speziell auf stationäre und nichtstationäre Prozesse eingegangen. Außerdem werden Testverfahren für die Untersuchung des Integrationsgrades von Zeitreihen vorgestellt. Daraufhin werden in Kapitel 5 das neue Konzept kointegrierter Zeitreihen sowie verschiedene Schätz- und Testverfahren, wie der zweistufige Engle-Granger-Ansatz (Engle und Granger [1987]), das Generalized-Least-Squares-Verfahren von Stock (Stock [1987]) und der Maximum-Likelihood-Ansatz von Johansen (Johansen [1988]) vorgestellt. Als letztes Kapitel des zweiten Teils widmet sich das Kapitel 6 den vektorautoregressiven (VAR) Modellen (Sims [1980]) und konzentriert sich dabei speziell auf die neuen Ansätze der strukturellen VAR-Systeme (Blanchard und Watson [1986], Bernanke [1986]) und der bayesianischen Schätzung mit Verteilungsannahmen für die Parameterschätzungen (Litterman [1986]).

Teil III der Arbeit behandelt die empirische Analyse des Verhaltens flexibler Wechselkurse. Für die empirischen Untersuchungen werden bilaterale Wechselkurse und fundamentale Einflußfaktoren von sechs bedeutenden Industrienationen, und zwar den Vereinigten Staaten, Deutschland, Japan, Großbritannien, Frankreich und der Schweiz, herangezogen. Der Untersuchungszeitraum erstreckt sich über die gesamte Periode flexibler Wechselkurse seit dem Zusammenbruch des Bretton-Woods-Systems von Anfang 1973 bis Ende 1991.

Der empirische Teil III der Arbeit beginnt mit Kapitel 7. In diesem wird zuerst ein Überblick über bisherige empirische Arbeiten im Wechselkursbereich gegeben und die Resultate speziell von Prognoseuntersuchungen in der bestehenden Literatur beurteilt. Daraufhin wird der oben skizzierte Ansatz eingehend vorgestellt, mit dem in dieser Arbeit die empirischen Untersuchungen durchgeführt werden. Dieser Ansatz erscheint uns besonders vielversprechend, da er sowohl die Zeitreihencharakteristik stochastischer Prozesse berücksichtigt als auch die Existenz theoretisch fundierter Gleichgewichtsbeziehungen überprüft und im weiteren Vorgehen einsetzt.

Kapitel 8 befaßt sich mit grundlegenden Untersuchungen zur Bestimmung des Integrationsgrades von makroökonomischen Zeitreihen. In diesem Kapitel werden Einheitswurzeltests auf Größen wie Produktion, Preise, Geldmengen, Zinsen, Auslandsvermögen und Wechselkurse der sechs von uns herangezogenen Industrienationen angewendet. Wie sich im weiteren Verlauf der Arbeit zeigt, spielen Kointegrationsrelationen innerhalb der empirischen Umsetzung theoretischer Wechselkursmodelle eine große Rolle. Eine Grundlage für Untersuchungen auf Kointegration stellt dabei die Bestimmung des Integrationsgrades der Zeitreihen dar.

Im Anschluß daran wird in Kapitel 9 mit dem Konzept der Kointegration einer der grundlegenden Erklärungsansätze des Wechselkursverhaltens, die Kaufkraftparitätenhypothese, auf ihre Gültigkeit untersucht und bewertet. Es interessiert hierbei, ob die Entwicklung bilateraler Wechselkurse langfristig im Einklang mit der Preisentwicklung der betrachteten Volkswirtschaften steht. Gerade für eine derartige

Untersuchung bietet sich der Kointegrationsansatz an. Existieren langfristige Kointegrationsbeziehungen zwischen den Variablen, dann sind diese geschätzten Relationen stationär, obwohl die einzelnen Zeitreihen für sich selbst einen nichtstationären Charakter aufweisen. Dem in Kapitel 7 vorgestellten Ansatz zufolge ist in diesem Kapitel somit zum einen festzustellen, ob Kointegrationsbeziehungen existieren und zum anderen zu testen, ob diese Vektoren mit der Kaufkraftparität vereinbar sind.

Kapitel 10 befaßt sich eingehend mit dem monetären Modellansatz. Zuerst wird in diesem Kapitel die Relevanz der monetären Theorie anhand des Datenmaterials moderner offener Volkswirtschaften untersucht. Dazu wird ermittelt, ob die tatsächliche Entwicklung makroökonomischer Variablen in einer Volkswirtschaft langfristig im Einklang mit monetären Überlegungen steht. Ist dies der Fall, so sollten entsprechende Gleichgewichtsbeziehungen existieren, an denen sich die zyklischen volkswirtschaftlichen Bewegungen orientieren. Damit greift die Analyse im ersten Abschnitt von Kapitel 10 zum einen die grundlegenden Fragestellungen der monetären Theorie auf und bietet neue empirische Resultate im Hinblick auf die Existenz stabiler, langfristiger monetärer Gleichgewichtsbeziehungen. Zum anderen stellt sie auch eine entscheidende Grundlage für die Untersuchung monetärer Wechselkursmodelle dar. Die ermittelten Resultate hinsichtlich der monetären Zusammenhänge in Volkswirtschaften werden daher in einem zweiten Schritt für die Untersuchung auf die Existenz langfristiger Wechselkursbeziehungen monetärer Prägung eingesetzt.

Im dritten Abschnitt von Kapitel 10 wird schließlich der Schwerpunkt auf die Analyse des dynamischen Verhaltens der Modellvariablen gelegt. Auf der Grundlage der von uns eingesetzten strukturellen vektorautoregressiven Modelle können Wechselwirkungen im Zeitverlauf und Reaktionen auf Impulse in den Einkommens-, Geldmengen- und Zinsvariablen sowie den Wechselkursgrößen untersucht werden. Das Ziel in diesem Abschnitt liegt darin, empirisch festzustellen, ob das dynamische Verhalten der Variablen im Einklang mit dem Mundell-Fleming-Modell und der monetären Wechselkurstheorie steht. In einem ersten Schritt wird dabei den Innovationstermen in den VAR-Modellen eine strukturelle Interpretation gegeben, die sich an der monetären ökonomischen Theorie orientiert und das Mundell-Fleming-Modell bei flexiblen Wechselkursen mit einer monetären Wechselkursbeziehung verbindet. Die Schätzergebnisse für diese strukturellen vektorautoregressiven Modelle können dabei Aufschluß darüber geben, ob Innovationen in den Einflußfaktoren die Modellvariablen und dabei insbesondere die Wechselkursinnovationen den theoretischen Erwartungen entsprechend beeinflussen. Auf der Basis dieser zugrundegelegten strukturellen vektorautoregressiven Modelle wird dann im zweiten Schritt mit Hilfe von Vorhersagefehler-Varianz-Zerlegungen und Impulsantwortfolgen das dynamische Modellverhalten im Zeitablauf untersucht und auf

Konsistenz mit der monetären Außenwirtschaftstheorie und speziell den monetären Wechselkursmodellen überprüft.

Im Kapitel 11 wird der Portfolioansatz einer eingehenden empirischen Untersuchung unterzogen. Der Portfolioansatz ist von seiner Konzeption her eher kurzfristig orientiert. Daher wird er speziell mit Hilfe des Instrumentariums der dynamischen Analyse innerhalb des Rahmens vektorautoregressiver Modelle auf seine Konsistenz mit den zu beobachtenden Wechselkursfluktuationen in modernen Industrienationen untersucht.

In Kapitel 12 wird die Beschränkung auf empirische Untersuchungen im Rahmen des Zwei-Länder-Falls aufgegeben. Dagegen ist es hier das Ziel, festzustellen, ob Beziehungen langfristiger oder auch kurzfristiger Natur zwischen den wichtigsten Wechselkursrelationen existieren. In diesem Kapitel werden daher die Abhängigkeitsstrukturen der bilateralen Wechselkurse zwischen den Vereinigten Staaten auf der einen Seite und Deutschland, Japan, dem Vereinigten Königreich, Frankreich und der Schweiz auf der anderen Seite auf längerfristige Gleichgewichtsbeziehungen und dynamische Wechselwirkungen analysiert. Ebenso werden die möglichen Auswirkungen von Wechselkursabkommen, wie in dem vorliegenden Rahmen das EWS, auf die Mitglieds- und Nichtmitgliedsländer berücksichtigt. Auf diese Weise kann man zu einer Einschätzung der Struktur der Wechselkursbeziehungen auf den internationalen Devisenmärkten gelangen.

In dem abschließenden empirischen Kapitel 13 werden die von uns betrachteten theoretischen Wechselkursmodelle einer Untersuchung auf ihre Prognosefähigkeit unterzogen. Bei dieser Analyse wird zum einen das Konzept der Kointegration berücksichtigt und zum anderen der von Litterman entwickelte Ansatz bayesianischer vektorautoregressiver Modelle eingesetzt. Dieses Vorgehen erscheint besonders vielversprechend, da es speziell die empirische Zeitreihencharakteristik von flexiblen Wechselkursen berücksichtigt. In vielen Untersuchungen hat es sich gezeigt, daß das Wechselkursverhalten sehr stark einem random-walk-Prozeß ähnelt. Gerade dieses Verhalten kann aber durch den bayesianischen Ansatz implizit berücksichtigt werden. Dieser restringiert mit Hilfe von Verteilungsannahmen auf die Koeffizienten die Gleichungen eines VAR-Modells in Richtung eines random walk. In dieser Prognoseuntersuchung haben wir den logischen Schritt vollzogen und beide Verfahren miteinander kombiniert. Es werden daher mit verschiedenen bayesianisch geschätzten VAR-Modellen, bei denen die jeweiligen Kointegrationsbeziehungen zwischen den verwendeten Variablen berücksichtigt werden, out-of-sample-Prognosen durchgeführt. Für diese Vorhersageexperimente werden die in den vorherigen Kapiteln analysierten Erklärungsansätze, das Kaufkraftparitätenmodell, das monetäre Wechselkursmodell und der Portfolioansatz herangezogen. Im Anschluß an diese Untersuchungen werden die erzielten

Resultate beurteilt und mit naiven Prognosen auf der Basis eines random-walk-Modells verglichen.

Kapitel 14 ist daraufhin für eine Zusammenfassung und abschließende Bemerkungen reserviert.

2 Grundlegende theoretische Konzepte

2.1 Die Kaufkraftparitätentheorie

Die Kaufkraftparität (purchasing power parity (PPP)) stellt eine grundlegende Theorie zur Wechselkursbestimmung dar. In ihrer allgemeinsten Form gibt sie an, daß eine Wechselkursänderung im Zeitverlauf durch die Veränderung relativer Preisniveaus zweier Länder bestimmt wird. Die starke oder absolute PPP basiert auf dem "Gesetz des einheitlichen Weltmarktpreises". Danach hat ein Gut, von möglichen Verzerrungen abgesehen, auf integrierten Wettbewerbsmärkten an allen Orten den gleichen Preis, falls der Preis in derselben Währung ausgedrückt wird:

$$p_i = Sp_i^*. \tag{2.1.1}$$

Wobei p_i und p_i^* jeweils den Preis des i-ten Gutes im In- und Ausland in der in- und ausländischen Währung angeben. Der Wechselkurs S wird als die Anzahl der Einheiten an inländischem Geld pro einer Einheit ausländischen Geldes definiert. Betrachtet man nun Preisindizes zweier Länder ($P=f(p_1,\ldots,p_i,\ldots,p_n)$ und $P^*=g(p_1^*,\ldots,p_i^*,\ldots,p_n^*)$)[1] bei denen die Preise der einzelnen Güter in beiden Ländern übereinstimmen (ausgedrückt in einer Referenzwährung) und bei denen die Güter jeweils mit gleicher Gewichtung in die Preisindizes eingehen (g und f stimmen überein und sind homogen vom Grade eins), so herrscht absolute PPP vor. In diesem Spezialfall gilt das Gesetz des einheitlichen Weltmarktpreises also nicht nur für jedes einzelne Gut, sondern auch für die aggregierten Preisniveaus. Es ergibt sich also

$$S = P/P^*, \tag{2.1.2}$$

und egal welche monetäre oder reale Störung in einer Volkswirtschaft auftritt, aufgrund sofortiger Arbitrage werden sich die Preise eines identischen Warenkorbes in den zwei Ländern, gemessen in einer gemeinsamen Währung, ausgleichen und der reale Wechselkurs bleibt konstant ($SP^*/P=1$).

---

[1] Zu axiomatischen Grundlagen von Preisindizes wie Monotonie, Proportionalität, Dimensionalität und Kommensurabilität siehe Eichhorn und Voeller [1976,1982] und Voeller [1981].

Diese Aussage kann jedoch nicht als empirische Implikation verstanden werden, da ein gegebenes Gut nicht notwendigerweise zu einem bestimmten Zeitpunkt an jedem Ort den gleichen Preis aufweisen muß. Transportkosten, unterschiedliche Steuerbestimmungen und Handelsbeschränkungen in Form von Zöllen und Quoten bestehen und erschweren einen genauen Ausgleich und damit die absolute PPP. Diese Behinderungen schließen jedoch nicht aus, daß die Preise identischer Güter an unterschiedlichen Orten stark miteinander korreliert sind und Arbitrage existiert.

Daher stellt die schwache oder relative Kaufkraftparität die Theorie in Form von Änderungen der relativen Preisniveaus und des Wechselkurses dar:

$$S^{\circ} = P^{\circ} - P^{\circ *}, \qquad (2.1.3)$$

wobei durch x° die prozentuale Veränderung einer Variable x dargestellt wird. In dieser Form wurde die PPP erstmals von Gustav Cassel [1916, 1918] wieder vorgestellt. Die Spuren der Kaufkraftparität lassen sich jedoch über Ricardo, Mill und Marshall bis zur Schule von Salamanca zurückverfolgen (vgl. Einzig [1970], Officer [1984]).

Durch den Übergang von der absoluten zur relativen PPP lassen sich jedoch nur Einschränkungen bezüglich Transportkosten und Handelsbeschränkungen umgehen. Will man dagegen die Kaufkraftparität auf BSP-Deflatoren oder Verbraucherpreisindizes verschiedener Länder anwenden, so ist für diese Indizes das Gesetz des einheitlichen Weltmarktpreises nicht mehr gültig, da zum einen die Gewichtung der Güter in den nationalen Preisindizes nicht identisch ist und zum anderen unterschiedliche Güter in die einzelnen Indizes eingehen. Damit kann die Kaufkraftparität, auch in ihrer abgeschwächten Form nur gelten, wenn die Homogenitätsannahme der monetären Theorie gültig ist (Dornbusch [1988]). Die Homogenitätsannahme bewirkt, daß eine rein monetäre Störung die relativen Gleichgewichtspreise unberührt läßt und nur zu einer proportionalen Änderung aller Preise, und damit auch der Preise der ausländischen Währungen, führt. Die Wechselkursänderung gleicht die Veränderung der verschiedenen Preise und auch die der Warenkörbe aus, und nach der Anpassung der Volkswirtschaft ist die relative PPP erfüllt. Dies trifft auch dann zu, falls in den Preisindizes nichthandelbare Güter enthalten sind. Der notwendige Anpassungsprozeß wird im Rahmen dieser Überlegungen durch Substitutionen im Welthandel in Gang gesetzt.

Abweichungen von der Kaufkraftparität, die strukturellen oder transitorischen Charakter haben, können aus verschiedenen Gründen auftreten. Durch die Veränderung von Handelsstrukturen und -beziehungen können sich die terms of trade (Import- zu Exportpreise) ändern. Wirtschaftswachstum beeinflußt auf unterschiedliche Weise die Preise und das Preisgefüge zwischen handelbaren und nichthandelbaren Gütern. Aufgrund nicht vollständig flexibler Preise und Löhne ergeben sich monetäre Veränderungen sowie Wechselkursänderungen. Die als "Productivity Bias" bezeichnete Entwicklung, die strukturelle Abweichungen von der Kaufkraftparität verursacht, wird im folgenden anhand eines Zwei-Länder-Modells kurz skizziert[2].

Zwei Länder stellen handelbare und nichthandelbare Güter her, und das Gesetz des einheitlichen Weltmarktpreises gleiche die Preise der handelbaren Güter aus. Wird nun in einem Land die Produktivität im Sektor der handelbaren Güter gesteigert, so hat das eine Erhöhung der Löhne zur Folge. Die Preise der handelbaren Güter bleiben aufgrund der Produktivitätssteigerungen jedoch konstant. Bei branchenübergreifend etwa einheitlichen Lohnabschlüssen steigen auch in etwas geringerem Maße die Löhne der gesamten Volkswirtschaft. Ohne entsprechende Produktivitätsgewinne bei den nichthandelbaren Gütern steigen in diesem Sektor die Kosten und Preise und dadurch auch das allgemeine Preisniveau. Da der Wechselkurs aufgrund der konstanten Preise bei den handelbaren Gütern unverändert ist, erscheint die Währung des Landes mit der gestiegenen Produktivität bei einem Vergleich der allgemeinen Preisniveaus als überbewertet.

Abweichungen von der PPP können auch aufgrund unterschiedlicher Anpassungsgeschwindigkeiten von Preisen auftreten. Der Preis für eine Währung wird, ebenso wie der für bestimmte Rohstoffe oder Finanztitel, auf den entsprechenden Märkten ständig neu festgelegt und angepaßt. Dagegen werden z.B. Löhne langfristig festgesetzt und sind auf kurze Sicht nicht flexibel. Treten nominale Wechselkursänderungen auf, und die Preise in einem Land passen sich kurzfristig nicht vollständig an, so resultieren daraus Änderungen der terms of trade und des realen Wechselkurses.

Eine Annahme, die sich als essentiell für die Gültigkeit der Kaufkraftparität darstellt, ist die (schon oben angesprochene) vollkommene Substitution auf den Weltmärkten. Geht man von dieser Annahme ab, so agieren die einzelnen Wirtschaftssubjekte nicht mehr unter den Bedingungen des Gesetzes des einheitlichen Preises und der Arbitrage, sondern setzen die Preise allein in Abhängigkeit von der eigenen Kostensituation bzw. der inländischen Konkurrenzlage fest. In diesem Fall haben Preisänderungen keine nominalen Wechselkursanpassungen zur Folge, sondern führen direkt zu Änderungen des realen Wechselkurses.

Diese Überlegungen verdeutlichen, daß in der Realität die PPP kaum uneingeschränkt gültig sein wird. Durch viele Verzerrungen, Brüche und kurzfristige Einflüsse wird man nur eine schwache und langfristige Abhängigkeit der nominalen Wechselkurse von den Preisen erwarten können. Wie stark die tatsächlichen Abweichungen der Wechselkurse von

---

[2] Siehe die grundlegende Arbeit von Balassa [1964].

ihren theoretischen Werten sind und ob die Kaufkraftparitätenhypothese empirisch bestätigt werden kann, wird in Abschnitt 7.1.1 in dem Überblick über bisherige Untersuchungen in der Literatur aufgezeigt. In Kapitel 9 wird mit dem neueren Ansatz der Kointegration die Gültigkeit der PPP überprüft und ebenso der mögliche Einfluß von Produktivitätsdifferenzen in den Volkswirtschaften untersucht.

2.2 Die internationale Zinsparität

Trotz erster Ansätze um 1890 wird im allgemeinen John Maynard Keynes [1923] die Entwicklung des Konzeptes der Zinsparität zugeschrieben (Siehe Einzig [1970, S.214-215]). Die Zinsparität geht auf die Beziehungen zwischen Wechselkursen und Zinssätzen ein und basiert auf der Überlegung, daß ein Investor die Wahl hat, seine Mittel im eigenen Land anzulegen und dafür nach einer Periode Erträge in der Höhe des inländischen Zinssatzes i_t zu erhalten, oder die Gelder in Wertpapiere ausländischer Währung anzulegen und dementsprechend eine Verzinsung in Höhe des ausländischen Zinssatzes i^*_t zu erlangen. Mit einer Einheit inländischer Währung kann er nach einer Periode $(1+i_t)$ Einheiten erhalten, oder die inländische Währung kann zum Kassakurs S_t (Anzahl inländischer Einheiten, pro Einheit ausländischer Währung) in ausländische Währung umgetauscht und zum ausländischen Zinssatz i^*_t angelegt werden. Am Ende der Periode wird der Betrag plus Zinsen zum Terminkurs F_t wieder in inländische Währung zurückgetauscht, und der aus dieser Anlagestrategie resultierende Betrag beläuft sich auf $(1+i^*_t)F_t/S_t$. Weicht der tatsächliche Terminkurs von dem errechneten ab, so wird diese Ungleichgewichtssituation durch Arbitrage beseitigt. Das Marktgleichgewicht impliziert somit die gesicherte Zinsparität (covered interest rate parity (CIP))

$$(1+i_t) = (1+i^*_t)F_t/S_t. \qquad (2.2.1)$$

Falls die Werte für i_t und i^*_t ausreichend klein sind und man die Größen logarithmiert so läßt sich (1) schreiben als[3]

$$f_t - s_t = i_t - i^*_t. \qquad (2.2.2)$$

Häufig wird zusätzlich die Annahme getroffen, daß der Terminkurs ein unverzerrter Prediktor des zukünftigen Kassakurses sei $E_t(s_{t+1})=f_t$. In diesem Fall spricht man von der ungesicherten Zinsparität (uncovered interest rate parity (UIP)):

---

[3]Dies ist leicht zu sehen: $F_t/S_t=(1+i_t)/(1+i^*_t)$. In logarithmierter Form $\log F_t - \log S_t = \log(1+i_t) - \log(1+i^*_t)$ und für genügend kleine x gilt $\log(1+x) \approx x$, weiterhin sei $\log F_t = f_t$ und $\log S_t = s_t$, worauf obige Formel folgt.

$$E_t(s_{t+1}) - s_t = i_t - i^*_t. \quad (2.2.3)$$

Die beiden obigen Ansätze gehen davon aus, daß die in- und ausländische Wertpapiere vollkommen substituierbar sind. Geht man von dieser rigiden Annahme ab und interpretiert möglicherweise auftretende Abweichungen als das Anzeichen einer konstanten oder im Zeitverlauf variierenden Risikoprämie l_t, so ist der Terminkurs ein verzerrter Prediktor des zukünftigen Kassakurses, $E_t(s_{t+1})=f_t+l_t$, und Gleichung (2) erhält folgende Form:

$$f_t + l_t - s_t = i_t - i^*_t. \quad (2.2.4)$$

Innerhalb des analytischen Rahmens des Mundell-Fleming-Modells (siehe Kapitel 3.2) und dessen Erweiterungen wird davon ausgegangen, daß in- und ausländische Finanzaktiva perfekte Substitute sind und vollkommene Kapitalmobilität herrscht. Die Kapitaleigner sind indifferent hinsichtlich verschiedener Wertpapiere unterschiedlicher Denomination, wenn deren erwartete Rendite unter Berücksichtigung möglicher Wechselkursänderungen gleich sind. Diese strikte Annahme wird gelockert, indem man wie in Gleichung (2.2.4) eine Risikoprämie einführt. Eine Risikoprämie tritt dann auf, wenn die Renditen in unterschiedlichen Ländern und Währungen nicht perfekt korreliert sind, und die Kapitaleigner nicht risikoneutral sind. Die Risikoprämie wird im allgemeinen nicht mit dem politischen Risiko einer Anlageform in Verbindung gebracht, sondern mit der nicht vollkommenen Korrelation verschiedener Finanzaktiva aufgrund von inflationären Einflüssen und realen Wechselkursänderungen. Eine Gleichung der Art (2.2.4) bestimmt dann die Beziehung der Zinsdifferenz.

Eine Erklärung dieser Risikoprämie ergibt sich bei individuellem Entscheidungskalkül aus dem Ansatz des Capital-Asset-Pricing-Modells (CAP-Modell), anhand dessen risikoaverse Kapitalgeber ihr optimales Portfolio zusammenstellen (vgl. Kouri und Macedo [1978] oder Dornbusch [1983]). Die Risikoprämie bestimmt sich dabei in Abhängigkeit des Angebots verschiedener ausländischer Aktiva in den jeweiligen Währungen im Verhältnis zu einer Anlage mit minimaler Varianz. Ein kompensierender relativer Renditevorteil ist notwendig, um die Marktteilnehmer zu einer Aufnahme dieser Wertpapiere in ihre Portfolios zu bewegen (vgl. Dornbusch und Giovannini [1990]).

3 Die Theorie der flexiblen Wechselkurse

Im traditionellen Zahlungsbilanzansatz wird der Devisenmarkt wie ein Gütermarkt betrachtet. Wie der Preis eines Gutes durch das Gleichgewicht von Angebot und Nachfrage pro Zeiteinheit bestimmt wird, so ergibt sich auch der Wechselkurs als inländischer Preis der ausländischen Währung, als das Gleichgewicht von Devisennachfrage und -angebot. Dieses Gleichgewicht resultiert aus der Nachfrage der Inländer nach ausländischen Waren und Dienstleistungen sowie dem Devisenangebot, das sich aus der Nachfrage der Ausländer nach inländischen Gütern und Dienstleistungen ergibt. Dabei werden sowohl Nachfrage als auch Angebot an Devisen als Stromgrößen dargestellt, beispielsweise in Einheiten ausländischer Währung pro Zeiteinheit. Den Gegebenheiten auf den Finanzmärkten wurde dagegen von den traditionellen Ansätzen keine Beachtung geschenkt. Finanzströme waren vielmehr einfach das Resultat der Güterströme, die ihrerseits lediglich durch relative Preise und Einkommen bestimmt waren.

Die monetäre Theorie sowie die weiteren Finanzmarktansätze betrachten demgegenüber stärker die Entwicklung von Devisenbilanzsalden, die dementsprechend als Anpassung tatsächlicher an gewünschte Geldbestände interpretiert werden. Diese Theorien sind somit als Bestandsgrößenansätze anzusehen. Neben der Einteilung der verschiedenen Theorien zur Wechselkursbestimmung in Strom- und Bestandsgrößenansätze lassen sich auch weitere Unterscheidungskriterien nennen. Um einen Überblick über die verschiedenen Theorien zu erlangen, läßt sich sinnvollerweise eine Gliederung anhand der Annahmesysteme, auf denen die Modelle beruhen, vornehmen. Eine wichtige Voraussetzung ist die Annahme perfekter Kapitalmobilität, die im Unterschied zu der Stromgrößentheorie von den meisten anderen Modellansätzen zugrundegelegt wird. Eine weitere Überlegung betrifft die Frage der Substituierbarkeit in- und ausländischer zinstragender Finanzaktiva.

Während bei der perfekten Kapitalmobilität davon ausgegangen wird, daß eine sofortige Anpassung der aktuellen an die gewünschten Portfolios möglich ist, impliziert die vollkommene Substituierbarkeit, daß die Wirtschaftssubjekte indifferent hinsichtlich der Aufteilung ihrer Portfolios auf verschiedene Währungen sind. Das bedeutet, es wird die strenge Annahme getroffen, daß in- und ausländische Wertpapiere perfekte Substitute sind. Dies hat zur Folge, daß die ungesicherte Zinsparität permanent gültig ist und unterschiedliche Verhältnisse auf den Wertpapiermärkten irrelevant sind. Für die Bestimmung des kurzfristigen Wechselkurses ist also alleine das Gleichgewicht auf dem

Geldmarkt entscheidend, der Wechselkurs ist damit der relative Preis zweier Geldmengen, und Gleichgewicht herrscht dann, wenn keine Anpassungen mehr stattfinden, sondern die bestehenden Geldbestände bereitwillig gehalten werden. Die Modelle, die unter dieser Annahme der vollkommenen Substituierbarkeit entwickelt wurden, sind monetäre Ansätze zur Wechselkursbestimmung. Zinstragende Aktiva erbringen die gleichen erwarteten Erträge unabhängig davon, auf welche Währung sie lauten. Risikoprämien sind bei diesen Ansätzen implizit oder explizit vernachlässigbar, und daher werden in- und ausländische zinstragende Finanzaktiva als perfekte Substitute betrachtet, so daß der Wechselkurs allein auf den Gleichgewichtsbedingungen auf den Geld- und Gütermärkten determiniert wird. Die monetären Ansätze unterscheiden sich gemeinhin in der Annahme über die Anpassungsgeschwindigkeit der Preise auf den Gütermärkten und in der Restriktion hinsichtlich der Anzahl der gehandelten Güter und Finanzaktiva.

Die Modelle, die den sogenannten Portfolioansatz verfolgen, gehen von der Annahme vollkommener Substituierbarkeit und damit von der ungesicherten Zinsparität ab und erlauben Unterschiede in in- und ausländischen Finanztiteln. Diese Unterschiede resultieren aus Überlegungen hinsichtlich politischer Risiken, unterschiedlicher Steuergesetzgebungen o.ä. und schlagen sich in Abweichungen von der gesicherten Zinsparität nieder. Das hat zur Folge, daß neben der Differenz der erwarteten Wechselkursänderung von dem Zinsdifferential ein weiterer Term auftritt, der im allgemeinen als Risikoprämie bezeichnet wird.

Moderne Finanzmarktansätze haben das charakteristische Merkmal, daß der Wert eines Finanztitels, in dem von uns untersuchten Rahmen also der Wechselkurs, sich aus einer gewichteten Summe der Erwartungen über die aktuellen und zukünftigen Zustände der grundlegenden Einflußgrößen ergibt. Der Marktpreis von Finanzaktiva hängt bei diesen Ansätzen in entscheidendem Maße von der jeweiligen Einschätzung der Wirtschaftssubjekte über die zu erwartende künftige Entwicklung des Finanztitels ab.

Die in diesem Abschnitt kurz skizzierten verschiedenen Ansätze zur Wechselkursbestimmung werden im folgenden eingehend dargestellt und im besonderen im Kontext von internationalen Volkswirtschaften auf ihre Wirkungsweisen und Wechselbeziehungen mit anderen makroökonomischen Größen untersucht.

3.1 Der Zahlungsbilanzansatz zur Wechselkursbestimmung

Einer der grundlegenden Ansätze zur Bestimmung des Wechselkursverhaltens, der in der ökonomischen Theorie eine sehr weite Verbreitung gefunden hat, beruht auf einer Partialanalyse der Export- und Importgütermärkte einer Volkswirtschaft, in der vollkommene Konkurrenz herrscht. Bei diesem sogenannten Zahlungsbilanzansatz wird der Wechselkurs als Preis betrachtet, der entsprechend anderer Preise durch Angebot und Nachfrage in dem auf Marshall [1923] beruhenden Rahmen ermittelt wird. Das Angebot und die Nachfrage nach einer Währung resultieren dabei aus der Angebots- und Nachfragesituation nach Importen und Exporten, die sich in der Zahlungsbilanz niederschlagen. Der Nachfrage nach ausländischer Währung liegt demnach eine Nachfragekurve nach Güter- und Dienstleistungsimporten zugrunde. Die bestimmenden Faktoren sind hier auf der Importnachfrageseite u.a. das Einkommen und der Geschmack der Konsumenten und auf der Importangebotsseite die Faktorpreise des ausländischen Produzenten. Die Nachfragekurve nach ausländischer Währung ist dabei nach unten gerichtet, da aus einer Gleichgewichtssituation eine höhere Menge der ausländischen Währung nur zu einem niedrigeren Preis nachgefragt wird. Dementsprechend ergibt sich umgekehrt die Angebotskurve. Der Wechselkurs, zusammen mit einer Gleichgewichtsmenge der ausländischen Währung, wird dann bestimmt durch den Schnittpunkt der Angebots- und Nachfragekurve.

Ein Anstieg des inländischen Einkommens resultiert in diesem Modell in einer Rechtsverschiebung der Nachfragekurve. Zu dem ursprünglichen Wechselkurs entsteht eine Überschußnachfrage nach ausländischer Währung, daher wird der Preis der ausländischen Währung ansteigen. Das Gleichgewicht wird schließlich für den erhöhten Nachfragebetrag bei höherem Wechselkurs und damit abgewerteter inländischer Währung erreicht.

Dieser Elastizitätsanalyse folgend wird der Außenbeitrag, d.h. der Exportwert minus dem Importwert, bei einer Abwertung (Aufwertung) der inländischen Währung steigen (sinken). Diese Reaktion erfolgt, wenn die Preiselastizitäten von Angebot und Nachfrage auf den Export- und Importgütermärkten der sogenannten Robinson-Bedingung (siehe Robinson [1937] oder Rose [1989, S.77]), bzw. der spezielleren Marshall-Lerner-Bedingung (Marshall [1923, S.354], Lerner [1944, S.377ff]) genügen. Formal basiert die Bedingung auf den folgenden Annahmen: es existiert nur jeweils ein Import- und Exportgut, die Elastizitäten des Angebots von Export und Import sind unendlich, die Handelsbilanz ist anfänglich ausgeglichen und es herrscht Vollbeschäftigung. In diesem Fall besagt die Marshall-Lerner-Bedingung, daß $\epsilon_m + \epsilon_x > 1$ gilt, wobei ϵ_m die inländische Elastizität der Importnachfrage und ϵ_x die ausländische Elastizität der Nachfrage nach

Exporten des Landes bezeichnen. Aufgrund der relativ elastischen Nachfrage wird also von Import in Export umgeschichtet, so daß daraus ein Anstieg der gesamten Einkommen, bzw. eine Verbesserung des Außenbeitrags resultiert. In der Realität erscheint es jedoch wahrscheinlicher, daß die relevanten Elastizitäten kurzfristig sehr unelastisch sind, da die Inländer nicht sofort vom Import auf die inländische Produktion des Gutes und die Ausländer nicht augenblicklich auf das billigere Exportgut umwechseln können. Daher wird sich kurzfristig die Handelsbilanz verschlechtern und erst langsam im Zeitverlauf eine Verbesserung der Situation eintreten. Diese Beobachtung wird im allgemeinen als J-Kurveneffekt bezeichnet[1].

Der hier vorgestellte Ansatz, der allein auf realen Außenhandelstransaktionen beruht, stellt sich als sehr speziell dar. Zum einen liegen diesem Ansatz sehr strenge Annahmen zugrunde, wie beispielsweise vollkommener Wettbewerb mit homogenen Gütern. Weiterhin werden die hergestellten Güter im In- und Ausland als perfekte Substitute angesehen. Zum anderen werden durch die partialanalytische Betrachtung der Leistungsbilanz und des Wechselkurses andere Faktoren wie z.B. Einkommenseinflüsse und im besonderen das zentrale Element der Auswirkungen des internationalen Kapitalverkehrs vernachlässigt (speziell für die kurzfristige Wechselkursbestimmung von großer Bedeutung).

In dem Rahmen der obigen Analyse wurde daher innerhalb der Zahlungsbilanz, neben der Handels- und Dienstleistungsbilanz, zusätzlich auch die Kapitalbilanz betrachtet. Dies ist von entscheidender Bedeutung, da ein Großteil der täglichen Transaktionen allein die Kapitalbilanzpositionen betrifft. Zur Untersuchung der Wirkungsweise von Veränderungen der Kapitalbilanz auf das Wechselkursverhalten werden die Einflußgrößen der Kapitalbilanz betrachtet. Die wichtigsten Einflußgrößen für die Analyse von Kapitalbewegungen sind in dem in- und ausländischen Zinsniveau zu sehen. Und aus der Zinsdifferenz zwischen dem Ausland und dem Inland ergeben sich die Auswirkungen auf den Wechselkurs. So führt ein Anstieg des ausländischen Zinses ceteris paribus zu einem Abfluß inländischen Kapitals ins Ausland, da die Investoren im Inland von den höheren Zinssätzen auf ausländische Wertpapiere profitieren wollen. Die Wirkungsweise kann wiederum anhand der Angebots- und Nachfragekurven dargestellt werden. In diesem Fall liegt der Nachfrage nach ausländischer Währung die Nachfragekurve nach Importen von Gütern, Dienstleistungen und Finanzaktiva zugrunde.

---

[1] Eine empirische Untersuchung für die aktuelle Periode flexibler Wechselkurse, die die Marshall-Lerner-Bedingung in Frage stellt, wird in Rose [1991] vorgenommen. Empirische Resultate, die den J-Kurveneffekt bestätigen, zeigen Artus und Young [1979]. Dagegen zeigen Untersuchungen von Rose und Yellen [1989] keine statistisch signifikanten Effekte von Wechselkursänderungen auf die Handelsbilanz.

Verschiebt sich nun die Zinsdifferenz zu Gunsten des Auslandes, so resultiert daraus eine erhöhte Nachfrage nach dieser Währung. Die Nachfragekurve verschiebt sich also nach rechts, und die Überschußnachfrage kann nur durch einen höheren Wechselkurs ausgeglichen werden. Ein Anstieg des ausländischen Zinssatzes bzw. ein Rückgang der inländischen Zinsen hat daher im Inland einen Kapitalabfluß und eine Abwertung zur Folge.

In der Zusammenfassung dieses einfachen, grundlegenden Ansatzes, der auf der Analyse der Zahlungsbilanzposition der betrachteten Länder basiert, sind die Reaktionsweisen des Wechselkurses auf Änderungen im Einkommen oder dem Zinsniveau hervorzuheben. Nach diesem traditionellen Ansatz, der auf der Betrachtung von Stromgrößen beruht, resultiert sowohl ein Anstieg im inländischen Einkommen als auch eine Vergrößerung der Zinsdifferenz zwischen Ausland und Inland in einer positiven Reaktion des Wechselkurses, das heißt in einer Abwertung der inländischen Währung.

3.2 Das Mundell-Fleming-Modell

Die Grundlage für die Analyse offener Volkswirtschaften wurde von Meade [1951] geschaffen, der die Arbeiten von Keynes [1923, 1936] auf internationale ökonomische Fragestellungen anwendete. Die darauf aufbauenden Arbeiten von Mundell [1961, 1962, 1963, 1968] und Fleming [1962] resultierten in dem sogenannten Mundell-Fleming-Modell, das große Bedeutung für die Analyse internationaler monetärer Ökonomien erlangte. So wird das Modell in einer Vielzahl von Lehrbüchern dargestellt und in unzähligen Artikeln analysiert oder erweitert. Die folgenden Ausführungen konzentrieren sich deshalb auf den uns besonders interessierenden Aspekt der Bedeutung flexibler Wechselkurse und deren Wirkungsweisen innerhalb dieses Modells.

Dem Modell liegt eine Anzahl von Voraussetzungen und Annahmen zugrunde. Der Ausgangspunkt ist eine kleine, offene Volkswirtschaft bei Unterbeschäftigung und fixen Löhnen. Es existiert ein vollkommen elastisches Importangebot bei gegebenen Preisen in ausländischer Währung, vollkommene Kapitalmobilität, und es herrschen stationäre Wechselkurserwartungen vor. In der Volkswirtschaft existieren vier Finanztitel, ein in- und ein ausländisches Rentenpapier mit identischer Fälligkeit sowie in- und ausländisches Geld. Die Wertpapiere werden als vollkommen substituierbar angesehen, dagegen wird das Geld nur im jeweiligen Ausgabeland gehalten. Arbitrage sorgt dafür, daß die Rendite der Wertpapiere jederzeit ausgeglichen ist und damit entspricht der inländische Zins dem ausländischen $i=i^*$.

Auf der einen Seite steht analytisch eine kleine offene Volkswirtschaft, die mit der anderen Seite, das heißt in diesem Rahmen dem Rest der Welt, Güter und Wertpapiere austauscht. Unter dem Begriff "klein" ist zu verstehen, daß Ereignisse innerhalb der nationalen Volkswirtschaft keinen Einfluß auf das Einkommensniveau oder die Preise im Ausland haben. Diese werden als gegeben angesehen, exogen und jenseits von Einflußmöglichkeiten des betrachteten Landes. Was jedoch in der Analyse von Interesse ist, das sind die Auswirkungen der nationalen Geld- und Finanzpolitik auf die inländischen Variablen wie Einkommen, Preise, Zinssätze sowie auf den Wechselkurs.

Der Ansatz von Mundell und Fleming resultiert in der Verbindung einer Devisenmarktrelation mit einem konventionellen Keynesianischen Makromodell. So läßt sich die Modellstruktur in drei Gleichgewichtsbedingungen zusammenfassen: einer Devisenmarktgleichung, einer Gütermarktgleichung (IS) und einer Geldmarktgleichung (LM). Ein Schwerpunkt der Analyse basiert damit auf dem auf offene Volkswirtschaften ausgeweiteten, bekannten IS-LM-Modell. Dabei gibt die LM-Kurve mit positiver Steigung die Kombinationen des nationalen Einkommens Y und des inländischen Zinssatzes i an, bei denen die reale Nachfrage nach inländischem Geld L(Y,i) gleich dem realen Angebot M/P ist. Die negativ gekrümmte IS-Kurve zeigt dagegen die jeweiligen Kombinationen von Y und i an, für die die Nachfrage nach dem Nationalprodukt gerade dem nationalen Einkommen entspricht.

Das Geldmarktgleichgewicht oder die LM-Kurve ist also gegeben durch

$$M/P = L(Y, i) \qquad L_Y > 0,\ L_i < 0, \qquad (3.2.1)$$

wobei M das Geldangebot, P (konstante) Preise der inländischen Produktion und L die reale Geldnachfrage darstellen. Die reale Geldnachfrage ist dabei positiv vom inländischen Realeinkommen Y und negativ vom inländischen Zins i abhängig. Zur Vereinfachung wird mit X_Z die partielle Ableitung von X nach Z dargestellt.

Auf dem Gütermarkt wird die Gesamtnachfrage als Summe der inländischen Nachfrage nach inländischer Produktion, $D(Y, i, \tau)$ und der ausländischen Nachfrage nach inländischer Produktion, d.h. inländischem Export, $X(\tau)$, dargestellt. Für die inländische Güternachfrage gilt $D_Y > 0$, $D_i < 0$ und $D_\tau > 0$, wobei $\tau = SP^*/P$, die Terms of Trade, den relativen Preis von in- und ausländischen Gütern angibt. P^* ist der ausländische Preis für die Auslandsprodukte. Der Wechselkurs, S, wird als Preis einer Einheit ausländischer Währung in Einheiten inländischer Währung notiert, und die ausländische Nachfrage nach inländischer Produktion ist positiv abhängig von den Terms of Trade, $X_\tau > 0$. Bei Gleichgewicht auf dem Gütermarkt gilt daher $Y = D(Y, i, \tau) + X(\tau)$.

Alternativ zu dieser Darstellung läßt sich die Nachfrage nach dem Nationalprodukt auch als Summe der Ausgaben der inländischen Wirtschaft E, der staatlichen Ausgaben G und des Nettoexports der inländischen Wirtschaft T darstellen. Der inländische Verbrauch E(Y,i) ist in diesem Fall die Summe aus Investitionen I(i) und Konsum K(Y), E(Y,i) = I(i) + K(Y). Der Verbrauch ist daher eine negative Funktion des Zinssatzes $E_i < 0$ und eine positive Funktion des Einkommens, wobei die marginale Ausgabeneigung kleiner als Eins und größer als Null ist ($1 > E_Y > D_Y > 0$). Der Handelsbilanzüberschuß ergibt sich aus dem Export $X(\tau)$ und der inländischen Nachfrage nach ausländischen Gütern $X^*(Y,\tau)$, also dem Export des Auslandes zu $T(Y,\tau) = X(\tau) - X^*(Y,\tau)$. Die Handelsbilanz ist daher eine negative Funktion des Realeinkommens $T_Y < 0$ und eine positive der Terms of Trade $T_\tau > 0$. Wird anstelle der Terms of Trade das Hauptaugenmerk auf den Wechselkurs S geworfen und die relative Preisentwicklung vernachlässigt, bekommt die Handelsbilanz die Darstellung T(Y,S), mit $T_Y < 0$ und $T_S > 0$. Die Gütermarkt-Gleichgewichtsbedingung läßt sich damit in der folgenden Form darstellen:

$$Y = E(Y, i) + T(Y, S) + G, \quad 1 > E_Y > 0,\ E_i < 0 \quad (3.2.2)$$
$$T_Y < 0,\ T_S > 0.$$

Die partielle Ableitung $T_S > 0$ verdeutlicht, daß die Annahme getroffen wird, daß die Marshall-Lerner-Bedingung erfüllt ist. Diese Bedingung besagt, daß ein Anstieg des Preises der ausländischen Währung die inländische Nachfrage nach Importen senken und die Nachfrage des Auslands nach Exporten des Inlandes steigern wird. Dadurch wird ceteris paribus die Handelsbilanz verbessert (vgl. Abschnitt 3.1).

Die Gleichgewichtsbedingung für den Devisenmarkt stellt die allgemeingültige Bedingung auf, daß bei freien Wechselkursen das Devisenangebot, d.h. der Wert der Exporte und der Kapitalimporte, der Devisennachfrage, d.h. dem Wert der Importe und Kapitalexporte, entspricht. In dem vorliegenden Modell müssen sich also Handels- und Kapitalbilanz gerade ausgleichen:

$$T(Y, S) + C(i) = 0, \quad T_Y < 0,\ T_S > 0,\ C_i > 0 \quad (3.2.3)$$

Aufgrund der obigen Annahmen, daß wir eine kleine offene Volkswirtschaft betrachten und statische Erwartungen vorliegen, geht nur der inländische Zinssatz in die allgemein gehaltene Kapitalflußgleichung ein. Das Vorzeichen der partiellen Ableitung spiegelt die Annahme der Kapitalmobilität wider. Endogen bestimmt werden die Größen Y, i und S. Bei dem Vorliegen fester Wechselkurse wird die Struktur der Devisenmarktgleichung zu T(Y, S) + C(i) = Z, wobei Z den Zahlungsbilanzüberschuß bzw. den Nettoerwerb von Devisen (Auslandsguthaben) durch die inländische Zentralbank darstellt. In einem solchen Festkurssystem ist S konstant, und Y, i und Z verbleiben als endogen bestimmbare Größen.

Wie in den obigen Ausführungen deutlich wird, bestimmt sich der Wechselkurs als Stromgröße aus dem Devisenangebot und der -nachfrage, das heißt in Abhängigkeit von der Nachfrage der Ausländer nach inländischen Gütern respektive der inländischen Nachfrage nach ausländischen Gütern. Damit resultiert der Devisenkurs als relativer Preis der verschiedenen exportfähigen nationalen Güter. Die Kapitalbewegungen ergeben sich aus den Strömen der realen Größen und werden keiner speziellen Analyse unterzogen. Damit beeinflussen sie auch nicht direkt die Wechselkursentwicklung.

Mit den Gleichungen (3.2.1)-(3.2.3) wird eine ausreichende Spezifizierung des Mundell-Fleming-Modells gegeben, und die Gleichgewichtsbeziehungen für den Gütermarkt, den Geldmarkt und den Devisenmarkt werden zur Bestimmung des vollständigen Gleichgewichts zugrundegelegt. Daraufhin läßt sich mit einer komparativ-statischen Untersuchung die Arbeitsweise des Systems bestimmen. Zur Durchführung der Analysen wird angenommen, daß sich die betrachtete Volkswirtschaft in einem kurzfristigen Gleichgewicht befindet, so daß keine Veränderung der Variablen stattfindet. Untersucht werden soll im folgenden, wie sich kleine Änderungen in der Variablen der Geldmenge und der Staatsausgaben auf die Variablen Einkommen, Zinssätze und im besonderen den Wechselkurs auswirken.

Das dynamische Verhalten des Mundell-Fleming-Modells kann durch die folgenden drei Differentialgleichungen beschrieben werden:

$$\frac{dY}{dt} = \mu_1(E(Y, i) + T(Y, S) + dG - Y)$$

$$\frac{di}{dt} = \mu_2(L(Y, i) - M)$$

$$\frac{dS}{dt} = \mu_3(-T(Y, S) - C(i)),$$

wobei μ_1, μ_2 und μ_3 die Anpassungskoeffizienten sind, mit $0 < \mu_1, \mu_2, \mu_3 < \infty$. Damit das System ein globales stabiles Gleichgewicht hat, müssen alle Lösungen der Differentialgleichungen negative Eigenwertanteile aufweisen[2]. Durch die Bildung der totalen Differentiale von (3.2.1)-(3.2.3) erhält man

$$dY = E_Y dY + E_i di + T_y dY + T_S dS + dG$$

$$dM = L_Y dY + L_i di$$

$$0 = -T_Y dY - T_S dS - C_i di.$$

[2] Falls die Differentialgleichungen nur einen negativen Eigenwertanteil haben, so liegt Sattelpfadstabilität vor, vgl. Metzler [1945].

Dieses System wird nach den Variablen Y, i und S umgeformt, so daß sich in Matrixform folgende Kurzschreibweise ergibt:

$$A \qquad\qquad X \quad = \quad B.$$

Ausgeschrieben hat das System dann die folgende Form:

$$\begin{bmatrix} (-\overset{-}{1}+E_Y+E_i) & \overset{-}{E}_i & \overset{+}{T}_S \\ \overset{+}{L}_Y & \overset{-}{L}_i & 0 \\ -\overset{+}{T}_Y & \overset{-}{-C_i} & \overset{-}{-T_S} \end{bmatrix} \begin{bmatrix} dY \\ di \\ dS \end{bmatrix} = \begin{bmatrix} -dG \\ dM \\ 0 \end{bmatrix} \qquad (3.2.4)$$

Als notwendige und hinreichende Bedingung für die Stabilität des Differentialgleichungssystems müssen die führenden Hauptminoren der obigen Matrix A alternierende Vorzeichen haben, beginnend mit einem negativen Vorzeichen bei ungerader Zeilen-/Spaltenzahl[3]. Für den ersten Hauptminor muß daher $(-1+E_Y+E_i)<0$ gelten. Da annahmegemäß $1>E_Y>0$ und $E_i<0$ gilt, ist mit $1-E_Y>0>E_i$ die erste Bedingung erfüllt. Der zweite Hauptminor $(-1+E_Y+E_i)L_i-(E_iL_Y)$ ist unter Berücksichtigung des obigen Ergebnisses und der Vorzeichen der partiellen Ableitungen positiv. Die Determinante von A muß schließlich negativ sein, was unter Berücksichtigung der obigen Restriktionen erfüllt ist:

$$\det(A) = (-1+E_Y+E_i)L_i(-T_S) + T_SL_Y(-C_i) - (T_SL_i(-T_Y) + (-T_SE_iL_Y) < 0$$

Damit ist das Gleichgewicht des dynamischen Anpassungssystems stabil. Die Wirkungsweise des Systems läßt sich anhand der entsprechenden Multiplikatoren untersuchen. Dadurch können in einer komparativ statischen Untersuchung die Auswirkungen von Änderungen in der Geld- und Fiskalpolitik oder der ausländischen Einflußgrößen auf das inländische Realeinkommen, den Zinssatz sowie den Wechselkurs ermittelt werden.

Besonders interessant ist innerhalb des Mundell-Fleming-Modells die Untersuchung der Wirkung einer expansiven Geldpolitik. Die Multiplikatoren der drei endogenen Variablen bei Erhöhung der Geldmenge lassen sich unter Zuhilfenahme der Cramerschen Regel ermitteln.

$$\frac{dY}{dM} = \frac{1}{\det(A)} (T_S(-C_i) - (-T_S)E_i) > 0 \qquad (3.2.5)$$

---

[3] Da diese Bedingung auf Hicks [1946] basiert, wird sie auch als "Stabilitätsbedingung im Sinne von Hicks" bezeichnet.

$$\frac{di}{dM} = \frac{1}{\det(A)} ((-1+E_Y+E_i)(-T_S) - T_S(-T_Y)) < 0 \qquad (3.2.6)$$

$$\frac{dS}{dM} = \frac{1}{\det(A)} (E_i(-T_Y) - (-C_i)(-1+E_Y+E_i)) > 0 \qquad (3.2.7)$$

Die Vorzeichen der Multiplikatoren geben im Rahmen der komparativ-statischen Analyse Aufschluß über die Wirkungsweise einer expansiven Geldpolitik. Durch eine expansive Geldpolitik der Zentralbank erhöht sich die Geldmenge und führt aufgrund des Liquiditätsüberschusses zu einer anfänglichen Senkung des Zinses. Die Zinsen werden jedoch nur kurzfristig eine Wirkung zeigen, da sie über die Annahmen der vollkommenen Substituierbarkeit und Kapitalmobilität an den Zinssatz des Auslandes angebunden sind. Die (kurzfristige) Zinssenkung löst einen Kapitalabfluß aus, und die damit einhergehende Überschußnachfrage nach Devisen resultiert in einem Anstieg des Wechselkurses und daher in einer Abwertung der Währung. Der gestiegene Preis der ausländischen Währung wird über die Marshall-Lerner-Bedingung durch die Reduzierung der Importe und das Übergehen der Nachfrage auf inländische Produkte einen expansiven Effekt zur Folge haben. Dieser Anstieg des Sozialproduktes wird bei einer dann unveränderten Geldmenge zu einem Wiederanstieg der Zinsen führen. In dieser Situation wird sich die Handelsbilanzposition in positive Richtung verändert haben, hingegen die Kapitalbilanz in negative. Zu beachten ist, daß nur die Zahlungsbilanzidentität definitionsgemäß gilt, spezielle Bestandsgleichgewichte müssen jedoch nicht erfüllt sein. Durch den expansiven Effekt und die gestiegenen Zinsen kehrt sich schließlich auch die Wechselkursentwicklung um.

Die Auswirkungen einer expansiven Fiskalpolitik auf Realeinkommen, den inländischen Zins und den Wechselkurs wird im folgenden untersucht. Findet ein exogener Anstieg der Staatsausgaben statt, so ergeben die Multiplikatoren für eine Ausweitung von G und Konstanthaltung der übrigen exogenen Variablen für das Einkommen, den inländischen Zins i und den Wechselkurs S folgende Werte:

$$\frac{dY}{dG} = \frac{1}{\det(A)} (L_i T_S) > 0 \qquad (3.2.8)$$

$$\frac{di}{dG} = \frac{1}{\det(A)} (-L_Y T_S) > 0 \qquad (3.2.9)$$

$$\frac{dS}{dG} = \frac{1}{\det(A)} (L_Y C_i - L_i T_Y) < 0 \qquad (3.2.10)$$

Eine expansive Fiskalpolitik kann bei einem gegebenen Geldangebot das Realeinkommen nur in dem Maße ändern wie der Zinssatz ansteigt. Aufgrund der Annahme perfekter Kapitalmobilität ist kein großer Zinsanstieg möglich, und damit kann der Effekt auf das

Realeinkommen nur gering sein, vgl. Bruce und Purvis [1985]. Wird von der Annahme perfekter Kapitalmobilität abgegangen, dann zeigen sowohl monetäre als auch fiskalpolitische Maßnahmen expansive Wirkung auf das Einkommen. Die zeitweilige Erhöhung des Zinssatzes führt zu einer Aufwertung der inländischen Währung, die jedoch einen nachteiligen Effekt auf die Handelsbilanz haben wird, da die Exporte zurückgehen und die Importe ansteigen werden.

Obwohl die Integration der Finanzmärkte und Kapitalbewegungen in die makroökonomische Theorie offener Volkswirtschaften einen bedeutenden Beitrag darstellt, wird das Mundell-Fleming-Modell aus dem Blickwinkel der Finanzmärkte kritisiert, da es fast gänzlich auf Stromgrößen basiert, im Unterschied zu der Realität vieler Finanzmärkte, die Bestandsmärkte darstellen. In dem Modell resultieren Kapitaltransaktionen allein aus den Handelsbilanzüberschüssen bzw. -defiziten. Restriktionen auf Bestände an Auslandsvermögen oder hinsichtlich Bestandsumschichtungen bestehen nicht. Preise spielen in dem Mundell-Fleming-Modell keine Rolle und nominale Wechselkursänderungen gehen entsprechend mit einer realen Änderung einher. Veränderungen der Kaufkraftparität sind daher auch nicht von Bedeutung für die Bestimmung des Gleichgewichtswechselkurses.

Durch die Konzentration auf eine kurze Frist bei fixen Güterpreisen und Geldlöhnen wird die Güterangebotsseite vernachlässigt. Wie oben schon aufgezeigt, ist daher auch die unterstellte Abhängigkeit der Güterströme und Nettoexporte von den Terms of Trade fragwürdig, da die Elastizitäten kurzfristig unelastisch sind. Schließlich werden in dem Mundell-Fleming-Ansatz die Erwartungen der Marktteilnehmer fast gänzlich vernachlässigt, besonders die Erwartungen in Hinblick auf Wechselkursänderungen und deren mögliche Effekte für Portfoliodispositionen.

3.3 Monetäre Wechselkursmodelle

Der monetäre Ansatz zur Wechselkursbestimmung basiert auf der Theorie der Kaufkraftparität und der Quantitätstheorie des Geldes. Während die Kaufkraftparitätenhypothese den Wechselkurs als den Preis zweier Güter ansieht, betrachtet die monetäre Theorie den Wechelkurs als relativen Preis zweier Währungen. Aus dieser Überlegung folgt, daß das Wechselkursverhalten die Entwicklung der relativen Nachfrage nach der jeweiligen Währung reflektiert.

Zentraler Baustein der monetären Wechselkursmodelle ist das Geldmarkt-Gleichgewicht zwischen Angebot und Nachfrage nach Geld. Wie in dem vorigen Abschnitt wird die reale Geldnachfrage M/P mit der nominalen Geldmenge M und den Güterpreisen P als eine Funktion L in Abhängigkeit von dem realen Einkommen Y, dem Zinssatz i und anderen Faktoren K dargestellt, so daß

$$M/P = L(Y, i, K). \tag{3.3.1}$$

Zwischen Realeinkommen und realer Geldmenge besteht eine direkte positive Beziehung, da ein Anstieg im Einkommen die Nachfrage nach Transaktionskasse steigert. Die Beziehung zwischen den Zinssätzen und der realen Geldmenge ist dagegen invers, ein Anstieg der Zinssätze erhöht die Opportunitätskosten der Geldhaltung und senkt daher die Nachfrage. Andere Faktoren, zusammengefaßt unter K, können ebenfalls enthalten sein, z.B. technischer Fortschritt, der innerhalb der Gechäftsbanken und Finanzinstitute zu einer Steigerung der Umlaufgeschwindigkeit des Geldes führt und dadurch die Geldnachfrage verringert. Nach den monetaristischen Vorstellungen sollten Faktoren, die die Nachfrage nach inländischer Währung steigern, den Preis der inländischen Währung auf dem Devisenmarkt ansteigen lassen. Dies bedeutet, daß also eine Erhöhung des Realeinkommens ebenso wie ein Rückgang des Zinssatzes eine Aufwertung der Währung zur Folge haben.

3.3.1 Das monetäre Wechselkursmodell unter flexiblen Preisen

Die Analyse und Darstellung monetärer Wechselkursmodelle bei flexiblen Preisen gehen auf die Arbeiten von Frenkel [1976], Mussa [1976] und Bilson [1978] zurück. Betrachtet wird ein Modell mit zwei Ländern. Im allgemeinen wird eine Spezifikation der Geldnachfragefunktion vom Cagan-Typ herangezogen, mit der Form

$$M/P = Y^{\phi}e^{-\lambda i}, \tag{3.3.2}$$

wobei ϕ die Einkommenselastizität der Nachfrage nach realer Geldmenge und λ die Zins-Semielastizität der Nachfrage ist. In dieser Gleichung wird zugleich die lineare Homogenität des Geldes in den Preisen vorausgesetzt. Die weiteren Faktoren K von Gleichung (3.3.1) werden hierbei vernachlässigt. Weiterhin wird angenommen, daß eine entsprechende Spezifikation auch für das zweite Land gilt, und zur Vereinfachung werden meist die Elastizitäten der beiden Länder gleich gesetzt. Bei dieser Version des monetären Modells werden die Güter als vollkommen flexibel und die Kaufkraftparität als jederzeit erfüllt vorausgesetzt:

$$S = P/P^*, \tag{3.3.3}$$

wobei der Wechselkurs S als Preis einer Einheit ausländischer Währung in Einheiten inländischer Währung definiert ist. Werden die Gleichungen logarithmiert, nach den Güterpreisen P und P^* umgeformt und in Gleichung (3.3.3) eingesetzt, so gelangt man zu einer Darstellung der Gleichung der monetären Theorie mit flexiblen Preisen

$$s = (m - m^*) - \phi(y - y^*) + \lambda(i - i^*). \qquad (3.3.4)$$

Dieser Gleichung zufolge führt ein Anstieg des inländischen Geldangebots im Verhältnis zum Ausland zu einem Anstieg von s, das bedeutet zu einer Abwertung der inländischen Währung. Steigendes Einkommen im Inland oder ein Absinken des inländischen Zinsniveaus führen dagegen zu einer Aufwertung. Eine weitere Annahme, die dem Modell mit flexiblen Güterpreisen zugrundeliegt, besagt, daß in- und ausländische Wertpapiere perfekte Substitute sind und die ungesicherte Zinsparität kontinuierlich gültig ist. Das heißt, die Zinsdifferenz zwischen In- und Ausland ist identisch der erwarteten Abwertung der inländischen Währung. Bezeichnet man mit einem hochgestellten e die Erwartungen der Marktteilnehmer und mit Δ die zeitliche Veränderung einer Variable, so gilt:

$$i - i^* = \Delta s^e. \qquad (3.3.5)$$

Unter Berücksichtigung der kontinuierlichen Gültigkeit der Kaufkraftparität (3.3.3) ergibt sich

$$\Delta s^e = \pi - \pi^*, \qquad (3.3.6)$$

wobei π und π^* die erwarteten Inflationsraten des jeweiligen Landes bezeichnen. Mit diesen beiden Zusätzen gelangt man zu einer alternativen Darstellung der monetären Wechselkursgleichung mit

$$s = (m - m^*) - \phi(y - y^*) + \lambda(\pi - \pi^*). \qquad (3.3.7)$$

Unter sonst konstanten Größen resultiert ein Anstieg der erwarteten Inflationsraten im Inland in einer Abwertung der inländischen Währung.

Für die beiden alternativen Darstellungen (3.3.4) und (3.3.7) ist zu beachten, daß der Wechselkurs homogen der Ordnung eins im Geldangebot ist. Dies folgt direkt aus der in der Geldmarktgleichung angenommenen Homogenität des Geldes in den Preisen sowie aus der Kaufkraftparitätenbedingung. Ein Anstieg des Geldangebotes führt daher nicht zu einem Über- oder Unterschießen des Wechselkurses. In der Arbeit von Mussa [1976] wird die kontinuierliche Gültigkeit der Kaufkraftparität nicht zugrundegelegt, und so ist in dessen abgeleiteter Gleichung des monetären Ansatzes Homogenität des Wechselkurses im Geldangebot nicht vorausgesetzt.

Ein Anwachsen des inländischen Realeinkommens hat eine Aufwertung zur Folge, die dem ϕ-fachen, d.h. der Einkommenselastizität, der Änderung im Einkommen entspricht. Die Tatsache, daß in diesem Ansatz Nominalzinsen die erwartete Inflationsrate ausdrücken, führt zu einer positiven Elastizität des Wechselkurses in bezug auf den Zinssatz. Damit hat ein Anstieg des inländischen Zinsniveaus, bzw. der erwarteten Inflation eine Abwertung der inländischen Währung zur Folge. Traditionelle Theorien, die auf der Analyse von Handelsströmen beruhen, gelangen dagegen zu gerade gegensätzlichen Ergebnissen. Nach diesen Modellen impliziert ein höheres Realeinkommen eine höhere Kapitalnachfrage und damit eine höhere Nachfrage nach ausländischer Währung, die zu einer Abwertung der inländischen Währung führt. Diese Beziehung stellt jedoch nur ein partielles Gleichgewicht dar. Eine derartige Betrachtung vernachlässigt die Bedeutung von Kapitalströmen, die aus dem Anstieg des Realeinkommens resultieren. Nach der monetären Theorie sollte daher im allgemeinen Gleichgewicht ein höheres Einkommen als Nettoeffekt eine Aufwertung zur Folge haben, da der Anstieg der Geldnachfrage und die damit verbundene Verbesserung der Kapitalbilanz die Verschlechterung der Handelsbilanz übersteigt. In Modellen, die Kapitalströme untersuchen, wird argumentiert, daß hohe reale Zinssätze ausländisches Kapital anziehen und damit eine Aufwertung der inländischen Währung zur Folge haben. In der monetären Theorie wird dagegen betont, daß hohe nominelle Zinssätze, die eine höhere Inflationsprämie beinhalten, eine Abwertung der inländischen Währung über den Kanal der Kaufkraftparität implizieren.

Diese Wirkungsweise wird klar, wenn berücksichtigt wird, daß bei dem monetären Ansatz die Variablen Realeinkommen und Zinssatz den Wechselkurs nur indirekt über ihren Einfluß auf die Geldnachfrage verändern. Ein Anstieg des Einkommens erhöht die Nachfrage nach Transaktionskasse und bei konstantem nominalen Geldangebot kann das Geldmarktgleichgewicht nur erhalten bleiben bzw. wiedergewonnen werden, wenn das inländische Preisniveau sinkt. Und aufgrund der strikten Gültigkeit der Kaufkraftparität kann dies nur geschehen, wenn der Wechselkurs sich ändert. Die inländische Währung wird also aufgewertet, und damit kann das Gleichgewicht zwischen realer Geldnachfrage und realem Geldangebot wiederhergestellt werden.

In diesem Abschnitt wurde ein monetärer Ansatz zur Wechselkursbestimmung dargestellt, der von völlig flexiblen Güterpreisen zur Aufrechterhaltung der Geldmarkt-Gleichgewichtsbedingung ausgeht. Von dieser Annahme, die häufig kritisch beurteilt und als unrealistisch angesehen wird, kann in dem monetären Ansatz, der im folgenden Abschnitt betrachtet wird, abgegangen werden. Stattdessen werden die Preise als kurzfristig unflexibel angesehen und die Auswirkungen dieser Voraussetzung auf das Wechselkursverhalten untersucht.

3.3.2 Das monetäre Wechselkursmodell bei langsamer Anpassung der Güterpreise

Eine Schwierigkeit des Modells mit flexiblen Preisen resultiert aus den sehr strikten Annahmen, daß Preise völlig flexibel sind und die Kaufkraftparität kontinuierlich gültig ist. Diese Vorstellungen sind als sehr unrealistisch zu bezeichnen, da langfristige Kontrakte, z.B. bei den Löhnen, Trägheiten im Konsumverhalten oder Transportkosten eine sofortige Reaktion der Güterpreise auf exogene Schocks unmöglich machen. Beginnend mit der wichtigen Arbeit von Dornbusch [1976], führte dies zu dem monetären Ansatz mit langsamer Anpassung der Güterpreise. Bei diesem Modell können nominelle wie auch reale Wechselkurse ihr langfristiges Kaufkraftparitäten-Gleichgewicht über- oder unterschießen, wobei das Ausmaß dieser Überreaktion von dem Grad der Kapitalmobilität abhängt. Die grundlegende Annahme dazu ist, daß die Anpassungseigenschaften der Güter- und Finanzmärkte asymmetrisch sind. Von diesen Annahmen abgesehen, handelt es sich auch bei diesem Modell um eine kleine, offene Volkswirtschaft, die ein inländisches Gut produziert, das kurzfristig nur ein unvollständiges Substitut eines ausländischen Gutes ist. Im Unterschied zu der Unterbeschäftigungssituation bei dem Mundell-Fleming-Modell läuft die Produktion in diesem Fall auf Vollbeschäftigungsniveau.

Das Modell von Dornbusch [1976] besteht aus den folgenden Gleichungen:

$$m - p = \alpha_1 y - \alpha_2 i \qquad (3.3.8)$$

$$d = \beta_0 + \beta_1(s - p) + \beta_2 y - \beta_3 i \qquad (3.3.9)$$

$$\Delta p = \gamma(d - y) \qquad (3.3.10)$$

$$\Delta s^e = i - i^* \qquad (3.3.11)$$

$$\Delta s^e = \theta(\bar{s} - s), \quad 0<\theta<1. \qquad (3.3.12)$$

Die Variablen sind, bis auf die in- und ausländischen Zinssätze als Logarithmus transformiert, ein Querbalken gibt die langfristige Gleichgewichtslösung an und ein Δ bezeichnet die zeitliche Veränderung der nächstfolgenden Variablen.

Die Gleichung (3.3.8) gibt die bekannte logarithmisch, lineare Geldmarktgleichung an. Die reale Geldmenge steigt mit einem Einkommensanstieg und sinkt bei steigenden Zinsen. Die zweite Gleichung stellt eine aggregierte Nachfragefunktion in Abhängigkeit von dem realen Wechselkurs[4], dem Einkommen und dem Zinssatz dar. Die Eigenschaft der

[4] Dabei wurde das ausländische Preisniveau P^* auf Eins normiert und $(s-p)$ stellt den Logarithmus des realen Wechselkurses von SP^*/P dar, vgl. Dornbusch [1976, S.1104]

langsamen Anpassung der Güterpreise wird durch Gleichung (3.3.10) aufgezeigt. Bei einer konstanten Produktion auf Vollbeschäftigungsniveau ist der Anstieg der inländischen Güterpreise proportional zu der Differenz zwischen der Überschußnachfrage und der Vollbeschäftigungsproduktion. Die Anpassungsgeschwindigkeit γ ist dabei exogen vorgegeben, und die Erwartungen in bezug auf p sind stationär. Wird als Grenzfall $\gamma=0$ gesetzt, dann ergibt sich das traditionelle keynesianische Modell mit fixen Güterpreisen und mit $\gamma=\infty$ das Modell unter vollständiger Preisflexibilität. Zusätzlich wird mit Gleichung (3.3.11) von vollkommen flexibler Kapitalmobilität ausgegangen und die kontinuierliche Gültigkeit der ungesicherten Zinsparität vorausgesetzt. Schließlich wird in Gleichung (3.3.12) gefordert, daß die erwartete Änderung des Wechselkurses proportional zu der Diskrepanz zwischen dem aktuellen und dem langfristigen Gleichgewichtswechselkurs ist. Unter bestimmten Voraussetzungen ist diese regressive Erwartungsbildung konsistent mit rationalen Erwartungen oder vollkommener Voraussicht, vgl. MacDonald [1988][5].

Zur Darstellung der Arbeitsweise des Modells werden die Gleichungen nach den Finanz- und Gütermarkt-Gleichgewichtsbeziehungen aufgelöst. Das Gütermarkt-Gleichgewicht erhält man durch Substitution von Gleichung (3.3.9) in (3.3.10). Die Preisanpassungsgleichung hat dann die Form:

$$\Delta p \quad = \quad \gamma[(\beta_0 + \beta_1(s - p) + (\beta_2 - 1)y - \beta_3 i]. \qquad (3.3.13)$$

Das Finanzmarktgleichgewicht wird erreicht, indem (3.3.12) in (3.3.4) und das Resultat in (3.3.8) eingesetzt und nach dem Preisniveau aufgelöst wird. Durch die Umformungen erhält man mit

$$m - p \quad = \quad \alpha_1 y - \alpha_2 i^* - \alpha_2\theta(s^- - s) \qquad (3.3.14)$$

die allgemeine Finanzmarkt-Gleichgewichtsbedingung. Die Gleichung stellt sicher, daß die Geldnachfrage dem Geldangebot entspricht, die ungesicherte Zinsparität kontinuierlich gilt und die vorgegebene Erwartungsbildung herrscht. Im langfristigen Gleichgewicht werden keine Wechselkursänderungen mehr auftreten und der Gleichgewichtswert für das Preisniveau damit die folgende Form erhalten:

$$p^- \quad = \quad m - \alpha_1 y + \alpha_2 i^*. \qquad (3.3.15)$$

Wenn Gleichung (3.3.15) von (3.3.14) abgezogen wird, kann schließlich der aktuelle Wechselkurs in Abhängigkeit von Abweichungen vom langfristigen Gleichgewicht hergeleitet werden:

---

5 Erweiterungen des Dornbusch-Modells, bei denen einige der strikten Annahmen abgeschwächt werden, wurden von Wilson [1979], Mussa [1982, 1984] und Obstfeld und Rogoff [1984] durchgeführt.

$$s \quad = \quad s^- - (1/\alpha_2\theta)(p - p^-) \qquad (3.3.16)$$

Den langfristigen Gleichgewichtswechselkurs, bei dem keine weiteren Kursänderungen mehr auftreten, und bei dem daher gilt $s=s^-$, $i=i^*$ und $\Delta p=0$, erhält man durch Einsetzen von (3.3.8) in (3.3.13) und entsprechendes Umformen:

$$s^- = \quad m - 1/\beta_1[\beta_0 + (\beta_1\alpha_1 + \beta_2 - 1)y - (\beta_1\alpha_2 + \beta_3)i^*]. \qquad (3.3.17)$$

Bei gegebenen langfristigen Werten für Wechselkurs und Preisniveau bestimmt die Gleichung (3.3.16) den aktuellen Wechselkurs in Abhängigkeit von den gegenwärtigen Preisen.

Im folgenden soll nun analysiert werden, wie dieses Modell auf Schocks in den Preis- und Geldmengengrößen reagiert, das heißt inwieweit sich die langfristigen Gleichgewichte ändern und insbesondere wie die Wirkung auf den aktuellen Wechselkurs ist. Als erstes werden die Auswirkungen einer Preisänderung betrachtet. Ein Anstieg der Preise p über ihren langfristigen Gleichgewichtswert p^- resultiert in einer Reduzierung der realen Geldmenge. Um das Geldmarktgleichgewicht (3.3.7) beizubehalten muß bei konstant angenommener Produktion auf Vollbeschäftigungsniveau notwendigerweise der inländische Zins ansteigen. Dies resultiert über die Bedingung der ungesicherten Zinsparität (3.3.14) in der Erwartung einer Wechselkursabwertung, und über die regressive Erwartungsgleichung (3.3.12) muß der Wechselkurs s gegenüber der langfristigen Lösung s^- zurück gehen. Das heißt, es kommt zu einer Aufwertung der inländischen Währung. Die Verschlechterung der Handelsbilanz, die aus der Aufwertung resultiert, wird dabei aufgrund des gestiegenen Zinssatzes und der perfekten Kapitalmobilität durch einen resultierenden Kapitalbilanzüberschuß aufgefangen werden. Interessant ist, daß bei diesem Modell mit sich langsam anpassenden Preisen, im Unterschied zu dem vorherigen Modell mit völlig flexiblen Preisen, ein inländischer Preisanstieg aufgrund des Zinsanstiegs eine Aufwertung zur Folge hat.

Eine entscheidende Eigenschaft des vorliegenden Modells ist die Annahme eines kontinuierlich gültigen Finanzmarktgleichgewichts, während das Gütermarktgleichgewicht nur langfristig Gültigkeit hat. Nach einer externen Störung, z.B. einem Anstieg des Geldangebots, passen sich die Preise nur langsam an, wie aus Gleichung (3.3.10) mit $\gamma < \infty$ ersichtlich ist. Stattdessen läuft die Anpassung über die Finanzmarktpreise, das bedeutet über den Zinssatz und den Preis der ausländischen Währung. Die Auswirkungen eines Geldmengenimpulses auf die Modellgrößen und im besonderen den Wechselkurs werden im folgenden eingehender betrachtet. Dabei wird angeommen, daß der Wechselkurs anfänglich im langfristigen Gleichgewicht s^- sei. Ein Anstieg des Geldangebotes führt aufgrund der langfristig gültigen monetären Homogenität, wie anhand der Gleichungen (3.3.15) und (3.3.17) zu erkennen, zu einem proportionalen Anstieg des langfristigen Wechselkurses s^{-} und des langfristigen Preisniveaus p^{-}. Bei sich nur langsam anpassenden Preisen p und exogen vorgegebener Vollbeschäftigungsproduktion y kann sich der Geldmarkt nur durch eine Senkung des Zinses ausgleichen. Dies ist möglich, solange die erwartete Wechselkursänderung nicht Null ist und damit der Zins i an den Weltmarktzins i^* angekoppelt ist. Es muß also die Erwartung einer Wechselkursaufwertung entstehen, damit die ungesicherte Zinsparität kontinuierlich gültig ist. Dies kann aufgrund der Bedingung (3.3.12) wiederum nur eintreten, wenn die Abwertung des gegenwärtigen Wechselkurses größer ausfällt als die langfristige Abwertung. Damit "überschießt" der Wechselkurs sein langfristiges Gleichgewicht, die Stärke des Überschießens hängt hierbei entscheidend von der Zins-Semielastizität α_2 und dem Erwartungskoeffizienten θ ab. Ein Geldmengenschock hat kurzfristig einen geringeren Zinssatz, Kapitalabfluß und eine Wechselkursabwertung zur Folge. Da die Preise kurzfristig unflexibel sind, wird die Änderung im nominalen Wechselkurs auch eine Änderung im realen sein. Wie die Analyse zeigt, hat die Annahme einer verzögerten Anpassung auf den Gütermärkten die Konsequenz, daß Änderungen der Nominalzinsen kurzfristig einen Liquiditätseffekt widerspiegeln und nicht eine Änderung der Inflationserwartungen. Auf kurze Sicht impliziert dies also eine negative Elastizität des Wechselkurses in bezug auf das Zinsdifferential.

Das Überschießen des Wechselkurses wird allerdings nur kurzfristig sein, denn der geringere Zinssatz und die abgewertete Währung werden in Verbindung mit einer Verbesserung der Handelsbilanz eine Überschußnachfrage verursachen. Die Konstruktion der Wirkungsweise entspricht hier den Abläufen im Mundell-Fleming-Modell. Im Unterschied zu diesem produziert die Volkswirtschaft annahmegemäß schon auf Vollbeschäftigungsniveau, so daß die Überschußnachfrage nicht zu höherem Güterausschuß sondern zu inflationären Tendenzen führt. Die Preise steigen in Richtung ihrer langfristigen Gleichgewichtsposition, die ja proportional zu dem Geldmengenimpuls gegenüber dem ursprünglichen Gleichgewichtswert verschoben wurde. Durch den von der Überschußnachfrage abhängigen Preisanstieg, siehe Gleichung (3.3.10), sinkt die reale Geldmenge wieder, und damit das Finanzmarktgleichgewicht weiterhin gültig bleibt, hat dies einen Wiederanstieg des Zinssatzes zur Folge. Dieser Zinsanstieg führt zusammen mit einem daraus resultierenden anfänglichen Kapitalzufluß, zu einer Aufwertung des Wechselkurses. So wird der Anpassungsprozeß zum langfristigen Gleichgewicht nach anfänglich überschießender Abwertung begleitet von einem Rückgang der realen Geldmenge, ansteigenden Zinssätzen und einer Aufwertung der Währung. Langfristig entspricht der Anstieg des Preisniveaus p und des Wechselkurses s dem ursprünglichen Anstieg des Geldangebots m, während der inländische Zins auf das ursprüngliche Niveau zurückkehrt.

Formal läßt sich die Wirkung eines Geldmengenschocks auch zeigen, vgl. Dornbusch [1976, S. 1169], in dem Gleichung (8) total differenziert wird und Berücksichtigung findet, daß eine Veränderung der Geldmenge im gleichen Maße den langfristigen Wert des Wechselkurses und des Preisniveaus verändert, das bedeutet $dm=d\bar{s}=d\bar{p}$. Produktion y und Geldmarktzins bleiben konstant und damit erhält man den Ausdruck

$$\frac{ds}{dm} = 1 + \frac{1}{\alpha_2\theta} . \tag{3.3.18}$$

Aus Gleichung (3.3.18) ist das kurzfristige Überschießen deutlich zu erkennen (vgl. dazu auch Niehans [1975]), dessen Ausmaß von der Zins-Semielastizität und dem Erwartungskoeffizienten abhängt.

Eine der Ursachen der großen Aufmerksamkeit, die das Dornbuschmodell in der Folgezeit erhalten hat, liegt darin begründet, daß es von der vielfach verwendeten Mundell-Fleming-Modellstruktur ausgeht und sie um die realistische Annahme der langsamen Anpassung der Güterpreise erweitert. Auf diese Weise erhält man ein theoretisches Modell, das mit dem Phänomen der starken Variabilität der Wechselkurse im Vergleich zu den Güterpreisen konsistent ist.

Dagegen wird kritisch bemerkt, daß das Modell ohne explizite Begründung von einer asymmetrischen Dynamik der Wechselkurse und Preise ausgeht. Um diesen Nachteil zu entkräften, wurden verschiedene Ansätze entwickelt, die eine endogene Erklärung für die langsame Anpassung der Güterpreise ermöglichen. Eine Variante geht von grundsätzlich flexiblen Güterpreisen aus, bezieht aber die Existenz einer festen Laufzeit von Lohnkontrakten ein. Dies hat zur Folge, daß bei einmal vereinbarten Nominallöhnen, Störungen, die sich in einer überraschenden Änderung des Preisniveaus und einer Beeinflussung des Güterangebots niederschlagen, nicht berücksichtigt werden können. Formal läßt sich dies durch die Aufnahme einer Überraschungsvariablen im theoretischen Modell darstellen. Modelle dieser Art wurden u.a. von Taylor [1980], Turnovsky [1981], Eaton und Turnovsky [1982], Henderson [1982] oder Marston [1985] entwickelt. Ein anderer Ansatz besteht darin, die Güterpreis-Anpassungsprozesse durch die Unsicherheit hinsichtlich der Entwicklung der Geldmenge zu modellieren. Aufgrund dieser Ungewißheiten, die erst mit zeitlicher Verzögerung ausgeräumt werden, können sich langanhaltende "adaptive" Anpassungsvorgänge ergeben (vgl. dazu Mussa [1976], Barro [1978], Bilson [1978a] oder Baltensperger [1981]).

3.3.3 Reales Zinsdifferenz-Modell

Von Frankel [1979] wurde ein Modell vorgestellt, das als eine Synthese des Dornbusch-Ansatzes mit dem, auf Frenkel, Bilson und Mussa beruhenden, allgemeinen monetären Modell betrachtet werden kann. Er integriert die beiden theoretischen Modellansätze und stellt sie in einer reduzierten Form-Gleichung dar, in die als erklärende Variable auch die reale Zinsdifferenz zwischen den betrachteten Volkswirtschaften eingeht. Sein Vorgehen wird hier kurz skizziert. Nach diesem Ansatz ist die Kaufkraftparität nur langfristig gültig:

$$s^- = p^- - p^{-*}. \qquad (3.3.19)$$

Kurzfristig kann der Wechselkurs aufgrund der langsamen Anpassung der Güterpreise von der Kaufkraftparität abweichen. Die nur auf lange Sicht bestehende Gültigkeit der Hypothese der Kaufkraftparität hat zur Folge, daß die Frenkel-Mussa-Bilson-Gleichung nur langfristig hält:

$$s^- = (m^- - m^{-*}) - \phi(y^- - y^{-*}) + \lambda(\pi^- - \pi^{-*}). \qquad (3.3.20)$$

Kurzfristig kann der Wechselkurs von seiner Gleichgewichtsbedingung abweichen, langfristig wird die Volkswirtschaft jedoch zu dem Gleichgewichtswert konvergieren. Dies geschieht unter der Annahme, daß die von den Marktteilnehmern erwartete Änderung des Wechselkurses proportional ist zu der Diskrepanz zwischen dem langfristigen Gleichgewichtskurs und dem momentanen Kurs, $\Delta s^e = \theta(s^- - s)$. In Frankel [1979, 1984] wird diese Annahme erweitert für den Fall, daß auch langfristig Inflation existiert und man nicht von langfristig konstanten Preisen ausgehen kann. Auch in der Arbeit von Buiter und Miller [1981] wird eine Erweiterung für diesen Fall vorgesehen. Die erwartete Änderung des Wechselkurses ist dann zusätzlich von den erwarteten zukünftigen langfristigen Inflationsraten abhängig:

$$\Delta s^e = \theta(s^- - s) + (\pi^- - \pi^{-*}). \qquad (3.3.21)$$

Wird diese Annahme mit der ungesicherten Zinsparität (3.3.12) kombiniert, so ergibt sich für die Abweichung zwischen dem langfristigen Gleichgewichtsniveau und dem augenblicklich herrschenden Wechselkurs die folgende Darstellung

$$s^- - s = 1/\theta((i - \pi^-) - (i^* - \pi^{-*})). \qquad (3.3.22)$$

Ein Anstieg der realen Zinsdifferenz ist daher mit einem Kapitalzufluß verbunden und führt zu einer Aufwertung der inländischen Währung über das langfristige Gleichgewichtsniveau hinaus. Kombiniert mit der langfristig gültigen Frenkel-Mussa-Bilson-Gleichung (3.3.20) erhält man eine Darstellung des monetären Modells mit sich langsam anpassenden Güterpreisen:

$$s = (m^- - m^{-*}) - \phi(y^- - y^{-*}) + (\lambda + 1/\theta)(\pi^- - \pi^{-*}) - 1/\theta(i - i^*). \qquad (3.3.23)$$

Die Gleichung (3.3.18) gibt somit das Dornbusch-Modell in reduzierter Form wieder und stellt so die Verbindung zu den monetären Wechelkursmodellen mit flexiblen Preisen her.

Bei der Darstellung wurden hinsichtlich der unterschiedlichen Hypothesen in bezug auf die Zinselastizität sowohl den Opportunitätskosten der Geldhaltung (Dornbusch [1976]) als auch dem Einfluß der Inflationserwartungen (Frenkel [1976], Mussa [1976], Bilson [1978]) Rechnung getragen, indem für den Term $(\pi - \pi^*)$ ein positives und für das Zinsdifferential $(i - i^*)$ ein negatives Vorzeichen gefordert wird.

3.3.4 Währungssubstitution

Die obigen Modelle unterscheiden nicht zwischen der Nachfrage nach inländischem Geld und der inländischen Nachfrage nach Geld, stattdessen wird implizit angenommen, daß für inländische Wirtschaftssubjekte die einzige relevante Anlageform das Halten von inländischem Geld ist. Eine Erweiterung des monetären Ansatzes erlaubt daher Inländern auch das Halten von ausländischer Währung und umgekehrt. So können Inländer ausländische Währung nachfragen, beispielsweise um ihre Transaktionskosten zu minimieren, ihr Wechselkursrisiko zu verringern oder um eine Portfoliodiversifikation vorzunehmen. Dies bedeutet, daß die inländische Geldnachfrage eine ausländische Komponente einschließt, die von den aggregierten ausländischen Größen wie Einkommen oder Zinssätzen abhängig ist. Von verschiedenen Autoren wurden Modelle vorgestellt, die die Möglichkeit der Währungssubstitution beinhalten. Zu nennen sind hier Girton und Roper [1977, 1981], Kouri [1976], Calvo und Rodriguez [1977], Frenkel und Rodriguez [1982], Miles [1978], Stockman [1978], McKinnon [1982] und Böhm [1984]. Eine Möglichkeit, innerhalb der monetären Modelle Aspekte der Währungssubstitution zu integrieren, wird im folgenden dargestellt. Es wird entsprechend wieder eine kleine offene Volkswirtschaft betrachtet, in der jedoch die Inländer ihr Vermögen auf in- oder ausländische Währung, M oder M^*, aufteilen können. Der proportionale Anteil der Währungen im Portfolio hängt dabei primär von dem erwarteten zukünftigen Wechselkurs ab. Es sei Ω der Anteil inländischen Geldes, der gehalten wird, und dieser sei abhängig von der Einschätzung der künftigen Wechselkursentwicklung und der Unsicherheit des Eintretens dieser Erwartungen

$$\Omega \quad = \quad F(\Delta s^e,\Gamma), \qquad F_{\Delta s^e}<0,\ F_\Gamma<0, \tag{3.3.24}$$

wobei $F_{\Delta s^e}$ und F_Γ die partiellen Ableitungen angeben. Die Erwartung einer Abwertung führt demnach zu einer Verminderung des Anteils inländischer Währung im Portfolio, ebenso der Anstieg der erwarteten Unsicherheit hinsichtlich der zukünftigen Wechselkursentwicklung. Der obige Zusammenhang wird als logarithmisch-linear angenommen, und außerdem trifft man die Annahme, daß im übrigen das monetäre Modell mit flexiblen Preisen gültig ist. Weiterhin sollen Änderungen in der Präferenz einen unabhängigen und direkten Einfluß auf den Wechselkurs haben. Dann erhält man unter Verwendung der obigen Gleichungen (3.3.11) und (3.3.13) des Ansatzes mit flexiblen Preisen mit der Form

$$s \quad = \quad (m - m^*) - \Omega - \phi(y - y^*) + \lambda\Delta s^e) \tag{3.3.25}$$

ein monetäres Wechselkursmodell mit Währungssubstitution in reduzierter Form. Es lassen sich weitere Annahmen über die Erwartungsbildung treffen, indem beispielsweise angenommen wird, daß die Wechselkurserwartungen von der erwarteten Geldmengenwachstumsrate abhängen und der Term der Unsicherheit als eine Funktion der Varianz des inländischen Geldangebots modelliert wird. Dann läßt sich mit $\Omega=\alpha_1\Delta m^e+\alpha_2 Var(\Delta m^e)$, $\alpha_1<0$, $\alpha_2<0$ die Gleichung (3.3.20) schreiben als

$$s \ = \quad (m - m^*) - \phi(y - y^*) + (\lambda - \alpha_1)\Delta m^e + \alpha_2 Var(\Delta m^e), \tag{3.3.26}$$

wobei $(\lambda-\alpha_1)>0$ und $\alpha_2<0$ sind. Die obige Gleichung (3.3.26) verdeutlicht die Effekte von Währungssubstitution, die neben den traditionellen monetären Wechselwirkungen auftreten. Wie leicht zu erkennen ist, kann schon die Erwartung eines monetären Schocks deutliche Auswirkungen zeigen. Aufgrund der Möglichkeit der inländischen Marktteilnehmer, inländische Währung gegen ausländische zu substituieren, erhöht sich der Abwertungsdruck bei der Erwartung einer Geldmengenerhöhung gegenüber dem ursprünglichen monetären Modell mit $(\lambda-\alpha_1)>\lambda$ und verstärkt so die Reaktion des Wechselkurses.

Die monetären Modelle mit Währungssubstitution stellen zweifelsohne eine sinnvolle Erweiterung des Basismodells dar, da Portfolioüberlegungen der Marktteilnehmer signifikante Auswirkungen für die Wechselkursentwicklung aufweisen können. Die Einschränkung der Wahlmöglichkeiten nur auf Währungen ist jedoch eine sehr strikte Annahme. Bei den sogenannten Portfoliomodellen wird diese Einschränkung aufgehoben, so daß die Marktteilnehmer ihr Vermögen auch in in- oder ausländischen Wertpapieren anlegen können. Diese wichtige Klasse von Wechselkursmodellen wird in dem nächstfolgenden Kapitel behandelt.

3.3.5 Beurteilung der monetären Theorie

Die Analyse der Wechselkursbestimmung innerhalb des Rahmens der monetären Theorie legt keine große Bedeutung auf den Bestand anderer Vermögensarten anstelle von Geld. Nach dem monetären Ansatz haben Änderungen im Bestand von Finanztiteln nur in dem Ausmaß Auswirkungen auf den Wechselkurs, wie sie die Geldnachfrage beeinflussen. Zusätzlich werden Wertpapiere als vollkommen substituierbar angesehen. Im Unterschied dazu wird von den Portfoliomodellen, die im nächsten Abschnitt behandelt werden, die begrenzte Substituierbarkeit unterschiedlicher Vermögensarten hervorgehoben. Bei diesem Ansatz haben die Bestände und die Bestandsveränderungen von Vermögensarten deutliche Auswirkungen auf das Wechselkursverhalten.

Bei der Analyse des monetären Ansatzes zur Wechselkursbestimmung ist es wichtig zu berücksichtigen, daß von der Theorie nicht postuliert wird, daß nur Geld und nur die Bestandsgrößen im Gegensatz zu Stromgrößen für Kursgleichgewichte entscheidend sind. Denn offensichtlich enthalten die für die Wechselkursbestimmung relevanten Gleichgewichtsbeziehungen Bestands- und Stromgrößen. Die formulierte Gleichung für den Wechselkurs ist daher eher als reduzierte Form-Gleichung anzusehen, die diese allgemeinen Gleichgewichtsbeziehungen beinhaltet. Damit zeigt sich auch, daß von diesen Modellen nicht der Anspruch erhoben wird, nur das inländische und ausländische Geldangebot bestimme den Wechselkurs. Dieser Ansatz will vielmehr darauf hindeuten, welche Schlüsselrolle neben den relativen Güterpreisen die Geldnachfrage spielt, die wiederum von anderen Variablen wie Realeinkommen oder Zinssätzen und den Erwartungen für diese Werte abhängt. Die Konzentration auf die Analyse des relativen Geldangebots und der relativen Geldnachfrage stellt einen geeigneten Rahmen zur Verfügung, in welchem Hypothesen hinsichtlich der Bestimmungsfaktoren für den relativen Preis zwischen in- und ausländischer Währung untersucht werden können. Und die Wahl, den Schwerpunkt auf Geldangebot und -nachfrage zu legen, beruht auf einigen grundlegenden Annahmen der Wirkungsweise moderner offener Volkswirtschaften. So wird zum einen angenommen, daß sich Finanzmärkte schneller räumen als die Gütermärkte und daß die Nachfrage nach realen Beständen relativ stabil ist. Zum anderen liegt die Überlegung zugrunde, daß das Angebot nominaler Bestände ein geld- und fiskalpolitisches Instrument darstellt, das von den Zentralbanken und Regierungen kontrolliert wird. Eine Analyse der Wirkungsweisen dieser Instrumente und das Erkennen der Abhängigkeiten wurde damit ein vordringliches Ziel für die Wirtschaftswissenschaften in den siebziger Jahren. Denn die korrekte Interpretation der theoretischen Ergebnisse verschafft den Ökonomen die Möglichkeit, Empfehlungen für die Wirtschaftspolitik abzuleiten und Regierungen konkrete Hilfestellungen zur Steuerung der Wirtschaft zu geben. Nach dem Zusammenbruch des Bretton-Woods-Systems mit festen

Wechselkursen und dem Übergang zu frei schwankende Kursen war die Anwendung des monetären Ansatzes zu einer Analyse des Verhaltens flexibler Wechselkurse nur eine logische Konsequenz. Daher müssen die Ergebnisse der Analyse des Wechselkursverhaltens auf der Basis der monetären Theorie auch in diesem Kontext beurteilt werden und sollten nicht unabhängig davon der Kritik unterzogen werden.

3.4 Portfoliomodelle

Die im vorherigen Abschnitt angesprochenen Währungssubstitutionsmodelle haben den Nachteil, daß sie nur eine geringe Zahl von Finanzaktiva, das heißt inländisches und ausländisches Geld betrachten. In den Portfoliomodellen wird die Zahl der Aktiva, die einem internationalen Portfoliobesitzer offenstehen, ausgeweitet um in- und ausländische Wertpapiere.

Im Unterschied zu den Ansätzen monetärer Wechselkursmodelle wird bei den Portfoliomodellen nicht angenommen, daß in- und ausländische Finanzaktiva perfekte Substitute sind. Zwei Länder unterscheiden sich im allgemeinen im Hinblick auf ihre Volkswirtschaft, politische Stabilität, Steuersystem und Geldpolitik, so daß es unrealistisch erscheint, Wertpapiere der beiden Länder als perfekte Substitute anzusehen. Internationale Investoren werden daher ihre Portfolios so strukturieren, daß die jeweiligen Anteile eines bestimmten Aktivpostens ihrer Rendite/Risiko-Präferenz entsprechen. Dies hat zur Folge, daß die ungesicherte Zinsparität nicht mehr gültig ist und stattdessen die Parität um eine Risikoprämie erweitert wird.

Die Portfolio- und Finanzmarktansätze (siehe Abschnitt 3.5) betrachten den Wechselkurs als relativen Preis, der ebenso wie Preise von anderen Anlageinstrumenten auf den Finanzmärkten ermittelt wird. Dazu werden Angebot und Nachfrage für diese verschiedenen Finanzaktiva explizit modelliert und deren Allokation im Zeitverlauf berücksichtigt.

In der Makroökonomie wurde der Portfolioansatz in den Arbeiten von Metzler [1951] und Tobin [1965, 1969] entwickelt, die innerhalb offener Volkswirtschaften und fixer Wechselkurse die Veränderungen von Finanzaktiva, Zinssätzen und Änderungen der internationalen Devisenreserven untersuchten. Mit dem Übergang zu flexiblen Wechselkursen nach dem Zusammenbruch des Bretton-Woods-Systems wurden diese Modelle entsprechend angepaßt, und die wichtigen Beiträge, die sich mit der Anwendung von Portfolio-Balance-Modellen auf die Wechselkursbestimmung beschäftigen sind von

Kouri [1976], Branson [1975, 1977, 1984], Branson, Halttunen und Masson [1977, 1979], Allen und Kenen [1980], Dornbusch und Fisher [1980], Dooley und Isard [1982] und de Macedo und Braga [1982]. Hier wird ein allgemeines Portfoliomodell vorgestellt, das sich an den Arbeiten von William H. Branson orientiert. Dieses Modell ist zeitpunktbezogen und daher kurzfristig ausgerichtet. Es stellt die Vermögensallokation der Wirtschaftsobjekte unter sofortigen und kostenlosen Anpassungsmöglichkeiten für Portfoliobestände dar.

Die grundlegenden Bedingungen für ein Portfoliomodell geben folgende Markt-Gleichgewichtsbeziehungen wieder:

$$\text{Angebot} = \text{Nachfrage}$$

$$M = m(i,i^* + \Delta s^e)W, \quad m_i < 0,\ m_{i^*+\Delta s^e} < 0 \tag{3.4.1}$$

$$B = b(i,i^* + \Delta s^e)W, \quad b_i > 0,\ b_{i^*+\Delta s^e} < 0 \tag{3.4.2}$$

$$sF = f(i,i^* + \Delta s^e)W, \quad f_i < 0,\ f_{i^*+\Delta s^e} > 0 \tag{3.4.3}$$

$$W = M + B + sF \tag{3.4.4}$$

Nach den Vorgaben des Portfoliomodells halten inländische Marktteilnehmer ihr finanzielles Vermögen W aufgeteilt in inländisches Geld M, inländische Wertpapiere B und ausländische Wertpapiere F, die in ausländischer Währung denominiert sind. Kapitalgewinne oder -verluste, die aus Zinsänderungen während der Halteperioden resultieren, werden annahmegemäß nicht beachtet. Die Nachfrage nach Finanztiteln hängt ab vom gesamten Vermögen, dem inländischen Zins i und der erwarteten Rendite für eine Alternativanlage in ausländischen Wertpapieren $i^*+\Delta s^e$. Hier geht mit Δs^e die erwartete Änderung des Wechselkurses ein, wobei der Wechselkurs s in logarithmierter Form angegeben sei. Damit können verschiedene Hypothesen für die Erwartungsbildung dargestellt werden. Im allgemeinen werden Portfoliomodelle mit statischen Erwartungen $\Delta s^e=0$, perfekter Voraussicht oder rationalen Erwartungen $\Delta s^e= \Delta s_{t+1}+\epsilon_{t+1}$ formuliert. Bei rationalen Erwartungen ist die erwartete Änderung des Wechselkurses gleich der tatsächlichen Änderung plus einem Zufallsterm. Die Nachfrage nach Finanztiteln wird als homogen vom Grade eins im Vermögen spezifiziert, daher fällt das Preisniveau aus den Gleichgewichtsbedingungen heraus. Aufgrund der Restriktion der Gleichung (3.4.4) gilt $m+b+f=1$, zusätzlich wird die Annahme getroffen, daß bei einem Anstieg des Vermögens dies zum überwiegenden Teil in inländische Wertpapiere gehen wird und nicht in ausländische. Bei Voraussetzung der Substituierbarkeit gelten für die partiellen Ableitungen folgende Restriktionen $m_i+f_i=-b_i<0$ und $m_{i^*+\Delta s^e}+b_{i^*+\Delta s^e}=-f_{i^*+\Delta s^e}<0$. Ausländische Wertpapiere können nur über anhaltende Leistungsbilanzüberschüsse im Zeitverlauf akkumuliert werden. Die Kapitalbilanz in der Zahlungsbilanz stellt damit den Anstieg der ausländischen Finanztitel dar, die von Inländern gehalten werden.

Das Modell läßt sich unter der Verwendung von Gleichung (3.4.4) mit jeweils zwei der Bedingungen (3.4.1)-(3.4.3) lösen. Mit Gleichung (3.4.1) und (3.4.3) sei das dynamische Anpassungssystem für die Variablen i und s durch die folgenden Differentialgleichungen gegeben

$$\frac{di}{dt} = \mu_1(M - m(i, i^* + \Delta s^e)W)$$

$$\frac{ds}{dt} = \mu_2(f(i, i^* + \Delta s^e)W - sF),$$

wobei μ_1 und μ_2 die Anpassungskoeffizienten sind, mit $0 < \mu_1, \mu_2 < \infty$. Zur Untersuchung der Stabilität des Gleichgewichts des Systems werden mit den Gleichungen (3.4.1), (3.4.3) und (3.4.4), eingesetzt für Gesamtvermögen W, die totalen Differentiale ermittelt (Die partielle Ableitung von X nach Z wird hier wiederum zur Vereinfachung durch X_z dargestellt):

$$dM = Wm_i di + Wm_{i^*+\Delta s^e} d(i^* + \Delta s^e) + m[dM + dB + sdF + Fds]$$

$$sdF + Fds = Wf_i di + Wf_{i^*+\Delta s^e} d(i^* + \Delta s^e) + f[dM + dB + sdF + Fds].$$

Nach di und ds aufgelöst und in Matrixform geschrieben, erhält man (Die resultierenden Vorzeichen der Elemente der Matrix werden oberhalb der Elemente angegeben) :

$$\overset{A}{\begin{bmatrix} \overset{-}{Wm_i} & \overset{+}{+mF} \\ \overset{-}{Wf_i} & \overset{-}{(f-1)F} \end{bmatrix}} \begin{bmatrix} di \\ ds \end{bmatrix} = \begin{bmatrix} \overset{+}{1-m} & \overset{-}{-m} & \overset{-}{-ms} & \overset{+}{-Wm_{i^*+\Delta s^e}} \\ \overset{-}{-f} & \overset{-}{-f} & \overset{+}{s(1-f)} & \overset{-}{-Wf_{i^*+\Delta s^e}} \end{bmatrix} \begin{bmatrix} dM \\ dB \\ dF \\ di^* + \Delta s^e \end{bmatrix} \qquad (3.4.5)$$

Damit die Stabilitätsbedingungen erfüllt sind, müssen die Hauptminoren der Matrix A alternierende Vorzeichen besitzen, beginnend mit negativem Vorzeichen bei ungerader Zeilen- und Spaltenzahl[6]. Die Bedingung ist für den ersten Hauptminor mit $Wm_i < 0$ erfüllt. Die Determinante von A muß dagegen einen Wert haben, der größer als Null ist, mit $\det(A) = (Wm_i(f-1)F - Wf_i mF)$ und unter der Berücksichtigung der Vorzeichen der partiellen Ableitungen ergibt sich eine positive Determinante. Damit sind die Stabilitätsbedingungen erfüllt.

---

[6] Eine alternative Bedingung für die Überprüfung der Stabilität in dieser Matrix A verlangt, daß die Spur der Matrix negativ und die Determinante positiv ist, vgl. Felderer und Homburg [1984]. Diese Bedingung ist unter Berücksichtigung der Vorzeichen der partiellen Ableitungen erfüllt.

Die Wirkungsweise des Modells und die Auswirkungen von exogenen Impulsen auf den in diesem Rahmen besonders interessierenden Wechselkurs lassen sich sehr gut anhand der entsprechenden Multiplikatoren untersuchen. Dadurch können unterschiedliche Überlegungen durchgespielt werden und die Auswirkungen von Änderungen in der Geldpolitik oder Fiskalpolitik im Inland sowie die Reaktionen von Änderungen in den ausländischen Einflußgrößen ermittelt werden.

Besonders interessant ist innerhalb des Portfoliomodells die Untersuchung der Wirkung einer expansiven Geldpolitik. Daher ermittelt man für die endogenen Variablen i und s die entsprechenden Multiplikatoren. Die totalen Differentiale für eine exogene Geldmengenerhöhung bei Konstanthaltung der übrigen Faktoren ergeben sich dann unter Einsatz der Cramerschen Regel zu:

$$\frac{di}{dM} = \frac{1}{\det(A)} ((1-m)(f-1)F - mF(-f)) < 0. \tag{3.4.6}$$

Das Vorzeichen folgt aus der obigen Nebenbedingung $m+b+f=1$, wobei für den ersten Term mit $1-m=b+f$, $1-m>f$, $1-m>-f$ gilt und bei dem zweiten Term aus $f-1= -m-b$, $f-1<-m$, $f-1<m$ folgt.

$$\frac{ds}{dM} = \frac{1}{\det(A)} (Wm_i(-f) - Wf_i(1-m)) > 0 \tag{3.4.7}$$

Aus den obigen Differentialen läßt sich erkennen, daß ein Anstieg der inländischen Geldmenge zu einem Rückgang des inländischen Zinsniveaus führt. Für den Wechselkurs s hat ein Geldmengenschock direkt einen Anstieg und damit eine Abwertung der inländischen Währung zur Folge.

Wird eine Erhöhung der Geldmenge im Rahmen von Offenmarktoperationen der Zentralbank durchgeführt, das heißt, daß der inländische Wertpapierbestand um den Betrag des Geldmengenanstiegs zurückgeht, so ergeben sich folgende Werte für die Multiplikatoren:

$$\frac{di}{dM-dB} = \frac{1}{\det(A)} (f-1)F < 0 \tag{3.4.8}$$

$$\frac{ds}{dM-dB} = \frac{1}{\det(A)} (-\, Wf_i) > 0. \tag{3.4.9}$$

Wie zu erkennen ist, sind die Effekte auf den inländischen Zinssatz und den Wechselkurs bei Offenmarktoperationen der Zentralbank identisch zu den Auswirkungen eines Anstiegs des Geldbestands. Während der Zinssatz sinkt, steigt der Wechselkurs an. Der Wechselkurseffekt ist zur Herstellung des Gleichgewichts auf den Finanzmärkten notwendig und tritt relativ schnell ein, bevor irgendwelche Auswirkungen auf das Preisniveau erkennbar werden. Damit wird auf kurze Sicht der Wechselkurs primär durch das Finanzmarktgleichgewicht bestimmt und nicht durch die Entwicklung der relativen Preise.

Interessant ist auch die Reaktion zu ermitteln, die aus einer exogenen Erhöhung des ausländischen Zinssatzes, bzw. bei konstantem ausländischem Zinssatz aus der Erwartung steigender Wechselkurse für den Wechselkurs resultiert. Der entsprechende Multiplikator

$$\frac{ds}{di^* + \Delta s^e} = \frac{1}{\det(A)} \left(Wm_i(-Wf_{i^*+\Delta s^e}) - (-Wm_{i^*+\Delta s^e}Wf_i)\right) > 0 \qquad (3.4.10)$$

hat unter Berücksichtigung der Vorzeichen der partiellen Ableitungen einen positiven Wert. So zeigt das Ergebnis, daß mit der Erhöhung des ausländischen Zinssatzes ein Anstieg des Wechselkurses und damit eine Abwertung der inländischen Währung einhergeht.

Entsprechend der monetären Modelle werden Portfoliomodelle zumindest kurzfristig durch die Angebots- und Nachfragesituation auf den Finanzmärkten bestimmt. Der Wechselkurs ist aber auch ein entscheidender Faktor für die Leistungsbilanz als Position innerhalb der Zahlungsbilanz eines Landes. Ein Anstieg der Leistungsbilanz hat annahmegemäß einen Anstieg des Nettobestands von ausländischen Wertpapieren, der von Inländern gehalten wird, zur Folge. Eine derartige Änderung hat Auswirkungen auf das Gesamtvermögen W, und damit auch auf die Nachfrage nach Finanztiteln, die ihrerseits wieder den Wechselkurs s beeinflußt. Die Wirkungen eines (exogenen) Anstiegs des ausländischen Wertpapierbestands F können anhand des entsprechenden Multiplikators untersucht werden:

$$\frac{ds}{dF} = \frac{1}{\det(A)} \left(Wm_i s(1-f) - (-ms)Wf_i\right) < 0. \qquad (3.4.11)$$

Wie das negative Vorzeichen zeigt, wird eine positive Änderung von F, das heißt ein Anstieg des Bestands ausländischer Wertpapiere, der von Inländern gehalten wird, einen Rückgang des Wechselkurses und daher eine Aufwertung der inländischen Währung zur Folge haben. Längerfristig wird die Aufwertung der Währung allerdings die Leistungsbilanzposition verschlechtern und damit die Änderungen in F verringern bzw. umkehren.

Die Auswirkungen einer expansiven Fiskalpolitik auf den inländischen Zins und den Wechselkurs werden im folgenden untersucht. Ein Anstieg der Staatsausgaben soll dabei gänzlich über die Ausgabe inländischer Wertpapiere B finanziert werden. Die Multiplikatoren ergeben für eine Ausweitung von B und Konstanthaltung der übrigen exogenen Variablen für den inländischen Zins i und den Wechselkurs s folgende Werte:

$$\frac{di}{dB} = \frac{1}{\det(A)} (-m(f-1)F - mF(-f) > 0 \tag{3.4.12}$$

$$\frac{ds}{dB} = \frac{1}{\det(A)} (Wm_i(-f) - (-m)Wf_i). \tag{3.4.13}$$

Deutlich zu erkennen ist, daß eine exogene Erhöhung des inländischen Wertpapierbestands, die mit einem Anstieg des Nettovermögen einhergeht[7], zu einer Erhöhung des Zinsniveaus führt, während für den Wechselkurs keine eindeutigen Aussagen abzuleiten sind. Die Effekte auf den Wechselkurs hängen primär von der Größe der partiellen Ableitungen der Aggregate M und F nach dem Zinssatz i ab. Und damit ist die Wechselkursänderung abhängig davon, ob die Marktteilnehmer aus- oder inländische Wertpapiere als bessere Substitute gegenüber inländischem Geld betrachten.

Da die Veränderung des Bestandes ausländischer Wertpapiere, der von Inländern gehalten wird, nach den Annahmen des Modells gerade die Leistungsbilanz innerhalb der gesamten Zahlungsbilanz ausgleicht, wird eine dynamische Beziehung zwischen der Leistungsbilanz und dem Wechselkurs hergestellt. Wechselkursänderungen wirken auf die Leistungsbilanz und Bewegungen in dieser beeinflussen ihrerseits die Akkumulation ausländischer Wertpapiere. Diese Änderungen wirken wiederum zurück auf die Finanzmärkte und beeinflussen die Wechselkursentwicklung.

Die Wechselbeziehung zwischen Leistungsbilanz und Wechselkurs wird jedoch nicht nur in den Portfoliomodellen umgesetzt, denn durch diese Abhängigkeit werden ganz allgemein die Implikationen von Budgetrestriktionen reflektiert, die sich aus der Divergenz von Einkommen und Ausgaben ergeben. Und diese Restriktionen sind unabhängig von den Bestimmmungsgrößen der Portfoliozusammenstellung der Wirtschaftssubjekte. Weitere Modelle, in denen ein Zusammenhang zwischen Wechselkurs und Leistungsbilanz spezifiziert wird, wurden beispielsweise in den Arbeiten von Kouri [1976], Niehans [1977], Rodriguez [1980] Dornbusch und Fischer [1980] und Mussa [1982] betrachtet. Eine Verbindung des Portfolioansatzes mit Elementen des Gütermarktes wird z.B. durch Tobin und Macedo [1980] vollzogen. Für Darstellungen, die Erweiterungen und Modifikationen des Portfoliomodells vornehmen, siehe Branson und Henderson [1985] oder Gärtner [1990]. Zur Einordnung dieser unterschiedlichen Ansätze wird in Tivig [1991] eine Klassifizierung der Portfoliogleichgewichtsmodelle vorgenommen. Die Unterscheidung nach den verschiedenen Modelltypen wird dabei anhand der grundlegenden Annahmen der Modelle

---

[7] Dies resultiert aus Gleichung (3.4.4) und der Annahme, daß die anderen Variablen unverändert bleiben. Dieses Vorgehen wird z.B. auch von Tobin und Buiter [1978] oder MacDonald [1988] verfolgt. Zu einem anderen Ansatz gelangt man, wenn man von der Überlegung ausgeht, wonach Staatsanleihen nicht mit einem Anstieg des Nettovermögens gleichzusetzen sind, da die Wirtschaftssubjekte realisieren, daß das erhöhte Angebot an Wertpapieren über zukünftige Steuerzahlungen finanziert werden muß. Diese Annahme wird auch als Ricardo-Äquivalenz-Theorem bezeichnet, vgl. Barro [1974].

getroffen, im einzelnen die Berücksichtigung von Währungssubstitution, in- und ausländische Wertpapiere, die internationale Handelbarkeit sowie die internationale Mobilität dieser Finanzaktiva. Weitere Arbeiten aus der Literatur werden auch in den Literaturangaben in Tivig aufgeführt.

3.5 Weitere Finanzmarkt-Ansätze

Bei den bisher betrachteten Modellen resultiert das dynamische Verhalten aus der Reaktion des Systems auf exogene Störungen und dem anschließenden konvergierenden Pfad zu einem neuen Gleichgewicht. Jedoch sind diese Modelle der Wechselkursbestimmung nur unzureichend in der Lage, eine zutreffende Erklärung für den tatsächlich beobachteten Verlauf der nominalen wie auch realen Wechselkurse zu geben (vgl. das Kapitel über empirische Ergebnisse). Weder monetäre Modelle, die die unterschiedlichen Geldmengenwachstumsraten mit Kursveränderungen in Verbindung bringen, noch Portfoliomodelle, genausowenig wie auch einfache Überlegungen, die z.B. auf der Annahme der Gültigkeit der Kaufkraftparitätentheorie basieren, erweisen sich als sehr erfolgreich. Die Beobachtung der Charakteristik des tatsächlichen Wechselkursverlaufes führte so zu der Überlegung, Wechelkurse als Preise von dauerhaften Vermögensobjekten anzusehen. Wechselkurse teilen augenscheinlich einen Großteil der Eigenschaften anderer Finanztitel, wie Aktien, Optionen, Warenterminkontrakte oder Renten, die aktiv auf den internationalen Finanzmärkten gehandelt werden. Kurzfristige Änderungen der Preise dieser Aktiva sind kaum vorhersehbar und scheinen weitgehend einem Zufallsprozeß zu folgen. Aktiva, die an Kassa- und Terminmärkten gehandelt werden, weisen eine starke Korrelation zwischen Änderungen der Kassakurse und den Änderungen ihrer Terminkurse auf. Diese Beobachtung deutet darauf hin, daß Kassakursänderungen zu ihrem größten Teil nicht antizipiert werden, sondern in ihrem Ausmaß den Änderungen in der Markteinschätzung für die künftigen Kassapreise entsprechen. Der aktuelle Preis der Finanzaktiva hängt damit von den Einschätzungen für die ökonomischen Faktoren ab, von denen erwartet wird, daß sie das Angebot und die Nachfrage für einen Finanztitel beeinflussen werden. So werden die Preise von Finanzwerten als zukunftsorientiert betrachtet. Modelle für diese Titel basieren daher auf der Vorstellung, daß der Preis eines Finanztitels den Wert der erwarteten diskontierten zukünftigen Rückflüsse reflektiert.

Auf diesen Überlegungen basiert der Finanzmarktansatz für Wechselkursmodelle und diese Modelle wurden in den Arbeiten von Mussa [1976, 1982, 1984, 1988], Mussa und Frenkel [1985] und Frenkel [1981] entwickelt und dargestellt. Die grundlegenden Pfeiler dieses allgemeinen Ansatzes lassen sich anhand eines einfachen theoretischen Modells erläutern, das den gegenwärtigen Wechselkurs den augenblicklichen und zukünftigen Realisationen der Einflußgrößen zuordnet, von denen angenommen wird, daß sie den Devisenmarkt beeinflussen. Die laufenden Preise spiegeln die Erwartungen gegenwärtiger und zukünftiger Marktbedingungen wider. Preisänderungen sind daher weitgehend unvorhersehbar und reflektieren neue Informationen. All das, was schon bekannt ist, ist bereits in den aktuellen Kursen eskomptiert, selbst wenn es Informationen für zukünftige Entwicklungen sind. Ein derartiges Modell, bei dem nur zusätzliche Innovationen den Kurs verändern, läßt sich darstellen durch (siehe Mussa [1976, 1982], Mussa und Frenkel [1984]):

$$s(t) \quad = \quad X(t) + aE[s(t+1) - s(t); t], \qquad (3.5.1)$$

wobei s(t) den Logarithmus des Wechselkurses zum Zeitpunkt t und X(t) die grundlegenden ökonomischen Bedingungen zum Zeitpunkt t bezeichnen, die Angebot und Nachfrage auf dem Devisenmarkt beeinflussen. Der Term $E[s(t+1)-s(t);\ t]$ stellt die erwartete Änderung des Wechselkurses zwischen Zeitpunkt t und $t+1$ dar, basierend auf der Information, die zum Zeitpunkt t vorliegt. Der Parameter a gibt die Sensitivität des aktuellen Wechselkurs zu der erwarteten Änderung wieder. Die Gleichung beinhaltet die grundlegende Aussage, daß der Wechselkurs, bei dem zum Zeitpunkt t auf dem Devisenmarkt Gleichgewicht herrscht, nicht nur durch die fundamentalen Einflußgrößen X(t) bestimmt ist, sondern auch von der erwarteten Änderung des Kurses, die die Marktteilnehmer veranlaßt, ihre Aktiva von der einen Währung in die andere zu verlagern.

Entscheidender Punkt für die Analyse des Wechselkursverhaltens ist die Annahme über die Erwartungsbildung bei den Marktteilnehmern. In dem hier vorgestellten Modell wird vorausgesetzt, daß die Erwartungen rational sind in der Hinsicht, daß sie für alle künftigen Perioden konsistent mit der Gültigkeit der Gleichung (3.5.1) sind. Durch Vorwärtsiteration erhält man so die Bedingung, daß der für einen beliebigen Zeitpunkt $t+j$, mit $j \geq 0$, erwartete Wechselkurs von dem gewichteten Durchschnitt der zukünftigen X abhängig ist, beginnend bei $t+j$, das heißt

$$E[s(t+j);t] \quad = \quad (1/(1+a)) \quad \sum_{i=0}^{\infty} (a/(1+a))^i \, E[X(t+j+i);t]. \qquad (3.5.2)$$

Mit $j=0$ erhält man die Darstellung des augenblicklichen Wechselkurses im Finanzmarktansatz als diskontierte Summe der aktuellen und erwarteten zukünftigen Zustände von X.

In einem nächsten Schritt läßt sich die tatsächliche Änderung des Wechselkurses, in diesem Fall definiert als $\Delta(s(t))=s(t+1)-s(t)$, aufteilen in die Komponente der erwarteten

Änderung $\Delta^e(s(t))=E[\Delta(s(t)); t]=E[(s(t+1)-s(t)); t]$ und die unerwartete Änderung $\Delta^u(s(t))=s(t+1)-E[s(t+1); t]$. Damit läßt sich die erwartete Änderung des Wechselkurses als gewichteter Durchschnitt aller erwarteten zukünftigen Änderungen in X darstellen

$$\Delta^e(s(t)) = (1/(1+a)) \sum_{i=0}^{\infty} (a/(1+a))^i E[\Delta(X(t+i)); t]. \tag{3.5.3}$$

Alternativ kann die erwartete Änderung des Wechselkurses auch proportional zu der Differenz zwischen der diskontierten Summe aller erwarteten zukünftigen X, die E[s(t+1);t] bestimmen, und dem aktuellen X(t) ausgedrückt werden:

$$\Delta^e(s(t)) = (1/(1+a))\{E[s(t+1); t] - X(t)\}. \tag{3.5.4}$$

Die unerwartete Änderung im Wechselkurs ist die diskontierte Summe der Änderung in den Erwartungen über X, basierend auf neuen Informationen, die zwischen t und t+1 bekannt wurden

$$\Delta^u(s(t)) = (1/(1+a)) \sum_{i=0}^{\infty} (a/(1+a))^i \{E[X(t+i+1); t+1] - E[X(t+i+1); t]\}. \tag{3.5.5}$$

Mit der Unterstützung dieser Herleitungen wird nun eine Analyse des Wechselkursverhaltens ermöglicht.

Die erwartete Komponente der zeitlichen Änderung des Wechselkurses zwischen bedeutenden Industrienationen dürfte relativ klein sein, da der Proportionalitätsfaktor einen sehr kleinen Wert annehmen dürfte. Dieser Faktor ist abhängig von dem Parameter a, der die Sensitivität des augenblicklichen Kurses zu der erwarteten Änderung angibt. Im Unterschied dazu kann die unvorhergesehene Komponente, die ja notwendigerweise nicht mit Hilfe von Informationen zum Zeitpunkt t prognostizierbar ist, auch große Werte annehmen. Eine kleine unerwartete Änderung in X kann Informationen enthalten, die zu einer grundlegenden Änderung der Erwartungen für die künftigen grundlegenden ökonomischen Faktoren X und damit zu einer ebenso grundlegenden Änderung im Wechselkurs führen. Neue Informationen weisen damit einen großen Einfluß für die Erwartungen hinsichtlich der Wechselkursentwicklung auf. Durch diese Überlegungen läßt sich auch die Beobachtung der starken Korrelation zwischen Kassa- und Terminkursen erklären. Arbeiten, in denen ein Schwerpunkt auf die Analyse von neuen Informationen gelegt wird und die deren Auswirkungen auf das Wechselkursverhalten untersuchen, sind Frenkel [1981], Frenkel und Mussa [1980], Bilson [1978], Genberg [1984], Isard [1983] und Edwards [1983].

Mit diesem Modell, das durch die Gleichungen (3.5.1) und (3.5.2) beschrieben wird, läßt sich das tatsächlich beobachtete Wechselkursverhalten analysieren. Das wichtigste Ergebnis der Modellierung ergibt sich aus der Preisbewertungsform (3.5.2), die die Wechselkurse als diskontierte Summe der fundamentalen Größen darstellt, von denen erwartet wird, daß sie den Devisenmarkt aktuell und zukünftig beeinflussen werden.

In einem nächsten Schritt lassen sich in dieses allgemeine Finanzmarktmodell für Wechselkurse spezifische ökonomische Gesichtspunkte einfügen. Diese können auf dem traditionellen Ansatz von Stromgrößen-Modellen basieren, die sich auf die Zahlungsbilanzbedingungen als den fundamentalen Bestimmungsfaktor konzentrieren. Überlegungen, die Abhängigkeiten zwischen Leistungsbilanz und Wechselkurs untersuchen, sind in Arbeiten von Black [1973], Dornbusch und Fischer [1980], Rodriguez [1980], Mussa [1982, 1985], Sachs [1981] und Frenkel und Rodriguez [1982] zu finden. Bei diesen Modellen liegt der Schwerpunkt der Betrachtung auf der Analyse von realen Größen und damit auf der Bestimmung des realen Wechselkurses. Monetäre Aspekte lassen sich ebenfalls berücksichtigen, indem das allgemeine Finanzmarktmodell auf derartige Phänomene ausgedehnt wird, um damit eine Analyse des nominalen Wechselkursverhaltens zu ermöglichen. Modelle, die reale und monetäre Faktoren kombinieren, sind in Arbeiten von Buiter und Miller [1983], Mussa [1984] oder in anderer Form Stockman [1980], Helpman [1981] und Lucas [1982] zu finden.

Im folgenden wird eine Erweiterung des allgemeinen Finanzmarktmodelles um monetäre Aspekte dargestellt. Das Vorgehen orientiert sich an der Arbeit von Mussa [1984] und Frenkel und Mussa [1985]. Monetäre Finanzmarktmodelle sind im besonderen dazu geeignet, den Einfluß gegenwärtiger und antizipierter Änderungen der Geldnachfrage und des Geldangebotes auf das Wechselkursverhalten zu untersuchen. Im Modell seien die bekannten Voraussetzungen monetärer Modelle erfüllt. Das bedeutet, es wird wiederum eine kleine offene Volkswirtschaft betrachtet, die Güter produziert, exportiert und aus dem Ausland Güter importiert. Sei p der Logarithmus des inländischen Geldpreises der inländischen Güter, p^* enstprechend der Logarithmus des ausländischen Geldpreises der ausländischen Güter und s der Logarithmus des Wechselkurses von einer Einheit ausländischer Währung in inländischer Währung. Der Logarithmus des relativen Preises inländischer Güter in Abhängigkeit der importierten Güter wird dann gegeben durch

$$q \quad = \quad p - (s + p^*). \qquad (3.5.6)$$

Das heißt, q stellt damit eine 'terms of trade'-Definition dar. Das allgemeine inländische Preisniveau P ist dann ein gewichteter Durchschnitt der Preise der inländischen und importierten Güter:

$$P = \sigma p + (1 - \sigma)(s + p^*) = s + p^* + \sigma q, \quad (3.5.7)$$

wobei σ das Gewicht der inländischen Güter an den gesamten Ausgaben der Inländer angibt. Die inländische Geldnachfrage sei gegeben durch

$$m^d = K + \alpha_1 P + \alpha_2 s - \alpha_3 i - \alpha_4 \Delta^e s + \alpha_5 A + \alpha_6 q, \quad (3.5.8)$$

wobei K alle sonstigen exogenen Größen, die in der Gleichung nicht weiter berücksichtigt werden, beinhaltet, wie z.B. das Realeinkommen. A stellt den Nettobestand ausländischer Wertpapiere dar, der von Inländern gehalten wird. Dieser Term integriert Aspekte der Vermögensverteilung bzw. Portfolioüberlegungen in das monetäre Modell. Das allgemeine Preisniveau beeinflußt die Geldnachfrage positiv, und die Elastizität α_1 kann wie bei dem im allgemeinen verwendeten monetären Ansatz auch auf Eins gesetzt werden ($\alpha_1 = 1$). Der Effekt des Wechselkurses sei positiv mit der Geldnachfrage korreliert. Der inländische Zinssatz beeinflußt die Geldnachfrage mit der üblichen negativen Zins-Semielastizität $-\alpha_3$. Die erwartete Änderungsrate des nominalen Wechselkurses $\Delta^e s$, die den Aspekt der Währungssubstitution berücksichtigt (siehe den Abschnitt über Währungssubstitution), geht mit negativer Semielastizität $-\alpha_4$ in die inländische Geldnachfragefunktion ein. Bei den Nettobeständen ausländischer Wertpapiere wird von einer positiven Beeinflussung der Nachfrage ausgegangen. Für die Wirkung des Preises inländischer Güter relativ zu dem Preis importierter Güter wird kein Vorzeichen vorausgesetzt. Der inländische Zinssatz wird bestimmt durch die ungesicherte Zinsparität

$$i = i^* + \Delta^e s, \quad (3.5.9)$$

wobei die Zinsparitätsbedingung auch um den Term einer Risikoprämie erweitert werden kann, die die Differenz zwischen Terminprämie und erwarteter Wechselkursänderung darstellt[8]. Die entscheidende Gleichgewichtsbedingung fordert eine Übereinstimmung der Geldnachfrage und des Geldangebotes. Unter Zuhilfenahme der Gleichungen (3.5.6) - (3.5.9) läßt sich die Geldmarkt-Gleichgewichtsbedingung in reduzierter Form darstellen (vgl. Mussa [1984]):

$$m = K + \alpha_1 p^* - \alpha_3 i^* + (\sigma\alpha_1 + \alpha_6)q + \alpha_5 A + (\alpha_1 + \alpha_2)s - (\alpha_3 + \alpha_4)\Delta^e s. \quad (3.5.10)$$

Werden mit $\zeta = \alpha_1 + \alpha_2$, $\eta = \alpha_3 + \alpha_4$ und mit $k = K + \alpha_1 p^* - \alpha_3 i^* + (\sigma\alpha_1 + \alpha_6)q + \alpha_5 A$ alle übrigen Einflußgrößen zusammmengefaßt, so läßt sich die Geldmarktbedingung (10) schreiben als:

$$m = k + \zeta s - \eta \Delta^e s. \quad (3.5.11)$$

---

[8] Vgl. Mussa [1984]. Zu den Implikationen einer Risikoprämie, siehe oben Kapitel über Zinsparität.

Unter der Annahme, daß sich die Zeitpfade der terms of trade q und des Nettobestands ausländischer Wertpapiere A unabhängig vom Verhalten des inländischen Geldangebotes entwickeln, läßt sich der erwartete logarithmierte Wechselkurs als diskontierte Summe der erwarteten zukünftigen Differenz zwischen Geldangebot m und den zusammengefaßten exogenen Einflußgrößen k ausdrücken:

$$E[s(t+j); t] = (1/(\zeta+\eta)) \sum_{i=0}^{\infty} (\eta/(\zeta+\eta))^i \, E[(m(t+j+i) - k(t+j+i)); t]. \tag{3.5.12}$$

Wird $j=0$ gesetzt, so erhält man die Darstellung des augenblicklichen Wechselkurses $s(t)=E[s(t); t]$, in Abhängigkeit von der gewichteten Summe der aktuellen und erwarteten zukünftigen Zustände der Einflußfaktoren m und k. Gleichung (3.5.12) stellt damit den Finanzmarktansatz des monetären Wechselkursmodells dar.

In Übereinstimmung mit dem Prinzip der allgemeinen Finanzmarktansätze sind die erwarteten Änderungen des Wechselkurses eine diskontierte Summe der erwarteten zukünftigen $m-k$ und die unerwartete Änderung des Kurses eine gewichtete Summe der revidierten Erwartungen für die künftigen $m-k$. Einschätzungen, die aufgrund neuer Informationen zwischen t und $t+1$ geändert bzw. angepaßt werden mußten. Der Einfluß von realen Faktoren auf den erwarteten Zeitpfad des nominalen Wechselkurses geht in diesem Modell über ihren Einfluß auf die Komponenten m und k ein. Berücksichtigt man die Beziehung von Gleichung (3.5.6) und (3.5.7), so gelangt man zu einem äquivalenten Ausdruck:

$$E[s(t+j); t] = E[P(t+j); t] - E[p^*(t+j); t] - \sigma E[q(t+j); t] \tag{3.5.13}$$

und das allgemeine Preisniveau wird bestimmt durch

$$E[P(t+j); t] = (1/(\zeta+\eta)) \sum_{i=0}^{\infty} (\eta/(\zeta+\eta))^i \, E[(m(t+j+i) - l(t+j+i)); t], \tag{3.5.14}$$

wobei l ein Maß für die Faktoren ist, die die Nachfrage nach inländischem Geld beeinflussen, mit

$$l = K - \alpha_2 p^* - \alpha_3 i^* + (\alpha_6 - \sigma\alpha_2)q + \eta\Delta^e p^* + \eta\sigma\Delta^e q + \alpha_5 A, \tag{3.5.15}$$

vgl. Frenkel und Mussa [1984]. Die Gleichungen (3.5.14) und (3.5.15) zeigen, daß erwartete und unerwartete Änderungen im künftigen Geldangebot über das allgemeine

Preisniveau Auswirkungen auf den nominalen Wechselkurs haben. So sind derartige Änderungen im allgemeinen Preisniveau, ebenso wie Änderungen im ausländischen Preisniveau, konsistent mit der Hypothese der Kaufkraftparität. Reale ökonomische Faktoren wirken auf den Wechselkurs über zwei Kanäle: soweit sie die gewichtete Summe der gegenwärtigen und zukünftigen Bestimmungsgrößen der Geldnachfrage, dargestellt durch l, beeinflussen, wirken die Einflüsse auf den Wechselkurs in Übereinstimmung mit der Kaufkraftparität. Soweit diese realen Bestimmungsgrößen jedoch Änderungen der terms of trade-Komponente, das heißt des Preises inländischer Güter relativ zu dem Preis importierter Güter, bewirken, machen sie Wechselkurs- und Preisänderungen notwendig, die Divergenzen von der Kaufkraftparität darstellen.

In dem in diesem Kapitel vorgestellten analytischen Rahmen wird der Wechselkurs als Preis eines Finanztitels angesehen, der sehr stark von neuen Informationen abhängt, die die Erwartungen der Wirtschaftssubjekte verändern. Diese Betrachtungsweise hat zur Folge, daß nicht nur die augenblicklich herrschenden ökonomischen Rahmenbedingungen für die Bestimmung des Wechselkurses wichtig sind, sondern zu einem großen Teil die Erwartungen über die künftigen wirtschaftlichen Bedingungen. Informationen, die zu einer Änderung der Erwartungen führen, bewirken unerwartete Änderungen im Wechselkurs und erklären, warum derartige unerwartete Kursänderungen das tatsächlich beobachtete Wechselkursverhalten dominieren. Das Modell beinhaltet eine einfache Gleichgewichtsbedingung für den Geldmarkt, die konsistent ist mit einer allgemeinen Spezifikation der Einflußgrößen, die die Geldnachfrage betreffen. Neben den traditionellen monetären Komponenten sind Aspekte der Währungssubstitution, Portfolioüberlegungen aber auch die Möglichkeit der Existenz einer Risikoprämie mit eingeschlossen.

3.5.1 Spekulative Blasen

In dem obigen Finanzmarkt-Ansatz spielen die Zukunftserwartungen für die Wechselkursbestimmung eine große Rolle. Die enormen Wechselkursschwankungen, die sich häufig ohne erkennbare Motivation selbst verstärken, haben eine Reihe von Autoren veranlaßt, die Möglichkeit spekulativer Blasen zu untersuchen. Unter solchen Spekulationen werden Entwicklungen verstanden, bei denen sich die Preise von Vermögensgegenständen von ihren langfristigen fundamentalen Bestimmungsfaktoren lösen und einem eigenen Pfad folgen. Diese Abkopplung vom Gleichgewichtswert kann daher nicht auf Dauer bestehen bleiben, und die spekulative Überbewertung wird schließlich wieder in sich zusammenfallen. Eine Zeitlang kann eine solche Kursentwicklung jedoch trotzdem rational erscheinen, da sich in ihrem Verlauf die herrschenden Erwartungen jeweils erfüllen und sich damit selbst bestätigen.

Grundlage des Konzeptes spekulativer Blasen sind natürlich theoretische Modelle, die den Fundamentalwert des Wechselkurses spezifizieren, von dem sich die tatsächliche Wechselkursentwicklung fortbewegt. Verschiedene Ansätze werden u.a. von Blanchard [1979], Flood und Garber [1980], Shiller [1980], Blanchard und Watson [1982], Tirole [1985], Heri [1986] und Meese [1986] entwickelt.

In der Praxis ist es äußert schwierig, die Existenz bzw. die Bedeutung spekulativer Blasen für die tatsächliche Wechselkursentwicklung nachzuweisen. Der Grund liegt darin, daß es sich bei empirischen Untersuchungen immer um simultane Tests eines Wechselkursmodells und einer Erwartungshypothese handelt. Das Wechselkursmodell spezifiziert dabei den theoretischen Gleichgewichtswert, und mit der Annahme einer speziellen Erwartungshypothese wird das Entstehen von spekulativen Blasen ermöglicht. Empirisch ist es daher schwierig, spekulative Abweichungen von anderen möglichen Ursachen zu trennen. Untersuchungen dahingehend wurden von Huang [1981], Meese [1986], Evans [1986] durchgeführt, die für verschiedene Perioden und Wechselkurse Hinweise für die Existenz spekulativer Blasen aufzeigen.

3.5.2 Heterogene Erwartungen

Ein anderer Ansatz, der zu ersten vielversprechenden Ergebnissen geführt hat, besteht in der Berücksichtigung von heterogenen Erwartungen der Marktteilnehmer (vgl. auch Ho [1990]). Die Vorstellung ist die, daß ein Teil der Devisenmarktteilnehmer seine Erwartungen aufgrund fundamentaler Überlegungen bildet, während der andere Teil seine Erwartungen auf der Grundlage der technischen Analyse der Wechselkursentwicklung formuliert. Erste Untersuchungen stammen von Dominguez [1986], Frankel und Froot [1986, 1987 1989, 1990], Froot und Frankel [1989], Lewis [1989], Wakita [1989], Allen und Taylor [1990], Ito [1990] und Taylor und Allen [1992]. Siehe auch den Übersichtsartikel von Takagi [1991].

4 Zeitreihenmodelle

4.1 Stochastische Prozesse, Stationarität

Bis in jüngste Zeit hat sich der vorwiegende Teil der ökonometrischen und statistischen Theorie unter der Annahme entwickelt, daß die zugrundeliegenden stochastischen Datenprozesse stationär und ergodisch sind. Demgegenüber ist die Mehrzahl der aggregierten Zeitreihen, die in der angewandten Ökonomie betrachtet werden, offensichtlich nichtstationärer Natur, vgl. Nelson und Plosser [1982]. In den Ansätzen zur Zeitreihenanalyse, die im besonderen auf die Arbeit von Box und Jenkins [1970, 1976] zurückgehen, werden explizit Datenprozesse mit nichtstationären Eigenschaften untersucht. Im folgenden werden die wichtigsten Grundlagen der Zeitreihenanalyse vorgestellt, siehe dazu auch Monographien wie Fuller [1976], Granger und Newbold [1977], Brockwell und Davis [1987], Wei [1990] oder Mills [1990].

Eine Folge zeitlich geordneter Beobachtungen einer numerischen Variablen wird als Zeitreihe bezeichnet. Im Unterschied zu anderen statistischen Verfahren, z.B. Querschnitts- oder Zufallsstichprobenanalyse, werden in der Zeitreihenanalyse die Anordnung und zeitliche Abhängigkeit der aufeinanderfolgenden Beobachtungen explizit berücksichtigt. In der Ökonomie lassen sich die meisten Variablen nur zu bestimmten diskreten Zeitpunkten oder über spezielle Zeitintervalle hinweg beobachten, und so beschränken wir uns bei der Analyse in der Regel auf diskrete Prozesse, die äquidistant beobachtet werden, d.h. deren aufeinanderfolgenden Zeitabstände gleich sind, und betrachten keine zeitkontinuierlichen Datensequenzen.

Die Zeitreihenmodelle, die hier behandelt werden, fundieren alle auf der wichtigen Annahme, daß ihr dynamisches Verhalten im wesentlichen auf stochastischen Einflüssen beruht. Ein stochastischer Prozeß ist eine vom Zeitparameter $t \in Z$ abhängige Folge von reellen Zufallsvariablen (Wei [1990, S. 6]):

Def.: Eine Familie von Zufallsgrößen x_t, $t \in T$, $x \in R$ auf dem Wahrscheinlichkeitsraum $(\Omega, \mathcal{L}, P)$ wird (eindimensionaler diskreter) stochastischer Prozeß genannt. T ist eine Teilmenge der Menge der ganzen Zahlen Z . Die durch $t \rightarrow x_t(\omega)$ mit $\omega \in \Omega$ definierte Funktion heißt Realisation des stochastischen Prozesses x_t.

Dabei wird der Wahrscheinlichkeitsraum (Ω, $\mathcal{L}$, P) gegeben durch die Ereignismenge Ω, eine Sigma-Algebra $\mathcal{L}$ von Teilmengen von Ω und einem Wahrscheinlichkeitsmaß P definiert auf $\mathcal{L}$. Mathematisch hat der Begriff der Zeitreihe zwei unterschiedliche Bedeutungen. Einerseits identifiziert man eine Zeitreihe mit dem zugrundeliegenden datengenerierenden stochastischen Prozeß x_t, $t \in T$, als Folge zeitlich geordneter Zufallsvariablen mit gewissen stochastischen Eigenschaften. Andererseits liegt eine Zeitreihe als endliche Realisation, d.h. als äquidistante Beobachtungen einer Variablen zu gewissen Zeitpunkten $t=1, \ldots ,n$ vor. Realisierungen stellen reelle Zeitreihenwerte dar. Somit gibt der Funktionswert $x_t(\omega)$ für eine bestimmte von $\omega \in \Omega$ abhängige Realisation die Beobachtung zum Zeitpunkt $t \in T$ an (Granger und Newbold [1977, S.4]).

Def.: Sei T die Menge aller Vektoren $\mathbf{t} = (t_1,\ldots,t_n)' \in T^n$: $t_1 < t_2 < \ldots < t_n$, $n=1,2,\ldots$, dann ist die (endlich-dimensionalen) Verteilungsfunktion des stochastischen Prozesses x_t, $t\in T$, die Funktion $F_{\mathbf{t}}(.)$, $\mathbf{t}\in\mathrm{T}$, definiert für $\mathbf{t} = (t_1,\ldots,t_n)'$ durch $F_{t1,\ldots,tn}(x_{t1},\ldots,x_{tn}) = P(\omega\text{: } x_{t1}(\omega) \leq x_{t1},\ldots,x_{tn}(\omega) \leq x_{tn})$, $n \in N$, $x_{t1},\ldots,x_{tn} \in R$.

Unter strenger Stationarität versteht man im folgenden:

Def.: Ein stochastischer Prozeß x_t, $t \in T$ heißt streng stationär, falls für alle $n \in N$ und $t_1,\ldots,t_n$, $h \in T$ gilt: $F_{t1,\ldots,tn}(x_{t1},\ldots,x_{tn}) = F_{t1+h,\ldots,tn+h}(x_{t1},\ldots,x_{tn})$, $x_i \in R$ (Fuller [1976, S.3]).

Bei einem streng stationären Prozeß sind also alle Verteilungen mit endlicher Dimension unabhängig von zeitlichen Verschiebungen. Das bedeutet, daß x_t und x_{t+h} die gleichen gemeinsamen Verteilungen haben und, falls die ersten beiden Momente für diese Verteilungen existieren, beide konstant sind. Es ergibt sich damit $E(x_t) = E(x_{t+h}) \equiv \mu\in R$, für alle t, $h\in T$. Die Kovarianz zwischen x_t und x_{t+h} ist für alle t, $h\in T$, $Cov(x_t,x_{t+h}) = E[(x_t - E(x_t))(x_{t+h} - E(x_{t+h}))] = E[(x_t - \mu)(x_{t+h} - \mu)] =: \gamma(h)$ eine reelle Funktion $\gamma(h)$ und unabhängig von t. Diese wird Autokovarianzfunktion genannt. Für die Varianz gilt $Var(x_t) = Cov(x_t, x_t) = \gamma(0) =: \sigma^2$. Die Autokorrelationsfunktion, die die serielle Korrelation zwischen zeitversetzten Werten des Prozesses angibt, wird für alle $t \in Z$ analog definiert in Abhängigkeit von h mit $\rho(h) \equiv \gamma(h)/\sigma^2$, $h \in T$.

Bei den meisten praktischen Anwendungen lassen sich keine Aussagen über die relevanten Verteilungsfunktionen machen. Daher betrachtet man im allgemeinen schwach stationäre oder kovarianzstationäre Prozesse (Fuller [1976, S. 4]):

Def.: Eine Zeitreihe x_t, $t \in T$ wird (schwach oder kovarianz) stationär genannt, wenn

(i) $E(x_t) = \mu$, für alle $t \in T$, und

(ii) $Cov(x_t, x_{t+h}) = E[(x_t - \mu)(x_{t+h} - \mu)] = \gamma(h)$, für alle $t,h \in T$.

Bei einem schwach stationären Prozeß sind also Mittelwert und Varianz unabhängig von der Zeit, und die Kovarianz zwischen x_t und x_{t+h}, $h \in T$, ist abhängig von h und nicht von t. Weiterhin impliziert strenge Stationarität schwache Stationarität, die Umkehrung gilt aber im allgemeinen nicht.

Um Aussagen über die stochastischen Eigenschaften des zugrundeliegenden (annahmegemäß) stationären Prozesses machen zu können, ist es wichtig die Parameter wie Erwartungswert μ, Varianz σ^2 und Autokovarianz $\gamma(h)$ konsistent aus den Daten schätzen zu können. Dazu muß die Eigenschaft der Ergodizität der Zeitreihe vorausgesetzt werden (siehe Granger und Newbold [1977, S.4]). Falls ein Prozeß sowohl stationär als auch ergodisch ist, läßt sich aus einer einzigen Realisation alles über das Wahrscheinlichkeitsgesetz aussagen, welches diesen Prozeß generiert hat. Auf die Eigenschaft der Ergodizität kann jedoch mit einer einzelnen Realisation nicht getestet werden. Eine notwendige, jedoch nicht hinreichende Bedingung ist, daß mit ansteigenden Werten für h die Autokovarianz $\gamma(h) \to 0$. Dies bedeutet, daß jeder neue Datenpunkt zu der bestehenden Menge neue Information hinzufügt, so daß der Mittelwert der Stichprobe über den Zeitverlauf ein unverzerrter und konsistenter Schätzer des wahren Wertes ist. Somit nähern sich die Stichprobenmomente bei einer endlichen Ausdehnung der Realisation ihren Populationsmomenten je stärker die Ausdehnung der Realisation gegen unendlich strebt (für eine Analyse siehe Hannan [1970]).

4.2 Autoregressive moving average Zeitreihenmodelle

Das Ziel der Zeitreihenanalyse ist es zum einen, eine Klasse von Modellen zu identifizieren, die die stochastischen Eigenschaften eines Datenprozesses befriedigend beschreiben kann, und zum anderen nach einer Schätzung der Parameter die zukünftige Entwicklung der Zeitreihe vorherzusagen. Im Zentrum des Interesses steht dabei besonders die Zerlegung einer Zeitreihe in trendbehaftete, zyklische, saisonale und unregelmäßige Komponenten (vgl. Nerlove, Grether und Carvalho [1979]). Diese Komponenten können mit ökonomischen Überlegungen von langen Wellenbewegungen, Konjunkturzyklen, saisonalen Mustern und vorübergehenden Einflüssen assoziiert werden. Maßgeblichen Einfluß für die Entwicklung und empirische Umsetzung von univariaten autoregressiven moving average Modellen hatte die Arbeit von Box und Jenkins [1970, 1976]. Anders als in der Regressionsanalyse werden zur Beschreibung der Datensequenz nicht verschiedene erklärende Variablen verwendet, sondern die untersuchte Zeitreihe wird univariat unter Zuhilfenahme eigener zurückliegender Werte und einer gewichteten Summe der gegenwärtigen und vergangenen zufälligen Störterme modelliert.

4.2.1 Weißes Rauschen

Ein white noise Prozeß besteht aus einer Folge unkorrelierter Zufallsvariablen mit Erwartungswert Null und identischer endlicher Varianz (Wei [1990, S.16])]:

Def.: Ein quadratisch integrierbarer Prozeß ϵ_t, $t \epsilon T$, heißt weißes Rauschen (white noise), falls für alle t, $h \epsilon T$ gilt:

(i) $E(\epsilon_t) = 0$

(ii) $Cov(\epsilon_t, \epsilon_{t+h}) = E(\epsilon_t \epsilon_{t+h}) = \gamma(h) = \sigma_\epsilon^2 = Var(\epsilon_t)$, für h=0 und
$Cov(\epsilon_t, \epsilon_{t+h}) = \gamma(h) = 0$, sonst.

Der oben definierte Prozeß stellt das einfachste Beispiel eines stationären stochastischen Prozesses dar. Wenn der Prozeß definiert wird als unabhängige und identisch verteilte Folge von Zufallsvariablen ϵ_t, $t \epsilon T$, mit Mittelwert Null und Varianz σ^2, dann wird dieser auch bezeichnet durch ϵ_t~iid$(0,\sigma^2)$ (independently, identically distributed). Wird zusätzlich vorausgesetzt, daß die Variablen normal verteilt sind, so wird der Prozeß Gaußsches weißes Rauschen (Gaussian white noise), ϵ_t~iid $N(0,\sigma^2)$, genannt.

4.2.2 Moving average Prozesse

Geht man von der Annahme aus, daß sich die Zeitreihe x_t als einfache lineare Funktion des white noise Prozesses darstellen läßt, so stellt sich das Modell als Linearkombination einer Folge unkorrelierter Zufallsvariablen dar, und man erhält die Darstellung

$$x_t = \sum_{i=0}^{\infty} \theta_i \epsilon_{t-i} = \theta_0 \epsilon_t + \theta_1 \epsilon_{t-1} + \ldots, \qquad t \epsilon T, \theta_i \epsilon R, \qquad (4.2.1)$$

eines unendlichen gleitenden Durchschnitts oder moving average (MA(∞)) Prozesses mit den reellen Gewichten θ_i. Im allgemeinen werden weitere Einschränkungen für die Gewichte der MA-Darstellung notwendig. So wird die Folge (θ_i) absolut summierbar genannt, falls die Reihe $\sum_{i=0}^{\infty} |\theta_i|$ konvergiert, die Partialsummen $s_n := \sum_{i=0}^{n} |\theta_i|$, n=0,1,2,... einen Grenzwert in R besitzen und damit $\sum_{i=0}^{\infty} \theta_i^2 < \infty$. Für die beiden Momente folgt damit:

$$E(x_t) = E[\lim_{n\to\infty} \sum_{i=0}^{n} \theta_i \epsilon_{t-i}] = \lim_{n\to\infty} \sum_{i=0}^{n} \theta_i E(\epsilon_{t-i}) = 0$$

$$\mathrm{Var}(x_t) = \sum_{i=0}^{\infty} \sum_{j=0}^{\infty} \theta_i\theta_j E(\epsilon_{t-i}\epsilon_{t-j}) = \sum_{i=0}^{\infty} \theta_i^2 \mathrm{Var}(\epsilon_{t-i}) = \sigma_\epsilon^2 \sum_{i=0}^{\infty} \theta_i^2$$

$$\mathrm{Cov}(x_t, x_{t+h}) = \sum_{i=0}^{\infty} \sum_{j=0}^{\infty} \theta_i\theta_j E(\epsilon_{t-i}\epsilon_{t-h-j}) = \sigma_\epsilon^2 \sum_{i=0}^{\infty} \theta_{i+h}\theta_i , \quad h \geq 0.$$

Unter diesen Einschränkungen erzeugt das Modell einen stationären Outputprozeß. Durch Hinzufügen eines additiven Terms $\mu \in R$ erhält man einen stationären Prozeß mit einem von Null verschiedenen Mittelwert. Wird für die stationären Prozesse in MA-Schreibweise die Summe der Gewichte θ_i nach dem $(q+1)$-ten Summanden abgebrochen, so erhält man den endlichen moving-average-Prozeß der Ordnung $q \in N$ (MA(q)):

$$x_t = \sum_{i=0}^{q} \theta_i\epsilon_{t-i} + \mu = \theta_0\epsilon_t + \theta_1\epsilon_{t-1} + \ldots + \theta_q\epsilon_{t-q} + \mu. \tag{4.2.2}$$

Der Koeffizient θ_0 wird ohne Einschränkung der Allgemeinheit auf Eins normiert. Dieser Prozeß ist ohne jede Beschränkung der θ_i, $i=1,\ldots,q$ stationär mit Erwartungswert $E(x_t) = \mu$ und Varianz $\mathrm{Var}(x_t) = \sigma_\epsilon^2(1 + \theta_1^2 + \ldots + \theta_q^2)$ und für die Autokovarianzfunktionen gilt für $0 \leq h \leq q$ $\gamma(h) = \sigma_\epsilon^2 \sum_{i=0}^{q-h}\theta_{i+h}\theta_i$. Das MA(q)-Modell beinhaltet damit genau $q+2$ Parameter und zwar den Mittelwert μ, die Varianz des Störterms σ_ϵ^2 und die Koeffizienten $\theta_1, \theta_2, \ldots, \theta_q$, die die Gewichtung vornehmen. Im folgenden wird ohne Einschränkung der Allgemeinheit $\mu=0$ gesetzt.

Unter Zuhilfenahme des Lagoperators L mit $L^d x_t = x_{t-d}$, der für eine Zeitreihe x_t, $t \in T$, eine Verschiebung sämtlicher Variablen bewirkt, läßt sich der MA(q)-Prozeß schreiben als

$$\begin{aligned} x_t &= \epsilon_t(1 + \theta_1 L + \theta_2 L^2 + \ldots + \theta_q L^q) \\ &= \Theta_q(L)\epsilon_t, \qquad t \in T. \end{aligned}$$

Diese Gleichung läßt sich nach dem Störterm ϵ_t auflösen, wenn die Wurzeln des charakteristischen Polynoms

$$\Theta(L) = 1 + \theta_1 L + \theta_2 L^2 + \ldots + \theta_q L^q = 0$$

sämtlich außerhalb des Einheitskreises der komplexen Zahlenebene liegen (siehe auch folgender Abschnitt). Diese Voraussetzung an die Nullstellen (Wurzeln) der charakteristischen Gleichung wird Invertierbarkeitsbedingung genannt (Siehe Granger und Newbold [1977, S.24ff.]). Damit läßt sich ein MA(q) auch in der folgenden Form darstellen

$$\epsilon_t = \Theta_q(L)^{-1}x_t = x_t - \sum_{i=1}^{\infty} \alpha_i x_{t-i}, \qquad t \in T. \tag{4.2.3}$$

Und die α_i, $i \geq 1$ genügen dabei der homogenen Differenzengleichung

$$\alpha_i + \theta_1\alpha_{i-1} + \theta_2\alpha_{i-2} + \ldots + \theta_q\alpha_{i-q} = 0, \; i > q,$$

mit den Anfangsbedingungen $\alpha_1 = \theta_1$, $\alpha_i = -\sum_{j=1}^{i-1} \theta_j\alpha_{i-j} + \theta_i$, $2 \leq i \leq q$. Mit diesen Vorgaben lassen sich die Koeffizienten rekursiv ermitteln. Der aktuelle Wert des white noise Prozesses ϵ_t läßt sich also als unendliche Linearkombination der stationären Zeitreihe x_t, $t \in T$, darstellen. Diese Form der Darstellung wird als unendlicher autoregressiver Prozeß bezeichnet und wird im folgenden Abschnitt vorgestellt und analysiert.

4.2.3 Autoregressive Prozesse

In dem autoregressiven (AR(p)) Modell der Ordnung p, $p \in N$, wird der Wert des stochastischen Prozesses x_t, $t \in T$, durch eine gewichtete Summe der p verzögerten Werte des Prozesses und dem Störterm ϵ_t dargestellt:

$$x_t = \phi_1 x_{t-1} + \phi_2 x_{t-2} + \ldots + \phi_p x_{t-p} + \epsilon_t, t \in T, \; \phi_i \in R. \qquad (4.2.4)$$

Mit Hilfe des Lagoperators L kann der AR(p)-Prozeß auch geschrieben werden als:

$$x_t(1 - \phi_1 L - \phi_2 L^2 - \ldots - \phi_p L^p) = \epsilon_t \qquad (4.2.5)$$

$$\Phi(L)x_t = \epsilon_t, \qquad t \in T, \; \phi_i \in R,$$

wobei von einem Absolutglied ohne Einschränkung der Allgemeinheit abgesehen wird, $\phi_0 = 0$.

<u>Exkurs:</u> Die allgemeine Lösung einer linearen Differenzengleichung (siehe Granger und Newbold [1977])

Eine lineare Differenzengleichung der Ordnung p ist eine iterative Gleichung der Form

$$x_t = \sum_{j=1}^{p} a_j x_{t-j} + y_t, \qquad (4.2.6)$$

die sich mit Lagoperator L schreiben läßt als

$$a(L)x_t = y_t, \text{ wobei } a(L) = 1 - \sum_{j=1}^{p} a_j L^j. \qquad (4.2.7)$$

Angenommen der Prozeß begann zum Zeitpunkt $t=-N$, so daß $y_t=0$, $t<-N$ und die Startwerte für x_t seien gegeben. Die allgemeine Lösung der Differenzengleichung hat dann die Form

$$x_t = x_{1t} + x_{2t},$$

wobei x_{1t} die Lösung der homogenen Gleichung $a(L)x_t = 0$ ist, und x_{2t} gegeben ist durch $x_{2t} = b(L)y_t$, mit $b(z) = 1 / a(z)$ und partikuläre Lösung genannt wird.

1. Lösung der homogenen Gleichung $a(L)x_t = 0$

Die allgemeine homogene Differenzengleichung p-ter Ordnung

$$x_t = \sum_{j=1}^{p} a_j x_{t-j} \tag{4.2.8}$$

hat die Lösung

$$x_t = \sum_{k=1}^{p} A_k \theta_k{}^t, \tag{4.2.9}$$

wobei $\theta_k{}^{-1}$, $k=1,\ldots,p$ die Wurzeln der charakteristischen Gleichung $a(z) = 1 - a_1 z - \ldots - a_p z^p = 0$ sind, wenn keine mehrfachen Wurzeln vorliegen und die Konstanten A_k durch die Anfangswerte bestimmt sind.

Sind die a_i Elemente der reellen Zahlen, $a_i \in R$, dann müssen aus der obigen Gleichung (4.2.9) ebenfalls reelle Werte für die Sequenz x_t resultieren, d.h. jede komplexe Wurzel der $\theta_k{}^{-1}$ muß mit seinem komplex conjungierten Widerpart auftreten, so daß das komplex conjungierte Paar einen Term der Form $L|\theta_k|^t\cos(kt+\phi_k)$ bilden. Die Lösung von (4.2.8) wird daher entweder einen exponentiellen Verlauf oder eine Mischung aus exponentiellem Verlauf und Amplituden wechselnder Oszilatoren haben.

Für große t wird die Lösung dominiert von $A_0|\theta_0|^t$, wobei $|\theta_0| = \max(|\theta_k|, k=1,\ldots,p)$ ist. Für $|\theta_0|<1$ wird die Lösung stationär genannt und für $|\theta_0|>1$ explosiv. Aus der Definition für θ_k folgt, daß eine notwendige und hinreichende Bedingung für eine stationäre Lösung ist, daß alle Wurzeln der charakteristischen Gleichung $a(z) = 1 - a_1 z - \ldots - a_p z^p = 0$ außerhalb des Einheitskreises $|z|=1$ liegen. Dies wird die <u>Stationaritätsbedingung</u> genannt.

2. Lösung der partikulären Gleichung $b(L)y_t = x_{2t}$

Eine partikuläre Lösung der Gleichung (4.2.5) kann geschrieben werden als

$$x_{2t} = \sum_{j=0}^{t+N} b_j y_{t-j}. \qquad (4.2.10)$$

Es ist leicht zu erkennen, daß die Koeffizienten b_j mit wachsenden j größer werden, falls die Stationaritätsbedingung nicht erfüllt ist. Im allgemeinen Fall, unter der Annahme, daß die Stationaritätsbedingung hält und daß der Prozeß in der unendlichen Vergangenheit begann, ist die vollständige Lösung gerade die partikuläre Lösung $x_t = b(L)y_t$, für alle $t \in T$, da es gilt $x_{1t} = O(|\theta_0|^{t+N}) \rightarrow 0$, für große N (Ende Exkurs).

Damit ein AR(p)-Prozeß stationär ist, muß er also der Stationaritätsbedingung gehorchen, d.h. die Wurzeln von $\phi(z) = 0$ müssen alle außerhalb des Einheitskreises $|z| = 1$ liegen mit $\phi(z) = 1 - \phi_1 z - \phi_2 z^2 - \ldots - \phi_p z^p$, und die allgemeine Lösung der Differenzengleichung ist gerade die partikuläre Lösung $x_t = (1 / \Phi(L))\, \epsilon_t$. Unter der Voraussetzung, daß die Stationaritätsbedingung erfüllt ist, kann der Prozeß auch geschrieben werden als

$$x_t = \sum_{j=1}^{\infty} \beta_j \epsilon_{t-j}, \qquad \text{mit} \qquad \beta(L) = \sum_{j=1}^{\infty} \beta_j L^j = 1 / \Phi(L).$$

Ein stationärer AR(p)-Prozeß kann demnach immer auch als spezieller MA(∞)-Prozeß dargestellt werden (Wold-Zerlegung siehe Wold [1954, S.89]).

Um die sogenannten Yule-Walker-Gleichungen zu erhalten (Yule [1927], Walker [1931]), multipliziert man die AR(p)-Gleichung (4.2.5) mit dem zeitverzögerten Term x_{t-h} und bildet den Erwartungswert. Es folgt mit $E(\epsilon_t x_{t-h}) = E(\epsilon_t \sum_{i=0}^{\infty} \theta_i \epsilon_{t-h-i}) = 0$ für $h > 0$, für die Autokovarianzfunktion das Gleichungssystem

$$\gamma(h) - \phi_1\gamma(h-1) - \ldots - \phi_p\gamma(h-p) = \sigma_\epsilon^2, \qquad \text{für } h=0 \text{ und}$$

$$\gamma(h) - \phi_1\gamma(h-1) - \ldots - \phi_p\gamma(h-p) = 0, \qquad \text{für } h \geq 1. \qquad (4.2.11)$$

Unter Vorgabe der Startwerte $h = 1,\ldots,p$ können die weiteren Werte iterativ berechnet werden. Für den Fall $h=0$ läßt sich nach der Varianz des Prozesses durch Division durch $\gamma(0) > 0$ auflösen

$$\text{Var}(x_t) = \sigma_\epsilon^2 / (1 - \phi_1\rho(1) - \ldots - \phi_p\rho(p)).$$

Wird ein Absolutglied $\phi_0 \neq 0$ in die Untersuchung einbezogen, so folgt

$$\Phi(L)x_t = \phi_0 + \epsilon_t, \qquad t \in T$$

$$x_t = \Phi(L)^{-1}(\phi_0 + \epsilon_t)$$

$$= \phi_0/(1 - \phi_1 - \ldots - \phi_p) + \beta(L)\epsilon_t,$$

und der Erwartungswert mit $E(x_t) = \phi_0 / (1 - \phi_1 - \ldots - \phi_p)$.

4.2.4 Gemischte autoregressive moving average Modelle

Eine Kombination von AR- und MA-Prozessen resultiert in folgender Form:

$$x_t = \phi_1 x_{t-1} + \ldots + \phi_p x_{t-p} + \epsilon_t + \theta_1 \epsilon_{t-1} + \ldots + \theta_q \epsilon_{t-q} \quad (4.2.12)$$

und wird als autoregressives moving average Modell der Ordnung p, q (ARMA(p, q)) bezeichnet

$$\begin{aligned} (1 - \phi_1 L - \ldots - \phi_p L^p) x_t &= (1 + \theta_1 L + \ldots + \theta_q L^q) \epsilon_t \\ \Phi(L) x_t &= \Theta(L) \epsilon_t. \end{aligned} \quad (4.2.13)$$

Bei der Existenz eines Mittelwerte $\mu \neq 0$ formuliert man $x_t\hat{}$ als Abweichung des Prozesses x_t von dem Mittelwert μ mit $x_t\hat{} = x_t - \mu$ und setzt $x_t\hat{}$ statt x_t in Gleichung (4.2.13) ein. Im folgenden wird ein Mittelwert ohne Einschränkung der Allgemeinheit nicht berücksichtigt. Gleichung (4.2.13) umgeformt nach x_t ergibt

$$x_t = \Phi(L)^{-1} \Theta(L) \epsilon_t. \quad (4.2.14)$$

Die Ergebnisse der obigen Abschnitte lassen sich unmittelbar auf den ARMA-Fall übertragen. Wenn x_t, $t \in T$, ein stationärer Prozeß ist, dann muß der autoregressive Teil von (4.2.14) $\Phi(L)^{-1}$ konvergieren und dies erfordert, daß die Wurzeln der charakteristischen Gleichung $\Phi(L) = 0$ außerhalb des Einheitskreises liegen. Analog zu der Stationaritätsbedingung für den autoregressiven Bestandteil ist die Invertierbarkeitsbedingung für den moving average Teil. x_t, $t \in T$, wird invertierbar genannt, wenn Gleichung (4.2.13) geschrieben werden kann als $\Theta(L)^{-1}\Phi(L)x_t = \epsilon_t$, und damit der ARMA bzw. moving average Bestandteil invertiert werden kann zu einem rein autoregressiven Prozeß. Falls nun x_t invertierbar ist, muß $\Theta(L)^{-1}$ konvergieren. Dies bedeutet, daß die Wurzeln die charakteristischen Gleichung $\Theta(L) = 0$ sämtlich außerhalb des Einheitskreises liegen müssen.

4.2.5 Integrierte Prozesse

Im weiteren werden Zeitreihen betrachtet, die nicht stationär sind, die aber durch einfache oder mehrfache Differenzenbildung stationär gemacht werden können. Diese sogenannte Klasse der integrierten Zeitreihen deckt natürlich nur einen Teil möglicher Nicht-Stationarität ab, sie kann aber das Verhalten der in der Ökonomie beobachteten Zeitreihen hinreichend beschreiben. Im allgemeinen werden stochastische Prozesse, die durch d-fache Differenzenbildung stationär gemacht werden können, als integrierte Zeitreihen vom Grad d bezeichnet:

Def.: Ein stochastischer Prozeß x_t, $t \geq t_0$, ohne deterministische Komponenten, der nach d-facher Differenzenbildung eine stationäre invertierbare ARMA-Darstellung hat, wird als integriert vom Grade d ϵ N bezeichnet, mit der Schreibweise x_t-I(d) (Engle und Granger [1987, S.252]).

Ist der Prozeß x_t nicht stationär, aber solcher Art, daß genau d Wurzeln von $\Phi(L)$ auf dem Einheitskreis liegen und die restlichen außerhalb, dann kann der Prozeß geschrieben werden als

$$\omega(L)(1-L)^d x_t \quad = \quad \Theta(L)\epsilon_t, \qquad (4.2.15)$$

wobei $\omega(L)$ ein stationärer autoregressiver Operator der Ordnung p-d ist, und der Operator $(1-L)^d$ d Wurzeln der Größe Eins hat. Da für den Lagoperator gilt $(1-L)x_t = \Delta x_t = x_t - x_{t-1}$ kann Gleichung (4.2.15) auch formuliert werden als

$$\omega(L)\Delta^d x_t \quad = \quad \Theta(L)\epsilon_t. \qquad (4.2.16)$$

Eine Darstellung dieser Art wird ein autoregressiver integrierbarer moving average Prozeß der Ordnung p-d,d,q (ARIMA(p-d,d,q)) genannt, und x_t wird in diesem Fall als homogen nichtstationär der Ordnung d bezeichnet (Box und Jenkins [1976, S.85ff.]).

4.2.6 Trendverhalten ökonomischer Zeitreihen

Makroökonomische Zeitreihen weisen häufig ein im Zeitverlauf charakteristisches Wachstumsverhalten auf (Nicht-Stationarität im Mittelwert). Die ersten Autokorrelationskoeffizienten werden in solchen Fällen nahe bei Eins geschätzt und nehmen mit zunehmendem Zeitabstand nur langsam ab. Entscheidender Punkt bei der Analyse derartiger Prozesse ist die Frage, ob das Trendverhalten stochastischer oder deterministischer Natur ist. Handelt es sich um ein deterministisches Trendverhalten, so kann das Wachstumsverhalten des betrachteten Prozesses durch einen deterministischen linearen oder quadratischen Trend (trend-stationäres Modell) beschrieben werden, und die Zufallseinflüsse wirken sich nur temporär aus. Dieses Modell kann durch eine Zerlegung der nichtstationären Zeitreihe x_t in zwei Komponenten, einen deterministischen Trend und einen stationären stochastischen ARMA-Prozeß, dargestellt werden. Meist wird für die Beschreibung des deterministischen Trends ein polynomialer Ansatz abhängig von t und mit geeignetem Polynom-Grad $r \in N$ gewählt (Wei [1990, S.68]):

$$x_t = c_0 + c_1 t + \ldots + c_r t^r + (\Theta(L) / \Phi(L))\epsilon_t, \quad t \geq t_0. \tag{4.2.17}$$

Ist das Trendverhalten jedoch stochastischer Natur, so läßt sich dieses durch die Anwendung des Differenzenoperators im Rahmen der ARIMA-Modelle berücksichtigen, und man erhält die Klasse der differenz-stationären Modelle. Beide Modelltypen lassen sich natürlich auch mischen:

$$\Delta^d x_t = c_0 + c_1 t + \ldots + c_s t^s + (\Theta(L) / \Phi(L))\epsilon_t, \ t \geq t_0, \tag{4.2.18}$$

wobei die Zeitreihe x_t, $t \geq t_0$, dann einen polynomialen Trend der Ordnung $(d+s)$ aufweist.

4.3 Untersuchung stationärer und nichtstationärer Prozesse

4.3.1 Testverfahren auf den Integrationsgrad von Zeitreihen

In der praktischen Anwendung ist es von entscheidender Bedeutung aufzuklären, ob die Eigenschaften der gegebenen stochastischen Prozesse durch einen (trend-) stationären Prozeß beschrieben werden können, oder ob erst nach ein- oder mehrfacher Differenzenbildung ein stationäres Verhalten erreicht wird.

Wie die Analyse in den obigen Abschnitten gezeigt hat, ist eine notwendige und hinreichende Bedingung für Stationarität, daß alle Wurzeln der charakteristischen Gleichung $a(z)=0$ außerhalb des Einheitskreises $|z|=1$ liegen. Liegt eine stationäre Zeitreihe vor, so existiert für diesen Prozeß ein Mittelwert und die Bewegungen um diesen Mittelwert werden eine weitgehend konstante Amplitude haben. Außerdem kehrt der Prozeß immer wieder zu seinem Mittelwert zurück. "Autocorrelations decline rapidly as lag increases and the process gives low weights to events in the medium to distant past, and thus effectively has a finite memory" (Granger [1986, S.214]).

Eine nichtstationäre Zeitreihe hat dagegen einen von der Zeit abhängigen, sich ändernden Mittelwert und eine Varianz, die nicht beschränkt sein muß. Die erwartete zeitliche Frist, bis der Prozeß zu einem früheren Wert zurückkehrt ist unendlich. Das einfachste Beispiel einer nichtstationären Zeitreihe ist ein random walk

$$x_t = x_{t-1} + \epsilon_t, \qquad \text{wobei } \epsilon_t \sim \text{i.i.d.} N(0,\sigma^2)$$

oder

$$x_t = x_0 + \sum_{i=1}^{t} \epsilon_i .$$

Bei diesem Prozeß ist die Varianz $Var(x_t) = tVar(\epsilon_t) = t\sigma^2$ und wird unendlich groß mit $t \rightarrow \infty$. Der Mittelwert hängt von dem Anfangswert x_0 ab und hat zu unterschiedlichen Zeitpunkten unterschiedliche Werte. Die Autokorrelationen ρ_k sind mit $\rho_k = 1 - |k|/t\sigma^2$ bei ansteigenden t alle in der Nähe von Eins, selbst für hohe Werte von k. Da Innovationen auf den Prozeß alle zukünftigen Werte beeinflußen, hat der Prozeß ein unendliches Erinnerungsvermögen. Falls x_t ein random walk mit Drift-Term ist, dann gilt

$$x_t = x_{t-1} + d + \epsilon_t .$$

Die Lösung ist dann

$$x_t = dt + x_0 + \sum_{i=1}^{t} \epsilon_i ,$$

wobei x_t aus einem linearen Trend-Term und einem random walk ohne drift besteht. Die charakteristische Gleichung ergibt sich bei diesen Zufallsprozessen zu $a(z)=1-a_1z=0$. Für den random walk ist damit $z=1/a_1=1$. Das heißt die Wurzel der charakteristischen Gleichung liegt auf dem Einheitskreis und die Zeitreihe ist nichtstationär. In den folgenden Abschnitten werden kurz Tests beschrieben, mit denen die Stationaritätseigenschaft von Zeitreihen überprüft werden kann.

4.3.2 Der Dickey-Fuller Test

Für diesen Test wird von einem einfachen autoregressiven Modell für den datenerzeugenden Prozeß ausgegangen:

$$(1 - bL)x_t = \epsilon_t, \qquad t \in T,\ \epsilon_t \sim i.i.d.N(0,\sigma^2),\ b \in R. \qquad (4.3.1)$$

Der Dickey-Fuller Test (DF-Test) ist die t-Statistik für den Koeffizienten b aus der Regressionsgleichung. Die Teststatistik ist nicht normalverteilt und wurde daher durch Monte Carlo Simulationen von Fuller [1976] ermittelt. Bei dem Test wird überprüft, ob das x_t einem random walk Prozeß $x_t = x_{t-1} + \epsilon_t$ folgt, oder ob ein stationärer AR(1)-Prozeß vorliegt.

Da die untersuchten Zeitreihen im allgemeinen keinen Mittelwert von Null haben, wird der Test um eine Konstante erweitert und in der folgenden Form in der praktischen Anwendung eingesetzt (Diebold und Nerlove [1988] und Dickey und Fuller [1979]):

$$\Delta x_t = a + (b - 1)x_{t-1} + \epsilon_t, \qquad t \in T,\ \epsilon_t \sim i.i.d.N(0,\sigma^2),\ b \in R, \qquad (4.3.2)$$

mit der Teststatistik $t=(b-1)/\sigma$. Diese Form hat den Vorteil, daß der von den meisten statistischen Software-Paketen angegebene t-Wert für den Koeffizienten von x_{t-1} verwendet werden kann, der die Signifikanz einer Abweichung von Null angibt. Explizit wird die Nullhypothese H_0: $x_t = x_{t-1} + \epsilon_t$ gegenüber der Alternativhypothese H_1: H_1 $x_t = a + bx_{t-1} + \epsilon_t$, mit $b<0$ überprüft[1].

Die empirischen Verteilungen für die Fälle mit und ohne Absolutglied sind in Fuller [1976], Dickey und Fuller [1981] und MacKinnon [1991] angegeben. Der Test wurde auch um einen mittelwertbereinigten deterministischen Trend erweitert, so daß die Nullhypothese eines random walk mit drift gegen die Alternative einer trendstationären Zeitreihe, d.h. die Abweichungen des Prozesses von einem linearen Trend sind stationär, getestet wird.

$$\Delta x_t = a + dt + (b - 1)x_{t-1} + \epsilon_t, \quad t \in T,\ \epsilon_t \sim i.i.d.N(0,\sigma^2),\ b \in R. \qquad (4.3.3)$$

Auch für diesen Fall wurde die Verteilung in Fuller [1976], Dickey und Fuller [1981] und MacKinnon [1991] tabelliert[2].

Wie Dickey und Fuller zeigen, lassen sich die Resultate auch auf Prozesse mit weiteren autoregressiven Termen ausweiten. Diese Erweiterungen haben keine Auswirkungen für die asymptotische Verteilung des t-Wertes von $(b-1)$, so daß die Ergebnisse für die Teststatistik und die kritischen Werte gerade übernommen werden können.

---

[1] Die Konstante a verschwindet unter $b=1$, da sich $(x_t-a)=b(x_{t-1}-a) + \epsilon_t$, mit a=konstant, umformen läßt zu $x_t=a^*+bx_{t-1}+\epsilon_t$, mit $a^*=a(1-b)$. Und für $b=1$ wird a^* zu $a^*=0$.

[2] Bei dem Einheitswurzeltest mit Drift-Term wird der Prozeß um den Mittelwert und die Trendkomponente bereinigt: $(x_t-a-dt)=b(x_{t-1}-a-d(t-1)) + \epsilon_t$, a=konstant, $b<1$. Mit $a^*=a(1-b)+db$ und $d^*=d(1-b)$ ergibt dies $x_t=a^*+d^*t+bx_{t-1}+\epsilon_t$. Und für $b=1$ wird die Gleichung zu $x_t= +d+x_{t-1}+\epsilon_t$, einem random walk mit drift d.

4.3.3 Der Augmented-Dickey-Fuller Test

Bei dem im vorangegangenen Abschnitt vorgestellten Einheitswurzeltest war ein rein autoregressiver Prozeß mit bekannter Ordnung als datenerzeugender Prozeß vorausgesetzt worden. Dagegen können makroökonomische Größen auch moving average Bestandteile enthalten, außerdem ist in der praktischen Anwendung im allgemeinen die Charakteristik der Zeitreihen unbekannt. Eine Vorgehensweise, die zu einer Lösung dieses Problems gelangt, wurde von Said und Dickey [1984] vorgeschlagen. Es wird hierbei angenommen, daß sich das stationäre Residuum $\epsilon_t = x_t - bx_{t-1}$ durch einen allgemeinen ARMA(p,q)-Prozeß darstellen läßt[3]:

$$\begin{aligned}(1 - \phi_1 L - \ldots - \phi_p L^p)\epsilon_t &= (1 + \theta_1 L + \ldots + \theta_q L^q)u_t \\ \Phi(L)\epsilon_t &= \Theta(L)u_t,\end{aligned}$$

wobei p für die Ordnung des autoregressiven Teils des Prozesses, q für den moving average Bestandteil steht und u_t ein weißer Rauschprozeß ist. Ist der moving average Teil invertierbar, so hat ϵ_t bekanntermaßen eine unendliche AR-Repräsentation:

$$\begin{aligned}u_t &= \Theta(L)^{-1}\Phi(L)\epsilon_t \\ &= \epsilon_t - \sum_{i=1}^{\infty} \alpha_i \epsilon_{t-i}.\end{aligned}$$

Mit der Gleichung (4.3.2) unter Vernachlässigung des Absolutgliedes $\Delta x_t = (b-1)x_{t-1} + \epsilon_t$ erhält man durch Substitution

$$\Delta x_t = (b - 1)x_{t-1} + \sum_{i=1}^{\infty} \alpha_i \epsilon_{t-i} + u_t, \qquad t \in T,\ u_t \sim i.i.d.N(0,\sigma^2),\ b \in R. \tag{4.3.4}$$

Bei einem Test auf $b=1$ wird ϵ_t zu $\epsilon_t = \Delta x_t$ und wenn nach k Summanden abgebrochen wird, so erhält man mit

$$\Delta x_t = (b - 1)x_{t-1} + \sum_{i=1}^{k} \alpha_i \Delta x_{t-i} + u_t, \qquad t \in T,\ u_t \sim i.i.d.N(0,\sigma^2) \tag{4.3.5}$$

den sogenannten Augmented-Dickey-Fuller Test (ADF-Test) (Said und Dickey [1984]). Damit hat man für den Generierungsprozeß von x_t eine Approximation ohne moving average Komponente, und es kann wie bei dem einfachen Dickey-Fuller Test mit den

[3] Absolutglied und Drift-Term werden hier ohne Einschränkung der Allgemeinheit weggelassen.

entsprechenden Methoden auf das Vorliegen einer Einheitswurzel getestet werden. Der ADF-Test hat die gleiche asymptotische Verteilung wie der DF-Test, und es lassen sich die gleichen Erweiterungen um Absolutglied und Drift-Term vornehmen. Für die Wahl von k empfehlen Diebold und Nerlove [1988] $k = int[\sqrt[4]{T}]$, während Schwert [1988] $k = int[4\sqrt[4]{(T/100)}]$ präferiert. Entscheidend ist, daß der Residuenprozeß der Regression u_t bei der empirischen Überprüfung weißes Rauschen darstellt. Zu beachten ist weiterhin, daß die Approximation durch die autoregressive Darstellung bei großen moving average Komponenten in der Nähe von Eins schlecht ist und eine große Anzahl der Parameter k erforderlich macht, vgl. Schwert [1988]. Liegt im moving average Bestandteil eine Einheitswurzel vor, so ist diese Komponente nicht invertierbar und der Test nicht mehr zu verwenden.

Zur Überprüfung einer Zeitreihe auf die Zahl der Einheitswurzeln, das heißt die Ordnung der Integration, werden im allgemeinen sowohl der einfache DF- als auch der ADF-Test angewendet. Dickey und Pantula [1987] empfehlen mit absteigender Ordnung der Reihe nach auf zwei I(2), eine I(1) und keine Einheitswurzeln I(0) zu testen. In der Durchführung der Tests sollte dabei in einem ersten Schritt die Existenz von deterministischen Elementen im Generierungsprozeß der Daten überprüft werden. Auf die Signifikanz einer linearen bzw. quadratischen Trendkomponente, a, kann mit der um autoregressive Komponenten erweiterten OLS-Regression

$$\Delta^i x_t = a + \sum_{i=1}^{k} \alpha_i \Delta^i x_{t-i} + \epsilon_t, \qquad i=1,2, \tag{4.3.6}$$

getestet werden. Erweist sich ein Drift-Term als signifikant, dann ist im zweiten Schritt die Gleichung des entsprechenden Einheitwurzeltests um die Zeit t als zusätzlichen Regressor zu erweitern, und die entsprechenden kritischen Werte heranzuziehen. Im anderen Fall, wenn keine deterministische Komponente vorliegt, kann diese Information genutzt werden und der Test mit mehr Macht ohne zusätzlichen Regressor durchgeführt werden.

4.3.4 Weitere Testverfahren auf den Integrationsgrad einer Variablen

Neben den oben vorgestellten Dickey-Fuller- und Augmented-Dickey-Fuller-Tests werden in der Literatur noch der Phillips-Perron- (Phillips [1987], Phillips und Perron [1988]), der Ouliaris-, der Phillips-Ouliaris (Ouliaris, Park und Phillips [1989] und Phillips und Ouliaris [1988]) und der Bierens-Test (Bierens [1989]) genannt. In praktischen Untersuchungen sind die beiden erstgenannten aber die gebräuchlichsten Tests, die auch im Gütevergleich am besten abschneiden (siehe z.B. Kohn [1991, S.72ff.]). Daher werden sie auch in den empirischen Untersuchungen in Kapitel 8 eingesetzt. Neben diesen Regressionstests ist die Untersuchung einzelner Variablen auf Stationarität auch im Rahmen des Maximum-Likelihood-Ansatzes von Johansen [1988] möglich. Mit Hilfe der von Johansen [1988] und Johansen und Juselius [1991] vorgestellten Hypothesentests kann innerhalb von VAR-Modellen überprüft werden, ob die Hypothese, daß eine Variable im Variablenvektor stationär ist, angenommen oder abgelehnt wird (Siehe dazu Juselius [1991] und Abschnitt 5.4.2.2)

5 Das Konzept der Kointegration

Das schwerwiegende Problem, das entsteht, wenn versucht wird, Zeitreihen zu analysieren, die nichtstationär sind, d.h. die integriert der Ordnung k sind, mit $k>0$, resultiert aus der Tatsache, daß in diesem Fall die normalen statistischen Eigenschaften der ersten und zweiten Momente, z.B. die Eigenschaft der Konvergenz gegen die wahren Größen der Population, nicht mehr gelten (Hendry [1986, S.202]). Mit dem Anstieg der Stichprobengröße divergiert die Verteilung der Konstanten, und sowohl der Regressionskoeffizient als auch R^2 haben nicht-degenerierende Verteilungen. Auch die Verteilung der t-Tests divergiert, so daß asymptotisch keine korrekten kritischen Werte für diese konventionellen Signifikanztests existieren; weiterhin konvergiert der Durbin-Watson-Test gegen Null (siehe Phillips [1986]).

Wenn die Voraussetzung der Stationarität mißachtet wird und weiterhin Standardverfahren für ökonomische Zeitreihen angewendet werden, so kann dies dazu führen, daß zweifelsfrei unabhängige Variablen in die Schätzmodelle eingehen. Diese Beobachtung systematischen Gleichverhaltens unabhängiger Zeitreihen wird als Scheinkorrelation oder 'spurious regressions' bezeichnet und hat in der Nachfolge der Arbeit von Yule [1926] zu einer großen Zahl von Studien geführt. Jedoch schon Jevons [1885] und Hooker [1901] waren sich der Probleme bewußt, die aus der Anwendung der Korrelationsanalyse resultieren, wenn der Faktor Zeit involviert ist. Wichtige neuere Arbeiten stammen von Granger und Newbold [1974], Hendry [1980] und als formale Analyse Phillips [1986]. Um die Schwierigkeiten, die aus den Scheinkorrelationen resultieren, zu umgehen, wurde basierend auf den Ideen von Box und Jenkins [1970] vorgeschlagen, die zu betrachtenden Zeitreihen erst zu differenzieren, um sie stationär zu machen. Eine Folge dieser Prozedur ist jedoch, daß durch die alleinige Analyse der Differenzen ökonomischer Zeitreihen alle Informationen über mögliche langfristige Abhängigkeiten, die im Niveau der Zeitreihen vorliegen, verloren gehen. Eine Möglichkeit, die Kontroverse zwischen der klassischen Ökonometrie und der datengestützten Zeitreihenanalyse (siehe Naylor et. al. [1972], Cooper [1972] oder Sims [1977]) zu lösen, ist die Verwendung von Fehler-Korrektur-Modellen, die auf dem Konzept der kointegrierten Zeitreihen basieren. Diese Modelle eröffnen einen besonders erfolgversprechenden Ansatz, Zeitreihenanalyse und Ökonometrie zu integrieren.

5.1 Kointegrierte Zeitreihen

Häufig ist es von Interesse festzustellen, ob ein System ein langfristig gültiges Gleichgewicht hat, oder ob zwischen nicht stationären Zeitreihen bestimmte Abhängigkeiten bestehen. Ein empirischer Test auf derartige Beziehungen, d. h. auf einen gemeinsamen stochastischen Trend in den Daten, wird im Rahmen des theoretischen Konzeptes der Kointegration ermöglicht. Das Vorgehen wurde erstmals von Granger [1983] und Engle und Granger [1987] vorgeschlagen und wird im folgenden dargestellt.

Sind zwei Zeitreihen x_t und y_t integriert vom Grad d (x_t~I(d), y_t~I(d)), dann gilt im allgemeinen, daß auch die Linearkombination $z_t=x_t-\beta y_t$ integriert vom Grad d ist (z_t~I(d)). Es besteht jedoch die Möglichkeit, daß zwei oder mehr Zeitreihen sich langfristig parallel entwickeln und die Differenz der beiden gleich bleibt, obwohl beide Zeitreihen einzeln trendbehaftet sind. In diesem Fall wirken besondere Beschränkungen auf die langfristigen Komponenten der Zeitreihen, so daß z_t~I(d-b), mit $b>0$. Diese Beschränkungen können als eine langfristige Gleichgewichtsbeziehung angesehen werden, und wenn eine Linearkombination der Variablen stationär ist, dann hat der Fehlerterm der Regression wohldefinierte erste und zweite Momente. Somit ist in diesem Fall auch die Methode der kleinsten Quadrate anwendbar. Kointegration läßt sich formal folgendermaßen definieren, wobei zu beachten ist, daß bei der Betrachtung eines multivariaten Systems x_t und z_t Vektoren von Zeitreihen darstellen und nicht mehr nur einzelne Zeitreihen:

Def.: Die Komponenten eines Vektors x_t sind kointegriert vom Grade d,b, x_t~CI(d,b), wenn alle Komponenten von x_t integriert vom Grade d sind I(d), und ein Vektor β, mit $\beta \neq 0$, existiert, so daß $z_t = \beta' x_t$~I(d-b), $b>0$. Der Vektor β wird dann als Kointegrationsvektor bezeichnet (Vgl. Granger [1981], Granger und Weiss [1983]).

Unsere Untersuchungen konzentrieren sich auf den Fall $d=1$, $b=1$, das heißt auf Zeitreihen und Linearkombinationen, die integriert vom Grad Eins oder Null sind. Falls die Komponenten von x_t nicht kointegriert sind, so ist z_t nicht stationär, kann stark variieren und wird nur selten die Nullinie passieren (wenn $z_0=0$), mit einem von der Zeit t abhängigen Mittelwert. Liegt dagegen Kointegration vor, so wird sich z_t nur selten weit von Null entfernen, häufig die Nullinie queren, und Gleichgewicht wird zeitweilig auftreten. In Stock [1987] wird zusätzlich gezeigt: existiert ein Kointegrationsvektor β, so daß die Linearkombination $z_t = \beta' x_t$ integriert vom Grade Null ist, dann ist der Kleinste-Quadrate-Schätzer konsistent und konvergiert gegen seinen wahren Wert mit einer Rate, die proportional zum Stichprobenumfang T ist. Dieses Phänomen wird auch Superkonsistenz des Schätzers genannt. Bei Regressionen mit stationären Zufallsvariablen beträgt die

Regressionsgeschwindigkeit dagegen nur $\sqrt{T}$. Das heißt die Kleinsten-Quadrate-Schätzer konvergieren in diesem nichtstationären Rahmen schneller als im stationären Rahmen. Allerdings sind diese Verteilungen nicht normal und Stock [1987] und Banerjee et. al. [1986] weisen darauf hin, daß die Verzerrungen der Schätzer ausgeprägt sein können, besonders bei kleinen Stichproben.

5.2 Das Engle-Granger-Verfahren

Von Engle und Granger [1987] wurde ein zweistufiges Regressions-Verfahren zur Untersuchung von Variablen auf Kointegration vorgestellt. Will man die langfristige Beziehung zwischen zwei Variablen x_t und y_t in einer sogenannten Kointegrationsgleichung der Form

$$x_t = a + \beta y_t + \epsilon_t \tag{5.2.1}$$

überprüfen, so wird der empirische Test auf Kointegration in zwei Schritten erfolgen. Zuerst werden die Zeitreihen x_t und y_t auf Integration vom Grad Eins untersucht, und im zweiten Schritt wird überprüft, ob die Residuen ϵ_t integriert vom Grad Null sind und somit zwischen x_t und y_t eine Kointegrationsbeziehung vorliegt.

Der erste Schritt, die Untersuchung der Zeitreihen x_t und y_t auf den Grad der Integration wird mit Einheitswurzeltests durchgeführt, wie sie im Abschnitt 4.3 vorgestellt wurden. Dazu wird sinnvollerweise mit absteigemder Ordnung der Reihe nach auf zwei I(2), eine I(1) und keine Einheitswurzeln I(0) getestet. Bei der Durchführung der Tests sollte dabei zuerst die Existenz von deterministischen Elementen im Generierungsprozeß der Daten überprüft und gegebenenfalls berücksichtigt werden.

Falls x_t und y_t I(1) Prozesse sind und man Kointegration zwischen beiden vermutet, dann müssen die Fehlerterme ϵ_t in der Kointegrationsgleichung stationär sein. So werden im zweiten Schritt die Residuen in Gleichung (5.2.1) untersucht. Anwendung finden wieder der DF- und der ADF-Test unter der Nullhypothese, daß die Zeitreihe der Residuen integriert vom Grade eins ist (H_0: $\epsilon_t \sim I(1)$), was gleichbedeutend ist mit der Aussage: x_t und y_t nicht kointegriert. Die kritischen Werte für die t-Statistik des Koeffizienten β in den DF- und ADF-Regressionen (4.3.2) und (4.3.5) sind in diesem Fall in Engle und Yoo [1987], Engle und Granger [1987] sowie MacKinnon [1991] tabelliert. Die Nullhypothese wird bei hohen negativen t-Werten abgelehnt, und es kann von dem Bestehen einer Kointegrationsbeziehung, wie sie in der Kointegrationsregression (5.2.1) spezifiziert ist, ausgegangen werden. In diesem Fall herrscht ein Zusammenhang zwischen x_t und y_t derart, daß sich die beiden Variablen langfristig nicht beliebig weit voneinander entfernen können sondern im Zeitverlauf eine weitgehend parallele Entwicklung nehmen.

Aus der Existenz von Kointegrationsbeziehungen folgen einige Implikationen. So präsentiert Granger [1986] einen Beweis, daß falls zwei Variablen x_t und y_t kointegriert sind, dann entweder x_t Granger kausal zu y_t oder y_t Granger kausal zu x_t sein muß, oder aber, daß beide Aussagen wahr sind (dann wird von einem feedback-System der beiden Variablen gesprochen). Dies folgt direkt aus der Existenz von Fehlerkorrekturmodellen (siehe unten Abschnitt 5.3), das bedeutet, die verzögerten Werte müssen die Vorhersagefähigkeit von wenigstens einer der Variablen x_t, y_t verbessern [1]. Im dritten Fall, einem feedback-System, ist die Normierung der Kointegrationsregression beliebig: so kann beispielsweise die Kointegrationsgleichung mit dem höchsten R^2 verwendet werden oder auch Überlegungen der ökonomischen Theorie gefolgt werden.

Im multivariaten Fall, bei mehr als zwei Zeitreihen, muß der Kointegrationsvektor β nicht mehr eindeutig sein, da mehrere Linearkombinationen die verschiedenen Gleichgewichtsbeziehungen darstellen können. Bei einer Zahl von n Variablen können bis zu $n-1=r$ Kointegrationsvektoren existieren. In diesem Fall ist eine Interpretation der Fehler-Korrektur-Terme als Korrekturmechanismus bei Abweichungen von speziellen Gleichgewichtsbeziehungen nicht mehr ohne weiteres möglich (Granger [1986, S.222]).

5.3 Fehler-Korrektur-Modelle

Eine sehr wichtige Folgerung, die sich aus der Kointegrationsanalyse ergibt, resultiert aus dem "Granger-Repräsentations-Theorem" (Granger [1983], Engle und Granger [1987]). Das Theorem besagt, daß wenn eine Anzahl von Variablen kointegriert ist, daß dann eine gültige Fehler-Korrektur-Darstellung der Daten existiert. In einem multivariaten System mit einem Zeitreihenvektor x_t, dessen Komponenten alle integriert vom Grad Eins sind (x_t~I(1)), kann das allgemeine Fehler-Korrektur-Modell (error correction model (ECM)) in der Form

$$A(L)\,(1-L)x_t = -\gamma z_{t-1} + \epsilon_t \qquad (5.3.1)$$

---

[1] Zur Definition und Anwendungen der Granger-Kausalität und dem eng damit verbundenen Konzept der Exogenität siehe Granger [1969], Sims [1972] und besonders Engle, Hendry und Richard [1983].

dargestellt werden, wobei ϵ_t ein stationärer multivariater Störterm ist und L der Lag-Operator. Es sei $A(0)=1$, $A(1)$ habe endliche Elemente und $z_t=\beta' x_t$, wobei β der Kointegrationsvektor ist und $\gamma \neq 0$ (Engle und Granger [1987, S.254]).

Frühe Versionen von error correction models wurden von Phillips [1957] und Sargan [1964] vorgestellt, bei diesen wird eine Mischung stationärer und nichtstationärer Variablen in der Regression verwendet. Die abhängigen Variablen sind stationär in den ersten Differenzen und die nichtstationären Terme im Niveau werden als langfristige Gleichgewichtsbedingungen interpretiert. An diese frühen Arbeiten schlossen sich Studien von Davidson et.al. [1978], Hendry und Mizon [1978], Hendry und von Ungern-Sternberg [1981], Currie [1981] und Salmon [1982] an, die auf die empirischen Vorzüge der Modellierung mit Fehler-Korektur-Termen hinwiesen. Erst durch die Arbeiten von Granger und dem Granger-Repräsentations-Theorem erhielten diese Modelle auch ihre theoretische Fundierung.

Wenn Variablen kointegriert sind, dann können durch die Anwendung des Granger-Repräsentations-Theorems und die Verwendung von Fehler-Korrektur-Modellen Informationen im Niveau der Variablen beibehalten werden. Dadurch werden die beiden Ansätze, das Schätzen im Niveau sowie in den ersten Differenzen, in Einklang gebracht und das Problem der Scheinkorrelationen umgangen. Die Modelle kombinieren langfristige Gleichgewichtsbeziehungen, die auf der ökonomischen Theorie basieren, mit der Zeitreihentheorie und -analyse, mit der die kurzfristige Dynamik spezifiziert wird. Innerhalb eines solchen dynamischen Modells wird ein Teil der Abweichung vom langfristigen Gleichgewicht in einer Periode in der darauffolgenden korrigiert. In die obere Gleichung (5.3.1) geht der Fehler-Korrektur-Term mit einer Verzögerung von einer Zeiteinheit ein, es können jedoch ebenso andere Lagstrukturen dargestellt werden.

Zum Schätzen von Fehler-Korrektur-Modellen schlagen Engle und Granger [1987] ein einfaches Zweischritt-Verfahren vor, das auf Ergebnissen von Stock [1987] basiert. Nach dem Test auf Kointegration wird in einem ersten Schritt mit der Methode der kleinsten Quadrate der Kointegrationsvektor β geschätzt. Im zweiten Schritt können die anderen Parameter des ECM ermittelt werden indem die Schätzer der Kointegrationsgleichung in ein allgemeines Fehler-Korrektur-Modell einbezogen werden. Dies wird dadurch erreicht, daß das Residuum der Kointegrationsgleichung einfach als weiterer Parameter in das ECM eingeht. Aufgrund der Eigenschaft der hohen Konvergenzgeschwindigkeit der Kointegrationsschätzer sind alle Variablen stationär und die konventionellen Schätzverfahren sind anwendbar. Engle und Granger [1987] zeigen außerdem, daß die mit der Methode der kleinsten Quadrate errechneten Standardfehler des Fehler-Korrektur-Modells konsistente Schätzer der wahren Standardfehler sind.

Bei der Betrachtung von ECM ist es wichtig zu berücksichtigen, daß nicht nur die kointegrierten Variablen einem solchen Modell gehorchen müssen, sondern daß auch die Umkehrung gilt: Datenprozesse, die durch ein ECM generiert werden, müssen kointegriert sein. Wenn alle Komponenten eines Zeitreihenvektors x_t integriert vom Grad Eins I(1) sind, dann sind ihre zeitlichen Veränderungen stationär, und falls der Vektor $z_t = \beta' x_t$ integriert der Ordnung Null ist ($z_t \sim I(0)$), das bedeutet die Komponenten von x_t sind kointegriert, dann ist jeder Term des Fehler-Korrektur-Modells I(0) also stationär. Ist dies nicht der Fall, so ist z_t nichtstationär und gehört nicht zu dem ECM.

Für den Fall zweier Variablen x_t und y_t, die beide I(1) und kointegriert sind, hat das Fehler-Korrektur-Modell die Form

$$\Delta x_t = a + \sum_{i=1}^{k} b_i \Delta x_{t-i} + \sum_{i=0}^{m} c_i \Delta y_{t-i} + d z_{t-1} + \epsilon_t, \qquad (5.3.2)$$

wobei $\qquad z_t = x_t - \beta' y_t$

die Kointegrationsgleichung und der Fehler-Korrektur-Term des ECM ist und ϵ_t weißes Rauschen darstellt.

In Stock [1987] wird ein unrestringiertes ECM präsentiert, bei dem die Parameter der kurzfristigen Dynamik und der langfristigen Gleichgewichtsbeziehungen simultan geschätzt werden (non linear least squares (NLS)). Für den oben vorgestellten Fall von zwei Variablen führt dies zu der Gleichungsform

$$\Delta x_t = a + \sum_{i=1}^{k} b_i \Delta x_{t-i} + \sum_{i=0}^{m} c_i \Delta y_{t-i} + \theta_1 x_{t-1} + \theta_2 y_{t-1} + \epsilon_t. \qquad (5.3.3)$$

Stock zeigt weiterhin, daß die Schätzer der Parameter des Kointegrationsvektors weniger Verzerrung als die der zweistufigen Prozedur aufweisen, da sie nicht mit dem Fehlerterm der Regression korreliert sind. So liegt ein Vorteil des einstufigen Verfahrens von Stock darin, daß die Schätzer des einstufigen NLS-Verfahrens möglicherweise effizienter als die des zweistufigen Engle-Granger-Verfahrens sind [2]. Die Schätzer der langfristigen Relation sind ebenfalls superkonsistent, da sie genauso wie die des zweistufigen Verfahrens mit der höheren Geschwindigkeit von $O(T^1)$ konvergieren. Die Parameterschätzer der kurzfristigen Dynamik des Systems haben eine begrenzte Standardverteilung, konvergieren mit der gewöhnlichen Geschwindigkeit und sind asymptotisch unabhängig von den entsprechenden Schätzern des Kointegrationsvektors.

---

[2] Allerdings neigen die Schätzer in diesem Fall dazu, eine größere Streuung in ihrer Verteilung aufzuweisen (Stock [1987, S.1043]).

5.4 Das multivariate ML-Verfahren von Johansen

5.4.1 Das Schätzverfahren

Die folgende Einführung in das Schätzverfahren lehnt sich an Johansen [1988] an. Bei dem Kointegrationsansatz von Engle und Granger [1987] werden die Kointegrationsvektoren mit Hilfe von Regressionen geschätzt. Das nun im folgenden vorzustellende Verfahren entwickelt dagegen Maximum-Likelihood-Schätzer der Kointegrationsvektoren für einen autoregressiven Prozess mit Gaußschen Fehlern und gibt Likelihood-Ratio-Tests für die Hypothese an, daß eine bestimmte Anzahl an Kointegrationsvektoren existiert. Da dieses Verfahren die Fehlerstruktur des zugrundeliegenden Prozesses berücksichtigt, ist zu erwarten, daß diese Schätzer besser als die aus der Regressionsanalyse gewonnenen sind.

Der Daten generierende Prozeß eines Vektors x mit p Variablen wird als ein unrestringiertes vektorautoregressives System im Niveau der Variablen dargestellt:

$$x_t = \Pi_1 x_{t-1} + \ldots + \Pi_k x_{t-k} + \epsilon_t,\ t=1,2,\ldots \tag{5.4.1}$$

wobei ϵ_t ein p-dimensionaler Vektor unabhängiger, gleichverteilter Gaußscher Zufallsvariablen mit Mittelwert Null und der Kovarianzmatrix Λ ist. Die Π_i, mit $i=1\ldots k$, sind $(p \times p)$ Koeffizientenmatrizen und x_t ist nicht stationär. Das System (5.4.1) läßt sich modifizieren auf den Fall mit saisonalen Dummies und konstantem Term μ, in der Herleitung ändert sich jedoch nichts Grundlegendes (Johansen und Juselius [1990]), daher werden wir uns auf die obige Darstellung beschränken und nur wo notwendig auf die Modifikation mit Absolutglied und Saison-Dummies zurückkommen.

Definiert wird das Matrizenpolynom

$$A(z) = I - \Pi_1 z^1 - \ldots - \Pi_k z^k. \tag{5.4.2}$$

Von Interesse ist in diesem Zusammenhang für uns, wenn die charakteristische Determinante $|A(z)|$ Wurzeln von $z=1$ hat. Wir konzentrieren unsere Analyse auf den Fall, daß x_t~I(1), d.h. Δx_t ist stationär, und die Matrix

$$A(z)|_{z=1} = -\Pi = I - \Pi_1 - \ldots - \Pi_k \tag{5.4.3}$$

hat den Rang $r<p$.

Bevor wir die Likelihoodfunktion betrachten, ist es sinnvoll, Modell (5.4.1) so umzuformen, daß der uns interessierende Parameter Π explizit eingeht. Dies führt zur Darstellung in ersten Differenzen, wobei $\Delta = 1 - L$ gilt und L der Lagoperator ist. Zu bemerken ist dabei, daß die Differenzenbildung einen Informationsverlust impliziert, falls der Differenzenoperator nicht auch explizit auf den Fehlerterm angewandt wird.

$$\Delta x_t = \Gamma_1 \Delta x_{t-1} + \ldots + \Gamma_{k-1} \Delta x_{t-k+1} + \Pi_k x_{t-k} + \epsilon_t \tag{5.4.4}$$

mit:

$$\Gamma_i = -I + \Pi_1 + \ldots + \Pi_i \qquad i = 1, \ldots, k-1$$

und

$$\Pi = -I + \Pi_1 + \ldots + \Pi_k.$$

Die Matrix I stellt die Identitätsmatrix dar. Das Ziel des Verfahrens ist, festzustellen, ob die Koeffizientenmatrix Π Informationen über die langfristigen Beziehungen zwischen den Variablen im Datenvektor enthält. Drei mögliche Fälle kommen dabei in Betracht. Gilt für Π, $rg(\Pi) = r = p$, dann hat die Matrix Π vollen Rang, die Variablen von x_t sind im Niveau stationär und die Annahme x_t~I(1) ist ungültig. Im zweiten Fall: $r = 0$, ist die Matrix Π eine Nullmatrix, alle Variablen sind integriert, und es existieren keine stationären Linearkombinationen. Falls jedoch für den Rang von Π gilt, daß $0 < r < p$, dann besitzt das System r Kointegrationsbeziehungen und das System (5.4.4) kann als Fehler-Korrektur-Modell interpretiert werden (Engle und Granger [1987]).

Uns interessiert hier der dritte Fall. Dazu wird Π in zwei $(p \times r)$ Matrizen α und β zerlegt, so daß

$$\Pi = \alpha\beta', \tag{5.4.5}$$

wobei α die Gewichtsmatrix (loading matrix) und β die Kointegrationsmatrix sind, beide den Rang r haben und die Zeilen von β' die r verschiedenen Kointegrationsvektoren angeben. β spannt damit den Kointegrationsraum auf, so daß für x_t als nichtstationärem Prozeß gilt: $\beta' x_t$ ist stationär.

Die Gleichung (5.4.4) läßt sich damit auch schreiben als

$$\Delta x_t = \Gamma_1 \Delta x_{t-1} + \ldots + \Gamma_{k-1} \Delta x_{t-k+1} + \alpha\beta' x_{t-k} + \epsilon_t \tag{5.4.6a}$$

oder

$$\Delta x_t - \alpha\beta' x_{t-k} = \Gamma_1 \Delta x_{t-1} + \ldots + \Gamma_{k-1} \Delta x_{t-k+1} + \epsilon_t. \tag{5.4.6b}$$

In dieser Schreibweise geht der Fehler-Korrektur-Term mit einer Zeitverzögerung von k Perioden in das System ein. Es ist jedoch leicht zu zeigen, daß dieser Term durch einfaches Umordnen mit jedem beliebigen Lag eingehen kann.

Die Likelihoodfunktion für das System (5.4.6) ist proportional zu

$$L(\alpha,\beta,\Lambda,\Gamma_1, \ldots ,\Gamma_{k-1}) = |\Lambda|^{-T/2} \exp \{ -1/2 \sum_{t=1}^{T} (\epsilon_t' \Lambda^{-1} \epsilon_t) \}. \quad (5.4.7)$$

Die Maximum-Likelihood-Schätzung für feste α, β ergibt sich dann als Maximierung über die Parameter $\Gamma_1,\ldots,\Gamma_{k-1}$ und führt zu einer einfachen Kleinste-Quadrate-Schätzung des Terms $\Delta x_t - \alpha\beta' x_{t-k}$ auf die zeitverzögerten Differenzen. Dazu wird zuerst Δx_t mit OLS auf die zeitverzögerten Differenzen regressiert, und man erhält die Residuen R_{0t}, daraufhin wird x_{t-k} ebenfalls auf die zeitverzögerten Differenzen regressiert mit R_{kt} als Residuen. In dem Modell (5.4.6b) werden nun Δx_t und x_{t-k} durch die jeweiligen Residuen R_{0t} und R_{kt} ersetzt (dabei bleiben die grundsätzlichen Eigenschaften x_{t-k}~I(1) und Δx_t~I(0) erhalten)

$$R_{0t} - \alpha\beta' R_{kt} = \epsilon_t. \quad (5.4.8)$$

Die konzentrierte Likelihoodfunktion in Abhängigkeit von α, β und Λ ist nach diesen Regressionen proportional zu

$$L(\alpha,\beta,\Lambda) = |\Lambda|^{-T/2} \exp \{ -1/2 \sum_{t=1}^{T} (R_{0t} - \alpha\beta' R_{kt})' \Lambda^{-1} (R_{0t} - \alpha\beta' R_{kt}) \}. \quad (5.4.9)$$

Für feste β kann man mit einer Regression von R_{0t} auf $\beta' R_{kt}$ Schätzer für α und Λ erhalten, und die Schätzer $\alpha\hat{}$ und $\Lambda\hat{}$ können als Funktionen von β ausgedrückt werden:

$$\alpha\hat{}(\beta) = S_{0k}\, \beta(\beta' S_{kk}\beta)^{-1} \text{ und} \quad (5.4.10)$$

$$\Lambda\hat{}(\beta) = S_{00} - S_{0k}\, \beta(\beta' S_{kk}\beta)^{-1}\beta' S_{k0} \quad (5.4.11)$$

mit der Produktmomentenmatrix der Residuen

$$S_{ij} = T^{-1} \sum_{t=1}^{T} R_{it} R_{jt}', \qquad i,j = 0,k.$$

Setzt man die Formeln für α und Λ in die Likelihoodfunktion ein, so erhält man eine dreifach konzentrierte Likelihoodfunktion, die neben konstanten Gliedern nur noch die Determinante von $\Lambda\hat{}(\beta)$ enthält und proportional zu

$$L_{max}(\beta) = |\Lambda\hat{}(\beta)|^{-T/2}, \text{ bzw.}$$

$$L_{max}^{-2/T}(\beta) = |\Lambda\hat{}(\beta)| = |S_{00} - S_{0k}\,\beta(\beta' S_{kk}\beta)^{-1}\beta' S_{k0}| \qquad (5.4.12)$$

wird. Das resultierende Problem besteht also in der Minimierung von

$$|S_{00} - S_{0k}\,\beta(\beta' S_{kk}\beta)^{-1}\beta' S_{k0}| \qquad (5.4.13)$$

bezüglich β. Dies ist gleichbedeutend[3] mit der Minimierung von

$$|S_{00}|\,|\beta'(S_{kk} - S_{k0}S_{00}^{-1}S_{0k})\beta| \;/\; |\beta' S_{kk}\beta|. \qquad (5.4.14)$$

Eine Gleichung der Form $|\beta'(S_{kk}-S_{k0}S_{00}^{-1}S_{0k})\beta|/|\beta' S_{kk}\beta|$ läßt sich als Eigenwertproblem lösen, indem die Gleichung $|\lambda S_{kk}-S_{k0}S_{00}^{-1}S_{0k}|=0$ gelöst wird. Die $\lambda\hat{}_1 > \ldots > \lambda\hat{}_p$ sind dabei die geordneten Eigenwerte von $S_{k0}S_{00}^{-1}S_{0k}$ bezüglich S_{kk}.

Unter der Hypothese H: $\Pi=\alpha\beta'$, mit bekanntem $r<p$, wird der Maximum-Likelihood-Schätzer von β ermittelt, indem

$$|\lambda S_{kk} - S_{k0}S_{00}^{-1}S_{0k}| = 0 \qquad (5.4.15)$$

gelöst wird, so daß sich die $\lambda\hat{}_1 > \ldots > \lambda\hat{}_p$ und die Matrix $V\hat{}$ der zugehörigen Eigenvektoren $V\hat{} = (v\hat{}_1,\ldots,v\hat{}_p)$ ergeben. Sei D die Diagonalmatrix der geordneten Eigenwerte $\lambda\hat{}_1 > \ldots > \lambda\hat{}_p$, und $V\hat{}$ ist so normalisiert, daß $V\hat{}' S_{kk} V\hat{} = I$, dann gilt

$$S_{kk}\,V\hat{}D = S_{k0}S_{00}^{-1}S_{0k}V\hat{}. \qquad (5.4.16)$$

Die r ersten Zeilen von V, d.h. die r ersten Eigenvektoren von $(S_{k0}S_{00}^{-1}S_{0k})$ bezüglich S_{kk} werden die kanonischen Variate genannt, und die Eigenwerte sind die quadrierten kanonischen Korrelationen der 'Niveau'-Residuen R_{kt} bezüglich der 'Differenzen'-Residuen R_{0t}.

Die r ersten Eigenvektoren v_i bestimmen die Linearkombinationen $v_i'x_t$ $(i=1,\ldots,r)$, die am stärksten mit dem bedingten Prozeß $\{\Delta x_t |\ \Delta x_{t-1},\ i=1,\ldots,k-1\}$ korreliert sind. Daher ist die Größe der λ_i ein Maß dafür, wie stark die Kointegrationsrelation $v_i'x_t$ mit einer Linearkombination des stationären Prozesses Δx_t korreliert ist. Die letzten $(p-r)$ Kombinationen $v_i'x_t$ $(i=r+1,\ldots,p)$ definieren die Linearkombinationen, in denen der Prozeß nicht stationär ist, und sind daher auch nicht mit dem stationären Teil des Prozesses korreliert. Folglich setzt man $\lambda_i=0$ für $i=r+1,\ldots,p$. Als Schätzer von β werden die r ersten Eigenvektoren $\beta\hat{}=(v\hat{}_1,\ldots,v\hat{}_r)$ gewählt, korrespondierend zu den r größten

---

[3] Gleichung (5.4.14) geht aus (5.4.13) durch Anwendung der folgenden Regel für Determinanten partitionierter Matrizen hervor: Ist A eine quadrierte Matrix der Form:

$$A = \begin{vmatrix} A_{11} & A_{12} \\ A_{21} & A_{22} \end{vmatrix},$$

wobei A_{11} und A_{22} als reguläre Untermatrizen vorausgesetzt werden, so gilt für die Determinante von A (Dhrymes [1978, S.37]): $|A| = |A_{22}|\,|A_{11}-A_{12}A_{22}^{-1}A_{21}|$ und $|A| = |A_{11}|\,|A_{22}-A_{21}A_{11}^{-1}A_{12}|$.

Eigenwerten. Anzumerken ist, daß die Normierung der Eigenvektoren $\hat{\beta}' T_{kk} \hat{\beta} = I$ nicht eindeutig ist.

Die Schätzer der anderen Parameter ergeben sich dann als

$$\hat{\alpha} = - S_{0k}\, \hat{\beta}(\hat{\beta}' S_{kk} \hat{\beta})^{-1} = - S_{0k}\, \hat{\beta}, \tag{5.4.17}$$

wobei $\hat{\alpha}$ von der Wahl des optimalen Schätzers $\hat{\beta}$ abhängt, während

$$\hat{\Pi} = - S_{0k}\, \hat{\beta}(\hat{\beta}' S_{kk} \hat{\beta})^{-1} \hat{\beta}' = - S_{0k}\, \hat{\beta}\hat{\beta}' \tag{5.4.18}$$

$$\hat{\Lambda} = S_{00} - S_{0k}\, \hat{\beta}\hat{\beta}' S_{k0} = S_{00} - \hat{\alpha}\hat{\alpha}' \tag{5.4.19}$$

und die maximierte Likelihoodfunktion für ein bekanntes r

$$L_{max}^{-2/T} = |S_{00}| \prod_{i=1}^{r} (1 - \hat{\lambda}_i) \tag{5.4.20}$$

nicht mehr von der Wahl von β abhängen. Die Maximum-Likelihoodfunktion ohne die Restriktion $\Pi = \alpha\beta'$ ist dann

$$L_{max}^{-2/T} = |S_{00}| \prod_{i=1}^{p} (1 - \hat{\lambda}_i). \tag{5.4.21}$$

In der empirischen Praxis ist der Rang r im allgemeinen nicht bekannt, sondern muß aus den Daten ermittelt werden. Das statistische Problem liegt darin, zwischen Eigenwerten, die von Null verschieden sind und solchen die mit Null identisch sind, zu unterscheiden. Mit Hilfe eines Likelihood-Ratio-Tests wird die Likelihood-Lösung gegeben. Folgende zwei Verfahren werden von Johansen verwandt:

Der erste wird als Trace-Test bezeichnet. Er überprüft, ob die $p-r$ der kleinsten Eigenwerte das Maximum der Likelihoodfunktion signifikant beeinflussen. Ist dies nicht der Fall, liegen höchstens r Kointegrationsvektoren vor und H_0 wird angenommen (H_0: $r \leq r_0$, H_1: $r > r_0$ für $r_0 = p-1, \ldots, 0$).

$$-2 \ln Q = - T \sum_{i=r+1}^{p} \ln (1 - \hat{\lambda}_i). \tag{5.4.22}$$

Zu beachten ist, daß sich für $\hat{\lambda}_i$, $i = r+1, \ldots, p$ $-2\ln Q$ dem Wert Null annähern wird, und andererseits groß wird, wenn ein oder mehrere der $\hat{\lambda}_i$ nahe bei Eins sind.

Der zweite Test wird im allgemeinen λ_{max} Test genannt. Er überprüft, ob der $(r+1)$-te Eigenwert noch das Maximum der Likelihoodfunktion signifikant verändert (H_0: $r \leq r_0$, H_1:$r=r_0+1$ für $r_0=p-1, \ldots ,0$)

$$-2\ln Q = -T \quad \ln(1-\hat{\lambda}_{r+1}) \qquad (5.4.23)$$

Die Verteilungen dieser Teststatistiken sind nicht standardmäßig, in Johansen [1988, 1989] konnten jedoch durch die Anwendung einiger Ergebnisse aus der Theorie der Brownschen Bewegung asymptotische Verteilungen gefunden werden. Diese hängen von der Spezifikation des Absolutgliedes μ ab.

Es sei $\alpha\_$ definiert als eine $(p\times(p-r))$ Matrix von Vektoren, die orthogonal zu α sind. Wenn Π restringiert ist als $\Pi=\alpha\beta'$ mit dem Rang $r<p$, dann liegt nur im dem Fall, daß $\alpha\_'\mu\neq 0$ ein Trend bei dem nichtstationären Prozeß x_t vor. Somit stellt $\alpha\_'\mu=0$ die Hypothese der Abwesenheit eines linearen Trends im Prozeß dar. Gilt $\mu=\alpha\beta_0'$ bedeutet dies, daß das konstante Glied so restringiert ist, daß es nur in der Kointegrationsrelation enthalten ist. In diesem Fall $\mu=\alpha\beta_0'$ kann umgeformt werden zu $\alpha\beta'x_{t-k}+\mu = \alpha\beta'x_{t-k}+\alpha\beta_0'=\alpha\beta^{*\prime}x_{t-k}^{*}$, mit $\beta^{*}=(\beta', \beta_0')'$ und $x_{t-k}^{*}=(x_{t-k}', 1)'$.

Da die asymptotischen Verteilungen der Teststatistiken und Schätzer davon abhängen, welche Annahmen getroffen werden, ist es entscheidend, die passende Modellformulierung zu wählen. Kritische Werte für die jeweiligen Fälle wurden durch Simulation ermittelt und in Johansen und Juselius [1990] für $(p-r=1,\ldots,5)$ aufgelistet. Eine Ausweitung auf $(p-r=1,\ldots,10)$ ist in Osterwald-Lenum [1992] angegeben. Unter der Annahme, daß $\alpha\_'\mu\neq 0$, d.h. daß ein linearer Trend präsent ist, sind die Werte in Tabelle A1 in Johansen und Juselius [1990, S.208] aufgeführt. Für den Fall, daß $\alpha\_'\mu=0$, sind die kritischen Werte in Tabelle A2 tabelliert. Da die beiden Fälle empirisch nicht unterschieden werden können und die Verteilung unter der Annahme $\alpha\_'\mu=0$ mehr Wahrscheinlichkeitsmasse in den Enden hat, werden zweckmäßigerweise die Werte aus Tabelle A2 zugrunde gelegt. Unter der Hypothese, daß das Absolutglied nur im Niveauteil des VAR auftritt, also daß $\mu=\alpha\beta_0'$ und damit auch $\alpha\_'\mu=0$ gilt, ist die Verteilung der Teststatistik in Tabelle A3 in Johansen und Juselius [1990, S.209] angegeben. Die letzte Hypothese kann durch einen Likelihoodverhältnistest überprüft werden, der am Anfang des folgenden Abschnitts vorgestellt wird.

5.4.2 Tests von Restriktionen

Der Maximum-Likelihood-Schätzer für die Kointegrationsvektoren ist nicht identifiziert, sondern stellt einen Schätzer des Kointegrationsraumes dar. Johansen [1989] und Johansen und Juselius [1990] schlagen verschiedene strukturelle Hypothesen hinsichtlich der Form der Parameter α und β vor, die mit Verhältnistests auf der Grundlage von Maximum-Likelihood-Schätzungen überprüft werden können. Mit Hilfe der Annahme oder Ablehnung unterschiedlicher Hypothesen wird bei der empirischen Anwendung eine parametrische Interpretation der Kointegrationsvektoren angestrebt.

Bevor die verschiedenen Testverfahren vorgestellt werden, wird auf einen Test zur Spezifizierung des Absolutgliedes eingegangen. Im Johansen-Modell besteht die Möglichkeit, das Absolutglied so zu restringieren, daß der lineare Trend nur noch im Fehler-Korrektur-Term auftritt. Der Ansatz, der nun untersucht, ob diese Hypothese $H(r)^*$, die aussagt, daß μ in dem von α aufgespannten Raum liegt, d.h. daß $\mu=\alpha\beta_0'$ gilt, signifikant abgelehnt werden kann, beruht auf der Likelihood-Ratio-Statistik

$$-2\ln Q(H(r)^* | H(r)) = -T \sum_{i=r+1}^{p} \ln [(1 - \hat{\lambda}_i^*)/(1 - \hat{\lambda}_i)] \quad \sim \chi^2 (p-r), \tag{5.4.24}$$

wobei H(r) das unrestringierte Modell darstellt.

5.4.2.1 Test auf lineare Restriktionen für β

Die Hypothese der Form $\beta=H\varphi$ formuliert eine lineare Restriktion auf die Kointegrationsvektoren, wobei H eine bekannte Matrix der Größe $(p\times s)$ und φ eine $(s\times r)$ Matrix unbekannter Parameter sei (Siehe die Darstellung in Johansen [1988] und Johansen und Juselius [1990]). Diese Hypothese formuliert $(p-s)$ lineare Restriktionen auf alle r Kointegrationsrelationen. Dabei gilt $r\leq s\leq p$, und für $r=s$ bedeutet dies, daß alle Kointegrationsvektoren als bekannt angenommen werden, während $s=p$ angibt, daß keine Restriktionen angelegt wurden und sich die Hypothese auf das ursprüngliche Modell reduziert. Der Likelihood-Ratio-Test lautet

$$-2\ln Q(H(r)^* | H(r)) = T \sum_{i=1}^{r} \ln [(1 - \hat{\lambda}_i^*)/(1 - \hat{\lambda}_i)] \quad \sim \chi^2 (p-s)r, \tag{5.4.25}$$

wobei $\hat{\lambda}_i^*$ die s Eigenwerte der maximierten Likelihoodfunktion unter den Residuen sind.

5.4.2.2 Test auf schwache Exogenität

Da die Parameter in den zugrundeliegenden VAR-Systemen unrestringiert sind, steigt die Zahl der zu schätzenden Koeffizienten sehr stark mit der Zahl der Variablen und autoregressiven Termen an. Speziell in kleinen Stichproben kann dies zu unerwünschten Problemen führen, siehe dazu entsprechende Simulationsstudien in Reimers [1991]. Das Konzept der schwachen Exogenität (Engle, Hendry und Richard [1983]) kann eine Motivation sein, die Dimension des Systems zu reduzieren. In Hinblick auf die uns in diesem Rahmen interessierenden langfristigen Beziehungen wird unter der Hypothese der schachen Exogenität untersucht, ob eine Teilmenge (x_{it}) von Variablen des Systems x_t schwach exogen für die Kointegrationsvektoren ist. Dies impliziert, daß die langfristigen Parameter auch ohne die Gleichungen dieser Teilmenge (Δx_{it}) effizient geschätzt werden können, und ist gleichbedeutend mit der Hypothese, daß sich diese Teilmenge nicht den geschätzten langfristigen Beziehungen anpaßt.

Um die Hypothese, daß eine Variable exogen für den langfristigen Prozeß ist, empirisch zu überprüfen, wird der Ladungsvektor α für die entsprechende Zeile auf Null gesetzt, das heißt bei einem Test der i-ten Variablen auf Exogenität $H^i_\alpha(r)^*$: $\alpha_i=0$, $i=1,\ldots,5$, und ein Likelihood-Ratio-Test gegenüber dem unrestringierten Fall durchgeführt. Die Statistik basiert auf:

$$-2\ln Q(H^i_\alpha(r)^* | H(r)) = T \sum_{i=1}^{r} \ln [(1 - \lambda_i^*)/(1 - \lambda_i)], \qquad (5.4.26)$$

wobei Q die Likelihood-Ratio-Statistik ist und λ_i^* der i-te Eigenwert des restringierten Modells $H^i_\alpha(r)^*$ und λ_i der des unrestringierten Modells H(r) sind. Die Testwerte sind näherungsweise $\chi^2(r)$ verteilt und geben die Bedeutung des Kointegrationsraums für die jeweilige Gleichung an.

5.4.2.3 Ausschluß von Variablen von den langfristigen Beziehungen

Eine andere Untersuchung, die bei der Analyse von multivariaten Modellen angewendet werden kann, basiert auf der Überlegung, daß nur eine Teilmenge der Variablen für die Kointegrationsrelationen relevant ist. Dies würde bedeuten, daß für die Bestimmung der langfristigen Beziehungen nur ein bestimmter Teil der gesamten Variablenmenge notwendig ist, während wiederum andere Variablen für die Bestimmung des kurzfristigen Verhaltens entscheidend sind. Es ist also die Hypothese zu überprüfen, ob eine Teilmenge der Variablen von der Bestimmung der langfristigen Beziehungen ausgeschlossen werden kann.

In unserem Rahmen läßt sich die Hypothese so formulieren, daß an der Stelle der jeweiligen zu untersuchenden Variablen der Kointegrationsvektor eine Nullstelle aufweist, das heißt, bei der Untersuchung der i-ten Variablen auf Ausschluß $H^i_\beta(r)^*$: $\beta_i=0$, $i=1,\ldots,5$, und dann dieses restringierte Modell gegenüber dem unrestringierten getestet wird. Die Teststatistik errechnet sich aus

$$-2\ln Q(H^i_\beta(r)^* \mid H(r)) = T \sum_{i=1}^{r} \ln [(1 - \lambda_i^*)/(1 - \lambda_i)], \qquad (5.4.27)$$

wobei λ_i^* der i-te Eigenwert des restringierten Modells $H^i_\beta(r)^*$ und λ_i der des unrestringierten Modells H(r) ist. Die erhaltenen Testwerte werden daraufhin mit einer $\chi^2(r)$ Verteilung verglichen. Um bei den in unserem Fall vorliegenden zwei Kointegrationsvektoren eine gewisse Indikation zu erhalten, wie wichtig die einzelnen Variablen für die jeweilige Kointegrationsbeziehung sind, werden in Tabelle A4 die individuellen Testwerte $-\ T \ln [(1 - \lambda_j^*)/(1 - \lambda_j)]$, getrennt für $j=1,\ 2$, angegeben[4]. Die Werte sind in diesem Fall $\chi^2(1)$ verteilt.

5.4.2.4 Test auf die Hypothese, daß einige Beta-Vektoren bekannt sind

Dieser Test ist besonders dann sinnvoll einzusetzen, wenn einige a-priori-Hypothesen über die genaue Form der Kointegrationsrelationen vorliegen. Getestet wird auf $\beta=(H,\psi)$, wobei H eine bekannte Matrix $(p \times r_1)$ und φ eine $(p \times r_2)$ Matrix unbekannter Parameter mit $r=r_1+r_2$ sind. Es wird also angenommen, daß r_1 Relationen bekannt sind und die übrigen $r_2=r-r_1$ unabhängig von den Vektoren in H geschätzt werden. Es läßt sich so explizit testen, ob eine bestimmte Relation stationär ist, d.h. ob der restringierte Vektor im Kointegrationsraum enthalten ist. In diesem Fall ist also die Nullhypothese die Stationarität, während bei den üblichen Dickey-Fuller-Tests die Null Nichtstationarität ist. Es ist also z.B. auch möglich zu testen, ob eine einzelne Variable im Vektor x_t stationär ist. Der zugehörige Likelihood-Ratio-Test der obigen Hypothese hat folgende Form

$$-2\ln Q(H(r)^* \mid H(r)) =$$

$$T\{\sum_{i=1}^{r_1} \ln(1 - \rho_i\hat{}^*) + \sum_{i=1}^{r_2} \ln(1 - \lambda_i\hat{}^*) - \sum_{i=1}^{r} \ln(1 - \lambda_i\hat{})\} \sim \chi^2\,(p-r)r_1, \qquad (5.4.28)$$

wobei $\rho_i\hat{}^*$ ungefähr mit den Eigenwerten des bekannten Vektors H korrespondiert, $\lambda_i\hat{}^*$ sind die Eigenwerte von ψ, während $\lambda_i\hat{}$ die Eigenwerte des unrestringierten Modells sind.

---

[4] In Juselius und Hargreaves [1992] wird daraufhin gewiesen, daß sich aufgrund der Restriktionen die Reihenfolge der Eigenvektoren ändern kann.

5.4.2.5 Restriktionen auf einige der Beta-Koeffizienten

Getestet wird die Hypothese $\beta=(H\varphi,\psi)$ und H sei eine bekannte $(p\times s)$ Matrix, φ eine $(s\times r_1)$ Matrix unbekannter Parameter, ψ eine $(p\times r_2)$ Matrix ebenfalls unbekannter Parameter und $r=r_1+r_2$. Es können eine Zahl von Vektoren restringiert werden, und diesen Vektoren können beliebige Restriktionen auferlegt werden. Der Algorithmus, der die Likelihoodfunktion maximiert, ist in Johansen und Juselius [1990] beschrieben. Der Likelihood-Ratio-Test hat danach die folgende Form

$$-2\ln Q(H(r)^*|H(r)) =$$

$$T\{\sum_{i=1}^{r_1}\ln(1-\rho_i\hat{}^*) + \sum_{i=1}^{r_2}\ln(1-\lambda_i\hat{}^*) - \sum_{i=1}^{r}\ln(1-\lambda_i\hat{})\} \sim \chi^2\,(p-s-r_2)r_1. \tag{5.4.29}$$

Hierbei sind $\rho_i\hat{}^*$ die Eigenwerte von $H\varphi$, $\lambda_i\hat{}^*$ die von ψ, während $\lambda_i\hat{}$ die des unrestringierten Modells sind.

5.4.2.6 Test bezüglich linearer Restriktionen auf α

In diesem Fall werden Restriktionen auf α der Form $\alpha=A\phi$ getestet, und A ist eine $(p\times m)$ Matrix. Führt man eine $(p\times(p-m)$ Matrix B, ein die orthogonal zu A ist, also $B'A=0$, dann kann die obige Hypothese auf α als $B'\alpha=0$ ausgedrückt werden. Dies zeigt, daß die zu betrachtende Hypothese darauf testet, ob einige Zeilen von α Null sind. $\alpha_{i.}=0$ impliziert, daß die Kointegrationsrelation $\beta_j'x_t$ nicht in die Gleichung i eingeht, und dies ist daher ein Test auf schwache Exogenität von x_{it}, wenn die interessierenden Parameter die langfristigen Parameter von β sind. Die Herleitung ist in Johansen [1988] zu finden. Der Likelihood-Ratio-Test basiert auf

$$-2\ln Q(H(r)^*|H(r)) = T \sum_{i=1}^{r}\ln\left[(1-\lambda_i\hat{}^*)/(1-\lambda_i\hat{})\right] \sim \chi^2\,(r(p-m)), \tag{5.4.30}$$

und $\lambda_i\hat{}^*$ sind die Eigenvektoren des restringierten und $\lambda_i\hat{}b$ die des unrestringierten Modells. $(p-m)$ gibt die Anzahl der Restriktionen auf α an.

5.4.2.7 Test von linearen Restriktionen auf α und β

Schließlich läßt sich auf die gemeinsame Hypothese $\beta=H\psi$ und $\alpha=A\phi$ testen, und die Likelihood-Ratio-Teststatistik basiert auf

$$-2\ln Q(H(r)^*|H(r)) = T \sum_{i=1}^{r} \ln [(1 - \lambda_i^{\wedge *})/(1 - \lambda_i^{\wedge})] \sim \chi^2 (r(2p-s-m)), \tag{5.4.31}$$

wobei $\lambda_i^{\wedge *}$ die Eigenwerte des Modells mit den gemeinsamen Restriktionen sind und $\lambda_i^{\wedge}$ die des unrestringierten Modells.

5.5 Beurteilung des Kointegrationsansatzes

Bei all den großen Vorteilen und Möglichkeiten, die sich aus dem Konzept der Kointegration ergeben, sollten jedoch auch nicht die Grenzen dieses Ansatzes außer Acht gelassen werden. So wird bei dem Engle-Granger-Verfahren (Abschnitt 5.2) direkt die Analyse der langfristigen Charakteristik der Zeitreihen durchgeführt. Dies hat jedoch zur Folge, daß die kurzfristige Dynamik des betrachteten Systems nicht beachtet und berücksichtigt wird. Neben den langfristigen Relationen ist jedoch auch die übrige Struktur eines ökonomischen Systems von entscheidender Bedeutung. Obwohl das Bestehen von Kointegrationsbeziehungen die Existenz von dynamischen Fehler-Korrektur-Modellen impliziert, die eine Kombination langfristiger und kurzfristiger Einflüsse ermöglichen, gibt es keine Möglichkeit, sicherzustellen, daß die geschätzten Fehler-Korrektur-Terme bzw. die langfristigen Kointegrationsrelationen tatsächlich strukturelle Beziehungen darstellen, die unabhängig von Änderungen in der übrigen Struktur des betrachteten Systems sind (siehe dazu auch Taylor [1991] in Bezug auf die Modellierung der Geldnachfrage). Außerdem ist zu beachten, daß die Vezerrungen der Schätzer, besonders bei kleinen Stichproben, ausgeprägt sein können (siehe Stock [1987] und Banerjee et. al. [1986]).

Die Nachteile dieses zweistufigen Verfahrens bestehen nicht bei dem von Johansen vorgeschlagenen Vorgehen (Abschnitt 5.4). Hier werden die langfristigen Relationen simultan in einem dynamischen VAR-Modell ermittelt. Bei diesem Verfahren werden also gleichzeitig die kurzfristigen und die langfristigen Beziehungen modelliert. Der Nachteil dieses multivariaten Verfahrens liegt jedoch darin, daß die langfristigen Kointegrationsbeziehungen im allgemeinen nicht eindeutig identifiziert werden können. Es können zwar Hypothesentests auf die Form der Relationen durchgeführt werden, die Ergebnisse sind häufig jedoch nicht eindeutig zu interpretieren.

Die statistischen Eigenschaften der Kointegrations- und Hypothesentests bei kleinen Stichproben wurden u.a. von Gonzalo [1989] und Gardeazabal und Regulez [1992] untersucht. Dabei zeigt sich der Maximum-Likelihood-Ansatz von Johansen als besonders geeignet. Der ML-Schätzer ist weitgehend robust gegenüber nicht normalverteilten

Störtermen, ARCH-Effekten und Überparamterisierung der Lag-Struktur. Da der Schätzer auch als ein reduzierter Rang Regressionsschätzer hergeleitet werden kann, für den die Annahme der Normalität der Residuen nicht notwendig ist, erscheint diese Robustheit gegenüber nicht normalverteilten Störtermen nicht erstaunlich. Die Eigenschaften von Likelihood-Ratio-Tests bei Nichtnormalität in Hinblick auf die Anzahl der Kointegrationsvektoren sowie die linearen Restriktionen auf Kointegrationsvektoren und Ladungsmatrizen werden ebenfalls untersucht. Es erweist sich, daß Abweichungen von der Normalität die Macht der Tests nicht ändern, außer bei der Existenz von Cauchy-Verteilungen oder ARCH-Störtermen. Das Johansen-Verfahren zeichnet sich daher sowohl durch seine guten asymptotischen Eigenschaften bei kleinen Stichproben als auch seine Robustheit gegenüber Abweichungen von Normalverteilungen und gegenüber Abweichungen von Homoskedastizität aus.

Die Ermittlung und Feststellung stabiler langfristiger Beziehungen im Niveau der untersuchten Variablen ist jedoch als ein großer Fortschritt zu betrachten. Obwohl die in der Ökonomie untersuchten Variablen im allgemeinen nichtstationärer Natur sind, eröffnen die vorgestellten Verfahren eine Möglichkeit, ein Variablensystem auf Kointegrationsrelationen im Niveau der Variablen zu untersuchen. Und wenn Kointegrationsbeziehungen festgestellt werden können, dann sind diese Linearkombinationen nichtstationärer Variablen stationär. Diese Eigenschaften können dann im weiteren für die Spezifizierung von Fehler-Korrektur-Modellen genutzt werden, in denen Variablen in den ersten Differenzen ebenso wie die langfristigen Kointegrationsrelationen verwendet werden. Alle Informationen, die durch die alleinige Analyse der Differenzen ökonomischer Zeitreihen verloren gehen würden, werden somit durch diese Vorgehensweise bei der Modellierung durch die Einbeziehung der langfristigen Kointegrationsrelationen weiterhin berücksichtigt. Fehler-Korrektur-Modelle eröffnen damit eine besonders erfolgversprechende Möglichkeit, Zeitreihenanalyse und Ökonometrie zu integrieren.

Ein wichtiger Aspekt in der Ökonomie ist die theoretische Modellbildung, innerhalb derer Wirkungsweisen und relevant erscheinende langfristige Beziehungen zwischen den betrachteten Modellvariablen herausgearbeitet werden können. Der große Vorteil des Konzeptes der Kointegration liegt nun darin, eine Möglichkeit zu bieten, mit der diese stabilen, langfristig wirksamen Beziehungen datenkonsistent untersucht und ermittelt werden können. Innerhalb dieser empirischen Modellierung sind kurzfristige Abweichungen von den langfristigen Relationen möglich und stellen keine Schwierigkeiten bei der Analyse dar. Die Ergebnisse der empirischen Überprüfung theoretischer Konzepte können dann im Rahmen der weiteren ökonomischen Modellierung berücksichtigt und umgesetzt werden.

Der grundlegende Ansatz der Theorie kointegrierter Zeitreihen, der die Untersuchung langfristiger Beziehungen ermöglicht, die in Übereinstimmung mit den zugrundegelegten ökonomischen Theorien sind, stellt damit ohne Frage ein wichtiges und bedeutendes Ergebnis nicht nur für die Ökonometrie sondern gerade auch für die ökonomische Theorienbildung dar.

6 Vektorautoregressive Modelle

6.1 Einführende Bemerkungen

Die Theorie mehrdimensionaler stochastischer Prozesse ergibt sich als eine direkte Verallgemeinerung der univariaten Zeitreihenanalyse. Bedeutende frühe Beiträge für die multiplen stochastischen Prozesse stammen von Quenouille [1957] und Hannan [1970], als Lehrbücher sind zu nennen Hannan und Deistler [1988] oder Lütkepohl [1991]. Die Verwendung von vektorautoregressiven (VAR-)Modellen zur Interpretation makroökonomischer Fluktuationen mit Hilfe von Impulsantwortanalysen und Vorhersagefehler-Varianz-Zerlegungen wurde erstmals in den Arbeiten von Sims [1980, 1981] vorgestellt. Mit diesem Ansatz sollte zugleich eine Alternative zur klassischen ökonometrischen Analyse aufgezeigt werden. Hauptpunkt der Kritik von Sims war der Vorwurf, daß klassische makroökonometrische Modelle häufig nicht auf korrekten ökonomischen Theorien basieren, bzw. die Theorien nicht in der Lage sind, Modelle zu spezifizieren, die im Einklang mit der Realität stehen. Ist es nicht möglich, ein auf der ökonomischen Theorie basierendes ökonometrisches Modell zu spezifizieren, so liegt ein alternatives Vorgehen darin, ein Modell zu schätzen, das keine a-priori-Restriktionen für den datenerzeugenden Prozeß formuliert. Mit statistischen Methoden lassen sich im Anschluß daran mögliche Beschränkungen bestimmen und Hypothesen untersuchen.

Das Konzept der multivariaten Zeitreihenmodelle bietet sich für einen solchen Ansatz besonders an, da es eine theoriefreie, allein datengestützte Analyse ermöglicht. Alle Beziehungen, die zwischen einem System von zeitabhängigen stochastischen Prozessen bestehen können, werden ohne Zugrundelegung einer ökonomischen Theorie und vorweggenommene Annahmen über Wirkungsrelationen modelliert. Natürlich sind jedoch auch bei diesen Modellen einige restriktive Annahmen notwendig, um die Ergebnisse interpretieren zu können. Grundproblem des multivariaten Ansatzes ist dabei, daß die Zeitreihenmodelle nicht mehr eindeutig sind. Umformungen, die zu einer äquivalenten Darstellung führen, können ganz andere Strukturrelationen haben.

Besonders bei dem Einsatz von Impulsantwortfolgen und Vorhersagefehler-Varianz-Zerlegungen erhält die Anordnung der beobachteten Variablen eine große Bedeutung. Ein mögliches Vorgehen, um zu einer Entscheidung für die Variablenreihenfolge zu gelangen, ist die Untersuchung verschiedener Anordnungen, so daß man zu Ergebnissen hinsichtlich der Sensitivität der Modelle auf Umstellungen gelangt. Bei einem alternativen Ansatz, der in den letzten Jahren u.a. von Bernanke [1986], Blanchard und Watson [1986], Sims [1986] und Giovannini [1992] entwickelt wurde, können dagegen wiederum theoretische Überlegungen in die dynamische Analyse einfließen. Bei diesem Vorgehen wird mit sogenannten strukturellen vektorautoregressiven Modellen gearbeitet, bei denen die Struktur der Innovationen im System auf der Grundlage ökonomischer Theorien vorgegeben wird.

Speziell für die Prognose von VAR-Systemen hat sich in den letzten Jahren ein Ansatz als besonders erfolgreich erwiesen, der auf Littermann [1981, 1986] und Doan, Litterman und Sims [1984] zurückgeht. Die dabei resultierenden Gleichungssysteme werden als bayesianische vektorautoregressive (BVAR-) Modelle bezeichnet. Der Ansatz basiert darauf, keine starren Restriktionen auf die Parameter vorzugeben, z.B. indem einfach die Lags höherer Ordnung auf Null gesetzt werden. Stattdessen werden für die Koeffizienten eines VAR-Modells Verteilungsannahmen zugrundegelegt, die jedoch nicht strikt sind.

In dem nächsten Abschnitt werden die theoretischen Grundlagen von VAR-Systemen vorgestellt, während sich die darauffolgenden Abschnitte mit der dynamischen Analyse vektorautoregressiver Prozesse beschäftigen. Dazu wird kurz das Konzept der Granger-Kausalität vorgestellt und daraufhin die Möglichkeiten der dynamischen Analyse mit Hilfe von Impulsantwortfolgen (Abschnitt 6.3.2) und Vorgersagefehler-Varianz-Zerlegungen (Abschnitt 6.3.3) auf der Grundlage der normalen Choleski-Zerlegung untersucht. Strukturelle VAR-Modelle und die Dekomposition auf der Grundlage struktureller theoretischer Annahmen werden in Abschnitt 6.4 vorgestellt. Der bayesianische VAR-Ansatz wird schließlich in Abschnitt 6.5 behandelt. Die Untersuchung langfristiger Relationen im Rahmen der Kointegrationsanalyse wurde schon in Kapitel 5 für VAR-Modelle dargestellt und wird somit hier nicht noch einmal aufgegriffen.

6.2 Grundlagen vektorautoregressiver Prozesse

Der hier vorgestellte Stoff hat zum Teil schon Eingang in die oben genannte Lehrbuchliteratur gefunden. Bei allgemein bekannten Resultaten wird daher auf spezielle Literaturhinweise verzichtet. Ausgangspunkt der Untersuchungen ist ein VAR-Modell k-ter Ordnung VAR(k)

$$x_t = v + A_1 x_{t-1} + \ldots + A_k x_{t-k} + \epsilon_t, \qquad (6.2.1)$$

wobei $x_t=(x_{1t},\ldots,x_{pt})'$ ein $(p\times 1)$ Vektor, A_i $(p\times p)$ Koeffizientenmatrizen und $v=(v_1,\ldots,v_{pt})'$ ein $(p\times 1)$ Vektor der Absolutglieder ist. Schließlich ist $\epsilon_t=(\epsilon_{1t},\ldots,\epsilon_{pt})'$ ein p-dimensionaler Vektor von Störtermen. Dieser habe eine unabhängige multivariate Normalverteilung mit dem Mittelwert $E(\epsilon_t)=0$, der Kovarianzmatrix $E(\epsilon_t,\epsilon_t')=\sum_\epsilon$ und $E(\epsilon_t,\epsilon_s)=0$, für $s\neq t$. Die Kovarianzmatrix $\sum_\epsilon$ ist annahmegemäß nicht singulär. Für ein Modell dieser Form sind damit p^2k+p freie Koeffizienten zu bestimmen.

Unter Verwendung der Lagoperator-Notation L, mit $L^ix=x_{t-i}$, läßt sich Gleichung (6.2.1) auch schreiben als:

$$x_t = v + (A_1L + \ldots + A_kL^k)x_t + \epsilon_t$$

oder

$$A(L)x_t = v + \epsilon_t, \qquad (6.2.2)$$

mit

$$A(L) = I_p - A_1L - \ldots - A_kL^k.$$

Zur Sicherstellung der Stationarität des Prozesses ist es erforderlich, daß alle Nullstellen der Determinante von A(L), $\det(A(L))=0$, außerhalb des Einheitskreises der komplexen Zahlenebene liegen (d.h. für alle $z \in C$ mit $|z| \leq 1$ hat die Determinante keine Nullstellen $\det((A(z))\neq 0)$.

Ein multivariater Prozeß x_t ist stationär, wenn alle x_t den gleichen endlichen Mittelwertvektor μ haben und die Autokovarianzen des Prozesses unabhängig von der Zeit t sind (vgl. auch Definition in Abschnitt 4.1):

$$E(x_t) = \mu, \qquad \text{für alle t}$$

$$E[(x_t - \mu)(x_{t-h} - \mu)] = \Gamma_x(h) = \Gamma_x(-h)', \qquad \text{für alle t und } h=0,1,2,\ldots$$

Ein stationärer VAR(k)-Prozeß, der um den Mittelwert μ angepaßt ist, läßt sich schreiben als

$$x_t - \mu = A_1(x_{t-1} - \mu) + \ldots + A_k(x_{t-k} - \mu) + \epsilon_t, \qquad (6.2.3)$$

Wird Gleichung (6.2.3) mit $(x_{t-h}-\mu)'$ nachmultipliziert und nach den Erwartungen aufgelöst, so erhält man die Yule-Walker-Gleichungen. Für $h=0$ und mit $\Gamma_x(i)=\Gamma_x(-i)'$ gilt:

$$\Gamma_x(0) = A_1\Gamma_x(1)' + \ldots + A_k\Gamma_x(k)' + \sum_\epsilon \qquad (6.2.4)$$

und für h>0

$$\Gamma_x(h) = \quad A_1\Gamma_x(h-1) + \ldots + A_k\Gamma_x(h-k)' \qquad (6.2.5)$$

Mit bekannten $A_1,\ldots A_k$ und $\Gamma_x(k-1),\ldots,\Gamma_x(0)$ lassen sich die $\Gamma_x(h)$ rekursiv für $h \geq k$ berechnen. Die initialisierenden Autokovarianzmatrizen für $h<k$ lassen sich über die Darstellung des Modells als VAR(1)-Prozess herleiten (siehe dazu Lütkepohl [1991, S.23ff]).

Um die linearen Abhängigkeiten zwischen den Variablen eines Systems zu betrachten, werden im allgemeinen Autokorrelationen verwendet, da sie unabhängig von der Maßeinheit der Variablen sind. Die Autokorrelationen des betrachteten multiplen stochastischen Prozesses sind (vgl. Lütkepohl [1991, S.25])

$$R_x(h) = \quad D^{-1}\Gamma_x(h)D^{-1}, \qquad (6.2.6)$$

wobei D eine Diagonalmatrix ist, und die diagonalen Elemente von D sind die Quadratwurzeln der Varianz von $x_{1t},\ldots,x_{pt}$, d.h. die diagonalen Elemente von $\Gamma_x(0)$. Wird die Kovarianz zwischen $x_{i,t}$ und $x_{j,t-h}$ mit $\gamma_{ij}(h)$ bezeichnet, und $\gamma_{ij}(h)$ ist dabei das ij-te Element der Matrix $\Gamma_x(h)$, so ergibt sich die Korrelation zwischen $x_{i,t}$ und $x_{j,t-h}$ als

$$\rho_{ij}(h) = \quad \gamma_{ij}(h) \,/\, (\sqrt{\gamma_{ii}(0)}\,\sqrt{\gamma_{jj}(0)}), \qquad (6.2.7)$$

dem ij-ten Element der Matrix $R_x(h)$.

Der Prozeß x_t hat eine duale vektorielle Moving-Average-Darstellung (Wold Darstellung)

$$x_t = \Phi(L)v + \Phi(L)\epsilon_t \qquad (6.2.8)$$

$$\Phi(L) = I + \Phi_1 L + \Phi_2 L^2 + \ldots,$$

wobei $\Phi(L)$ ein Matrixpolynom unendlicher Ordnung sein kann:

$$\Phi(L) = \quad \sum_{i=0}^{\infty} \Phi_i L^i.$$

$\Phi(L)$ muß die Invertibilitätsbedingung erfüllen, das bedeutet, daß $\det(\Phi(L))=0$ alle Wurzeln außerhalb des Einheitskreises hat ($\det(\Phi(z)) \neq 0$, für alle $z \in C$, mit $|z| \leq 1$). Damit gilt

$$\Phi(L)^{-1} = A(L).$$

Da $\Phi(L)A(L)=I_p$, können bei bekannter Form von A(L) die Φ_i rekursiv berechnet werden mit

$$\Phi_0 = I_p,$$

$$\Phi_i = \sum_{j=1}^{i} \Phi_{i-j}A^j, \qquad i=1, 2, \ldots \tag{6.2.9}$$

Der Mittelwert des Prozesses ergibt sich dann zu

$$\mu = \Phi(L)v = A(L)^{-1}v = (I - A_1 - \ldots - A_k)^{-1}v. \tag{6.2.10}$$

Mit dem Mittelwert $E(x_t)=\mu$ kann die MA-Darstellung (6.2.8) auch geschrieben werden als

$$x_t = \mu + \sum_{i=0}^{\infty} \Phi_i \epsilon_{t-i} \tag{6.2.11}$$

und die Autokovarianzen von x_t werden bestimmt mit:

$$\Gamma_x(h) = E[(x_t - \mu)(x_{t-h} - \mu)] = \mu + \sum_{i=0}^{\infty} (\Phi_{h+i} \Sigma_\epsilon \Phi_i'). \tag{6.2.12}$$

Im Kontext der vektorautoregressiven Modelle wird von den meisten Autoren als Zielgröße für die Vorhersage die Minimierung des Mittleren Quadratischen Fehlers (mean square error (MSE)) verwendet. Dieser Wert hat einige Vorteile. So kann z.B. gezeigt werden, daß minimale MSE-Vorhersagen auch eine große Anzahl anderer Verlustfunktionen minimieren (vgl. Granger [1969], Granger und Newbold [1986]).

Die minimale MSE-Prognose für Horizont h zum Zeitpunkt t ist der bedingte Erwartungswert, basierend auf der Informationsmenge Ω_t:

$$E_t(x_{t+h}) := E(x_{t+h} \mid \Omega_t) = E(x_{t+h} \mid \{x_s \mid s \leq t\}) \tag{6.2.13}$$

Dieser bedingte Erwartungswert minimiert den MSE von jeder Komponente von x_t, und damit ergibt sich der minimale Mittlere Quadratische Fehler zu

$$MSE[E_t(x_{t+h})] = E(x_{t+h} - E_t(x_{t+h}))(x_{t+h} - E_t(x_{t+h}))'. \tag{6.2.14}$$

Der optimale lineare Vorhersagewert $x_t(h)$ des Prozesses x_t von Gleichung (6.2.1), unabhängig von den Eigenschaften des Vektors ϵ_t, d.h. selbst wenn ϵ_t nicht unabhängig sondern nur unkorreliertes Weißes Rauschen ist (vgl. Lütkepohl [1991, S.32]), ergibt sich rekursiv für $h=1,2,\ldots$ mit:

$$x_t(h) = v + A_1 x_t(h-1) + \ldots + A_k x_t(h-k). \qquad (6.2.15)$$

Bei einem Prozeß mit Mittelwert Null, gilt damit für den Prognosefehler:

$$x_{t+h} - x_t(h) = \sum_{i=0}^{h-1} \Phi_i \epsilon_{t+h-i}. \qquad (6.2.16)$$

Aus der Prognosefehler-Darstellung (6.2.16) folgt, daß der Vorhersageschätzer $x_t(h)$ auch in MA-Schreibweise dargestellt werden kann:

$$x_t(h) = \sum_{i=h}^{\infty} \Phi_i \epsilon_{t+h-i} = \sum_{i=0}^{\infty} \Phi_{h+i} \epsilon_{t-i}. \qquad (6.2.17)$$

Aus Darstellung (6.2.16) folgt auch die Vorhersagefehler-Kovarianz- oder MSE-Matrix mit:

$$\Sigma_x(h) = \mathrm{MSE}[x_t(h)] = \sum_{i=0}^{h-1} (\Phi_i \Sigma_\epsilon \Phi_i') = \Sigma_x(h-1) + \Phi_{h-1} \Sigma_\epsilon \Phi_{h-1}'. \qquad (6.2.18)$$

Damit sind die MSE monoton fallend und nähern sich für $h \rightarrow \infty$ der Kovarianzmatrix $\Gamma_x(0)$ an.

6.3 Strukturelle Analysen mit vektorautoregressiven Modellen

6.3.1 Granger Kausalität in VAR-Modellen

Das von Granger [1969] entwickelte Konzept der Kausalität läßt sich unter entsprechenden Bedingungen auch im Kontext der VAR-Modelle verwenden und ist daher in den letzten Jahren recht populär geworden. Die Grundüberlegung der Granger-Kausalität ist die, daß eine Ursache nicht zeitlich nach ihrer Wirkung auftreten kann. Sei Ω_t die Informationsmenge, die bis zum Zeitpunkt t bekannt ist und $z_t(h|\Omega_t)$ die optimale h-Schritt Vorhersage des Prozesses z_t, basierend auf der Informationsmenge Ω_t. Die zugehörige minimale Mittlere-Quadratische-Fehler-Matrix der Prognose wird entsprechend mit $\Sigma_z(h|\Omega_t)$ bezeichnet. Der Prozeß x_t ist im Sinne Grangers kausal für z_t, wenn (vgl. Granger [1969])

$$\Sigma_z(h \mid \Omega_t) < \Sigma_z(h \mid \Omega_t \backslash \{x_s \mid s \leq t\}), \qquad \text{für mindestens ein } h=1,2,\ldots$$

In anderen Worten, falls z_t effizienter vorhergesagt werden kann, wenn die Information des Prozesses x_t mit berücksichtigt wird, dann ist x_t Granger-kausal zu z_t. Wenn x_t kausal zu z_t und z_t kausal zu x_t ist, dann wird der Prozeß $(x_t, z_t)'$ ein Feedback-System genannt. Gleichzeitige Kausalität zwischen z_t und x_t herrscht, wenn

$$\Sigma_z(1 \mid \Omega_t \cup \{x_{t+1}\}) < \Sigma_z(1 \mid \Omega_t),$$

das heißt, wenn zum Zeitpunkt t x_{t+1} zur Informationsmenge hinzugefügt wird, so verbessert dies die Vorhersage von z_{t+1}. In diesem Fall liegt Symmetrie vor, d.h. wenn gleichzeitige Kausalität zwischen x_t und z_t besteht, dann auch zwischen z_t und x_t.

Meist ist es nicht möglich, für die Informationsmenge Ω_t alle relevante Information, die in irgendeiner Form existiert, zu nutzen, daher werden in der praktischen Anwendung meist nur die vergangenen und gegenwärtigen Daten oder Informationen des untersuchten Prozesses als relevant angesehen, und Ω_t wird ersetzt durch $\{z_s, x_s \mid s \leq t\}$. Die Beschränkung der Informationsmenge ist nur dann ohne Konsequenz, wenn die restliche Information irrelevant für das betrachtete Problem ist (zur Bedeutung der Informationsmenge, siehe auch Lütkepohl [1982]). Weiterhin kann der Aggregationsgrad auf monatliche, vierteljährliche oder jährliche Zeitreihen bzw. die Verwendung von saisonal angepaßten oder nichtangepaßten Daten zu unterschiedlichen Ergebnissen bezüglich der Kausalität führen. Entsprechendes kann geschehen, wenn andere relevante Variablen, die das System beeinflussen, weggelassen werden. Werden diese in die Informationsmenge aufgenommen, kann eine völlig andere Struktur der Granger-Kausalität entstehen. So kann leicht der Fall eintreten, daß für eine Variable x_t im Rahmen der Informationsmenge Ω_t Granger-Kausalität für z_t festgestellt wird, bei einer Erweiterung der Informationsmenge aber jegliche Prognosefähigkeit von x_t verlorengeht. Für die scheinbare Relation zwischen x_t und z_t ist damit eine dritte Variable verantwortlich und kein kausaler Mechanismus.

Ein weiteres Problem der Granger-Kausalität besteht darin, daß nach Granger zur Ermittlung der Richtung der Wirkungszusammenhänge ein zeitlicher Vorlauf einer der beiden Variablen erforderlich ist. Ursache-Wirkung-Beziehungen lassen sich nur dann mit Hilfe der Granger-Kausalität untersuchen, wenn von der Hypothese ausgegangen wird, daß die Zukunft nicht die Vergangenheit beeinflussen kann. Erst der Eintritt einer bestimmten Entwicklung kann die übrigen Variablen beeinflussen. In diesem Fall besteht eine direkte Ursache-Wirkung-Beziehung. Dagegen spielen besonders in der Ökonomie Erwartungen eine bedeutende Rolle, so daß die Situation entstehen kann, daß die eigentliche Ursache erst nach der durch Antizipation schon frühzeitig eingetroffenen Wirkung eintritt. Eine Kausalanalyse nach Granger würde somit in diesem Fall möglicherweise die falsche d.h. umgekehrte Wirkungsweise feststellen. Erwartungen über den Eintritt eines Ereignisses, die schon im vorhinein zu Reaktionen der anderen Variablen führen, können daher mit dem Konzept der Granger-Kausalität nicht abgebildet bzw. festgestellt werden.

Der Ausdruck Kausalität ist auch als problematisch anzusehen, wenn gleichzeitige Kausalität vorliegt, da dies nur bedeutet, daß Korrelation zwischen zwei untersuchten Variablenmengen besteht. Es wird jedoch nichts über Ursache und Wirkung ausgesagt, und nur genauere Kenntnis z.B. auf der Grundlage einer ökonomischen Theorie kann darüber Auskunft geben.

Es ist in diesem Zusammenhang wichtig zu berücksichtigen, daß der Begriff der Granger-Kausalität ursprünglich auf der Prognostizierbarkeit basiert und nicht auf einer Ursache-Wirkung-Beziehung. Diese Problematik hat zu einigen Kontroversen geführt, da man in der Interpretation Granger-Kausalität nicht einfach durch einen Begriff allgemeiner Kausalität ersetzen darf. Vgl. dazu die Arbeiten von Newbold [1982], Geweke [1982] und Kirchgässner [1981]. Zu dem Unterschied der Konzepte von nicht-granger-kausal und exogen siehe Engle, Hendry und Richard [1983]. Exogenität einer Variablen wird häufig in der Bedeutung verwendet, daß diese Variable bei Inferenzuntersuchungen als gegeben angesehen werden soll.

Die obigen Betrachtungen zeigen, daß man die Ergebnisse von Untersuchungen, die auf der Granger-Kausalität basieren, nicht überinterpretieren darf. Dazu gehört beispielsweise auch die in dem folgenden Abschnitt vorzustellende dynamische Analyse mit Impulsantwortfolgen. Andererseits kann eine Analyse der Granger-Kausalität sehr wichtig sein, wenn das Ziel der Untersuchung die Prognostizierbarkeit von Variablen betrifft. Denn mit Hilfe von Kausalitätstests kann zumindest gezeigt werden, ob eine Anzahl an Variablen nützliche Informationen für die Vorhersagen anderer Variablen enthält oder nicht.

Zur empirischen Überprüfung der Granger-Kausalität wurden eine ganze Reihe von Tests vorgeschlagen. Hier sind die in der Regressionsanalyse gebräuchlichsten Tests und zwar der grundlegende von Granger [1969], der Sims-Test, Sims [1972], und die Version von Geweke, Meese und Dent [1983] zu nennen[1]. Im Rahmen der vorliegenden Arbeit konzentrieren wir uns jedoch auf die dynamische Analyse mit Impulsantwortfolgen und Vorhersagefehler-Varianz-Zerlegungen.

---

[1] Untersuchungen, bei denen im Rahmen von VAR-Modellen auf Granger-Kausalität getestet wird, werden beispielsweise von Littermann und Weiss [1985], Bernanke [1986], Stock und Watson [1989] oder Krol und Ohanian [1990] vorgenommen. In diesen Arbeiten werden speziell Beziehungen zwischen Geldgrößen, Zinssätzen und Industrieproduktion betrachtet und analysiert, ob die Abhängigkeiten im Einklang mit keynesianischen oder Business-Cycle-Modellen sind.

6.3.2 Impulsantwortanalyse

In der empirischen Anwendung ist es häufig von Interesse, die Reaktion aggregierter Größen im Zeitverlauf auf einen Impuls in einer Variablen innerhalb eines multiplen Systems festzustellen. Diese Reaktionsweisen lassen sich dann mit theoretischen Überlegungen hinsichtlich der Wirkungsweisen vergleichen. Man möchte so die Beziehung zwischen Variablen in einem höherdimensionalen Modell untersuchen. Reagiert eine Variable auf den Impuls einer anderen, so kann man hier die letztere als kausal für die erstere ansehen. Dieser Typus von Kausalität wird im folgenden betrachtet.

Im Unterschied zu den traditionellen ökonometrischen Modellen, bei denen eine dynamische Analyse meist mit Hilfe eines exogenen Schocks über eine der exogenen Variablen simuliert wird, gibt es im vektorautoregressiven Modell im allgemeinen keine exogenen Variablen. Neue Informationen gehen hier durch den Vektor der Störterme ϵ_t in das System ein. Sollen die möglichen Auswirkungen der Korrelation zwischen den ϵ_t berücksichtigt werden, so kann über die Kovarianzmatrix eine rekursive Struktur mit orthogonalen White-Noise-Prozessen erstellt werden. Dadurch lassen sich die Reaktionen der Variablen im System als Antwort auf orthogonale (unabhängige) Impulse betrachten. Im folgenden wird dies zunächst für den Prozeß in vektorautoregressiver Form skizziert, bevor auf die MA-Darstellung eingegangen wird.

Betrachtet wird ein VAR(k)-Modell mit einem Mittelwertvektor von Null

$$x_t = A_1 x_{t-1} + \ldots + A_k x_{t-k} + \epsilon_t. \tag{6.3.1}$$

Dieser Prozeß kann so umgeformt werden, daß die Residuen der verschiedenen Gleichungen, die die zu betrachtenden Impulse darstellen, nicht miteinander korreliert sind. Zu diesem Zweck wird eine Zerlegung der Kovarianzmatrix der Störterme $\Sigma_\epsilon = W \Lambda W'$ gewählt, wobei Λ eine Diagonalmatrix mit positiven Elementen in der Diagonalen und W eine untere Dreiecksmatrix mit Einsen in der Diagonalen ist. Diese Dekomposition erhält man aus der Choleski-Zerlegung $\Sigma_\epsilon = PP'$, wobei P eine untere Dreiecksmatrix ist. Eine Diagonalmatrix D wird definiert, die die gleichen Elemente in der Diagonalen hat wie P und man setzt $W = PD^{-1}$ und $\Lambda = DD'$. Wird nun die Gleichung (6.3.1) mit W^{-1} durchmultipliziert, so ergibt sich

$$W^{-1} x_t = B_1 x_{t-1} + \ldots + B_k x_{t-k} + v_t, \tag{6.3.2}$$

mit $B_i = W^{-1} A_i$, $i = 1, \ldots, k$, und $v_t = (v_{it}, \ldots, v_{pt})' = W^{-1}\epsilon_t$ hat die diagonale Kovarianzmatrix

$$\Sigma_v = E(v_t v_t') = W^{-1} E(\epsilon_t \epsilon_t')(W^{-1})' = \Lambda.$$

Wird $(I_p - W^{-1})x_t$ auf beiden Seiten von (6.3.2) addiert, so folgt daraus

$$x_t = B_0 x_t + B_1 x_{t-1} + \ldots + B_k x_{t-k} + v_t, \qquad (6.3.3)$$

mit $B_0 = (I_p - W^{-1})$. Da W eine untere Dreiecksmatrix ist mit Einsen in der Diagonalen, gilt dies auch für W^{-1} und damit ist

$$B_0 = I_p - W^{-1} = \beta_{31} \begin{bmatrix} 0 & 0 \ldots & & 0 \\ \beta_{21} & 0 \ldots & & 0 \\ \beta_{32} \ldots & & & : \\ : & : & & : \\ \beta_{p1} & \beta_{p2} \ldots \beta_{pp-1} & & 0 \end{bmatrix}$$

eine untere Dreiecksmatrix mit Nullen in der Diagonalen. Dies bedeutet, daß die erste Gleichung des VAR(k)-Prozesses keine gleichzeitigen x_t auf der rechten Seite enthält. Allgemein gesprochen kann die k-te Gleichung Werte für $x_{1t} \ldots x_{k-1t}$ enthalten, aber nicht für $x_{kt} \ldots x_{pt}$. Und damit kann ein x_{st} keinen augenblicklichen Einfluß auf x_{kt} ausüben, wenn $k < s$. Ein solches System wird als rekursives Modell und diese Form der Kausalität auch Wold-Kausalität bezeichnet.

Die Gleichung (6.3.3) läßt sich noch nach x_t auflösen, und man erhält dabei

$$x_t = (I_p - B_0)^{-1} B_1 x_{t-1} + \ldots + (I_p - B_0)^{-1} B_k x_{t-k} + (I_p - B_0)^{-1} v_t, \qquad (6.3.4)$$

und $(I_p - B_0)^{-1} = W = PD^{-1}$.

Die Herleitung der Impulsantwortanalyse eines p-dimensionalen VAR(k)-Prozesses wird nun ausgehend von der kanonischen MA-Darstellung betrachtet:

$$x_t = \sum_{i=0}^{\infty} \Phi_i \epsilon_{t-i}, \qquad (6.3.5)$$

wobei ϵ_t ein White-Noise-Störterm mit nicht singulärer Kovarianzmatrix Σ_ϵ sei. Um die Moving-Average-Darstellung mit orthogonalisierten Innovationen zu erhalten, kann die Choleski-Faktorisierung der positiv definiten Kovarianzmatrix $\Sigma_\epsilon = PP'$ gewählt werden, wobei P eine nicht singuläre untere Dreiecksmatrix mit positiven Elementen in der Diagonalen ist. Dann läßt sich die Gleichung (6.3.5) schreiben als

$$x_t = \sum_{i=0}^{\infty} (\Phi_i P P^{-1} \epsilon_{t-i})$$

$$= \sum_{i=0}^{\infty} \Theta_i w_{t-i}, \qquad (6.3.6)$$

wobei $\Theta_i = \Phi_i P$, und $w_t = P^{-1}\epsilon_t$ ist ein White-Noise-Prozeß mit der Kovarianzmatrix

$$\Sigma_w = E(w_t w_t') = P^{-1}\Sigma_\epsilon (P^{-1})' = I_p.$$

Die Störterme w_t enthalten nur unkorrelierte Komponenten und werden daher auch orthogonale Residuen oder Innovationen genannt. Diese orthogonalisierten Innovationen sind somit unkorreliert in Bezug auf die Zeit t und die verschiedenen Gleichungen und haben zusätzlich die Varianz Eins. Aus der Gleichung (6.3.6) ist damit ersichtlich, daß eine Änderung in einer Komponenten von w_t keine Auswirkungen auf die anderen Komponenten von w_t hat, da die Komponenten orthogonal sind. Da die Varianz der Komponenten gerade Eins beträgt, stellt eine Einheitsinnovation gerade einen Impuls von dem Ausmaß einer Standardabweichung dar. Die Elemente der Θ_i-Matrix werden als Systemantworten auf diese Innovationen interpretiert. Das bedeutet, das jk-te Element von Θ_i stellt die Wirkung eines Einheitsimpulses in der k-ten Variablen, die vor i Perioden verursacht wurde, auf Variable j dar.

Die Verbindung der MA-Darstellung (6.3.6) mit der VAR-Schreibweise (6.3.4) wird deutlich, wenn berücksichtigt wird, daß mit $\Theta_i = \Phi_i P$ gilt, daß die Elemente von $\Theta_0 = P = WD$ gerade die unverzögerten Auswirkungen einer Innovation in v_{it} von der Größe einer Standardabweichung auf das System darstellen, denn die diagonalen Elemente von D sind die Standardabweichungen von v_t. Die Θ_i, für $i=1, 2,...$ erhält man dann, indem die Effekte einer Innovation im System weiterverfolgt werden mit $\Theta_i = \Phi_i P = \Phi_i WD$ (vgl. auch Lütkepohl [1991, S.52]).

Liegt kein stationäres System sondern ein integrierter oder kointegrierter VAR(k)-Prozeß vor, so können dennoch die entsprechenden Koeffizientenmatrizen Θ_i und Φ_i berechnet werden und deren Elemente stellen die Impulsantwortfolgen dar. Im Gegensatz zum stationären Fall, bei dem die Antwortfolgen im Zeitverlauf verschwinden, können in kointegrierten Systemen die Effekte langfristig erhalten bleiben. Damit sind die Reaktionen dauerhaft und das System befindet sich in einem neuen Gleichgewicht. Die Betrachtung der Bewegung der Variablen im Zeitablauf von einem Gleichgewicht zu einem möglichen nächsten Gleichgewicht kann somit Auskunft über die kurzfristigen und langfristigen Beziehungen zwischen den Variablen geben und stellt damit ein sehr geeignetes Analyseinstrument für das dynamische Systemverhalten dar.

Die Tatsache, daß Θ_i eine untere Dreiecksmatrix ist, führt dazu, daß die Reihenfolge der Variablen x_t von entscheidender Bedeutung ist und in großem Maße die Impulsantworten bestimmt. Daher ist die Anordnung der Variablen eine kritische Komponente für die Interpretation des Systems. Die Rangordnung kann nicht mit statistischen Methoden bestimmt werden. Am sinnvollsten ist es, die Reihenfolge so vorzunehmen, daß die erste Variable diejenige ist, bei der man als einzige einen augenblicklichen Einfluß auf die anderen erwartet. Ein möglicher Lösungsansatz besteht auch darin, verschiedene Reihenfolgen der Variablen zu untersuchen, um zu Resultaten hinsichtlich der Sensitivität der Modelle auf Umstellungen zu gelangen. Die alternative Vorgehensweise der strukturellen Zerlegung und Interpretation des Systems wird in Abschnitt 6.4. vorgestellt.

Eine weitere Schwäche dieser Systeme liegt in ihrer möglichen Unvollständigkeit. Obwohl in der Wirklichkeit viele Variablen untereinander abhängen und aufeinander einwirken, arbeitet man aufgrund der großen Menge an zu schätzenden Koeffizienten normalerweise mit VAR-Modellen kleiner Dimensionen. Die Innovationen nehmen damit alle Effekte der ausgeschlossenen Variablen auf. Falls wichtige Variablen weggelassen werden, kann das zu großen Verzerrungen in den Impuls-Antworten führen, und strukturelle Interpretationen werden wertlos. Für die Prognose kann ein solches System jedoch trotzdem geeignet sein.

6.3.3 Vorhersagefehler-Varianz-Zerlegung

Eine weitere Möglichkeit der Interpretation von VAR(k)-Modellen bietet die Prognosefehler-Varianz-Zerlegung. In der MA-Darstellung (6.3.6)

$$x_t \quad = \quad \sum_{i=0}^{\infty} \Theta_i w_{t-i}, \qquad\qquad \text{mit } \Sigma_w = I_p$$

ist der Fehler der optimalen h-Schritt-Vorhersage gerade

$$x_{t+h} - x_t(h) \quad = \quad \sum_{i=0}^{h-1} \Theta_i w_{t+h-i}, \tag{6.3.7}$$

wobei $x_t(h)$ den Prognosewert für den Vorhersagehorizont h zum Zeitpunkt t bezeichnet. Wird das mn-te Element von Θ_i mit $\theta_{mn,i}$ bezeichnet, so ist der Fehler der j-ten Komponente von x_t

$$\begin{aligned} x_{j,t+h} - x_{jt}(h) \quad &= \quad \sum_{i=0}^{h-1} (\theta_{j1,i} w_{1,t+h-i} + \ldots + \theta_{jp,i} w_{p,t+h-i}) \\ &= \quad \sum_{k=1}^{p} (\theta_{jk,0} w_{k,t+h} + \ldots + \theta_{jk,h-1} w_{k,t+1}). \end{aligned} \tag{6.3.8}$$

Der Prognosefehler der j-ten Komponente kann natürlich auch aus den Innovationen der anderen Komponenten von x_t bestehen. Da die $w_{k,t}$ unkorreliert sind und die Varianz Eins haben, ist der Mittlere Quadratische Fehler von $x_{j,t}(h)$

$$\begin{aligned} MSE[x_{j,t}(h)] &= E(x_{j,t+h} - x_{j,t}(h))^2 \\ &= \sum_{k=1}^{p} (\theta_{jk,0}^2 + \ldots + \theta_{jk,h-1}^2) \\ &= \sum_{i=0}^{h-1} \sum_{k=1}^{p} \theta_{jk,i}^2. \end{aligned} \tag{6.3.9}$$

Und

$$\theta_{jk,0}^2 + \ldots + \theta_{jk,h-1}^2 = \sum_{i=0}^{h-1} (u_j'\Theta_i u_k)^2, \tag{6.3.10}$$

wobei u_k die k-te Spalte von I_p sei, gibt den Beitrag der Innovationen in Variable k zur Vorhersagefehler-Varianz oder den Mittleren Quadratischen Fehler der h-Schritt Vorhersage von Variable j an. Damit ist der Quotient

$$\omega_{jk,h} = \sum_{i=0}^{h-1} (u_j'\Theta_i u_k)^2 / MSE[x_{j,t}(h)] \tag{6.3.11}$$

der Anteil der h-Schritt Vorhersagefehler-Varianz der Variablen j, der auf Innovationen von Variable k zurückzuführen ist. Auf diese Weise wird die Vorhersagefehler-Varianz in die Komponenten der einzelnen Innovationen der Variablen zerlegt. Aus Gleichung (6.3.9) ergibt sich die h-Schritt Prognose-Matrix als

$$\Sigma_x(h) = MSE[x_t(h)] = \sum_{i=0}^{h-1} (\Theta_i\Theta_i') = \sum_{i=0}^{h-1} (\Phi_i \Sigma_u \Phi_i'),$$

und die diagonalen Elemente der Matrix sind die Fehler der x_{jt} Variablen in Gleichung (6.3.11).

Es ist wichtig, sich zu vergegenwärtigen, daß es sich bei der Fehler-Varianz-Zerlegung und bei der Granger-Kausalität um zwei unterschiedliche Konzepte handelt. Während es sich bei der letzteren um eine eindeutige Eigenschaft zwischen zwei Teilmengen des untersuchten Systems handelt, hängt die Vorhersagefehler-Varianz-Zerlegung von den Θ_i Matrizen und damit von der Wahl der Transformationsmatrix P ab. Damit kommt der Wahl der Anordnung der betrachteten Variablen eine große Bedeutung zu, und es empfiehlt sich, die Auswirkungen unterschiedlicher Reihenfolgen der Variablen auf die Fehler-Varianz-Zerlegungen zu untersuchen, bevor eine endgültige Wahl getroffen wird. Weiter gelten auch hier die gleichen kritischen Bemerkungen wie für die Interpretation der Impulsantwortfolgen und der Granger-Kausalität.

Diese Abhängigkeit der Ergebnisse von der Anordnung der Variablen sowie die häufig nicht eindeutigen kausalen Beziehungen und Wirkungsweisen sind ein häufiger Kritikpunkt gegenüber Analysen mit VAR-Systemen, vgl Leamer [1985] oder Cooley und LeRoy [1985]. Die Resultate sind abhängig von der Reihenfolge der Variablen, und durch eine bestimmte Anordnung der Variablen bzw. die Form der Matrix P wird gleichzeitig implizit a priori eine Struktur für das vektorautoregressive Modell vorgegeben. Damit ist auch der VAR-Ansatz nicht als eine theoriefreie, rein datengestützte multivariate Zeitreihenanalyse anzusehen. Eine mögliche Vorgehensweise, um sich von diesen impliziten Strukturannahmen zu lösen und die Strukturannahmen explizit als spezielle Hypothesen auf die Gestalt der Beziehungen zwischen den betrachteten Variablen darstellen zu können, bieten die strukturellen VAR-Modellansätze.

6.4 Strukturelle vektorautoregressive Modelle

Mit dem im folgenden vorgestellten Ansatz lassen sich VAR-Systeme strukturell interpretieren, ohne daß die Vorteile des Konzeptes der VAR-Modelle verloren gehen. Die sogenannten strukturellen vektorautoregressiven (SVAR-)Modelle wurden in den letzten Jahren von verschiedenen Autoren aus dem VAR-Modellansatz weiterentwickelt (vgl. Bernanke [1986], Blanchard und Watson [1986], Sims [1986], Taylor [1986], Shapiro und Watson [1988], Blanchard [1989], Blanchard und Quah [1989] und Giovannini [1992]). Im folgenden wird eine allgemeine Formulierung des strukturellen Ansatzes vorgestellt, aus dem sich die speziellen Versionen aus der Literatur ableiten lassen.

Ausgegangen wird bei diesem Ansatz von einem strukturellen makroökonomischen Modell der folgenden Form:

$$A_0x_t = A_1x_{t-1} + \ldots + A_kx_{t-k} + Ce_t. \qquad (6.3.12)$$

Unter Verwendung der Lagoperator-Notation L, mit $L^ix=x_{t-i}$, läßt sich Gleichung (6.3.12) auch schreiben als:

$$\begin{aligned} A_0x_t &= (A_1L + \ldots + A_kL^k)x_t + Ce_t \\ &= \Pi(L)x_t + Ce_t, \qquad (6.3.13) \end{aligned}$$

mit

$$\Pi(L) = A_1L + \ldots + A_kL^k.$$

wobei x_t ein Vektor von p Variablen, A_i und C nichtsinguläre $(p \times p)$ Koeffizientenmatrizen, $\Pi(L)$ ein Matrixpolynom der Ordnung k und e_t ein k-dimensionaler Vektor struktureller Innovationen ist. Die Matrix A_0 sei so normalisiert, daß die diagonalen Elemente den Wert Eins haben. Es wird weiter angenommen, daß die Innovationen orthonormal sind, d.h. daß sie nicht untereinander korreliert sind und die Kovarianzmatrix $E(e_te_t') = \Sigma_e$ die Einheitsmatrix I_p ist. Die Variablen e_t entsprechen in ihrer Anzahl und ihrer inhaltlichen Bedeutung den Variablen im Vektor x_t. Eine Zufallsgröße e_{it} ist ein unabhängiger zufälliger Schock der entsprechenden beobachtbaren Größe x_{it} und hat die Varianz Eins. Ein e_{it} stellt damit die ursprüngliche unabhängige Ursache für Änderungen der x_{it}-Variablen im Zeitablauf dar.

Gleichzeitige Wechselwirkungen der Variablen werden durch die Matrizen A_0 und C aufgenommen. Matrix A_0 gibt die Wechselwirkungen zwischen den endogenen Variablen an, wobei sie jeder Strukturgleichung eine normalisierte Variable auf der linken Seite zuordnet. Mit Hilfe von Matrix C können die Innovationen e_t gleichzeitig auch auf andere Variablen als auf die entsprechende x_t-Variable der linken Seite der Strukturgleichung wirken. Dies gilt, soweit C von der Einheitsmatrix I_p verschieden ist.

Wird das System (6.3.13) auf beiden Seiten mit A_0^{-1} vormultipliziert, erhält man die mit dem Strukturmodell verbundene reduzierte Form

$$x_t = A_0^{-1}\Pi(L)x_t + A_0^{-1}Ce_t$$

oder einfacher

$$x_t = B(L)x_t + \epsilon_t, \tag{6.3.14}$$

mit $B(L) = A_0^{-1}\Pi(L)$ und dem Vektor der Störterme der reduzierten Form $\epsilon_t = A_0^{-1}Ce_t$. Dieser habe eine unabhängige multivariate Normalverteilung mit dem Mittelwert $E(\epsilon_t) = 0$, der Kovarianzmatrix $E(\epsilon_t, \epsilon_t') = \Sigma_\epsilon$ und $E(\epsilon_t, \epsilon_s) = 0$, für $s \neq t$. Die Kovarianzmatrix Σ_ϵ ist annahmegemäß nicht singulär. Die Reduzierte-Form-Innovationen sind mit den orthonormalen Struktur-Innovationen somit in der folgenden Weise verbunden:

$$A_0\epsilon_t = Ce_t, \tag{6.3.15}$$

wobei wie vorausgesetzt $\Sigma_e = I_p$. Bei Bekanntheit der wahren Kovarianzmatrix $E(\epsilon_t\epsilon_t) = \Sigma_\epsilon$ ergibt sich

$$A_0(\epsilon_t\epsilon_t')A_0 = C(e_te_t')C'$$

und wenn die Erwartungen genommen werden

$$E(A_0(\epsilon_t\epsilon_t')A_0) \quad = \quad A_0\Sigma_\epsilon A_0 \quad = \quad CC'.$$

Den Parametern A_0 und C werden dabei $n(n+1)/2$ nicht-lineare Restriktionen auferlegt und $2n^2-n(n+1)/2$ freie Elemente.

In der empirischen Umsetzung dieses Ansatzes wird das Modell in einem ersten Schritt in der reduzierten Form der Gleichung (6.3.14) geschätzt. In einem zweiten Schritt wird mit Hilfe einer Anzahl von identifizierenden Restriktionen auf die Matrizen A_0 und C von den Reduzierte-Form-Störtermen ϵ_t auf die orthonormierten Struktur-Innovationen e_t übergegangen. Auf diese Weise wird das Strukturmodell (6.3.12) ermittelt, das konsistent mit der Reduzierte-Form-Schätzung ist und mit dem die Dynamik der strukturellen Form untersucht werden kann.

Von verschiedenen Autoren wurden Spezialfälle des obigen allgemeinen Modells untersucht. Blanchard und Watson [1986] und Taylor [1986] untersuchen ein SVAR-Modell, bei dem Matrix C die Einheitsmatrix ist, d.h. es liegt ein Modell der Form $A_0x_t=\Pi(L)x_t+e_t$ vor. Die Matrix A_0 wird hier direkt dem Vektor der beobachtbaren Variablen x_t zugeordnet und gleichzeitige Wechselwirkungen zwischen den Variablen werden mit Hilfe der Struktur der A_0-Matrix organisiert. Für die Beziehungen zwischen den Innovationsvektoren ϵ_t und e_t gilt damit $A_0\epsilon_t=e_t$. Dagegen verwenden Blanchard und Quah [1989] ein SVAR-Modell der Form $x_t=\Pi(L)x_t+Ce_t$, bei dem die Matrix C auf den Vektor der nichtbeobachtbaren Innovationen e_t angewendet wird. In diesem Fall können gleichzeitige Korrelationen der beobachtbaren Größen x_t nur indirekt als eine Linearkombination des Vektors der nichtbeobachtbaren Variablen e_t dargestellt werden. Die Relationen zwischen den Innovationen werden in diesem Modell durch $\epsilon_t=Ce_t$ angegeben. Das oben vorgestellte allgemeine Modell, das in Arbeiten von Sims [1986], Bernanke [1986], Blanchard [1989] und Giovannini [1992] Anwendung findet, bietet aufgrund der Möglichkeit, gleichzeitige Wechselwirkungen zwischen beobachtbaren und nichtbeobachtbaren Variablen zu berücksichtigen, die größte Flexibilität. Dagegen treten bei diesem Ansatz die größten Probleme bei der Identifikation des Modells auf. In Doan [1991] und Giovannini [1992] werden Verfahren entwickelt, mit denen SVAR-Modelle unter bestimmten linearen Restriktionen identifiziert werden können.

Kann eine exakte Identifikation des Modells erreicht werden, so kann das System geschätzt und die zugrundegelegte Struktur zwischen den Innovationen auf Signifikanz untersucht werden. Im Anschluß daran können entsprechend wie bei den normalen VAR-Modellen dynamische Simulationen mit Impulsantwortfolgen und Vorhersagefehler-Varianz-Zerlegungen vorgenommen werden.

6.5 Bayesianische vektorautoregressive Modelle

Eine Problematik bei dem Einsatz von VAR-Modellen zu Prognosezwecken liegt darin, daß die Modelle aufgrund des schnellen Anstiegs an Parametern mit der Zahl von Variablen und zeitverzögerten Werten sehr schnell überparameterisiert werden. Die häufige Folge einer solchen Überparameterisierung sind große Vorhersagefehler bei Prognosen out-of-sample. Wenn dazu übergegangen wird, einfach die Zahl der Lags zu reduzieren, so entfernt man sich von den grundlegenden Ideen der vektorautoregressiven Modelle. Dies gilt auch dann, wenn z.B. nur einzelne Parameter auf Null gesetzt werden. Ein Lösungsansatz für das Problem der Überparameterisierung, der sich als besonders effektiv herausgestellt hat, wurde von Litterman [1981, 1986] und Doan, Litterman und Sims [1984] entwickelt. Die dabei resultierenden Gleichungssysteme werden als bayesianische vektorautorgeressive (BVAR-) Modelle bezeichnet. Der Ansatz basiert darauf, nicht einfach die Lags höherer Ordnung auf Null zu setzen, sondern es zu ermöglichen, daß gegensätzliche Schätzergebnisse die Grundannahme einer geringen Bedeutung von Koeffizienten höherer Lags modifizieren können. Damit werden keine starren Restriktionen vorgegeben, sondern es wird mit unscharfen, fuzzy-artigen Verteilungsannahmen gearbeitet, so daß diesem Ansatz eine bayesianische Interpretation gegeben werden kann. Formal besteht das Vorgehen darin, Normalverteilungen mit unterschiedlichen Mittelwerten und Standardabweichungen für die zeitverzögerten Werte eines VAR-Modells zugrundezulegen. Die Darstellung des BVAR-Modells orientiert sich im folgenden an Litterman [1986] und Doan [1992].

6.5.1 Die Verteilungsannahmen

Ausgangspunkt des Ansatzes von Litterman sind im Grunde drei Annahmen. Die erste Annahme besagt, daß sich eine ökonomische Zeitreihe x_t annäherungsweise wie ein random walk mit einer bzw. ohne eine unbekannte deterministische Komponente verhält:

$$x_t = x_{t-1} + d + \epsilon_t. \qquad (6.5.1)$$

Diese Annahme erscheint nicht unrealistisch, wenn die entsprechenden Ergebnisse vielfältiger Untersuchungen betrachtet werden (siehe beispielsweise Nelson und Plosser [1982]). Speziell Untersuchungen zum Wechselkursverhalten kommen häufig zu dem Ergebnis des Vorliegens eines random walk, siehe dazu auch Abschnitt 7.3 dieser Arbeit. Gegenüber einem vektorautoregressiven Modell k-ter Ordnung:

$$x_t = v + A_1 x_{t-1} + \ldots + A_k x_{t-k} + \epsilon_t, \qquad (6.5.2)$$

wird damit für jede Gleichung eine Verteilung für die Parameter a_{ijl} der Koeffizientenmatrizen A_l, mit $l=1\ldots k$ und $i,j=1\ldots p$, zugrundegelegt. Diese Restriktionen, in diesem Kontext in der Literatur auch als "priors" bezeichnet, werden als eine multivariate Normalverteilung für die Koeffizienten des vektorautoregressiven Modells spezifiziert.

Innerhalb der nichtstationären Prozesse wird für den Erwartungswert der a-priori-Verteilung in jeder Gleichung bei der um eine Periode zeitverzögerten eigenen Variablen Eins und bei allen anderen Null angesetzt:

$$E(a_{ijl}) = \begin{cases} 1, & \text{für } i=j \text{ und } l=1 \\ 0, & \text{sonst.} \end{cases} \qquad (6.5.3)$$

Hat man stationäre Prozesse vorliegen, die z.B. durch vorherige Differenzenbildung der Modellvariablen erhalten wurden, so wird auch für den Erwartungswert der jeweiligen zeitverzögerten abhängigen Variable der Wert Null zugrundegelegt (Lütkepohl [1991]). Die Varianzen werden dagegen als von Null verschieden spezifiziert. So wird zugrundegelegt, daß alle Standardabweichungen der Lag-Koeffizienten proportional zu λ sind. Damit kann man mit Hilfe von λ die Strenge der obigen Restriktion angeben. Eine weitere Annahme besteht in der Überlegung, daß in VAR-Modellen der Einfluß höherer Lags relativ zu der einmaligen Zeitverzögerung abnimmt. Dies werde durch die Funktion $g(l)=l^{-d}$, mit $d \geq 0$, ausgedrückt, bei der sich die Bedeutung der Sytemvariablen mit höherer Zeitverzögerung bei ansteigenden d reduziert. In der dritten und letzten Annahme wird schließlich davon ausgegangen, daß der Einfluß von Variable j in Gleichung i relativ zu der Bedeutung der Variablen i geringer ist. Dies hat zur Folge, daß die Standardabweichung der jeweiligen anderen Lag-Koeffizienten geringer angesetzt wird, als die der eigenen Koeffizienten. Die Funktion $f(i,j)$ wird dabei folgendermaßen definiert: $f(i,j)=1.0$, wenn $i=j$ und $f(i,j)=w$, mit $0<w<1$ sonst. Mit dem Parameter w wird angegeben, welches Gewicht man den Koeffizienten der Variablen zuordnet, die nicht auf der Diagonalen liegen. Je kleiner w gewählt wird, desto mehr nähert sich das Modell einem System einzelner univariater autoregressiver Gleichungen.

Diese drei Vorgaben restringieren damit die Standardabweichungsfunktionen auf die Form (vgl. auch Doan, Litterman und Sims [1984]):

$$S(i,j,l) = \begin{cases} \lambda g(l), & \text{für } i=j \\ (\lambda g(l) f(i,j)) s_i / s_j, & \text{sonst.} \end{cases} \qquad (6.5.4)$$

wobei s_i der Standardfehler einer univariaten Autoregression der abhängigen Variable von Gleichung i ist. Durch die Skalierung mit den Standardfehlern s_i korrigiert man die unterschiedliche Größe der verwendeten Systemvariablen. Für die deterministischen Größen v werden dagegen keine Verteilungsannahmen zugrundegelegt. Mit Hilfe der Gleichungen (6.5.3) und (6.5.4) werden so die Erwartungswerte und Varianzen der Verteilungen der a_{ijl} in Gleichung (6.5.2) definiert, und die Schätzung der Koeffizienten kann mit der Theilschen gemischten Schätztechnik durchgeführt werden (vgl. Theil und Goldberger [1961]). Der vorgestellte Ansatz der BVAR-Modelle, bei denen der Parametervektor in Richtung eines Modells in ersten Differenzen restringiert wird, führt damit zu einem misspezifizierten Modell (vgl. Engle und Yoo [1987]). Trotzdem zeigen Untersuchungen (Litterman [1986], McNees [1986], Todd [1984]), daß sehr zufriedenstellende Resultate für Prognosezwecke erhalten werden können.

Zur Auswahl der Parameter für die vorgegebenen Verteilungen lassen sich verschiedene Kriterien heranziehen. Da der Schwerpunkt der BVAR-Modelle weniger in der Analyse als in der Vorhersage liegt, werden im allgemeinen Zielfunktionen verwendet, die die Vorhersagefehler der Modelle berücksichtigen. Möglich ist dabei beispielsweise die Minimierung der Theilschen Ungleichheitskoeffizienten, der Likelihoodfunktion in Abhängigkeit der gewählten Hyperparameter oder der logarithmierten Determinanten der Kovarianzmatrix der out-of-sample Vorhersagefehler, vgl. z.B. Doan, Litterman und Sims [1984].

7 Überblick über die empirische Wechselkursliteratur und Vorstellung des eigenen Untersuchungsansatzes

Die verschiedenen theoretischen Ansätze der Wechselkursmodellierung wurden in Teil I der Arbeit vorgestellt. In diesem Kapitel wird ein Überblick über die empirischen Implementationen und die Untersuchungen auf Prognosequalität dieser Modelle gegeben. Übersichten über die Literatur werden auch in Levich [1985] oder MacDonald [1988] ausgewiesen. In diesem Rahmen soll gerade auch auf neuere Untersuchungen eingegangen werden. Im ersten Abschnitt werden die empirischen Arbeiten zu den grundlegenden theoretischen Konzepten der Wechselkursbestimmung betrachtet, d.h. Untersuchungen auf die Kaufkraft- und Zinsparität. Daran anschließend wird in Abschnitt 7.2 ein Überblick über die empirische Literatur der verschiedenen theoretischen Wechselkursmodelle gegeben, die meist in reduzierten Form-Gleichungen implementiert wurden. Abschnitt 7.2.1 behandelt die monetären Modelle mit flexiblen Preisen, diejenigen mit langsamer Anpassung der Güterpreise und die auf Frankel [1979] zurückgehende reduzierte Form, in der speziell die reale Zinsdifferenz berücksichtigt wird. In Abschnitt 7.2.2 werden kurz die Währungssubstitutionsmodelle behandelt, während in Abschnitt 7.2.3 empirische Ergebnisse von Portfoliomodellen besprochen werden. Die Bedeutung von empirischen Wechselkursmodellen, die die Rolle neuer Informationen berücksichtigen, wird in dem darauffolgenden Abschnitt 7.2.4 aufgezeigt. Einige Autoren kombinieren die verschiedenen Ansätze und versuchen dadurch die Qualität der Modelle zu verbessern. Die Resultate dieser Arbeiten werden in Abschnitt 7.2.5 betrachtet. Die wichtige Frage der Vorhersagegüte der verschiedenen empirischen Modelle wird schließlich in Abschnitt 7.3 aufgegriffen, in dem die Ergebnisse der Modelle in Hinblick auf ihre Prognosefähigkeit vorgestellt werden. In der ökonometrischen Analyse von theoretischen Wechselkursmodellen werden meist Zwei-Länder-Modelle betrachtet. Dies ergibt sich aus der Verfügbarkeit der Daten und der Möglichkeit, direkt nominale bilaterale Wechselkurse zu verwenden sowie die Auswirkungen von Änderungen in realen makroökonomischen Größen und Vermögensbeständen im In- und Ausland auf die bilateralen Wechselkurse zu untersuchen. Der größte Teil der nachfolgenden empirischen Untersuchungen bezieht sich daher auch auf nominale oder reale bilaterale Wechselkurse. Einige der Arbeiten ziehen auch effektive, gewichtete Wechselkursindizes heran. Die Gewichtung der in die Indizes einfließenden einzelnen bilateralen Wechselkurse wird dabei in Abhängigkeit der Bedeutung der jeweiligen Währung am internationalen Handel oder nach ihrem prozentualen Anteil in den internationalen Devisenreserven bzw. in den Sonderziehungsrechten des Internationalen Währungsfonds ermittelt.

7.1 Überprüfung grundlegender theoretischer Konzepte

7.1.1 Empirische Untersuchungen der Kaufkraftparität

Da die Kaufkraftparität (PPP) eine grundlegende Annahme für viele theoretische Wechselkursmodelle besonders der monetären Prägung darstellt, wurde sie häufigen empirischen Überprüfungen unterzogen. Zu dem theoretischen Konzept der PPP siehe Kapitel 2.1. Die meisten ökonometrischen Untersuchungen gehen dabei von einer der beiden folgenden Gleichungen aus:

$$s_t = \alpha_0 + \alpha_1 p_t + \alpha_2 p_t^* + \epsilon_t, \qquad (7.1.1)$$

$$\Delta s_t = \alpha_1 \Delta p_t + \alpha_2 \Delta p_t^* + \epsilon_t, \qquad (7.1.2)$$

wobei s_t der logarithmierte Wechselkurs, p_t der Logarithmus der Preise und ϵ_t ein Störterm ist. Ein Test auf Gleichung (7.1.1) kann als Überprüfung der absoluten Kaufkraftparität interpretiert werden, während Gleichung (7.1.2) einen Test auf die relative PPP darstellt. Dabei wird erwartet, daß die Koeffizienten die Werte $\alpha_1=1$ und $\alpha_2=-1$ annehmen.

Eine Überprüfung des zugrundeliegenden Konzeptes des Gesetzes des einheitlichen Weltmarktpreises wurde von Isard [1977] durchgeführt, der die Preise disaggregierter Gruppen von Gütern für die Vereinigten Staaten, Deutschland und Japan im Zeitraum von 1970 bis 1975 untersucht. Er findet sehr starke und dauerhafte Abweichungen und kommt daher zu dem Schluß, daß das Gesetz des einheitlichen Weltmarktpreises zumindest für diesen Zeitraum keine Gültigkeit besitzt. Zu entsprechenden Resultaten kommen Kravis und Lipsey [1978] in einer von ihnen durchgeführten Studie. Dornbusch und Krugmann [1978] und Dornbusch [1979] gehen von der Überlegung aus, daß bei einer kontinuierlichen Gültigkeit der absoluten PPP der reale Wechselkurs unabhängig von dem nominalen Wechselkurs sein müsse. Wie die Entwicklung flexibler Wechselkurse jedoch gezeigt hat, sind nominale und reale Wechselkurse sehr stark von einander abhängig.

Mit Hilfe der Regressionsgleichungen (7.1.1) und (7.1.2) untersucht Frenkel [1978, 1981a] die Zeit zwischen den beiden Weltkriegen und die aktuelle Phase flexibler

Wechselkurse. Während seine Schätzergebnisse für die erstere Periode die Kaufkraftparitäten-Theorie bestätigen, werden beide Versionen, die absolute und die relative PPP, für den zweiten Zeitraum klar abgelehnt[1]. Krugman [1978], McKinnon [1979] und Levich [1985] kommen zu entsprechenden Ergebnissen und können beständige Abweichugen der Wechselkurse von der PPP aufdecken. Zu günstigeren Ergebnissen für die Kaufkraftparität gelangen die Studien von Officer [1976a, 1976b], Davutyan und Pippenger [1985] oder Diebold, Husted und Rush [1991], die zum Teil längere Zeithorizonte betrachten. Hakkio [1984] untersucht ebenfalls die PPP-Theorie und verwendet bei seiner Untersuchung ein Systemschätzverfahren (nicht-lineare dreistufige kleinste Quadrate), mit dem er die Abhängigkeit zwischen bilateralen Wechselkursen durch die Korrelation der Fehlerterme zwischen den einzelnen Ländergleichungen berücksichtigt[2]. Er untersucht Wechselkurse und Preise für die USA, das Vereinte Königreich, Frankreich, Kanada und Japan für den Zeitraum vom dritten Quartal 1973 bis zum vierten Quartal 1982. Die Resultate seiner restringierten Schätzungen deuten auf eine Bestätigung der PPP-Hypothese hin, allerdings zeigen die Daten die Existenz einer Einheitswurzel in den realen Wechselkursen auf, was auf Nichtstationarität der Zeitreihen schließen läßt. Nach den theoretischen Überlegungen müßte der reale Wechselkurs dagegen stationär sein.

Das Konzept der Kointegration eröffnet die Möglichkeit, langfristige Beziehungen zwischen Zeitreihen zu untersuchen und gleichzeitig kurzfristige Abweichungen zuzulassen (siehe Kapitel 5). Mit dieser Methode wurden von einer Reihe von Autoren Untersuchungen auf die Gültigkeit der PPP durchgeführt. Während Huizinga [1987], Enders [1988], Corbae und Ouliaris [1988] Taylor [1988], Patel [1990] und Mark [1990] geringe Anzeichen von Kointegration feststellen können, weisen die Ergebnisse anderer Arbeiten auf langfristige Abhängigkeiten zwischen Wechselkursen und Preisen hin. Edison [1987], Ardeni und Lubian [1991] und Lothian [1991] testen die Kaufkraftparität über einen Zeitraum von 100 Jahren, Tayler und McMahon [1988] untersuchen die Zeit zwischen den Weltkriegen, und Abouf und Jorion [1990], Heri und Theurillat [1991], MacDonald [1992] und Gerhards [1993] betrachten die aktuelle Periode flexibler Wechselkurse und gelangen für die jeweiligen Zeiträume zu Resultaten, die auf eine Gültigkeit der PPP deuten (siehe auch die empirische Untersuchung in Kapitel 9). In den Schätzungen werden für die Koeffizienten der Preisvariablen dabei die erwarteten Vorzeichen ermittelt, in vielen Fällen sind die Werte jedoch nicht symmetrisch und können nicht die Hypothese von $\alpha_1 = 1$ und $\alpha_2 = -1$ bestätigen.

---

[1] Auch von Edison [1985] und von Taylor und McMahon [1988] wurde die Periode zwischen den zwei Weltkriegen untersucht.

[2] Zu der Bedeutung bilateraler Wechselkursrelationen siehe auch Kapitel 9.

Wie die Analyse der Untersuchungen auf die Hypothese der Kaufkraftparität zeigt, sind die empirischen Ergebnisse als gemischt zu bezeichnen. Während die Annahme einer kontinuierlich gültigen PPP eindeutig abgelehnt wird, sind besonders in neueren Arbeiten Anzeichen für die Existenz einer langfristigen Abhängigkeit zwischen Wechselkursen und Preisen zu finden.

7.1.2 Internationale Zinsparität

7.1.2.1 Gesicherte Zinsparität

Ein weiteres grundlegendes theoretisches Konzept ist die internationale Zinsparität. Wird davon ausgegangen, daß die Devisenmärkte effizient sind, so müßte Arbitrage unter den Marktteilnehmern dafür sorgen, daß das gesicherte Zinsdifferential vergleichbarer Finanzaktiva in unterschiedlicher Währung bei Null gehalten wird. Das bedeutet, daß die gesicherte Zinsparität kontinuierlich gilt:

$$(i - i^*)_t - (f - s)_t = 0, \qquad (7.1.3)$$

wobei f den Terminkurs auf k Perioden in logarithmierter Form und i, i^* den in- und ausländischen Zinssatz für k Perioden bezeichnen. Bei Untersuchungen ist es wichtig sicherzustellen, daß die betrachteten Finanztitel in ihrer Ausstattung, Laufzeit und sonstigen Merkmalen vergleichbar sind.

In den empirischen Studien wird im allgemeinen von zwei verschiedenen Ansätzen der Überprüfung der gesicherten Zinsparität ausgegangen. Bei dem ersten Ansatz wird untersucht, ob die ermittelten tatsächlichen Abweichungen von der CIP signifikant von Null verschieden sind, bzw. innerhalb einer bestimmten Bandbreite liegen, die sich aus den Transaktionskosten erklärt. Für die zweite Methode werden Regressionsgleichungen der Form

$$f_t - s_t = \alpha_0 + \alpha_1(i - i^*)_t + \epsilon_t \qquad (7.1.4)$$

verwendet und untersucht, ob die Schätzer von α_0 und α_1 signifikant von 0 bzw. von 1 differieren.

Der erste Ansatz wird von Autoren wie Clendenning [1970], Aliber [1973], Frenkel und Levich [1975, 1977], Dooley und Isard [1980], Clinton [1988], McCormick [1979] Taylor [1987, 1989] und MacDonald [1990] verfolgt, wobei die letzteren beiden Autoren speziell simultan gesammeltes Hochfrequenz-Datenmaterial verwenden. Alle diese Untersuchungen kommen übereinstimmend zu dem Ergebnis, daß, besonders wenn Euromarkt-Zinssätze betrachtet werden, kaum Abweichungen von der gesicherten Zinsparität entstehen, die profitabel sind oder lange genug anhalten, um von den Marktteilnehmern ausgenutzt zu werden. Auch in früheren Arbeiten wurden Überlegungen angestellt, wie hoch die gesicherte Zinsdifferenz sein müsse, um Kapitalbewegungen auszulösen. Hierzu gehören Keynes [1923, S.128], Einzig [1967, S.50], Holmes und Schott [1965, S.55] oder Branson [1969, S.1032]. Bei Untersuchungen von längerfristigen Terminkontrakten im drei- bis fünfjährigen Bereich zeigen Hilley, Beidleman und Greenleaf [1981] auf, daß die Banken in diesem Bereich schlechtere Kontrakte anbieten als sie theoretisch möglich sind, wenn der Kunde sich die Position selbst aufbaut, indem er ein Kassageschäft mit einer gleichzeitigen langfristigen Eurowährungskredit-Aufnahme und -Vergabe kombiniert. Für diese langen Laufzeiten ist nach Ansicht der Autoren der Aufwand für die Banken, das Kapital entsprechend länger gebunden zu halten, mit all den negativen Aspekten in Hinblick auf Akiv/Passiv-Relationen oder mögliche Kreditrisiken zu groß, als daß sie die Möglichkeit kleiner Arbitragegewinne ausnutzen würden.

Der zweite Ansatz der Überprüfung mit Regressionsgleichungen wurde ebenfalls von einer Vielzahl von Autoren untersucht. Zu nennen sind beispielsweise Branson [1969], Marston [1976], Marston und Herring [1977], Cosander und Laing [1981], Fratianni und Wakeman [1982] sowie Gaab [1983]. Während bei einem Teil der Untersuchungen von Null abweichende Werte für α_0 festgestellt werden, die möglicherweise Transaktionskosten charakterisieren, sind bei dem Großteil der Studien Abweichungen von $\alpha_1 = 1$ nicht signifikant.

Die unterschiedlichen Verfahren führen so zu dem gleichen Ergebnis: auf den Finanzmärkten kann von einer kontinuierlichen Gültigkeit der gesicherten Zinsparität ausgegangen werden [3]. Die beobachteten Abweichungen von der gesicherten Zinsparität reflektieren so zum größten Teil Transaktionskosten, den Einfluß von Kapitalkontrollen oder Unterschiede in den untersuchten Finanzmärkten. Wie Deardorff [1979], Levich [1981] oder Wermuth und Ochynski [1987] angeben, wird von den Händlern in den Geschäftsbanken auch tatsächlich die Zinsparität genutzt, um den Terminkurs zu ermitteln. Aus der Beobachtung der Euro-Zinssätze wird der Swapsatz gebildet und zusammen mit dem aktuellen Wechselkurs der Terminkurs errechnet. Dies bedeutet, daß in dem aktuellen System flexibler Wechselkurse die Höhe des Terminkurses im wesentlichen durch Zinsarbitrage bestimmt wird und die Zinssatzparitätentheorie eine gute Approximation

---

[3] Die Bestätigung der kontinuierlichen Gültigkeit folgt dabei eher aus der ersten Methode, weniger aus der Regressionsanalyse mit Durchschnittsbetrachtungen, siehe dazu auch Taylor [1987, 1989].

liefert. Die teilweise zu beobachtenden Abweichungen lassen sich zu einem großen Teil durch Transaktionskosten erklären.

7.1.2.2 Ungesicherte Zinsparität

Ungesicherte Zinsparität besagt, daß die Differenz zwischen in- und ausländischen Geldmarktsätzen genau dem erwarteten Betrag der Wechselkursänderung entsprechen sollte, das bedeutet

$$(i - i^*)_t = \Delta s_{t+k}^e. \tag{7.1.5}$$

Die Differenz zwischen Termin- und Kassakurs sollte also gleich der erwarteten Abwertung sein. Dies ist jedoch nur gültig, wenn die Marktteilnehmer risikoneutral sind, d.h. wenn sie indifferent gegenüber einer offenen oder geschlossenen Position sind, solange die Terminprämie der erwarteten Kursänderung gleicht. Da Erwartungen nicht direkt gemessen werden können, ist es notwendig, eine Annahme über die Erwartungsbildung der Marktteilnehmer zu treffen. Meist wird dabei von rationalen Erwartungen im Sinne von Muth [1961] ausgegangen. Erst dann ist es möglich, die ungesicherte Zinsparität zu testen, was beinhaltet, daß in diesem Fall der Terminkurs der optimale Vorhersagewert des zukünftigen Kassakurses sein sollte. Unter rationalen Erwartungen und Risikoneutralität ist dann der Test der ungesicherten Zinsparität eine Untersuchung, ob die Zinsdifferenz ein optimaler Prognosewert für die Abwertungsrate ist. Untersuchungen auf die ungesicherte Zinsparität wurden im allgemeinen mit Varianten der folgenden Regressionsgleichung durchgeführt:

$$s_t = \alpha_0 s_{t-k} + \alpha_1 (i - i^*)_{t-k} + \epsilon_t. \tag{7.1.6}$$

Unter der Hypothese der Risikoneutralität und rationaler Erwartungen werden für die Koeffizienten die Werte $\alpha_0 = -1$ und $\alpha_1 = 1$ erwartet, und ϵ_t sei unabhängig von den vergangenen Werten.

Studien wurden von verschiedenen Autoren wie Hansen und Hodrick [1980], Hacche und Townend [1981], Cumby und Obstfeld [1981, 1984], Loopesko [1984], Davidson [1985], Marwah u. a. [1985], Taylor [1987b], Cumby [1988] und MacDonald und Torrence [1988] durchgeführt. Ein Überblick über frühere Arbeiten wird z.B. in Gaab [1983] gegeben. In allen genannten Untersuchungen wird die ungesicherte Zinsparität deutlich abgelehnt. Als Erklärung hierfür werden zum einen häufig die Existenz einer in der Zeit variierenden Risikoprämie und zum anderen falsche Annahmen über die Erwartungsbildung und Risikobereitschaft der Marktteilnehmer genannt. Interessanterweise haben Studien, die sich mit der systematischen Modellierung solcher variabler

Risikoprämien beschäftigen, meist zu keinen zufriedenstellenden Ergebnissen geführt, siehe z.B. Dooley und Isard [1982], Frankel [1982b, 1983, 1985a], Hodrick und Srivasta [1984] Rogoff [1984] oder Giovannini und Jorion [1989].

Dieser Überblick über die Ergebnisse von empirischen Arbeiten über die Zinsparitätsbedingungen hat gezeigt, daß die für die Wechselkurstheorie wichtige Annahme der Gültigkeit der ungesicherten Zinsparität empirisch nicht bestätigt werden kann, wohingegen die gesicherte Zinsparität in den empirischen Arbeiten allgemein Akzeptanz findet. Wie aus den Resultaten der obigen Arbeiten zu schließen ist, enthält der Terminkurs daher nicht alle Informationen, um eine optimale Prognose zu erstellen. Dies bedeutet jedoch, daß es möglich sein muß, mit geeigneten Modellen bessere Vorhersagen als diejenigen mit Hilfe des Terminkurses zu erhalten.

7.2 Empirische Untersuchungen theoretischer Wechselkursmodelle

7.2.1 Monetäre Wechselkursmodelle

In diesem Abschnitt werden einige Ergebnisse des monetären Ansatzes zur Wechselkursbestimmung vorgestellt. Der monetäre Ansatz differiert im besonderen in der von den verschiedenen Autoren zugrundegelegten Annahmen in Bezug auf die Art der Preisentwicklung auf den Gütermärkten. Wie in Teil I der Arbeit aufgezeigt wurde, lassen sich drei grundlegende Richtungen extrahieren: das monetäre Modell unter flexiblen Preisen, das Modell mit langsamer Anpassung der Güterpreise und das sogenannte Reale-Zinsdifferenz-Modell, das eine Synthese der beiden ersteren Ansätze ermöglicht. In quasi-reduzierter Form lassen sich diese Denkrichtungen für die empirische Implementation in einer allgemeinen Spezifikation darstellen:

$$s_t = \alpha_0 + \alpha_1(m_t - m_t^*) + \alpha_2(y_t - y_t^*) + \alpha_3(i_t - i_t^*) + \alpha_4(\pi_t - \pi_t^*) + \epsilon_t, \quad (7.2.1)$$

wobei s_t der logarithmierte Wechselkurs, $(m_t - m_t^*)$ die Differenz des logarithmierten Geldangebotes und $(y_t - y_t^*)$ das Verhältnis des logarithmierten Einkommens zwischen In- und Ausland ist. Die beiden folgenden Terme stellen Näherungsvariablen für den Wert der erwarteten Wechselkursänderung Δs_t^e dar. Diese Größen werden bei den empirischen Untersuchungen von den verschiedenen Autoren anstelle der nichtbeobachtbaren Erwartungswerte eingesetzt. Mit $(i_t - i_t^*)$ wird die Zinsdifferenz zwischen In- und Ausland und mit $(\pi_t - \pi_t^*)$ das erwartete langfristige Inflationsdifferential bezeichnet; ϵ_t schließlich ist ein Störterm. Hinsichtlich der Koeffizienten der Variablen wird für α_1 ein positiver Wert vorausgesetzt, wobei bei den meisten Modellen angenommen wird, daß der Wechselkurs homogen vom Grade Eins zum relativen Geldangebot ist, d.h. $\alpha_1 = 1$. Für den Koeffizienten α_2 wird ein negativer Wert erwartet. Für die Koeffizienten lassen sich in Anlehnung an Frankel [1979] die verschiedenen alternativen Hypothesen folgendermaßen zusammenfassen:

Monetäre Ansätze	α_1	α_2	α_3	α_4
– Frenkel [1976] (Mussa [1976])	1 (>0)	<0	0	>0
– Bilson [1978]	1	<0	>0	0
– Dornbusch [1976]	1	<0	<0	0
– Frankel [1979]	1	<0	<0	>0

Diese Ansätze wurden in der Folgezeit häufigen Untersuchungen unterzogen. Aus den zugrundegelegten Bedingungen resultiert die Überlegung, daß das monetäre Modell von Frenkel besonders in dem Extremfall relevant erscheint, wenn die Inflationsunterschiede zwischen den untersuchten Ländern sehr groß sind, und damit die Erwartungen über die künftige Preisentwicklung sehr stark den Wechselkurs beeinflussen. Dagegen zielt das Modell von Dornbusch stärker auf die spezielle Situation sehr geringer und stabiler Inflationsdifferenzen ab, in der die Wechselkursentwicklung stärker von den Erwartungen über Zinsänderungen bestimmt wird.

Frenkel [1976] ist einer der ersten, der das monetäre Wechselkursmodell in reduzierter Form empirisch überprüft; er verwendet dazu den DM/US-\$-Wechselkurs über den Zeitraum von 1920 bis 1923. In dieser Periode der Hyperinflation in Deutschland wird die Wechselkursentwicklung von den Geldmengenimpulsen dominiert. Daher vernachlässigt Frenkel die Variablen für das Einkommen und konzentriert die Untersuchung auf die deutsche Geldmengenkomponente und die erwartete Inflationsdifferenz, die über die erwartete Abwertung der Währung wirkt. Frenkel implementiert daher die Gleichung (6) in der Form

$$s_t \quad = \quad \alpha_0 + \alpha_1 m_t^G + \alpha_2 \Delta s_t^e + \epsilon_t \tag{7.2.2}$$

und erhält eine gute Anpassung und signifikante Werte für die Koeffizienten. Die Elastizität des Wechselkurses hinsichtlich des Geldangebotes ist nicht signifikant vom Wert Eins verschieden und ist positiv, so daß das Ergebnis als Bestätigung der Theorie angesehen wird.

Für die Periode flexibler Wechselkurse seit dem Zusammenbruch des Bretton-Woods-Systems wurde die monetäre reduzierte Formgleichung ebenfalls von verschiedenen

Autoren überprüft. Hier sind als frühe Arbeiten Bilson [1978a, 1978b], Hodrick [1978], Dornbusch [1978], Putnam und Woodbury [1979], Wallace [1979] [4] und Driskill [1981] zu nennen, deren Resultate in Übereinstimmung mit dem monetären Ansatz sind. Allerdings sind die Koeffizienten der Variablen teilweise nicht signifikant oder haben das falsche Vorzeichen, und die Gleichungen weisen Anzeichen von Autokorrelation und Multikollinearität auf. Meist werden bei diesen Modellen daher Korrektionen für die serielle Korrelation mittels Cochrane-Orcutt- oder Hildreth-Lu-Prozeduren vorgenommen (für eine einfache Darstellung dieser Verfahren siehe Pindyck und Rubinfeld [1991, S.137ff.]). Bilson [1978a] untersucht den Wechselkurs zwischen der D-Mark und dem Britischen Pfund Sterling über den Zeitraum von Januar 1972 bis April 1976. Er verwendet einen partiellen Anpassungsmechanismus für den Wechselkurs, substituiert für die erwartete Wechselkursänderung Δs_t^e die kurzfristige Zinsdifferenz und erhält Resultate, die im Einklang mit dem monetären Ansatz stehen. In einer darauffolgenden Arbeit berücksichtigt Bilson [1978b] zusätzlich einen zeitlichen Trend, der die Auswirkungen der Erdöleinnahmen auf die Nachfrage nach der britischen Währung darstellen soll, um dadurch zu signifikanten Werten für die erklärenden Variablen zu gelangen. Hodrick [1978] erzielt bei der Untersuchung des DEM/USD- und des GBP/USD-Kurses für die Periode von Juli 1972 bis Juni 1975 günstige Resultate, weist aber in den Schätzungen Variablen aus, die nicht signifikant sind oder falsche Vorzeichen haben. Im Unterschied zu den eben erwähnten Arbeiten, bei denen der Koeffizient des relativen Geldangebotes $(m_t - m_t^*)$ nahe bei Eins lag, ergeben die Schätzungen von Putnam und Woodbury [1979] signifikant davon abweichende Werte. Dornbusch [1978], der die Entwicklung des DM/US-\$-Kurses zwischen März 1973 und Mai 1978 untersucht, restringiert den Koeffizienten für das relative Geldangebot auf den Wert Eins. Er fügt in die Gleichung als Anpassungsmechanismus die zeitverzögerte abhängige Variable $s_t - m_t + m_t^*$ und als zusätzliche Komponente für die Opportunitätskosten die Differenz der langfristigen Zinssätze ein. Während in der Regressionsgleichung der Anpassungsterm und die langfristige Zinsdifferenz signifikant auftreten, werden die Einkommensvariable und die kurzfristige Zinsdifferenz insignifikant. Driskill [1981] wendet das Dornbusch-Modell für den Wechselkurs zwischen Schweizer Franken und US-Dollar zwischen 1973 und 1977 an und erhält auf der Basis von Quartalsdaten Ergebnisse, die in Übereinstimmung mit dem Modell langsamer Güteranpassung sind.

Das monetäre Modell mit langsamer Anpassung der Güterpreise wird von Frankel [1979] in das Frenkel-Mussa-Bilson-Modell integriert und als Reales-Zinsdifferenz-Modell bezeichnet. Er gibt damit eine theoretische Interpretation für die Aufnahme langfristiger

---

[4] Der Autor untersucht den Wechselkurs zwischen dem kanadischem und amerikanischen Dollar in den fünfziger Jahren.

Zinssätze als Instrument der erwarteten Inflation in die reduzierte Formgleichung. Zur empirischen Untersuchung zieht er den DM/US-Dollarkurs über die Periode von Juli 1974 bis 1978 heran. In seiner Schätzgleichung sind alle verwendeten Variablen statistisch signifikant, haben das richtige Vorzeichen, und die Gleichung hat einen hohen Bestimmungskoeffizienten, so daß von ihm der Reale-Zinsdifferenz-Ansatz präferiert wird. Auftauchende Probleme in der Anpassung des Modells ab 1978 begründet Frankel [1981, 1982a] mit der Instabilität der zugrundeliegenden Geldnachfragefunktionen. So nimmt er in einer weiteren Arbeit noch eine Vermögensgröße hinzu, damit die Gleichung auch über eine erweiterte Zeitperiode die Wechselkursentwicklung erklären kann.

Die Ergebnisse der empirischen Arbeiten aus den achtziger Jahren führen zu einer sehr viel pessimistischeren Einschätzung der empirischen Wechselkursmodelle. Arbeiten, die die Wechselkursentwicklung über das Jahr 1978 hinaus untersuchen, kommen zu enttäuschenden Ergebnissen, da in den Gleichungen nur wenige Koeffizienten das richtige Vorzeichen aufweisen, die Gleichungen geringen Erklärungsgehalt haben und Autokorrelation in den Residuen Schwierigkeiten bereitet. Zu diesen Arbeiten gehören Dornbusch [1980], Haynes und Stone [1981a, 1981b], Hacche und Townend [1981], Driskill und Sheffrin [1981], Backus [1984] und Frankel [1983, 1984][5]. So weisen die Schätzungen von Dornbusch [1980] für den DEM/USD-Kurs für 1973-1977 unbefriedigende Eigenschaften auf, ebenso wie die von Hacche und Townend [1981], die für den effektiven Kurs des Britischen Pfundes insignifikante Koeffizienten und falschen Vorzeichen erhalten. Driskill und Sheffrin [1981] machen für die Instabilität bei den Schätzungen der reduzierten Formgleichungen die vereinfachenden a-priori getroffenen Annahmen und die Endogenität der erklärenden Variablen verantwortlich, während Haynes und Stone [1981a, 1981b] argumentieren, daß der Zusammenbruch der Modelle über verlängerte Zeiträume in den strikten Restriktionen für die Koeffizienten begründet sind.

Die von Buiter und Miller [1981] entwickelte Version des monetären Modells mit langsamer Anpassung der Güterpreise wurde von Barr [1989] und Smith und Wickens [1990] implementiert. Die letzteren Autoren schätzen das Modell strukturell für das Vereinte Königreich unter Verwendung eines effektiven Wechselkurses über den Zeitraum vom ersten Quartal 1973 bis zum zweiten Quartal 1981 und führen einige Simulationsstudien durch. Die empirischen Resultate erweisen sich dabei im Einklang mit dem theoretischen Modell.

Hoffmann und Schlagenauf [1983] untersuchen das monetäre Wechselkursmodell in einem Rahmen rationaler Erwartungen, indem sie die zukünftige Entwicklung der

---

5 Frankel erweitert die monetäre Gleichung um die erklärenden Größen Umlaufgeschwindigkeit und realen Wechselkurs.

erklärenden Variablen mit Hilfe von univariaten Zeitreihenmodellen spezifizieren. Sie erhalten mit dieser Methode für DEM/USD-, FRF/USD- und GBP/USD-Kurse in der Periode von Juni 1974 bis Dezember 1979 für die Gleichungen dieses monetären Modells unter rationalen Erwartungen konsistente Ergebnisse. Die zugrundegelegten Hypothesen werden mit Hilfe von Likelihood-Ratio-Tests überprüft und nicht abgelehnt. Boothe und Glassmann [1987], die die Nichtstationarität der Variablen berücksichtigen und die Wechselkursgleichungen in ersten Differenzen schätzen, zeigen dagegen auf, daß keine empirische Bestätigung der grundlegenden Annahmen des monetären Ansatzes, und zwar der langfristigen Proportionalität des Wechselkurses zum relativen Geldangebot festgestellt werden kann.

Papell [1988] untersucht das Dornbusch-Modell innerhalb eines Gleichungssystems, das Restriktionen berücksichtigt, die sich aus den Strukturgleichungen und der Annahme rationaler Erwartungen ergeben. Mit restringierten Maximum-Likelihood-Methoden wird das Modell für Deutschland, Japan, das Vereinte Königreich und die Vereinigten Staaten über den Zeitraum vom zweiten Quartal 1973 bis zum vierten Quartal 1984 geschätzt. Der effektive Wechselkurs, das inländische Preisniveau, Realeinkommen und der Zinssatz werden dabei endogen ermittelt, während das inländische Geldangebot, das ausländische Preisniveau, Realeinkommen und der Zinssatz exogen sind. Papell reduziert das Strukturmodell auf ein vektorautoregressives Moving-Average Modell mit nicht-linearen Parameter-Restriktionen. Er erhält damit Schätzungen, die konsistent mit dem Überschießen des Wechselkurses für Deutschland und dem Unterschießen für Japan (siehe auch Papell [1985]) sind, während die Resultate für das Vereinte Königreich und die USA als gemischt bezeichnet werden müssen. Zu relativ günstigen Ergebnissen gelangen Koedjick und Schotmann [1990], die das Dornbusch-Frenkel-Modell für die Wechselkurse zwischen den Vereinigten Staaten, dem Vereinigten Königreich, Deutschland und Japan für 1977:2 bis 1987:6 mit einem Fehler-Korrektur-Ansatz schätzen und Ergebnisse erhalten, die zum Teil in Übereinstimmung mit der Theorie sind, jedoch speziell bei den Zinssätzen insignifikante Koeffizienten ausweisen.

In verschiedenen Arbeiten werden empirische Untersuchungen durchgeführt, bei denen die Hypothese der langsamen Anpassung von Güterpreisen überprüft wird. Diese Hypothese ist Grundlage des Modells von Dornbusch (siehe Kapitel 3.3.2) und verdient daher Aufmerksamkeit. Es ist damit von großem Interesse festzustellen, ob empirisch von der Annahme einer langsamen Güterpreisanpassung ausgegangen werden kann. Häufig wird zu diesem Zweck ein indirekter Ansatz gewählt, bei dem die Auswirkungen von Änderungen der nominalen Wechselkurse und der Wechselkurssysteme auf die relativen Preise inländischer und ausländischer Güter untersucht wird. Orientierungspunkt bei diesen Studien ist die Kaufkrafparitätenhypothese. Abweichungen von der Kaufkraftparität und damit Fluktuationen des realen Wechselkurses sind häufig empirisch festgestellt worden (vgl. Abschnitt 7.1.1). Diese Resultate allein haben jedoch wenig Aussagekraft für die Frage, ob Güterpreise sich langsam anpassen oder nicht. Anhaltspunkte für diese Fragestellung lassen sich jedoch erhalten, wenn die Form der Abweichungen von der PPP innerhalb unterschiedlicher Wechselkursregime betrachtet wird. Die Ergebnisse derartiger Untersuchungen deuten daraufhin, daß Abweichungen größer und anhaltender bei Bestehen flexibler Wechselkurse sind. Zu nennen sind in diesem Zusammenhang Untersuchungen von Genberg [1978], Stockmann [1983], Cumby und Obstfeld [1984] und Mussa [1986]. Grundlage ist dabei die Überlegung, daß bei gleichartig wirksamen Einflüssen das unterschiedliche Verhalten der realen Wechselkurse unter verschiedenen Wechselkursregimen nur mit der Hypothese einer langsamen Anpassung aggregierter Preisniveaus vereinbar ist. Alternative Tests auf die Art der Preisanpassung basieren auf speziellen Annahmen hinsichtlich der Struktur der Makroökonomie. Daher sind diese Ergebnisse aufgrund der zugrundegelegten Hypothesen nur eingeschränkt zu bewerten. Mussa [1984] und Giovannini [1988] erhalten Resultate, die die Annahme der Trägheit der Güterpreise bestätigen. So läßt sich zusammenfassen, daß auch aus empirischer Sichtweise das Phänomen einer langsamen Anpassung von Güterpreisen akzepiert werden kann und dies daher einen wichtigen Aspekt für die Analyse der Auswirkungen von Änderungen nominaler Wechselkurse auf die relativen Preise darstellt.

7.2.2 Währungssubstitution

Auch die theoretischen Modellansätze, die die Möglichkeit der Währungssubstitution durch die Marktteilnehmer berücksichtigen, bei denen also die Wirtschaftssubjekte zwischen in- (m_t) und ausländischer Geldhaltung (m_t^*) entscheiden können (siehe Kapitel 3.3.3), wurden empirischen Überprüfungen unterzogen. So untersucht Miles [1978, 1981] den USD/CAD- und den DEM/USD-Wechselkurs sowohl für eine Periode flexibler Wechselkurse als auch für eine Periode mit fixen Kursen. Er findet für die Phase variabler Kurse signifikante Elastizität der Substitution, im Unterschied zu insignifikanten Ergebnissen während des Zeitraums fester Kursparitäten. In einer Anzahl weiterer Studien werden die Auswirkungen von Währungssubstitution auf die Nachfrage nach einer Währung zum einen in Einzelgleichungsmodellen und zum anderen im Rahmen von Portfoliomodellen untersucht. Zu ersteren zählen Hamburger [1977], Vaubel [1980], Brittain [1981], Bordo und Chourdi [1982]. Portfoliomodelle der Währungssubstitution werden in Chrystal [1977] und Brillembourg und Schadler [1979] behandelt. Die verschiedenen Untersuchungen weisen darauf hin, daß empirisch keine starke Währungssubstitution feststellbar ist, selbst zwischen sehr stark integrierten Volkswirtschaften wie z.B. Kanada und den Vereinigten Staaten, häufig sind die Ergebnisse auch nicht signifikant (siehe Spinelli [1983]). Zusätzlich läßt sich schwer ermessen, ob mit den verwendeten empirischen Ansätzen eine Unterscheidung zwischen Währungssubstitution und traditioneller Kapitalmobilität vorgenommen werden kann.

7.2.3 Portfolioansätze

Der reine Portfolioansatz zum Wechselkursverhalten wurde im Vergleich zu den monetären Modellen nur relativ selten zu empirischen Untersuchungen herangezogen. Dies liegt im besonderen an der geringen Verfügbarkeit dissaggregierter Daten über einzelne Finanzaktiva in den verschiedenen Ländern. In den praktischen Anwendungen werden daher Vermögensbestände meist durch kumulierte Leistungsbilanzsalden dargestellt. In Branson, Halttunen und Masson [1977, 1979] wird für den DM/US-$-Wechselkurs mit der Methode der kleinsten Quadrate und der zweistufigen kleinsten Quadrate ein Portfoliomodell geschätzt und die Wechselkursgleichung in der folgenden Form spezifiziert:

$$s_t \quad = \quad \alpha_0 + \alpha_1 m_t + \alpha_2 m_t^* + \alpha_3 fp_t + \alpha_4 fp_t^* + \epsilon_t, \qquad (7.2.3)$$

wobei für das jeweilige Land das Geldangebot als M1 definiert und fp_t als die privaten ausländischen Netto-Finanzaktiva durch kumulierte Leistungsbilanzsalden weniger den internationalen Devisenreserven der jeweiligen Zentralbank ausgedrückt werden. In der von Branson, Halttunen und Masson [1977, 1979] implementierten Wechselkursgleichung haben alle Koeffizienten die erwarteten Vorzeichen. Allerdings weisen die Gleichungen Autokorrelation in den Residuen auf, und wenn aus diesem Grund autoregressive Terme in das Modell aufgenommen werden, bleibt nur noch der Koeffizient der amerikanischen Geldmenge signifikant. In einer weiteren Arbeit von Branson und Halttunen [1979] werden Modelle für die Wechselkurse von Frankreich, Japan, Italien, der Schweiz und des Vereinten Königreichs jeweils gegenüber der DM geschätzt. Auch hier werden die positiven OLS-Ergebnisse durch hohe Autokorrelation relativiert. Weitere empirische Untersuchungen wurden von Driskill und Sheffrin [1981], Bisignano und Hoover [1983], Dooley und Isard [1982] und Hooper und Morton [1982] und strukturelle Schätzungen von Artus [1976], Obstfeld [1983, 1990] sowie Kearney und MacDonald [1986] durchgeführt. Obstfeld [1983] untersucht im Rahmen eines strukturellen Portfoliomodells für Deutschland und in Obstfeld [1990] für Deutschland, Japan und die Vereinigten Saaten besonders die Auswirkungen von Zentralbankinterventionen und die Möglichkeiten zur Sterilisation dieser Operationen. Boughton [1987] erweitert das Portfoliomodell um eine

Informationskomponente, die aus der Zinsstruktur resultiert, indem er lang- und kurzfristige Zinssätze als erklärende Variablen in die Gleichungen aufnimmt. Seine empirischen Ergebnisse für gewichtete reale Wechselkurse für die Vereinigten Staaten, Japan und Deutschland über den Zeitraum von Mai 1973 bis Dezember 1985 weisen die korrekten Vorzeichen auf und sind signifikant (außer für Japan). Auf der Grundlage dieser zufriedenstellenden Ergebnisse führt der Autor verschiedene Simulationen durch.

7.2.4 Die Rolle neuer Informationen für die Wechselkursbestimmung

In Kapitel 3.5 wurde die mögliche Bedeutung von neuen Informationen für die Wechselkursbestimmung aufgezeigt. Wenn Innovationen in den erklärenden Variablen wichtig sind, dann ist eine Darstellung der monetären Modelle und Portfolioansätze in dem Kontext eines Modells, das neue Informationen berücksichtigt, auch für die empirische Anwendung erfolgversprechend. Von Frenkel [1981b] wird diese Überlegung aufgegriffen. Er untersucht den GBP/USD-, den FRF/USD- und den DEM/USD-Kurs für den Zeiraum von Juni 1973 bis Juli 1979, wobei er als Innovationsterm die unerwarteten Änderungen in der Zinsdifferenz verwendet. Die erwarteten Änderungen der Zinsdifferenz werden dabei im Rahmen eines autoregressiven Ansatzes modelliert. In den geschätzten Wechselkursgleichungen besteht eine, wie von Frenkel erwartete, positive Abhängigkeit des Wechselkurses mit unerwarteten Änderungen der Zinsdifferenz, allerdings erweist sich der Koeffizient nur in einem Fall als signifikant. Edwards [1982, 1983] untersucht im Rahmen des monetären Ansatzes die gleichen Wechselkurse wie Frenkel und zusätzlich den Wechselkurs zwischen der Italienischen Lira und dem US-Dollar. Er modelliert mit Hilfe von autoregressiven bzw. vektorautoregressiven Ansätzen neue Informationen in den Größen Geldangebot, Realeinkommen und realer Zinssatz. Die Gleichungen werden mit einem Systemschätzverfahren (seemingly unrelated regressions, vgl. auch Pindyck und Rubinfeld [1991, S.308ff.]) berechnet, wobei er speziell Tests auf die Effizienz des Devisenmarktes untersucht. Bei einer Berücksichtigung der Innovationen kann die Hypothese der Effizienz nicht abgelehnt werden. In der Studie von Bomhoff und Korteweg [1983] werden die Wechselkurse von verschiedenen europäischen Währungen gegenüber dem US-Dollar untersucht. Die Autoren kommen zu dem Ergebnis, daß speziell die unerwarteten Änderungen in Einflußgrößen wie dem Geldangebot und dem Ölpreis die größten Auswirkungen auf das Wechselkursverhalten haben. Um die unerwarteten Änderungen in den erklärenden Variablen zu modellieren wird ein mehrstufiger Kalman-Filter-Ansatz eingesetzt. Die Ergebnisse von Bomhoff und Korteweg [1983] können den ursprünglichen monetären Ansatz nicht bestätigen, die Autoren stellen dagegen

Finanzmarktmodelle mit der Betonung auf die unerwarteten Änderungen in den exogenen Variablen als die geeigneteren Ansätze zur Wechselkursbestimmung dar. Die Bedeutung von Neuigkeiten im Ölpreis wird auch in Copeland [1984] herausgestellt. Die Signifikanz dieser Variablen verwundert nicht, da durch die extremen Preisänderungen während der beiden Ölkrisen dieser Term eine Art Dummyfunktion erhält und damit eine Erklärungskomponente für die exogenen Schocks darstellt.

Der Modellansatz, der die Innovationen in den Erklärungsgrößen für die Bestimmung des Wechselkurses betont, wird von Branson [1983] auf das Portfoliomodell angewendet. Neuigkeiten im Geldangebot, der Leistungsbilanz und dem Preisniveau werden durch die Residuen aus Vektorautoregressionen modelliert. Während die empirischen Ergebnisse für die Leistungsbilanzterme und die relativen Preisgrößen die richtigen Vorzeichen aufweisen, sind sie für die Geldterme nicht eindeutig. Von Hoffman und Schlagenhauf [1985] werden verschiedene der "news"-Ansätze untersucht; die Resultate deuten jedoch nicht auf einen dominierenden Modellansatz hin, der zu präferieren ist.

Zusammenfassend ist festzuhalten, daß der Ansatz, der die Rolle neuer Informationen in den erklärenden Variablen berücksichtigt, in den empirischen Untersuchungen relativ günstige Resultate erreicht. Die obigen Untersuchungen betrachten allerdings alle das Wechselkursverhalten innerhalb der zugrundegelegten Datenbasis und untersuchen nicht die Vorhersagequalität von out-of-sample-Prognosen.

7.2.5 Kombinierte monetäre und Portfolioansätze

Um die Ergebnisse von Schätzgleichungen monetärer Modelle und von Portfolioansätzen zu verbessern, wurden die beiden Ansätze von verschiedenen Autoren kombiniert. Die Überlegung liegt darin, daß monetäre Gleichungen fehlspezifiziert sein können, wenn sie nicht Risikoterme enthalten, die die mögliche Substituierbarkeit von Finanzaktiva der unterschiedlichen Volkswirtschaften ausdrücken. Daher wurden Modelle entwickelt, die auf dem monetären Ansatz basieren, aber weitere Größen wie Risikoterme, Änderungen von Leistungsbilanzpositionen oder Proxy-Variablen für Vermögensgrößen enthalten. In der Arbeit von Hooper und Morton [1982] wird die Risikoprämie als eine Funktion aggregierter Leistungsbilanzüberschüsse minus aggregierter Zentralbankinterventionen dargestellt. Die Ergebnisse, die mit dieser Gleichung ermittelt werden, sind relativ positiv und weisen auch keine Autokorrelation erster Ordnung auf. Weitere Gleichungen wurden von Hacche und

Townend [1983][6] und Frankel [1983, 1984] spezifiziert, die jedoch weniger zufriedenstellende Resultate liefern, da die monetären Variablen teilweise mit falschen Vorzeichen auftreten oder insignifikant sind. Boughton [1984] untersucht ebenfalls kombinierte monetäre Portfoliomodelle. Die Schätzgleichungen der gewichteten Wechselkurse für die Vereinigten Staaten, Japan, Deutschland, das Vereinte Königreich und Frankreich weisen zum großen Teil Koeffizienten mit den erwarteten Vorzeichen auf, die jedoch teilweise nicht signifikant sind. Dagegen liegen keine Anzeichen von serieller Korrelation vor. Diese relativ positiven Ergebnisse resultieren möglicherweise auch aus der Tatsache, daß die Modelle auf der Basis von Quartalsdaten geschätzt wurden.

Gaab [1988] modelliert für den DM/US-$-Wechselkurs in den ersten Differenzen ein Modell, das auf einer Kombination des monetären und des Portfolioansatzes beruht, und gelangt zu relativ zufriedenstellenden Ergebnissen. Mit einem Fehler-Korrektur-Ansatz modelliert Parikh [1991] den DEM/USD- und JPY/USD-Kurs zwischen 1973 und 1987 und kann ebenfalls eine relativ gute Anpassung dokumentieren.

Fisher u.a. [1990, 1992] formulieren eine Gleichung des realen effektiven Wechselkurses des britischen Pfund Sterling in Abhängigkeit des erwarteten realen Wechselkurses in der nächsten Periode, der ungesicherten Zinsparität in realen Größen und des Verhältnisses der Leistungsbilanz zum Bruttoinlandsprodukt. Die Gleichung ist für die Implementation in kompletten Makro-Modellen vorgesehen, innerhalb derer verschiedene vergleichende Simulationsstudien durchgeführt werden. Das Gleichungsmodell weist jedoch auch losgelöst, als Einzelgleichung betrachtet, günstige statistische Eigenschaften auf und ist nach der Aussage der Autoren in der Lage, hinsichtlich der Prognosegüte einfache Zufallsverfahren zu übertreffen.

7.3 Untersuchungen der Prognosequalität von Wechselkursmodellen

Die in den siebziger Jahren noch relativ positive Einschätzung der Fähigkeiten von Wechselkursmodellen erhielt durch die Arbeiten von Meese und Rogoff [1983a, 1983b] einen schweren Schlag. Meese und Rogoff untersuchten verschiedene Wechselkursmodelle hinsichtlich ihrer Vorhersagequalität. Sie verwendeten dafür die bilateralen US-Dollarwechselkurse zum Britischen Pfund, der Deutschen Mark und dem Japanischen Yen sowie einen handelsgewichteten Wechselkursindex über den Zeitraum von März 1973 bis Juni 1981. Verglichen wurden die Wechselkursmodelle mit einem einfachen random-walk-

[6] Die Autoren verwenden zusätzlich den Ölpreis als erklärende Variable.

Modell, univariaten Zeitreihenmodellen, dem Terminkurs und einem vektorautoregressiven Modell. In reduzierter Form wurde das monetäre Modell unter flexiblen Preisen (Frenkel-Bilson), das Modell mit langsamer Anpassung der Güterpreise (Dornbusch-Frankel) und das Hooper-Morton-Modell verwendet. Die Ergebnisse sind entmutigend, da keines der strukturellen monetären Modelle bessere out-of-sample-Vorhersagen über einen ein-, sechs- und zwölf-monatigen Prognosehorizont liefert als das einfache random-walk-Modell[7]. Dieses Ergebnis muß als besonders enttäuschend angesehen werden, da bei den Strukturmodellen für die exogenen Variablen die tatsächlich eingetretenen Werte eingesetzt wurden.

Eine große Anzahl an empirischen Arbeiten folgten den Untersuchungen von Meese und Rogoff und lieferten meist übereinstimmende Resultate. In der Folgezeit wurde von verschiedenen Autoren ein weiter entwickelter Ansatz verwendet, bei dem in die Modelle zeitverzögerte Variablen aufgenommen werden, um dynamische Anpassungsprozesse darzustellen. Wird nur der zeitverzögerte Wert des Wechselkurses an die Liste der Regressoren der Wechselkursgleichung angehängt, so handelt es sich im Prinzip um eine Linearkombination von einer Gleichung in reduzierter Form mit einem random walk. So kommt Somanath [1986] für den DM/US-$-Wechselkurs für die Periode von 1975:1 bis 1983:12 zu dem Ergebnis, daß mit derartigen Modellen speziell über einen längeren Horizont zumindest die Prognosegüte eines random-walk-Modells erreicht werden kann.

Boughton [1984, 1987] schätzt verschiedene monetäre Modelle und Portfolioansätze und kommt zu dem Ergebnis, daß die Veränderung der Zinsdifferenz zu Gunsten eines Landes mit einer Aufwertung dieser Währung verbunden ist. Trotz der Evidenz von Instabilitäten innerhalb der Schätzperiode sind einige Modelle, die beide Ansätze kombinieren, in der Lage eine bessere Prognosegüte zu erreichen als ein einfaches Zufallsverfahren.

Eine Anzahl von Autoren untersucht Wechselkursmodelle auch innerhalb des Finanzmarktansatzes im Rahmen von Modellen mit rationalen Erwartungen der Marktteilnehmer (siehe Kapitel 3.5). Um die Erwartungen der Marktteilnehmer für die zukünftigen Werte der betrachteten Variablen zu modellieren, bedienen sich viele Autoren des auf Box und Jenkins zurückgehenden univariaten Zeitreihenansatzes der Identifikation, Schätzung und Diagnose von stochastischen Prozessen. Die so ermittelten univariaten Prognosewerte der Variablen gehen dann als rationale Erwartungen in die Modelle ein. Finn [1986] erhält jedoch bei der Anwendung dieses Ansatzes auf den USD/GBP-

---

7 Als Kriterien für die Vorhersagegüte wurden der mittlere Fehler (mean error (ME)), der mittlere absolute Fehler (mean absolute error (MAE)) und die Wurzel des mittleren quadratischen Fehlers (root mean square error (RMSE)) herangezogen.

Wechselkurs über den Zeitraum von Mai 1974 bis Dezember 1982 keine besseren Ergebnisse als mit einem einfachen random walk. Woo [1985] untersucht den DM/USD-Wechselkurs in der Zeit zwischen März 1974 und Oktober 1981. Er implementiert den Ansatz mit rationalen Erwartungen, indem er Geldnachfragefunktionen mit partiellen Anpassungsmechanismen spezifiziert. Mit dem daraus resultierenden strukturellen monetären Wechselkursmodell werden auf verschiedenen Prognosehorizonten bessere Ergebnisse erzielt als mit einem Zufallsmodell. Weniger günstige Resultate der Umsetzung des Finanzmarktansatzes werden von Wolff [1988] vorgelegt, der für die DEM/USD-,YEN/USD- und GBP/USD-Kurse über den Zeitraum von November 1977 bis April 1984 die Prognosequalität untersucht. Für den Finanzmarktansatz, bei dem die Innovationen in den verwendeten Variablen mit einem vektorautoregressiven Modell gebildet werden, ergeben sich schlechtere Vorhersagen als mit bei einem random-walk-Modell.

Ein weiterer Ansatz, der darauf abzielt, die Vorhersagequalität von Wechselkursmodellen zu verbessern, geht davon aus, daß die Koeffizienten der Variablen nicht notwendigerweise fest sein müssen. Schinasi und Swamy [1989] erlauben variierende Koeffizienten in verschiedenen monetären Modellen[8] für die DEM/USD-, YEN/USD- und GBP/USD-Kurse, die über den Zeitraum von März 1973 bis März 1980 geschätzt werden. Während bei festen Koeffizienten die Ergebnisse von Meese und Rogoff weitgehend bestätigt werden, sind die Modelle mit stochastischen Koeffizienten für den Prognosebereich von April 1980 bis Juni 1981 in der Lage, die Wechselkursvorhersagen zu verbessern und die Ergebnisse von random-walk-Modellen in Bezug auf den RMSE (die Wurzel des quadrierten mittleren Fehlers) zu schlagen. Gardeazabal und Regulez [1992] untersuchen vektorautoregressive monetäre Modelle unter Berücksichtigung von Nichtstationarität und Kointegration für DEM/USD-, YEN/USD-, GBP/USD-Kurse über den Zeitraum von April 1973 bis März 1986 auf ihre Prognosequalität. Über die meisten Vorhersagehorizonte erreichen jedoch einfache random-walk-Modelle bessere Ergebnisse als die von den beiden Autoren verwendeten Strukturmodelle.

McDonald und Taylor [1993] gelangen in einer neuen Arbeit mit Hilfe eines Fehler-Korrektur-Ansatzes unter Berücksichtigung von Kointegrationsbeziehungen dagegen zu recht vielversprechenden Ergebnissen. Sie untersuchen die Prognosefähigkeit für den D-Mark/US-Dollarkurs auf Monatsbasis über den Zeitraum von Januar 1989 bis Dezember 1990 und ermitteln mit ihrem Fehler-Korrektur-Modell geringere RMSE als unter Verwendung eines random-walk-Prozesses.

---

[8] Von den Autoren werden das Frenkel-Bilson-, das Dornbusch-Frankel- und das Hooper-Morten-Modell mit und ohne zeitverzögerte abhängige Variable untersucht.

Um Nichtlinearitäten zu berücksichtigen, arbeiten Diebold und Nason (1990) mit nichtparametrischen Schätzungen. Sie verwenden dafür eine verallgemeinerte nächste-Nachbar-Technik (generalized nearest-neighbour). Die Resultate ihrer out-of-sample-Vorhersagen sind enttäuschend, wobei zu berücksichtigen ist, daß die Autoren auf der Basis von Wochendaten arbeiten. Da random-walk-Vorhersagen für alle untersuchten Horizonte die Modellprognosen schlagen, kann eine größere Bedeutung von Nichtlinearitäten und deren Überlegenheit gegenüber linearen Ansätzen in dieser Modelldarstellung empirisch nicht untermauert werden.

7.4 Erklärungsgründe für die schlechten empirischen Ergebnisse

Wie die Übersicht der empirischen Literatur von Wechselkursmodellen gezeigt hat, ist das zusammenfassende Ergebnis in Bezug auf die Wechselkursbestimmung und -prognose dieser Modelle enttäuschend. Vielfach können mit den empirischen Modellen nur bestimmte Zeitbereiche der Wechselkursentwicklung erklärt werden, und die Vorhersagegüte ist meist schlecht.

Angesichts dieser enttäuschenden Resultate verwundert nicht die ernüchternde Einschätzung der Möglichkeiten von Wechselkursmodellen, die von Mussa [1979, S.50] formuliert und im folgenden vielfach zitiert wurde: "In judging the success of a model, it is important to have some standard to what constitutes success. In my judgement, a model that was consistently able to explain 10 percent of the actual quarter to quarter changes in exchange rates would be a successful model. A model that was able to explain 25 percent a very successful model. A model that was able to explain more than 50 percent should either be rejected on the grounds that it is too good to be true or should be reported to the Vatican as a miracle justifying the canonisation of a new saint."

Es gibt jedoch auch einige Erklärungsgründe für die schlechten empirischen Ergebnisse der Modelle. So ist zu berücksichtigen, daß die Modelle von teilweise sehr strikten Annahmen ausgehen. So gehören zu den grundlegenden Annahmen die Gültigkeit der absoluten Kaufkraftparität und der ungesicherten Zinsparität. Zusätzlich werden theoretische Überlegungen hinsichtlich der Größe der Koeffizienten, wie z.B. die Annahme linearer Homogenität in den Preisen im Falle der Geldnachfragegleichung, oder die Annahme identischer Parameter für die Geldnachfragegleichungen unterschiedlicher Volkswirtschaften vorausgesetzt. Wie die empirischen Untersuchungen in den folgenden Kapiteln zeigen werden, kann jedoch häufig gerade nicht von dem Zutreffen der strengen Form der Hypothesen ausgegangen werden. Dies zeigt, daß Wechselkursmodelle meist eine sehr einfache Struktur haben, aber zu strikte Annahmen zugrundelegen, die nur im Einzelfall oder für bestimmte Perioden zutreffen, jedoch keine allgemeine Gültigkeit aufweisen.

Als weiterer Punkt ist zu nennen, daß Wechselkursmodelle häufig in Gleichungen reduzierter Form geschätzt werden, welche eine große Anzahl von Exogenitätsannahmen für die erklärenden Variablen voraussetzten, die in der Realität meist nicht gerechtfertigt sind. Eine Loslösung von diesen Annahmen und der Versuch, strukturelle Modelle zu spezifizieren, die die zu beobachtenden wechselseitigen simultanen Abhängigkeiten berücksichtigen, könnte ein wichtiger Schritt für die Entwicklung von Wechselkursmodellen mit größerem Erklärungsgehalt und besseren Prognoseeigenschaften sein.

Die aktuelle Periode flexibler Wechselkurse, wie sie seit dem Zusammenbruch des Bretton-Woods-Systems besteht, ist geprägt von großen Instabilitäten und exogenen Schocks, die zu großen Verwerfungen in der Weltwirtschaft geführt haben. Zu nennen sind hier die Auswirkungen der zwei Öl-Krisen, die Schuldenproblematik der Entwicklungsländer (für eine Analyse siehe Gerhards [1990]), die Veränderungen der institutionellen Gestalt der Währungssysteme (z.B. Entstehung des Europäischen Währungssystems 1979) oder der Zusammenbruch der kommunistischen planwirtschaftlichen Systeme. Diese Instabilitäten haben ganz allgemein zu Schwierigkeiten bei der Spezifizierung und Prognose von ökonometrischen Modellen geführt. Als Beispiel sei hier auf die bekannte Problematik instabiler Geldnachfragefunktionen hingewiesen. Diese Schwierigkeiten bei der ökonometrischen Modellierung volkswirtschaftlicher Phänomene deuten daraufhin, daß es sich bei der enttäuschenden Performance nicht um ein spezifisches Problem von Wechselkursmodellen handeln muß.

Auch die Berücksichtigung der Erwartungen der Marktteilnehmer, wie sie im besonderen bei den Finanzmarktmodellen umgesetzt werden, trägt wie die empirischen Untersuchungen gezeigt haben nur wenig zu einer Verbesserung der Erklärungsgüte und Prognosefähigkeit von Wechselkursmodellen bei. Das allgemein angewandte Vorgehen, anstatt tatsächlich eingetroffener Werte nur die unerwarteten Komponenten zu berücksichtigen, ist daher möglicherweise nicht der beste Weg, um Erwartungen der Marktteilnehmer zu implementieren. So ist auch das auf Muth [1961] zurückgehende Konzept der rationalen Erwartungen, bei dem davon ausgegangen wird, daß alle Marktteilnehmer das korrekte ökonomische Modell kennen und dementsprechend ihre Erwartungen für die Zukunft bilden, kaum als Grundlage für die reale Situation moderner Volkswirtschaften zu akzeptieren.

Wie der obige Überblick gezeigt hat, wurde die empirische Implementation theoretischer Wechselkursmodelle lange Zeit ohne Berücksichtigung der stochastischen

Eigenschaften der Variablen vorgenommen. So wurde bis in die achtziger Jahre bei den Untersuchungen der nichtstationäre Charakter der betrachteten Zeitreihen nicht beachtet, und Wechselkursgleichungen im Niveau der Daten geschätzt. Daher ist bei vielen empirischen Untersuchungen von fehlspezifizierten Modellen und dem Auftreten von Zufallskorrelationen auszugehen, was sich z.B. an der häufig festzustellenden signifikanten Autokorrelation der Residuen manifestiert. Diese Fehlspezifikation empirischer Wechselkursmodelle erklärt zu einem Teil die erhaltenen Resultate, die für bestimmte Zeiträume gute Schätzergebnisse, für andere Perioden jedoch unsinnige Modellspezifikationen ergaben. Erst in jüngster Zeit wird in empirischen Arbeiten die Nichtstationarität der Variablen explizit untersucht und entsprechend in der Modellierung berücksichtigt. Eine korrekte ökonometrische Modellierung ist daher entscheidend, um statistisch abgesicherte Modellschätzungen zu erhalten, die eine Beurteilung in Hinblick auf die zugrundeliegenden theoretischen Modelle erlauben. Nur mit richtig spezifizierten Modellen können Hypothesentests und Untersuchungen auf die Akzeptanz oder Ablehnung ökonomischer Theorien durchgeführt werden.

Der größte Teil der empirischen Wechselkursmodelle wird auf der Basis von monatlichen Daten geschätzt. Bei diesem Vorgehen besteht jedoch die Gefahr, daß langfristige Trends und Relationen von kurzfristigen Zufallsschwankungen überlagert werden. Hier liegt die Vermutung zugrunde, daß ökonomische Fundamentalmodelle nur sinnvoll über längerfristige Perioden mit höheraggregierten Daten erfolgreich zu spezifizieren sind, weil dadurch die längerfristig gültigen Beziehungen deutlicher zutage treten und nicht von kurzfristigen Schwankungen überlagert werden. Diese Überlegung beruht darauf, daß Wechselkurse kurzfristig eher den Charakter von Finanzmarktgrößen haben und stark durch die Erwartungen der Marktteilnehmer und Innovationen bestimmt werden, während sie längerfristig stärker den fundamentalen ökonomischen Bedingungen gehorchen. Daher erscheint es erfolgversprechender zu sein, Wechselkursmodelle, die auf der makroökonomischen Theorie basieren, unter Verwendung von höheraggregierten Daten, wie z.B. Quartalsdaten, zu modellieren (siehe dazu auch Gerhards [1993] oder MacDonald [1988]).

7.5 Ein Ansatz zur Analyse des Verhaltens flexibler Wechselkurse

Die obige Analyse und die Schlußfolgerungen aus den Resultaten bisheriger empirischer Untersuchungen von Wechselkursmodellen haben einen Überblick über die Schwierigkeiten der Wechselkursmodellierung und -prognose gegeben. Um diesen Problemen zu begegnen und zu leistungsfähigeren Modellen zu gelangen, wird versucht, unter Berücksichtigung der obigen kritischen Anmerkungen, ein erfolgversprechendes Vorgehen zu entwickeln. Dazu werden im folgenden einige wenige, aber aus unserer Sicht entscheidende, Punkte angeführt.

So sollen einerseits die Zeitreihencharakteristik stochastischer Prozesse und andererseits die mögliche Existenz theoretisch fundierter Gleichgewichtsrelationen (Kointegrationsbeziehungen) berücksichtigt werden. Daher wird bei dem gewählten Vorgehen der Versuch unternommen, den Zeitreihenansatz mit der Tradition klassischer ökonometrischer Modelle zu kombinieren (vgl. Hendry [1986], Engle und Granger [1987]), so daß sich auf der einen Seite die Vorteile einer Integration dieser beiden grundlegenden Ansätze und auf der anderen Seite ihre jeweilige Eignung für spezielle Problemsituationen herausstellen.

Ein wichtige Voraussetzung für das Vorgehen liegt darin, nicht von vornherein strikte Hypothesen zugrundezulegen, sondern die wichtigsten Variablen und Koeffizienten weitgehend frei aus den Daten heraus zu schätzen. In einem weiteren Schritt können dann ökonomische Hypothesen für den datenerzeugenden Prozeß untersucht werden. Mit dem Einsatz von VAR-Modellen lassen sich ohne strenge a-priori-Voraussetzungen dynamische Modelle schätzen, und daraufhin die Existenz grundlegender langfristiger Gleichgewichtsbeziehungen und dynamischer Anpassungsprozesse überprüfen. Durch dieses Vorgehen werden die Modelle auch nicht als Einzelgleichungen geschätzt, mit den bekannten Problemen hinsichtlich der Exogenitätsannahmen und simultaner Wechselbeziehungen, sondern als multivariate Systeme.

Eine weitere sehr bedeutsame Überlegung bei unserer empirischen Analyse betrifft - wie oben angedeutet - die Überprüfung der zugrundegelegten ökonomischen Theorien. Theoretische Wechselkursmodelle basieren auf vielen Annahmen, wie z.B. der Gültigkeit der Kaufkraftparität sowie der Zinsparität und der Existenz von Geldnachfrage- und aggregierten Güternachfragefunktionen. Daher werden in der empirischen Analyse mit dem Instrumentarium der Ökonometrie unter Einsatz moderner Ansätze, wie z.B. der Kointegration, grundlegende langfristige Hypothesen überprüft, ohne im vorhinein strikte Annahmen zugrunde zu legen. Die dadurch gewonnenen Ergebnisse können bei der anschließenden Modellierung der Wechselkurssysteme berücksichtigt werden. Auf der Basis dieser Informationen über die Gestalt der Beziehungen lassen sich dann strukturelle Systeme modellieren, die darauf getestet werden können, ob sie mit den theoretischen Modellen im Einklang stehen. Es läßt sich also überprüfen, ob Wirkungsweisen und Relationen auf der Grundlage von monetären Abhängigkeiten oder von Portfolioansätzen Erklärungsgehalt für die Bestimmung flexibler Wechselkurse haben oder ob sie mit den datenerzeugenden Prozessen nicht übereinstimmen.

Der Schwerpunkt der Analyse theoretischer und empirischer Wechselkursmodelle basiert auf der Betrachtung des Zwei-Länder-Falls. Durch diese Beschränkung wird jedoch vernachlässigt, daß auch zwischen den einzelnen Wechselkursrelationen starke Beziehungen bestehen können, die den weiteren Verlauf der Wechselkurse eventuell beeinflussen. Daher sollten die wichtigsten Wechselkurse auf längerfristige Beziehungen und dynamische Wechselwirkungen untereinander untersucht werden, ebenso wie auf Abhängigkeitsstrukturen als mögliche Auswirkungen von Zentralbankinterventionen oder Wechselkursabkommen, wie z.B. dem Wechselkursmechanismus des Europäischen Währungssystems.

In vielen empirischen Untersuchungen hat es sich gezeigt, daß das Wechselkursverhalten sehr stark einem random-walk-Prozeß ähnelt, bei dem die Veränderungen von Periode zu Periode kaum vorhersehbar sind. Daher wird für unsere Prognoseexperimente ein Verfahren eingesetzt, das neben den langfristigen Gleichgewichtsbeziehungen speziell die empirische Zeitreihencharakteristik von flexiblen Wechselkursen berücksichtigt. Mit Hilfe des in Abschnitt 6.5 vorgestellten bayesianischen VAR-Ansatzes kann implizit auf dieses Verhalten der Variablen eingegangen werden. Dieser Ansatz restringiert mit Hilfe von Verteilungsannahmen auf die Koeffizienten die Gleichungen eines VAR-Modells in Richtung eines random walk. Und damit werden in logischer Konsequenz die angeführten Punkte zu einem Ansatz kombiniert, mit dem sich langfristige Abhängigkeiten, kurzfristige Wechselwirkungen ebenso wie die Charakteristik von Zufallsprozessen berücksichtigen lassen.

In den folgenden Kapiteln werden die obigen Überlegungen in die ökonometrische Analyse übertragen. Das weitere Vorgehen dient somit dem Ziel einer empirischen Untersuchung, ob eine Berücksichtigung der angeführten Punkte zu einem besseren Verstehen der Wirkungszusammenhänge der betrachteten stochastischen Prozesse beitragen kann und schließlich, ob durch den kombinierten Prognoseansatz eine Steigerung der Vorhersagequalität ökonometrischer Wechselkursmodelle ermöglicht wird.

8 Untersuchung makroökonomischer Variablen auf den Integrationsgrad

8.1 Die Datengrundlage

In diesem Kapitel werden die in Kapitel 4 vorgestellten Einheitswurzeltests auf die von uns im Rahmen der empirischen Modelle eingesetzten Zeitreihen angewendet. Wie die nächsten Kapitel zeigen werden, spielen Kointegrationsrelationen innerhalb dieser Modelle eine große Rolle. Vorbedingung für Untersuchungen auf Kointegration ist dabei die Feststellung des Integrationsgrads der betrachteten Variablen. Daher ist die folgende Analyse der Zeitreihen ein wichtiger Punkt für die Modellbildung.

Bei den von uns verwendeten Zeitreihen handelt es sich um Quartalsdaten, die im ersten Quartal 1973 beginnen, d.h. zum Zeitpunkt des Zusammenbruchs des Bretton-Woods-Systems, und deren letzte Periode das vierte Quartal 1991 ist. Es werden dabei für die empirische Analyse makroökonomische Zeitreihen von sechs bedeutenden Industrieländern, und zwar den Vereinigten Staaten, Deutschland, Japan, dem Vereinigten Königreich, Frankreich und der Schweiz eingesetzt. Bei den betrachteten Variablen handelt es sich im einzelnen um:

- nominale bilaterale Wechselkurse s,
- effektive Wechselkurse s_I,
- Verbraucherpreisindices p,
- Inflationsraten π,
- Geldmengenzahlen in der Abgrenzung von M1 m,
- kurzfristige Drei-Monats-Eurozinssätze i_S,
- langfristige, meist zehnjährige Kapitalmarktsätze i_B,
- Industrieproduktionsindices und y
- kumulierte Leistungsbilanzsalden / Auslandsvermögen F.

Bis auf die Zinssätze und die Leistungsbilanzsalden werden die Daten in logarithmischer Form verwendet. Genaue Angaben zu den eingesetzten Variablen werden in Anhang A8 gegeben.

8.2 Überprüfung der betrachteten Zeitreihen auf den Integrationsgrad

Das Vorgehen bei der Untersuchung auf den Integrationsgrad der Variablen ist wie in Abschnitt 4.3 vorgestellt. Zuerst wird die jeweilige Variable auf die Signifikanz einer linearen bzw. quadratischen Trendkomponente untersucht. Daraufhin wird die Zeitreihe mit Hilfe des Dickey-Fuller- (DF-) sowie des Augmented-Dickey-Fuller-Tests (ADF-Test) auf ihren Integrationsgrad getestet. Der Empfehlung von Dickey und Pantula [1987] folgend, untersuchen wir dabei die jeweilige Zeitreihe der Reihe nach auf zwei I(2), eine I(1) und keine Einheitswurzeln I(0). Bei der Verwendung des ADF-Tests ist es zur Bestimmung der Anzahl k an autoregressiven Komponenten notwendig, darauf abzustellen, daß der Residuenprozeß der ADF-Regression weißes Rauschen darstellt. Bei den von uns verwendeten Variablen reicht im allgemeinen eine Wahl von $k=4$ aus. Bei den Regressionsgleichungen, wo dies nicht ausreichend erscheint, wird sequentiell eine höhere Lag-Struktur gewählt, um sicherzustellen, daß die Residuen dieser Regressionsgleichungen white noise sind. Zur Überprüfung, ob die geschätzten Residuen weißes Rauschen darstellen und damit unkorreliert sind, wird hierbei die Q-Teststatistik von Ljung und Box [1978] verwendet. Die Zahl der Autokorrelationen m, die in den Q-Wert einfließen, wird mit Berücksichtigung des Stichprobenumfangs T anhand der Formel $m=\min[T/2, 3\sqrt{T}]$ ermittelt. Die Q-Statistik ist dabei χ^2-verteilt mit m-r Freiheitsgraden (r=Anzahl der Regressoren). Wie die Testergebnisse zeigen, ist es jedoch nicht bei allen Zeitreihen möglich, durch höhere Lagstrukturen insignifikante Q-Statistiken zu erhalten und damit vollständig white noise Residuenprozesse zu erzeugen.

8.2.1 Untersuchung auf Trendeigenschaften

In Tabelle 8.2.1 wird das Resultat der Untersuchung auf Bestehen linearer bzw. quadratischer Trends in den Zeitreihen angegeben, wobei nur diejenigen Variablen herangezogen werden, für die ein entsprechendes Verhalten ökonomisch plausibel ist. Begonnen wird mit dem Test auf einen quadratischen Trend im Niveau der Zeitreihen unter Zugrundelegung der Hypothese I(2). In diesem Fall muß in der Regressionsgleichung der zweiten Differenzen der Daten ein signifikantes Absolutglied vorliegen. Anhand der Ergebnisse in Tabelle 8.2.1 lassen sich unter der Hypothese I(2) keinerlei statistisch signifikante Anhaltspunkte für einen quadratischen Trendterm finden.

Tabelle 8.2.1
Untersuchung auf deterministische Elemente im Datengenerierungsprozeß der Zeitreihen

Zeitreihe	I(2)-Hypothese[a] quadr. Trend		I(1)-Hypothese[b] quadr. Trend		I(1)-Hypothese[b] linearer Trend	
	t-Stat.	Ljung/Box	t-Stat.	Ljung/Box	t-Stat.	Ljung/Box
Preisindex						
D	-0.53	Q(14) 13.83	0.04	Q(13) 16.68	1.45	Q(14) 16.81
USA	-0.73	Q(14) 13.98	-1.32	Q(13) 14.57	1.40	Q(14) 10.29
JP	-1.29	Q(14) 19.75	-0.43	Q(9) 15.61*	1.55	Q(7) 11.72
UK	-0.63	Q(14) 20.34	-2.34	Q(11) 13.01	1.41	Q(10) 15.84
FR	-0.63	Q(9) 9.49	-2.00	Q(7) 8.69	0.61	Q(14) 20.90
CH	-0.36	Q(14) 7.74	0.95	Q(13) 9.10	2.53	Q(12) 9.65
Industrieproduktion						
D	-0.12	Q(14) 18.87	1.00	Q(13) 17.06	1.52	Q(14) 15.81
USA	-0.06	Q(14) 13.88	-0.11	Q(13) 10.32	1.62	Q(13) 10.00
JP	0.51	Q(12) 12.15	1.16	Q(13) 17.15	2.69	Q(12) 14.06
UK	-0.32	Q(14) 17.44	-0.36	Q(13) 13.93	1.29	Q(14) 14.21
FR	0.58	Q(12) 15.08	0.75	Q(13) 16.28	1.48	Q(14) 15.59
CH	-0.01	Q(14) 21.04	1.55	Q(13) 16.80	0.70	Q(14) 16.30
Geldmenge						
D	-0.39	Q(9) 14.45	-0.82	Q(9) 17.98*	1.62	Q(8) 14.62*
USA	0.25	Q(14) 19.07	-0.36	Q(9) 15.48*	3.32	Q(14) 20.21
JP	0.05	Q(14) 14.82	-0.58	Q(13) 10.16	2.69	Q(14) 10.48
UK	-0.71	Q(9) 15.11*	-2.28	Q(8) 13.22	0.83	Q(7) 14.44*
FR	-0.91	Q(14) 16.42	-3.08	Q(13) 11.54	0.66	Q(14) 14.11
CH	-0.05	Q(14) 19.16	-0.48	Q(13) 19.16	1.51	Q(9) 13.40
Auslandsvermögen						
D	-0.05	Q(9) 11.55	-0.57	Q(8) 11.15	1.03	Q(9) 11.46
USA	-0.09	Q(14) 8.03	0.26	Q(13) 10.16	-0.98	Q(14) 10.15
JP	1.07	Q(9) 13.03	2.38	Q(5) 8.15	1.43	Q(8) 11.49*
UK	0.02	Q(14) 9.39	-1.25	Q(13) 10.16	-0.51	Q(14) 8.86
FR	0.12	Q(14) 16.55	-1.18	Q(6) 14.19*	-1.48	Q(7) 12.68*
CH	1.42	Q(14) 17.03	2.12	Q(5) 13.47*	1.26	Q(7) 11.75

[a]Unter Nullhypothese I(2):
Test auf quadratischen Trend in Zeitreihe x_t: Signifikanz der t-Statistik von a in:

$$\Delta^2 x_t = a + \sum_{i=1}^{k} c_i \Delta^2 x_{t-i} + \epsilon_t$$

[b]Unter Nullhypothese I(1):
Test auf quadratischen Trend in Zeitreihe x_t: Signifikanz der t-Statistik von d in:

$$\Delta x_t = a + dt + \sum_{i=1}^{k} c_i \Delta x_{t-i} + \epsilon_t$$

Test auf linearen Trend in Zeitreihe x_t: Signifikanz der t-Statistik von a in:

$$\Delta x_t = a + \sum_{i=1}^{k} c_i \Delta x_{t-i} + \epsilon_t$$

Geht man auf die Hypothese einer einzigen autoregressiven Einheitswurzel im Datengenerierungsprozeß der Zeitreihen über, so muß sich ein quadratischer Trendterm in der Regression der ersten Differenzen der Daten als signifikanter linearer Trend zeigen. Auch für diese Untersuchung sind die Resultate in Tabelle 8.2.1 angegeben. Bis auf wenige Ausnahmen, so die britische und französische Preis- und Geldmengenvariable und der japanische kumulierte Leistungsbilanzsaldo, bei denen der Trendkoeffizient statistisch signifikant geschätzt wird, geben die Variablen keinen Hinweis auf einen quadratischen Trend. Außerdem ist ein solches deterministisches Element in den von uns verwendeten volkswirtschaftlichen Zeitreihen aus ökonomischen Überlegungen heraus nicht zu erwarten.

Somit wird im folgenden die Alternative von trend-stationären Zeitreihen untersucht. In der Regression der ersten Differenzen der Zeitreihen ist daher auf ein signifikantes Absolutglied zu testen. Die Resultate in Tabelle 8.2.1 zeigen, daß bei der Mehrzahl der von uns diesbezüglich untersuchten Variablen von einem linearen Trend auszugehen ist. Bei einzelnen Preisindices und Industrieproduktionsvariablen ist der Trend nur bei einem einseitigen Test auf dem 10% Niveau signifikant. Wie die Einheitswurzeltests später gezeigt haben, sind die Testergebnisse für diese Zeitreihen jedoch stabil gegenüber der Aufnahme bzw. dem Ausschluß eines linearen Trends in den Regressionsgleichungen. Die kumulierten Leistungsbilanzsalden der eingeschlossenen Länder weisen dagegen keinerlei Anzeichen von trendbehaftetem Verhalten auf.

8.2.2 Untersuchung auf Einheitswurzeln

Nach den Voruntersuchungen auf deterministische Elemente im Datengenerierungsprozeß im vorangegangenen Abschnitt können nun die Einheitswurzeltests durchgeführt werden. Zuerst wird der Test auf Vorliegen zweier autoregressiver Einheitswurzeln vorgenommen. Herangezogen werden dabei der einfache Dickey-Fuller- ebenso wie der um autoregressive Terme erweiterte Augmented-Dickey-Fuller-Test in den zweiten Differenzen der Zeitreihen. Wurde für eine Zeitreihe ein signifikanter linearer Trend ermittelt, so ist den DF-/ADF-Regressionen ein Absolutglied hinzuzufügen. Die entsprechenden kritischen Werte der empirischen Verteilungen der Teststatistik sind z.B. in Fuller [1976, S.373] oder MacKinnon [1991, S.275] angegeben.

Die Resultate der DF- und ADF-Tests unter der I(2)-Nullhypothese sind in Tabelle 8.2.2 angegeben. Die Ergebnisse der Regressionen zeigen, daß bei den Leistungsbilanzdaten die Nullhypothese nicht einheitlich abgelehnt werden kann. Auch bei

Tabelle 8.2.2
Dickey-Fuller und Augmented-Dickey-Fuller-Einheitswurzeltests

Zeitreihe	linearer Trend	I(2)-Hypothese[a] DF t-Stat.	I(2)-Hypothese[a] ADF t-Stat.	I(2)-Hypothese[a] ADF Ljung/Box	I(1)-Hypothese[b] DF t-Stat.	I(1)-Hypothese[b] ADF t-Stat.	I(1)-Hypothese[b] ADF Ljung/Box
nominaler bilateraler Wechselkurs							
DEM/USD		-6.36***	-3.20***	Q(14) 15.94	-1.37	-2.03	Q(13) 13.78
JPY/USD		-5.95***	-3.53***	Q(13) 15.11	-0.39	-0.50	Q(12) 17.48
GBP/USD		-6.69***	-3.76***	Q(14) 19.55	-1.66	-2.09	Q(13) 17.00
FRF/USD		-5.41***	-2.95***	Q(14) 14.82	-1.05	-1.66	Q(13) 11.82
CHF/USD		-6.07***	-3.25***	Q(14) 9.88	-1.99	-2.04	Q(13) 10.58
DEM/JPY		-5.72***	-5.26***	Q(14) 4.99	-0.87	-1.08	Q(13) 9.12
CHF/JPY		-5.31***	-4.28***	Q(14) 9.93	-1.82	-1.80	Q(13) 10.93
GBP/JPY		-5.73***	-2.34**	Q(10) 15.42	-0.82	-1.13	Q(7) 11.13
FRF/JPY		-4.86***	-4.10***	Q(14) 11.48	-0.40	-0.65	Q(13) 11.42
DEM/CHF		-6.75***	-4.75***	Q(14) 15.17	-2.04	-3.14*	Q(11) 10.97
GBP/CHF		-6.18***	-2.76***	Q(14) 12.18	-2.93**	-2.67*	Q(13) 10.16
FRF/CHF		-6.99***	-3.13***	Q(14) 18.66	-2.52	-2.33	Q(13) 20.12*
DEM/GBP		-7.28***	-3.35***	Q(14) 14.17	-2.44	-1.89	Q(13) 12.85
FRF/GBP		-7.49***	-3.79***	Q(14) 12.71	-1.93	-1.92	Q(13) 12.38
DEM/FRF		-7.47***	-3.49***	Q(14) 27.56*	-1.91	-1.15	Q(13) 30.92*
effektiver Wechselkurs							
US		-6.07***	-3.02***	Q(14) 12.70	-0.92	-2.01	Q(13) 10.50
D		-6.84***	-2.79***	Q(10) 12.49	-1.89	-1.16	Q(9) 14.09
JP		-6.55***	-4.65***	Q(14) 20.85	-1.36	-2.02*	Q(11) 15.93
UK		-8.06***	-4.03***	Q(14) 18.71	-3.43**	-2.34	Q(13) 20.09*
FR		-4.19***	-1.93*	Q(14) 12.51	-1.96	-2.87*	Q(13) 16.14
CH		-6.00***	-3.27***	Q(14) 10.58	-2.66*	-1.21	Q(8) 11.98
Verbraucherpreisindex							
D	T	-4.84***	-2.07	Q(13) 13.68	-1.95	-2.08	Q(12) 18.42
US	T	-3.07**	-1.79	Q(13) 11.51	-0.74	-1.33	Q(12) 13.04
JP	T	-4.78***	-5.14***	Q(13) 17.91	-6.95***	-2.57	Q(12) 18.20
UK	T	-4.66***	-2.15	Q(13) 17.22	-2.01	-2.87	Q(10) 14.29
FR		-2.09	-1.08	Q(9) 8.86	-1.77	-2.02	Q(7) 9.07
CH	T	-5.24***	-3.43***	Q(12) 9.85	-2.88	-2.99	Q(10) 7.94
jährliche Inflationsrate							
D		-5.43***	-3.01***	Q(14) 13.26	-1.95	-1.77	Q(13) 15.58
US		-4.98***	-2.74***	Q(14) 17.59	-1.07	-1.22	Q(7) 10.08
JP		-5.51***	-4.74***	Q(14) 15.52	-4.09***	-2.44	Q(13) 17.23
UK		-4.85***	-3.91***	Q(10) 11.27	-1.12	-1.78	Q(8) 12.030
FR		-5.28***	-2.64***	Q(11) 10.05	-0.45	-1.13	Q(9) 12.57
CH		-5.84***	-2.98***	Q(14) 12.77	-2.64*	-2.98**	Q(13) 18.73
Industrieproduktion							
D	T	-5.93***	-4.35***	Q(13) 12.08	-1.66	-2.41	Q(12) 14.94
US	T	-5.15***	-3.91***	Q(13) 10.37	-2.03	-2.77	Q(10) 12.15
JP	T	-4.31***	-4.19***	Q(11) 16.58	-2.47	-2.31	Q(9) 14.23
UK	T	-8.19***	-3.68***	Q(13) 12.68	-2.44	-2.06	Q(12) 13.87
FR	T	-6.27***	-4.64***	Q(13) 15.56	-2.13	-2.54	Q(12) 18.19
CH	T	-24.31***	-3.75***	Q(13) 18.71	-6.30***	-3.08	Q(12) 16.50

(Fortsetzung folgende Seite)

Tabelle 8.2.2 (Fortsetzung)
Dickey-Fuller und Augmented-Dickey-Fuller-Einheitswurzeltests

Zeitreihe	linearer Trend	I(2)-Hypothese[a] DF	I(2)-Hypothese[a] ADF			I(1)-Hypothese[b] DF	I(1)-Hypothese[b] ADF		
		t-Stat.	t-Stat.	Ljung/Box		t-Stat.	t-Stat.	Ljung/Box	
Geldmenge									
D	T	-5.23***	-3.06**	Q(12)	23.48*	-1.26	-2.77	Q(10)	20.24*
US	T	-5.24***	-2.37	Q(13)	18.56	-1.27	-2.80	Q(7)	11.93
JP	T	-7.58***	-3.51***	Q(13)	9.37	-3.44*	-2.59	Q(11)	9.47
UK	T	-3.69***	-2.58*	Q(12)	22.31*	-2.06	-1.58	Q(7)	14.27*
FR	T	-3.09***	-0.69	Q(13)	13.99	4.11	-2.26	Q(12)	14.88
CH		-9.93***	-3.53***	Q(14)	14.07	-2.55	-1.31	Q(8)	12.39
langfristiger Zinssatz									
D		-6.05***	-2.79***	Q(11)	11.69	-1.55	-2.51	Q(9)	11.95
US		-6.64***	-3.87***	Q(14)	15.13	-1.49	-1.98	Q(13)	17.40
JP		-7.51***	-3.91***	Q(14)	11.71	-1.37	-2.12	Q(13)	12.22
UK		-7.55***	-5.01***	Q(14)	11.51	-1.73	-1.52	Q(13)	11.08
FR		-5.15***	-3.23***	Q(14)	6.94	-1.12	-1.31	Q(13)	8.01
CH		-4.97***	-4.03***	Q(14)	8.26	-0.83	-3.26**	Q(13)	11.33
kurzfristiger Zinssatz									
D		-6.02***	-3.34***	Q(11)	8.77	-1.46	-2.37	Q(9)	8.03
US		-7.50***	-2.87***	Q(14)	11.18	-1.81	-1.68	Q(13)	14.33
JP		-4.78***	-2.17**	Q(6)	10.19	-2.06	-2.07	Q(9)	20.07*
UK		-8.09***	-3.31***	Q(11)	12.87	-2.95**	-3.45**	Q(10)	11.34
FR		-9.45***	-4.95***	Q(14)	9.87	-2.94**	-1.93	Q(13)	10.17
CH		-5.98***	-4.17***	Q(10)	10.47	-1.73	-2.27	Q(9)	14.53
Auslandsvermögen									
D		-2.24**	-2.02**	Q(10)	8.21	3.63	-1.29	Q(12)	22.41
US		-1.17	-0.95	Q(14)	7.94	5.42	-2.33	Q(10)	6.75
JP		0.09	0.02	Q(8)	13.24	8.97	2.16	Q(5)	9.09
UK		-1.89*	-1.65*	Q(15)	8.93	3.09	-2.36	Q(13)	9.39
FR		-4.72***	-2.77***	Q(14)	13.22	1.97	-0.47	Q(9)	14.75
CH		-1.55	0.72	Q(14)	16.96	10.23	2.56	Q(9)	9.24

[a]Unter Nullhypothese I(2):
Einheitswurzeltests der t-Statistik von b in:

DF: $$\Delta^2 x_t = b\Delta x_{t-1} + \epsilon_t$$

ADF: $$\Delta^2 x_t = b\Delta x_{t-1} + \sum_{i=1}^{k} c_i \Delta^2 x_{t-i} + \epsilon_t$$

Für die x_t werden die jeweiligen Zeitreihen eingesetzt.
Bei signifikantem linearem Trend im Niveau werden die Gleichungen um das Absolutglied a erweitert. Kritische Werte bei n=100 sind -1.61 (mit Absolutglied -2.58), -1.95 (-2.89) und -2.60 (-3.51) auf dem 10%, 5% und 1% Signifikanzniveau (Fuller [1976,S.373] oder MacKinnon [1991, S.275]).

[b]Unter Nullhypothese I(1):
[a]Einheitswurzeltests der t-Statistik von b in:

DF: $$\Delta x_t = a + b x_{t-1} + \epsilon_t$$

ADF: $$\Delta x_t = a + b x_{t-1} + \sum_{i=1}^{k} c_i \Delta x_{t-i} + \epsilon_t$$

Bei signifikantem linearem Trend werden die Gleichungen um Driftterm d_t erweitert. Kritische Werte bei n=100 sind -2.58 (mit Trend -3.15), -2.89 (-3.45) und -3.51 (-4.04) auf dem 10%, 5% und 1% Signifikanzniveau (Fuller [1976,S.373] oder MacKinnon [1991, S.275]).
*,**,*** bedeuten signifikant auf 10%, 5% und 1% Niveau.

den Preisindices gibt es Hinweise auf Vorliegen von I(2)-Prozessen. Bei allen anderen Variablen wird die Hypothese des Vorliegens zweier autoregressiver Einheitswurzeln hochsignifikant abgelehnt gegenüber der Alternativhypothese eines gemischten I(1)-Prozesses mit linearem Trend bzw. einer reinen I(1)-Zeitreihe ohne deterministische Elemente im Datengenerierungsprozeß.

Im nächsten Schritt sind daher die Zeitreihen auf Integration vom Rang eins I(1) zu überprüfen. Hierbei wird die jeweilige Variable in der ersten Differenz auf ein Absolutglied und das um eine Periode verzögerte Niveau regressiert. Beim ADF-Test werden weitere autoregressive Terme berücksichtigt, um Autokorrelation auszuschließen. Außerdem wird bei Vorliegen eines linearen Trends zusätzlich eine lineare Zeitvariable aufgenommen. Die Ergebnisse der DF- und ADF-Tests auf eine autoregressive Einheitswurzel sind ebenfalls in Tabelle 8.2.2 angegeben. Die Resultate zeigen, daß die Nullhypothese eines reinen I(1)-Prozesses bzw. einer I(1)-Zeitreihe mit linearem Trend für die große Mehrzahl der von uns untersuchten Variablen nicht abgelehnt werden kann. Beim kurzfristigen britischen Zins wird die Nullhypothese allerdings von beiden Tests abgelehnt, was somit auf das Vorliegen einer I(0)-Variable, d.h. eines stationären Prozesses im Niveau der Zeitreihe hindeutet. Entsprechendes ist für die Schweizer Inflationsrate festzustellen. Bei einzelnen anderen Zeitreihen, wie der französischen Dreimonatszinsvariablen, der japanischen Geldmengen-, Preisindex- und Inflationsgröße sowie der Schweizer Industrieproduktion wird die Nullhypothese einer I(1)-Variable nur von jeweils einem Test, dem DF- oder dem ADF-Test, mit statistisch signifikantem Koeffizienten abgelehnt. Auch bei einzelnen Wechselkursvariablen wird die Nullhypothese I(1) abgelehnt. Für die große Mehrzahl der von uns zur Untersuchung herangezogenen Zeitreihen ist aber auf der Grundlage der Untersuchungsergebnisse bei einer gesamtheitlichen Betrachtung von der Hypothese der Existenz einer einzigen autoregressiven Einheitswurzel im Datengenerierungsprozeß auszugehen.

8.3 Zusammenfassung

In diesem Kapitel wurden für die von uns herangezogenen Daten Einheitswurzeltests durchgeführt. Eingesetzt wurden dabei der Dickey-Fuller- und der Augmented-Dickey-Fuller-Test, daneben wurde im Vorhinein auf das Bestehen deterministischer Elemente in den stochastischen Prozessen getestet. Die erzielten Resultate deuten auf das Vorliegen integrierter Prozesse hin. Das Bild, das sich bei der Betrachtung der Testsresultate der Zeitreihen im einzelnen ergibt, ist folgendes: Die Wechselkurse, Inflationsraten, langfristige und kurzfristige Zinssätze sind eindeutig reine I(1)-Variablen, d.h. diese Zeitreihen enthalten eine einzige autoregressive Einheitswurzel im Datengenerierungsprozeß. Sie sind damit nach einmaliger Differenzenbildung stationär. Die Industrieproduktions- und Geldmengengrößen sind ebenfalls integriert vom Grad eins, ihr Datengenerierungsprozeß enthält aber noch zusätzlich einen linearen Trend. Bei den Verbraucherpreisindices gibt es bei einzelnen Zeitreihen Hinweise auf das Vorliegen eines I(2)-Prozesses, wobei die Ergebnisse jedoch nicht eindeutig zu bewerten sind. Auch bei den kumulierten Leistungsbilanzsalden liegt eine Interpretation der Testresultate nicht auf der Hand. Einzelne dieser Zeitreihen geben Hinweise auf I(2)-Prozesse, während die Testergebnisse für die deutsche, britische und französische Zeitreihe auf einen reinen I(1)-Prozeß deuten.

Insgesamt gesehen ist für die von uns herangezogene Datenbasis von der Hypothese integrierter Prozesse mit einer einzigen autoregressiven Einheitswurzel auszugehen. Dabei sollten allerdings auch die relativ geringen Machteigenschaften des DF- und ADF-Tests mitberücksichtigt werden. Diese Tests gehen als Nullhypothese von integrierten Prozessen aus. Durch das vorherige Testen auf deterministische Elemente im Datengenerierungsprozeß haben wir jedoch alle Möglichkeiten ausgeschöpft, um eine bestmögliche Unterscheidungsfähigkeit der Testverfahren zu ermöglichen. Wie die Resultate gezeigt haben, konnte die Ablehnung der I(2)-Hypothese zugunsten der I(1)-Alternativhypothese mit bzw. ohne linearen Trend meist mit hochsignifikanten Werten der Koeffizienten untermauert werden.

Die Feststellung des Vorliegens integrierter Prozesse vom Rang eins ist damit die Grundlage, auf der im weiteren Verlauf dieser Arbeit bivariate und multivariate Kointegrationsuntersuchungen durchgeführt werden können.

9 Eine Untersuchung der Kaufkraftparitätentheorie

9.1 Einführung

In dem ersten der nun folgenden Kapitel, die der empirischen Analyse theoretischer Modelle zur Erklärung des Verhaltens flexibler Wechselkurse gewidmet sind, wird das Konzept der Kaufkraftparitätentheorie (PPP) auf seine langfristige Gültigkeit untersucht. Es interessiert hierbei, ob die langfristige Entwicklung bilateraler Wechselkurse im Einklang mit der Preisentwicklung der betrachteten Volkswirtschaften steht. Gerade für eine derartige Untersuchung bietet sich der Kointegrationsansatz an. Existieren langfristige Kointegrationsbeziehungen zwischen diesen Variablen, dann sind diese geschätzten Relationen stationär, obwohl die einzelnen Zeitreihen für sich selbst einen nichtstationären Charakter aufweisen. Somit ist es das Ziel dieses Kapitels, erstens festzustellen, ob Kointegrationsbeziehungen existieren, und zweitens zu testen, ob diese Vektoren mit der PPP vereinbar sind. Da in diesem Kapitel das primäre Interesse auf der Ermittlung möglicher langfristiger Beziehungen zwischen den Variablen liegt, werden kurzfristige Anpassungsvorgänge und Fehler-Korrektur-Modelle nicht betrachtet (zu Modellierungen von Fehler-Korrektur-Modellen auf der Basis der Kaufkraftparitätentheorie siehe Gerhards [1993a]). Wir konzentrieren uns hier auf Kointegrationstests im Rahmen des Engle-Granger-Verfahrens (vgl. Abschnitt 5.2).

9.2 Untersuchung der Kaufkraftparität mit Methoden der Kointegration

Die Kaufkraftparität (PPP) als eine Theorie zur Wechselkursbestimmung stellt Wechselkursänderungen zwischen zwei Ländern in Abhängigkeit von Veränderungen der relativen Preisniveaus. Aufgrund ihrer langen Tradition und ihrer Bedeutung als wichtiger Baustein vieler Wechselkursmodelle monetärer Prägung wurde sie häufiger empirischer Überprüfung unterzogen. Während in vielen Studien auf kurze Sicht signifikante und dauerhafte Abweichungen der Wechselkurse von ihren Gleichgewichtswerten festgestellt wurden, konnten mit den klassischen ökonometrischen Methoden im langfristigen Bereich meist keine eindeutigen Resultate erzielt werden (vgl. Abschnitt 7.1).

Mit dem Konzept der Kointegration ist es dagegen möglich, Zeitreihen auf schwache langfristige Beziehungen untereinander zu untersuchen. Sind Zeitreihen nicht stationär und herrscht zwischen ihnen eine stabile Abhängigkeit, dann ist zu erwarten, daß eine Linearkombination existiert, die stationär ist. Abweichungen vom Mittelwert können so zeitweise auftreten, verschwinden aber auf lange Sicht wieder. Damit erscheinen Tests auf Kointegration besonders geeignet, langfristige Zusammenhänge wie sie durch die PPP impliziert werden zu untersuchen.

Wir untersuchen Zeitreihen von Wechselkursen und Konsumentenpreisindizes zwischen den Vereinigten Staaten, Japan, Deutschland, dem Vereinigten Königreich, Frankreich und der Schweiz auf Quartalsbasis. Die Analyse wurde für zwei verschiedene Zeiträume seit dem Ende des Festkurssystems von Bretton Woods durchgeführt. Der erste Untersuchungszeitraum erstreckt sich vom 1. Quartal 1973 bis zum 4. Quartal 1991. Der zweite Zeitraum schließt die Anfangsjahre nach dem Zusammenbruch des Bretton-Woods-Systems aus. Er beginnt mit dem 1. Quartal 1977 und reicht ebenfalls bis Ende 1991. Um eine möglichst breite Überprüfung der absoluten Kaufkraftparität zu erhalten, werden alle möglichen bilateralen Kombinationen zwischen den genannten Ländern betrachtet.

In diesem Kapitel wird der Regressionsansatz von Engle und Granger [1987] angewendet wie er in Abschnitt 5.2 vorgestellt wurde. Somit muß in einem ersten Schritt festgestellt werden, ob die betrachteten Zeitreihen integrierte Prozesse vom Rang Eins sind. Sodann werden in einem zweiten Schritt die Residuen der Kointegrationsregressionen auf Stationarität untersucht. Die Resultate der Untersuchung auf den Integrationsgrad in Kapitel 8 haben gezeigt, daß man bei den von uns herangezogenen Zeitreihen von I(1)-Prozessen ausgehen kann[2]. Damit werden Resultate anderer Studien (Ardeni und Lubian [1991], Heri und Theurillat [1991] oder auch Mark [1990]) bestätigt. Nachdem die Grundlagen gegeben sind, wird zum zweiten Schritt, den Kointegrationstests übergegangen. Als Kointegrationsregression wird folgende Gleichung geschätzt:

$$s_{tij} = \alpha_0 + \alpha_1 p_{ti} + \alpha_2 p_{tj} + z_t, \qquad (9.2.1)$$

mit s_{tij} = Nominaler Wechselkurs in Einheiten der Währung des

[2] Bei den Preisindizes sind Anzeichen von I(2) festzustellen. Eine genauere Untersuchung der Länder, für deren Zeitreihen die Nullhypothese abgelehnt wird, deutet darauf hin, daß die Ursache in den starken Veränderungen der Preise zu finden ist, die in diesen Ländern in den ersten Jahren nach dem Zusammenbruch des Bretton-Woods-Systems auftraten. Werden diese Zeitreihen für den verkürzten Zeitraum ab 1977 betrachtet, so kann auch für diese Werte die Annahme I(1) nicht abgelehnt werden (siehe auch Gerhards [1993a]).

Landes i pro Einheiten der Währung des Landes j.
p_{ti} = Preise des Landes i
z_t = Residuum.

Die Tests auf Kointegration werden mit den in Abschnitt 4.3 vorgestellten Dickey-Fuller- (DF) und Augmented-Dickey-Fuller-Tests (ADF) durchgeführt:

$$\Delta z_t = bz_{t-1} + \epsilon_t, \qquad (9.2.2)$$

$$\Delta z_t = bz_{t-1} + \sum_{i=1}^{k} \alpha_i \Delta z_{t-i} + \epsilon_t. \qquad (9.2.3)$$

Dabei werden die Residuen z_t unter der Nullhypothese der Nichtstationarität (z_t~I(1)) und der Alternativhypothese untersucht, daß z_t stationär ist und die drei Variablen kointegriert sind. Kritische Werte für die t-Statistik der Koeffizienten b in der DF- und ADF-Gleichung sind in Engle und Yoo [1987,S. 157-158] sowie Engle und Granger [1987, S.269] tabelliert[3].

Speziell in der monetären Wechselkurstheorie wird in vielen Studien (z.B. Frenkel [1978, 1981] und die Literaturangaben im Überblicksartikel von Frenkel und Mussa [1985]) angenommen, daß sich die Preise symmetrisch zueinander verhalten, das heißt für α_1 und α_2 gilt $\alpha_2 = -\alpha_1$. Unter dieser Symmetrie-Annahme läßt sich folgende Gleichung schätzen:

$$s_{tij} = \alpha_0 + \alpha_1 p_{tij} + z_t \qquad (9.2.4)$$

$$\text{mit} \quad p_{tij} = p_{ti} - p_{tj}$$

Wiederum werden die Residuen z_t unter der Nullhypothese der Nichtstationariät getestet, und kritische Werte für die t-Statistik sind ebenfalls in Engle und Yoo [1987] sowie in Engle und Granger [1987, S.269] aufgelistet.[4]

Die Ergebnisse der Kleinste-Quadrate-Schätzung mit den beiden Kointegrationsgleichungen über den gesamten sowie über den verkürzten Zeitraum sind in Tabelle 9.2.1 angegeben. Es werden die t-Werte der Koeffizienten b des Augmented-Dickey-Fuller-Testes aufgelistet und die Signifikanzniveaus angezeigt. Die Resultate des DF-Testes sind nur dann angegeben, wenn der t-Wert signifikant ist. Bei der allgemeinen Kointegrationsregression (9.2.1) (Werte in den ersten beiden Spalten) sind die Kointegrationsbeziehungen bei den folgenden Wechselkursen signifikant: JPY/USD,

---

[3] Die Anzahl der zeitverzögerten Werte k im ADF-Test wird so gewählt, daß die Residuen weißes Rauschen darstellten.

[4] Die Kaufkraftparitäten p_{tij} werden dem gleichen Procedere unterworfen wie die Wechselkurse und Preise. Zuerst wird auf Drift-Term getestet und daraufhin auf Stationarität in der 1. Differenz. Als Resultat wird auch bei den Kaufkraftparitäten die Nullhypothese I(1) nicht abgelehnt (siehe Gerhards [1993a]).

DEM/JPY, CHF/JPY, FRF/JPY, DEM/CHF, FRF/CHF und DEM/FRF. Meist wird die Nullhypothese, d.h. das Vorliegen keiner Kointegration, auf hohen Signifikanzniveaus abgelehnt, insbesondere für den Zeitraum nach 1977[5]. Qualitativ entsprechende Resultate erhält man bei Verwendung der Kointegrationsgleichung (9.2.4). Bei dieser Gleichung sind signifikant: DEM/JPY, CHF/JPY, FRF/JPY, DEM/CHF, FRF/CHF und DEM/FRF.

Tabelle 9.2.1
Kointegrationstests auf Kaufkraftparität[a]
Zeitraum 1973:1 - 1991:4 und 1977:1 - 1991:4

Zeitreihe	Gleichung (9.2.1) ab 1973 ADF (DF)	Gleichung (9.2.1) ab 1977 ADF (DF)	Gleichung (9.2.4) ab 1973 ADF (DF)	Gleichung (9.2.4) ab 1977 ADF (DF)
Wechselkurs				
DEM/USD	-2.76	-2.87	-2.56	-2.34
JPY/USD	-2.36	-3.34*	-2.42	-2.03
CHF/USD	-2.55	-2.32	-2.55	-2.31
GBP/USD	-2.44	-2.03	-2.41	-1.90
FRF/USD	-2.60	-2.27	-2.67	-2.14
DEM/JPY	-3.35*	-3.99**	-1.12	-4.51*** (-3.42**)
CHF/JPY	-3.82**	-3.30	-1.71	-3.60**
GBP/JPY	-2.24	-2.17	-2.24	-1.93
FRF/JPY	-3.19	-6.17***	-3.04*	-2.94*
DEM/CHF	-5.19***	-5.10***	-2.12	-2.44 (-3.33*)
GBP/CHF	-2.62	-2.54	-2.62	-2.63
FRF/CHF	-3.27	-5.30***	-3.31**	-5.45***
DEM/GBP	-2.30	-2.27	-2.27	-2.13
FRF/GBP	-2.06	-1.62	-1.65	-1.81
DEM/FRF	-3.92**	-3.98**	-3.99***	-4.11***

[a]Die Kointegrationsregressionen sind

$$s_{tij} = \alpha_0 + \alpha_1 p_{ti} + \alpha_2 p_{tj} + z_t \qquad (9.2.1)$$

$$s_{tij} = \alpha_0 + \alpha_1 p_{tij} + z_t \qquad (9.2.4)$$

Als Kointegrationstests wird die t-Statistik von b untersucht in:

$$\text{DF: } \Delta z_t = b z_{t-1} + \epsilon_t \qquad (9.2.2)$$

$$\text{ADF: } \Delta z_t = b z_{t-1} + \sum_{i=1}^{k} c_i \Delta z_{t-i} + \epsilon_t \qquad 2.3)$$

Kritische Werte bei n=100 und k = 4 sind bei der Kointegrationsgleichung (9.2.1) für den ADF- (DF-) Test -3.32 (-3.59), -3.62 (-3.93) und -4.22 (-4.45) auf dem 10%, 5% und 1% Signifikanzniveau (Engle und Yoo [1987,S.158] siehe auch MacKinnon [1991, S.275]). Bei der Kointegrationsgleichung (9.2.4) sind die kritischen Werte für den ADF- (DF-) Test -2.91 (-3.03), -3.17 (-3.37) und -3.73 (-4.07) auf dem 10%, 5% und 1% Signifikanzniveau (Engle und Yoo [1987,S.157], Engle und Granger [1987,S.269] siehe auch MacKinnon [1991, S.275]).
*,**,*** bedeuten signifikant auf 10%, 5% und 1% Niveau.

Die Ergebnisse der obigen Untersuchung lassen sich somit folgendermaßen zusammenfassen: für die Wechselkurse DEM/CHF, DEM/FRF und ab 1977 auch für FRF/CHF wird die Hypothese, daß keine Kointegrationsbeziehungen mit den entsprechenden Preisindizes bestehen, hochsignifikant zurückgewiesen. Bei den Relationen des Japanischen Yen zu diesen drei Währungen erfolgt dies allgemein auf niedrigeren Signifikanzniveaus und für den Zeitraum ab 1977. In der Kointegrationsgleichung (9.2.4)

[5] Auch der YEN/USD Wechselkurs ist in diesem Fall auf dem 10% Niveau signifikant. Dies ist jedoch zwischen den beiden Ländern das einzige Mal.

wird die Symmetrie-Annahme zugrundegelegt. Hier wird bei den Wechselkursrelationen FRF/CHF, DEM/FRF und DEM/JPY (ab 1977) die Hypothese keiner Kointegration deutlich verworfen.

Die hochsignifikanten Ergebnisse für den DEM/FRF Wechselkurs lassen eine weitere Untersuchung gerechtfertigt erscheinen. Denn es ist speziell von Interesse, den möglichen Einfluß des Wechselkursmechanismus des Europäischen Währungssystems (EWS) auf die Kointegrationsbeziehung des DEM/FRF-Wechselkurses zu untersuchen. Dazu wird die Kointegrationsregression für den Zeitraum vor Beginn und seit Beginn des EWS getrennt geschätzt. Das EWS mit festen Bandbreiten aber durch 'realignments' anpassungsfähigen Wechselkursen trat im März 1979 in Kraft. Für die beiden Zeitintervalle ergibt sich folgendes Bild (Tabelle 9.2.2):

Tabelle 9.2.2
Kointegrationstest für DEM/FRF Wechselkurs für die Zeiträume vor Beginn des Europäischen Währungs Systems und seit Beginn des EWS.[a]

Zeitreihe	Zeitraum	GL(9.2.2)	GL(9.2.4)
DEM/FRF	1973-1979	-2.76	-2.43
	1979-1991	-4.14**	-4.36***

[a]Siehe die Anmerkungen zu Tabelle 9.2.1.
Die Daten für den EWS-Zeitraum beginnen mit dem zweiten Quartal 1979.

Graphik 9.2.1

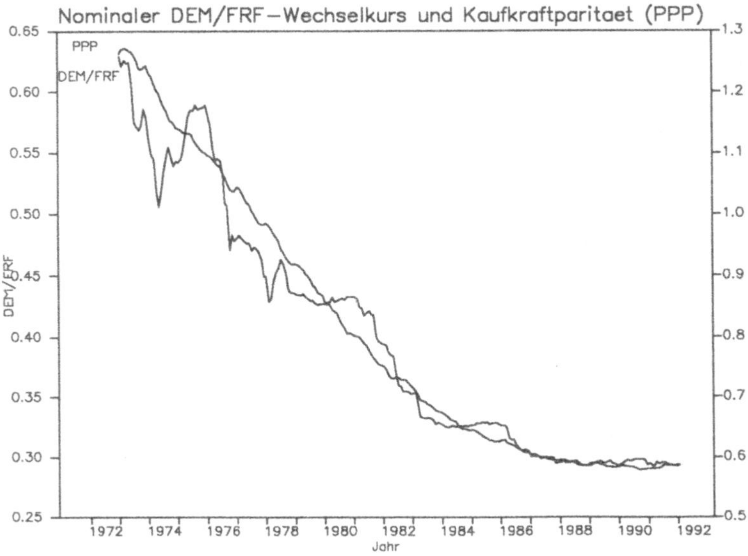

Zwischen 1973 und 1979 kann die Nullhypothese, daß keine Kointegration vorliegt, nicht abgelehnt werden. Seit Beginn des EWS wird die Nullhypothese dagegen auf dem 1% bzw. dem 5% Signifikanzniveau verworfen. Damit scheint die Entwicklung des DEM/FRF-Wechselkurses seit Beginn des Europäischen Währungssystems mit der Entwicklung der Konsumentenpreise weitgehend parallel zu verlaufen, ein Ergebnis, das durch die Graphik 9.2.1 verdeutlicht wird[6].

Sind Wechselkurse und Preisniveaus kointegriert, dann ist der Kleinste-Quadrate-Schätzer des Kointegrationsvektors konsistent und konvergiert mit einer höheren Rate als stationäre Zufallsvariablen. Allerdings können in Stichproben die Verzerrungen erheblich sein (Stock [1987]). Trotzdem stellen wir in Tabelle 9.2.3 die Kointegrationsvektoren der beiden Gleichungen (9.2.1) und (9.2.4) vor. Die Werte wurden für beide Zeiträume (1973-1991 und 1977-1991) ermittelt[7]. Im ersten Teil der Tabelle sind die Kointegrationsvektoren α_1, α_2 aus Gleichung (9.2.1) aufgelistet.

Die Vektoren weisen meist die richtigen Vorzeichen auf, und bei der Betrachtung der für uns besonders interessanten Beziehungen, für die Kointegration festgestellt wurde, fällt auf, daß die Vektoren zwischen den Ländern Deutschland, Frankreich und der Schweiz annähernd symmetrisch sind. Sie verändern auch kaum ihre Werte bei der Verwendung des kürzeren Zeitraumes. Der Notation von MacDonald [1992] folgend, läßt sich diese Art der Beziehung, bei der Kointegration zwischen dem Wechselkurs und den Preisgrößen sowie die korrekten Vorzeichen bei den Koeffizienten vorliegen, 'schwache Form' der Kaufkraftparität titulieren. Dagegen haben die Vektoren zwischen Japan und den anderen Ländern zum Teil sehr unterschiedliche Werte in den beiden Perioden. Als Ursache kommen die in den Anfangsjahren nach dem Zusammenbruch des Bretton-Wooods-Systems aufgetretenen Verzerrungen in Frage. In diesem Licht betrachtet scheinen die Werte der Vektoren für den zweiten Zeitraum größeres Vertrauen zu rechtfertigen.

Der Theorie der PPP zufolge wird erwartet, daß eine Veränderung der Kaufkraftparität zwischen zwei Ländern zu einer entsprechend starken Veränderung des nominalen Wechselkurses führt. Dies läßt sich anhand des Kointegrationsvektors α_1 in der Gleichung (9.2.4) untersuchen, der annahmegemäß gleich Eins sein sollte. Eine derartige Beziehung kann dann als 'strenge Form' der Kaufkraftparität bezeichnet werden. Im zweiten Teil der Tabelle 9.2.3 sind die Werte des Vektors aufgelistet. Es lassen sich sehr starke Abweichungen und auch große Unterschiede in den beiden Perioden erkennen. Als

---

[6] Dieses Ergebnis steht im Widerspruch zu Heri und Theurillat [1991], die für den DEM/FRF-Fall bei der Verwendung von Großhandelspreisen über einen Zeitraum von 1974 bis 1987 keine Kointegrationsbeziehungen festgestellt haben.

[7] Um mit einer möglichst großen Stichprobe zu arbeiten, wurden hier Monatsdaten verwandt. Jedoch wurden auch mit Quartalsdaten keine signifikant davon abweichenden Werte geschätzt.

Ursache kommen insbesondere Meßfehler in Frage, die z.B. das Resultat der verwendeten Preisindices und deren zugrundeliegender Warenkörbe sein können. Bei den Zeitreihen, zwischen denen Kointegration herrscht, wird nur für einen Fall, bei der Beziehung zwischen Deutschland und Frankreich, in beiden Zeiträumen ein Wert nahe bei eins ausgewiesen. Hier führt eine Änderung der Kaufkraftparität zu einer Änderung des nominalen Wechselkurses von ungefähr dem gleichen Ausmaß. Ein Ergebnis, das auch die folgende Untersuchung bestätigt.

Tabelle 9.2.3

I. Die Kointegrationsvektoren (α_1, α_2) der Gleichung:[a]

$$s_{tij} = \alpha_0 + \alpha_1 p_{ti} + \alpha_2 p_{tj} + z_t \qquad (9.2.1)$$

Zeitraum 1973 - 1991

	JP	CH	GB	FR	D
US	0.93, -1.26	0.99, -1.60	0.57, -0.48	3.29, -3.81	7.01, -3.97
JP	-	1.71, -1.22	1.24, -1.26	1.54, -1.36	2.34, -1.29
CH	-	-	0.83, -0.58	1.17, -1.01	1.71, -1.17
GB	-	-	-	1.11, -0.92	1.83, -1.08
FR	-	-	-	-	1.35, -1.09

Zeitraum 1977 - 1991

	JP	CH	GB	FR	D
US	10.27, -5.50	0.24, -0.48	-1.02, 1.62	3.28, -3.70	8.92, -4.81
JP	-	1.67, -1.22	2.28, -4.19	2.74, -4.87	3.47, -2.61
CH	-	-	-0.37, 1.92	1.07, -0.86	1.69, -1.20
GB	-	-	-	0.77, -0.58	1.68, -1.01
FR	-	-	-	-	1.14, -0.99

II. Der Kointegrationsvektor (α_1) der Gleichung:[a]

$$s_{tij} = \alpha_0 + \alpha_1 p_{tij} + z_t \qquad (9.2.4)$$

Zeitraum 1973 - 1991

	JP	CH	GB	FR	D
US	1.65	1.13	0.74	1.73	0.60
JP	-	0.82	1.24	1.69	-0.22
CH	-	-	0.96	1.28	1.55
GB	-	-	-	0.31	0.66
FR	-	-	-	-	0.91

Zeitraum 1977 - 1991

	JP	CH	GB	FR	D
US	1.46	0.79	0.82	2.20	0.51
JP	-	2.48	1.25	1.60	6.70
CH	-	-	0.83	1.28	-0.01
GB	-	-	-	0.63	0.59
FR	-	-	-	-	0.90

[a]Die Vektoren wurden bei Kointegrationstests mit monatlichen Daten ermittelt.
Die Abkürzungen bezeichnen: US = Vereinigte Staaten, JP = Japan, CH = Schweiz, GB = Vereinigtes Königreich, FR = Frankreich und D = Deutschland.

Neben der Symmetriehypothese ist im Kontext der Kaufkraftparitätentheorie, wie oben erwähnt, vor allem die Hypothese der Proportionalität mit $\alpha_1 = -\alpha_2 = 1$ in der Kointegrationsgleichung (9.2.1) relevant. Das heißt, es interessiert das Verhalten des realen Wechselkurses $r_{tij} = s_{tij} - p_{ti} + p_{tj}$. Im folgenden werden die realen Wechselkurse auf Stationarität untersucht. Die Resultate der DF- und ADF-Tests unter der Nullhypothese der Nichtstationarität ($r_{tij} \sim I(1)$) sind in Tabelle 9.2.4 wiedergegeben. Während mit dem DF-Test die Hypothese auf den gängigen Signifikanzniveaus nicht abgelehnt werden kann, wird bei dem ADF-Test für den realen DEM/FRF Wechselkurs die Nichtstationarität hochsignifikant auf dem 1% Niveau verworfen. Das Ergebnis deutet somit darauf hin, daß der reale DEM/FRF Wechselkurs langfristig als ein stationärer Prozeß angesehen werden kann.

Tabelle 9.2.4
Einheitswurzeltest der realen Wechselkurse[a]
Dickey-Fuller und Augmented-Dickey-Fuller-Teststatistik[b]
Zeitraum 1973 - 1991

Zeitreihe	DF	ADF
Realer Wechselkurs		
DEM/USD	-1.32	-2.18
JPY/USD	-1.44	-1.91
CHF/USD	-1.81	-2.58
GBP/USD	-1.50	-2.39
FRF/USD	-1.32	-2.16
DEM/JPY	-1.21	-1.33
CHF/JPY	-1.55	-1.51
GBP/JPY	-1.63	-1.86
FRF/JPY	-1.29	-1.15
DEM/CHF	-1.97	-2.51
GBP/CHF	-2.17	-2.54
FRF/CHF	-2.36	-1.92
DEM/GBP	-1.30	-1.78
FRF/GBP	-1.51	-1.37
DEM/FRF	-2.36	-3.74***

[a]Der reale Wechselkurs wurde in der folgenden Form verwandt: $r_{tij} = s_{tij} - p_{ti} + p_{tj}$.
[b]Einheitswurzeltests der t-Statistik von b in:

$$\text{DF: } \Delta x_t = a + bx_{t-1} + \epsilon_t \qquad (9.2.2)$$

$$\text{ADF: } \Delta x_t = a + bx_{t-1} + \sum_{i=1}^{k} c_i \Delta x_{t-i} + \epsilon_t \qquad (9.2.3)$$

Für x_t werden die realen Wechselkurse r_{tij} eingesetzt.
Kritische Werte bei n=100 sind -2.58, -2.89 und -3.51 auf dem 10%, 5% und 1% Signifikanzniveau (Fuller [1976,S.373] siehe auch MacKinnon [1991, S.275]).
*,**,*** bedeuten signifikant auf 10%, 5% und 1% Niveau.

9.3 Einfluß von Produktivitätsdifferenzen

In der aktuellen Phase flexibler Wechselkurse waren die einzelnen Volkswirtschaften einer großen Anzahl von realen Schocks ausgesetzt gewesen. Dazu gehören z.B. die Entdeckung von Rohstoffvorkommen, Produktivitätsänderungen, Einführung/Aussetzung von Handelsrestriktionen oder auch Geldmengenschocks. Wie schon in Kapitel 2 angesprochen, können Produktivitätsänderungen zwischen zwei Volkswirtschaften ein wichtiger Grund für Abweichungen von der Kaufkraftparität sein. Dies könnte insbesondere auch die Ursache für die Ungültigkeit der PPP bei den bilateralen Wechelkursen zu den Vereinigten Staaten sein. Häufig wird argumentiert, daß die USA im Vergleich zu Konkurrenten wie Deutschland und Japan in den letzten Jahrzehnten weniger effizient bei der Produktion von handelbaren Gütern geworden sei. Eine derartige Entwicklung macht Änderungen in den realen bilateralen Wechselkursen notwendig (Branson [1981]). In einigen empirischen Studien wird die Frage der Auswirkungen von Produktivitätsänderungen zwischen zwei Volkswirtschaften behandelt. So findet Balassa [1964] in seiner grundlegenden Arbeit einige Anzeichen für die Gültigkeit dieser 'productivity bias' genannten Hypothese. Auf der Basis von Querschnittsdaten von Entwicklungsländern wurde von De Vries [1968], Grunwald und Salazar-Carrillo [1972], Clague und Tanzi [1972] und Officer [1976b] keine empirische Unterstützung für den Einfluß von Produktivitätsänderungen gefunden (Grubel [1981,S.278]). Hsieh [1982] und letzthin Bagmani-Oskooee [1992] wenden Zeitreihenverfahren an und erhalten Ergebnisse, die Anzeichen für ein Zutreffen der Hypothese liefern.

Im Rahmen unserer Arbeit untersuchen wir diese Hypothese für die bilateralen Wechselkurse zum US-Dollar. Dabei verwenden wir als Indikator für die Produktivität einer Volkswirtschaft das reale Bruttosozialprodukt pro Beschäftigten. Im ersten Schritt werden DF- und ADF-Tests zur Feststellung des Integrationsgrades der Produktivitätsvariablen durchgeführt. Die Hypothese, daß die Variablen integriert vom Grad Eins sind, kann dabei nicht abgelehnt werden. Im oberen Teil der Tabelle 9.3.1 werden die Resultate der Produktivitätsindices für Deutschland und Japan angegeben. Der untere Teil der Tabelle gibt die Ergebnisse der Kointegrationsregressionen wieder. Über den gesamten Zeitraum wird die Hypothese keiner Kointegration für den D-Mark-Wechselkurs vom DF- ebenso wie vom ADF-Test auf 10% Niveau abgelehnt. Beim Yen-Kurs ist der ADF-Test sogar auf 5% signifikant. Über den zweiten Zeitraum von 1977 bis 1991 wird die Nullhypothese beim ADF für beide Kurse auf einem Signifikanzniveau von 5% abgelehnt. D.h. die betrachteten Zeitreihen sind kointegriert. Die Vorzeichen der Produktivitätsvariablen sind in beiden Fällen negativ und weisen somit darauf hin, daß ein Anstieg an Produktivität in Deutschland und Japan tendenziell zu einer Abwertung des US-

Dollars gegenüber dem entsprechenden Land führt. Bei den anderen bilateralen US-Dollar-Wechselkursen konnte die Nullhypothese keiner Kointegration jedoch nicht abgelehnt werden. Dies zeigt, daß Produktivitätsänderungen in diesen Industrienationen keine größere Bedeutung für die Begründung von Abweichungen von der Kaufkraftparität haben. Der Einfluß der amerikanischen Produktivitätsvariablen verbesserte nicht die Signifikanz der Ergebnisse, außerdem änderten sich die Vorzeichen in den beiden Zeiträumen. Daher wurde die US-Zeitreihe nicht in die endgültige Kointegrationsgleichung aufgenommen.

Table 9.3.1
Einheitswurzeltests[a] für Produktivitätsindikatoren und Kointegrationstests[b] zur Überprüfung der productivity-bias-Hypothese.
Zeitraum 1973 - 1991 und 1977 - 1991

Einheitswurzeltest	1. Differenz		2. Differenz	
	DF	ADF	DF	ADF
Produktivitätsindex				
D	-0.47	-0.24	-9.90***	-3.33**
JP	-0.97	-0.46	-11.18***	-3.20**
Kointegrationstest	1. Zeitraum		2. Zeitraum	
	DF	ADF	DF	ADF
DEM/USD	-4.14*	-3.75*	-2.94	-4.57**
JPY/USD	-3.76	-4.12**	-4.16*	-4.35**

[a] Siehe die Anmerkung b zu Tabelle 9.4.
[b]Die Kointegrationsregression ist

$$s_{tij} = \alpha_0 + \alpha_1 p_{ti} + \alpha_2 p_{tj} + \alpha_3 prod_{ti} + z_t$$

Als Kointegrationstests wird die t-Statistik von b untersucht in:

$$\text{DF: } \Delta z_t = b z_{t-1} + \epsilon_t \qquad (9.2.2)$$

$$\text{ADF: } \Delta z_t = b z_{t-1} + \sum_{i=1}^{k} c_i \Delta z_{t-i} + \epsilon_t \qquad (9.2.3)$$

Kritische Werte bei n=50 und k = 4 sind bei der Kointegrationsgleichung für den ADF- (DF-) Test -3.67 (-4.02), -3.98 (-4.35) und -4.61 (-4.94) auf dem 10%, 5% und 1% Signifikanzniveau (Engle, Yoo [1987,S.158], siehe auch MacKinnon [1991, S.275]).
*,**,*** bedeuten signifikant auf 10%, 5% und 1% Niveau.

Die obigen Resultate lassen somit die Schlußfolgerung zu, daß die Wechselkurse, Preise und Produktivitätsindikatoren zwischen Deutschland, Japan und den Vereinigten Staaten kointegriert sind. In diesen Fällen wird die productivity-bias-Hypothese als ein langfristiges Phänomen akzeptiert. Dieses Resultat weist darauf hin, daß Änderungen in der Produktivität zwischen zwei Volkswirtschaften Bedeutung für die Entwicklung des Wechselkurses zwischen beiden Ländern haben können.

9.4 Zusammenfassung

In diesem Kapitel wurden einige empirische Ergebnisse im Hinblick auf die absolute Kaufkraftparität vorgestellt. Mit dem neuen Konzept der Kointegration untersuchten wir die Länder mit den bedeutendsten Währungen hinsichtlich einer langfristigen Beziehung zwischen ihren nominalen Wechselkursen und Verbraucherpreisen. Als Zeitraum wurde die Periode flexibler Wechselkurse seit dem Zusammenbruch des Bretton-Woods-Systems 1973 bis 1991 sowie eine verkürzte Periode von 1977 bis 1991 verwandt. Die Ergebnisse der Tests weisen darauf hin, daß tatsächlich Kointegrationsbeziehungen bestehen. Die Wechselkurse und Preisindizes zwischen Deutschland, Frankreich, der Schweiz und Japan können als kointegriert angesehen werden. Dies ist eine gewisse Bestätigung für die langfristige Gültigkeit der schwachen Form der absoluten PPP. Häufig wirken die Preise auch annähernd symmetrisch auf den nominalen Wechselkurs, wie es von der Kaufkraftparitäten-Theorie angenommen wird. Dagegen scheint kaum Proportionalität zwischen nominalen Wechselkursen und Preisniveaus zu bestehen.

Für den Wechselkurs zwischen Deutschland und Frankreich werden proportionale Änderungen zwischen dem nominalen Wechselkurs und der Kaufkraftparität festgestellt. Wie die Untersuchungen zeigen, ist die Ursache dafür in den Auswirkungen des Wechselkursmechanismus des EWS zu sehen. So kann für den Zeitraum seit Beginn des EWS der reale DEM/FRF-Wechselkurs als ein stationärer Prozeß akzeptiert werden. Damit gilt für diesen Wechselkurs die sogenannte strenge Form der PPP.

Für die Wechselkurse und Preisindizes zwischen den Vereinigten Staaten, dem Vereinigten Königreich und den oben genannten Ländern kann die Hypothese, daß keine Kointegration besteht, auf allen gängigen Signifikanzniveaus für beide untersuchten Zeiträume nicht abgelehnt werden[8]. In diesen Fällen kann somit keine Unterstützung für die Gültigkeit der PPP gefunden werden. Unterschiede in der Preisentwicklung wirken auf die Wechselkurse bei diesen Ländern möglicherweise nur über noch längere Zeiträume oder höheraggregierte Daten[9]. Eine weitere Ursache ist in dem Einfluß von Produktivitätsänderungen zu sehen. Bei den bilateralen US-Wechselkursen zu Deutschland

---

[8] Dies stimmt mit dem Ergebnis von Corbae und Ouliaris [1988] überein, die für den Zeitraum von Juli 1973 bis September 1986 zwischen den USA auf der einen Seite und den Ländern Canada, Frankreich, Italien, dem Vereinigten Königreich und Deutschland auf der anderen Seite keine Kointegrationsbeziegungen hinsichtlich Wechselkursen und Preisen feststellen konnten.

[9] Ardeni und Lubian [1991] stellen bei der Verwendung von Jahresdaten über einen Zeitraum von hundert Jahren (1978-1985) Kointegrationsbeziehungen zwischen den Vereinigten Staaten, dem Vereinigten Königreich und Frankreich fest. Auch Edison [1987] ermittelt für 1890 bis 1978 proportionale und symmetrische Beziehungen zwischen den USA und dem Vereinigten Königreich.

sowie Japan kann die Hypothese eines productivity bias angenommen werden. Änderungen in der Produktivität dieser Länder stellen einen Faktor dar, der Abweichungen der Wechselkursentwicklung von der Kaufkraftparität erklärt.

Insgesamt betrachtet werfen die Ergebnisse der vorliegenden Studie ein etwas günstigeres Licht auf die Theorie der Kaufkraftparitäten als dies bisher beispielsweise bei traditionellen ökonometrischen Methoden der Fall war. Die im Rahmen der Kointegration ermittelten langfristigen Beziehungen zwischen den Wechselkursen und Preisen können damit für die folgende Untersuchung, die Überprüfung des monetären Ansatzes zur Wechselkurserklärung, genutzt werden.

10 Eine Analyse monetärer Wechselkursmodelle

10.1 Eine monetäre Interpretation langfristiger makroökonomischer Fluktuationen

10.1.1 Einleitung

Im diesem Kapitel wird die Relevanz der monetären Theorie anhand des Datenmaterials moderner offener Volkswirtschaften untersucht. Dazu wird ermittelt, ob die tatsächliche Entwicklung einer Volkswirtschaft langfristig im Einklang mit monetären Überlegungen steht. Ist dies der Fall, so sollten entsprechende Gleichgewichtsbeziehungen existieren, an denen sich die zyklischen volkswirtschaftlichen Bewegungen orientieren. Speziell für eine derartige Untersuchung bietet sich der Kointegrationsansatz in multivariaten Systemen an. Existieren langfristige Beziehungen, dann sind diese geschätzten Relationen stationär, obwohl die einzelnen Zeitreihen innerhalb der betrachteten VAR-Modelle für sich selbst einen nichtstationären Charakter haben. Es ist das Ziel dieses Abschnittes, festzustellen, ob Kointegrationsbeziehungen existieren, und zu testen, ob diese Vektoren mit theoretischen monetären Gleichgewichtsbeziehungen vereinbar sind. So greift die folgende Analyse zum einen die grundlegenden Fragestellungen der monetären Theorie auf und bietet neue empirische Resultate im Hinblick auf die Existenz stabiler, langfristiger monetärer Gleichgewichtsbeziehungen innerhalb des Datenmaterials moderner offener Volkswirtschaften. Zum anderen stellt sie auch eine entscheidende Grundlage für die Untersuchung monetärer Wechselkursmodelle dar. Denn die ermittelten Resultate hinsichtlich der monetären Zusammenhänge in Volkswirtschaften können in einem zweiten Schritt für die Analyse der monetären Wechselkursmodelle verwendet werden. Dies bedeutet, daß bei der Spezifikation von Wechselkursmodellen die gefundenen Wechselwirkungen berücksichtigt werden und in die Modellbildung einfließen können.

10.1.2 Monetäre Hypothesen

In der Analyse flexibler Wechselkurse spielt die monetäre Theorie offener Volkswirtschaften eine wichtige Rolle. So basiert eine Denkrichtung der theoretischen Wechselkursmodelle auf monetären Wirkungszusammenhängen (siehe dazu Kapitel 3). Wichtigster Baustein der monetären Theorie und der Wechselkursmodelle monetärer Provenienz ist dabei die Geldnachfragerelation. Die traditionelle Theorie der Geldnachfrage unterscheidet drei Ursachen für die Geldhaltung von Wirtschaftssubjekten und damit für die Geldnachfrage, und zwar das Transaktions-, das Vorsichts- und das Spekulationsmotiv. Die monetäre Theorie argumentiert, daß das Geldmengenangebot gesteuert werden sollte, um eine Kontrolle der Inflationsrate zu ermöglichen. Nach diesen Vorstellungen führt ein Überangebot der Geldversorgung, das nicht durch ein entsprechendes Anwachsen des realen Produktivitätspotentials der Volkswirtschaft gerechtfertigt wird, zu inflationären Tendenzen. Entsteht ein Übermaß an Liquidität, so wird dieses Geldüberangebot von den Wirtschaftssubjekten in entsprechend höhere Güter- und Dienstleistungsnachfrage umgesetzt, was zu ansteigenden Preisen führt. Diesen Überlegungen zufolge existiert daher eine stabile Geldnachfragerelation, und Abweichungen von dieser langfristigen Beziehung haben Einfluß auf die Entwicklung der Inflationsrate. In der monetären Theorie werden für eine solche stabile Geldnachfragefunktion eine positive Relation der nominalen Geldmenge mit dem Preisniveau und dem realen Einkommen sowie eine negative mit den Opportunitätskosten der Geldhaltung zugrundegelegt. Um diese Opportunitätskosten widerzuspiegeln, werden im allgemeinen Zinssätze oder auch die Differenz zwischen langfristigen und kurzfristigen Sätzen verwendet. Wenn nur ein Zinssatz im System verwendet wird, dann sollte dieser eine negative Korrelation mit der Geldnachfrage haben. Bei der Aufnahme mehrerer verschiedener Zinssätze wird eine in der Summe negativ wirkende Beziehung erwartet. Dabei wird für einen langfristigen Kapitalmarktzins theoretisch eine negative Relation angenommen, während für den kurzfristigen Zinssatz kein eindeutiges Vorzeichen vorausgesetzt wird. Hier spielt auch eine Rolle, ob die Geldmenge als eng abgegrenztes oder als weiter gefaßtes Aggregat untersucht wird. Wir erhalten also eine theoretische Geldnachfragebeziehung der folgenden Form

$$M = \overset{\quad + \;\; + \;\; - \;\; +/-}{f(P, Y, i_B, i_S)}, \qquad (10.1.1)$$

wobei die erwarteten Vorzeichen für die Koeffizienten der einzelnen Variablen oberhalb der Parameter angegeben sind. Wir setzen in Gleichung (1) die nominale Geldmenge explizit getrennt in Relation zu dem Preisniveau und dem Realeinkommen, dadurch kann auf die häufig getroffene Annahme der Homogenität in den Preisen (entspricht der monetären

Geldnachfragegleichung M/P = L(Y,i), siehe Kapitel 3) und im Einkommen gesondert getestet werden, anstatt diese Annahmen von vornherein zugrundezulegen.

Neben der langfristigen Geldnachfragefunktion können in einem makroökonomischen System weitere Beziehungen existieren, die langfristig Gültigkeit haben. In der Theorie wird von einer stabilen aggregierten Güternachfragegleichung ausgegangen. Diese bestimmt das Realeinkommen in Abhängigkeit von den Preisen, der Geldmenge, den langfristigen Zinssätzen und den Einflüssen des Auslandes, in unserem System ausgedrückt durch den Wechselkurs als Preisnotierung (Preis in inländischer Währung pro Einheit der ausländischen Währung). Dabei gehen die Geldmenge und der Wechselkurs positiv, die langfristigen Anleihezinsen negativ ein. Werden die Abhängigkeit des Einkommens von der realen Geldmenge untersucht und die Größen m und p getrennt aufgeführt, dann ist eine negative Relation zwischen Einkommen und Preisen vorauszusetzen, und die Koeffizienten der Variablen Geldmenge und Preise sollten vom Betrag gleich groß sein. Aggregierte Nachfrage steigt dabei mit der realen Geldmenge an[1]. Geht man von der Annahme ab, daß die Güternachfrage nur von der realen Geldmenge abhängt, und erweitert man die aggregierte Nachfragegleichung auch um die Wirkungen von Preis- und Preisniveauänderungen, so kann in der Spezifikation als reduzierte Gleichung auch eine positive Beziehung zwischen Einkommen und Preisen resultieren[2]. Die aggregierte Güternachfrage hat so die folgende Form

$$Y = f(\overset{+/-}{P}, \overset{+}{M}, \overset{-}{i_B}, \overset{+}{S}). \qquad (10.1.2)$$

Daneben sind in offenen Volkswirtschaften weitere langfristige Abhängigkeiten denkbar. Die im allgemeinen enge Beziehung zwischen dem Preisniveau und den langfristigen Zinssätzen kann Grundlage einer Kointegrationsbeziehung sein, die den langfristigen Realzins modelliert. In den meisten Industrieländern verwenden die Zentralbanken zur Erlangung ihrer übergeordneten Ziele wie Preisniveaustabilität und Förderung des Wirtschaftswachstums eine bestimmte Abgrenzung der Geldmenge als Zwischenzielgröße. Als Steuerungselemente dienen dabei kurzfristige Zinssätze in Form von Diskont, Lombard und Pensionssätzen. Das Feststellen einer langfristigen Beziehung zwischen der Geldmengengröße und dem kurzfristigen Zinssatz kann daher als Effekt der Steuerungen der Zentralbanken interpretiert werden, die ihre Geldpolitik an der Entwicklung der Geldmengenaggregate orientieren. Ebenso können langfristige Gleichungen für die

---

1 Mit dieser Struktur korrespondiert die Nachfragegleichung im Prinzip mit der Sichtweise von Keynes [1936].

2 Im Rahmen rationaler Erwartungen werden diese Effekte von Preisflexibilität z.B. auch in Driskill und Sheffrin [1986] oder Delong und Summers [1986] untersucht. Tobin [1975] betrachtet in diesem Zusammenhang speziell die Wirkungen einer Deflation auf den Realzins und die Beschäftigung.

Entwicklung des Preisniveaus im Rahmen der verwendeten VAR-Modelle bestehen. Die Preise sind dabei langfristig in Abhängigkeit von Geldangebot, Abweichungen vom Vollbeschäftigungseinkommen und dem Wechselkurs (vgl. Dornbusch [1976]).

Es gibt eine Menge empirischer Literatur über die monetäre Theorie und insbesondere über Geldnachfragerelationen, besonders auch aufgrund der einflußreichen Arbeit von Friedman und Schwartz [1963, 1982]. Sims [1972] führt in diesem Rahmen Kausalitätstests ein (vgl. Kapitel 5), um die dynamische Wirkungsweise von Geldmengen und Produktion zu untersuchen. Der Aspekt der Bedeutung von Innovationen wurde von Barro [1977, 1978b, 1981] betrachtet, der den Einfluß von "erwartetem" und "unerwartetem" Geldmengenwachstum auf die Produktion untersucht[3]. Ein Überblick über die Theorie und die Empirie wird z.B. in Laidler [1985] gegeben, während speziell die monetären Ansätze im Rahmen offener Volkswirtschaften z.B. von Dornbusch und Giovannini [1990] betrachtet werden.

In der folgenden Untersuchung werden nicht nur neue empirische Resultate auf der Basis von in jüngster Zeit entwickelten ökonometrischen Ansätzen ermittelt. Es ist in diesem Rahmen nicht allein unser Ziel, Geldnachfragefunktionen oder aggregierte Nachfragebeziehungen zu spezifizieren. Vielmehr wird mit dem Instrumentarium der Kointegration in vektorautoregressiven Systemen auf die Existenz langfristiger Beziehungen getestet, die von der monetären Theorie als hypothetische Relationen aufgestellt werden und die implizit in die monetären Wechselkursmodelle eingehen. Untersuchungsziel ist daher in erster Linie die Ermittlung von stabilen langfristigen Relationen monetärer Prägung zwischen makroökonomischen Größen moderner Industrienationen, die weitergehend auch von Relevanz für die Wechselkurstheorie sind. Daneben ist es für unsere weitere Analyse von großem Interesse festzustellen, welchen Einfluß die Einbeziehung von Wechselkursen in die Untersuchung einzelner Volkswirtschaften hat. Dies bedeutet, daß als ein weiteres Ziel der folgenden Studien ermittelt werden soll, ob Wechselkurse ein wichtiger Bestandteil langfristiger Kointegrationsrelationen in einzelnen offenen Volkswirtschaften sind oder ob sie für die Modellierung stabiler langfristiger monetärer Relationen keine Rolle spielen. Arbeiten über langfristige Geldnachfragerelationen sind noch relativ selten. Anwendungen des von Johansen [1988] entwickelten ML-Ansatzes zur Ermittlung von Kointegrationsbeziehungen sind die Arbeiten von Johansen und Juselius [1990], die Dänemark und Finnland untersuchen, und von Juselius und Hargreaves [1992] mit Daten für Australien. Ein Überblick über neuere Ergebnisse der Modellierung von

---

3 In seinen empirischen Studien mit Jahresdaten konnte die Hypothese, daß nur unerwartete Geldmengenänderungen die Produktion beeinflussen, nicht verworfen werden. Mishkin [1983], der im Unterschied zu Barro mit Quartalsdaten arbeitet, gelangt dagegen zu dem Resultat, daß sowohl unerwartete als auch erwartete Änderungen einen dauerhaften Einfluß haben.

Geldnachfragegleichungen bedeutender Industrieländer, die zum einen mit dem zweistufigen Engle-Granger-Verfahren und zum anderen mit dem Johansenansatz gewonnen wurden, wird in Boughton [1991] gegeben. Dagegen liegen Arbeiten, die auch ausländische Einflußgrößen wie in unserem Fall Wechselkursgrößen in die Analyse langfristiger monetärer Relationen einbeziehen, nach unserem Kentnisstand nicht vor. Dies ist nach unserer Ansicht jedoch besonders wichtig, da wir in der Realität keine geschlossenen Volkswirtschaften vorliegen haben, sondern moderne Industrienationen, die mit dem Rest der Welt durch vielerlei Handels- und Kapitalbeziehungen stark verflochten sind. Daher erscheint es geboten, bei einer Analyse der makroökonomischen Fluktuationen diese Länder als offene Volkswirtschaften anzusehen und die Wechselwirkungen mit dem Ausland explizit zu berücksichtigen, z. B. wie in unserem Fall durch die Einbeziehung eines Wechselkurses.

10.1.3 Der Untersuchungsrahmen

Die monetäre Theorie offener Volkswirtschaften und ihre Implikation für die Existenz langfristiger Relationen wird in den folgenden Abschnitten empirisch für die Industrieländer Deutschland, die Vereinigten Staaten, das Vereinigte Königreich, Japan, Frankreich und die Schweiz im Zeitraum vom ersten Quartal 1973 bis zum letzten Quartal 1991 untersucht. Grundlage dieser Studie ist die Frage, ob die volkswirtschaftliche Entwicklung dieser Länder innerhalb des theoretischen Rahmens der monetären Theorie interpretiert werden kann. Läßt sich die Existenz langfristig gültiger Geldnachfrage- und aggregierter Güternachfragebeziehungen im Niveau der Variablen feststellen, so kann dies als eine Bestätigung monetärer Hypothesen hinsichtlich des Verhaltens makroökonomischer Größen gewertet werden.

In der empirischen Analyse werden Beziehungen von Fluktuationen des realen Einkommens, der Preise, der Geldmenge, den langfristigen sowie kurzfristigen Zinssätze und einem gewichteten Wechselkurs untersucht. Als Größe für das Realeinkommen wird die Industrieproduktion[4], als Indikator für die Preise der Index der Verbraucherpreise, und Geld wird in der Abgrenzung der Geldmenge M1 verwendet. Als Zinsgrößen werden einerseits die Sätze langfristiger, meist zehnjähriger Anleihen und zum anderen die Dreimonatssätze am Euromarkt herangezogen. Als Wechselkurs fungiert der effektive Wechselkursindex, wie er vom IMF berechnet (MERM) und in den International Financial

---

[4] Die Analysen wurden auch mit dem realen Bruttosozialprodukt als Einkommensgröße durchgeführt. Dabei ergaben sich jedoch keine großen Unterschiede zu den Ergebnissen mit der Industrieproduktion.

Statistics (IFS) angegeben wird[5]. Zu beachten ist, daß diese Definition invers zu den sonst verwendeten Preisnotierungen ist. Ein Anstieg dieses Wechselkursindexes stellt also eine Aufwertung der inländischen Währung dar. Um dies deutlich zu machen, wird bei der Verwendung von Wechselkursindices ein tiefgestelltes I and das Wechselkurskürzel angehängt, S_I. Die Variablen sind teilweise saisonbereinigt, für genauere Angaben zu dem verwendeten Datenmaterial siehe Anhang A8.

Ausgangspunkt der Analysen für die jeweiligen Länder sind VAR-Systeme mit diesen sechs Größen in logarithmierter Form, mit Ausnahme der Zinssätze, die unverändert bleiben. Der Variablen Vektor hat damit die Form

$$x_t = [y, p, m, i_B, i_S, s_I]_t, \text{ mit } t = 1973{:}1, \ldots, 1991{:}4. \qquad (10.1.3)$$

Im weiteren Verlauf des Kapitels werden auch Teilmodelle bzw. alternative Systeme dieses Gesamtmodells analysiert, in denen einzelne Größen zusammengefaßt, ausgetauscht oder weggelassen werden.

10.1.4 Länderanalysen

10.1.4.1 Deutschland

Ein vektorautoregressives Modell in Fehler-Korrektur-Form mit Konstanten und saisonalen Dummies wurde den Daten angepaßt. Zur Ermittlung der Anzahl der Lags wurden verschiedene Kriterien herangezogen, die jedoch kein einheitliches Bild ergeben (siehe Tabelle 10.1.1). Um die Anzahl der zu schätzenden Parameter im VAR-System nicht zu groß werden zu lassen, und da die Residuen bei der Wahl von k=2 den Test auf Unkorreliertheit passieren, wurde im weiteren ein VAR(2)-Modell verwendet[6]. Zu bemerken ist, daß p, i_B und i_S hohe ARCH-Statistiken haben und p und i_S den Test für Normalität nicht passieren, dagegen sind Skewness und Excess Kurtosis nicht signifikant (Tabelle 10.1.2)[7].

---

[5] Die Ausnahme ist der effektive Wechselkurs im System für Deutschland, bei dem der Außenwert der D-Mark gegenüber 18 Industrieländern aus den Statistischen Beiheften der Deutschen Bundesbank verwendet wird. Die Unterschiede zu dem effektiven Wechselkurs des IMF sind jedoch nur gering.

[6] Ebenso wurde bei den VAR-Modellen der anderen Länder vorgegangen. Auch bei diesen Systemen wurden jeweils zwei zeitverzögerte Werte für die Variablen verwendet.

[7] Zu der Robustheit der Hypothesentests in Hinblick auf Abweichungen der Residuen von der Normalverteilung siehe Kapitel 5.5.

Im nächsten Schritt wird der Rang der Kointegrationsmatrix β bestimmt. Es wird als Ausgangsannahme ein Modell ohne linearen Trend im nichtstationären Teil des Prozesses angesetzt. Die Ergebnisse der Eigenwertberechnungen und die Werte des Trace- und des λ_{max}-Testes sind in Tabelle 10.1.3 angegeben. Wie zu erkennen ist, wird sowohl beim Trace- als auch beim λ_{max}-Test die Hypothese von $r \leq 3$ Kointegrationsvektoren auf dem 5% Signifikanzniveau abgelehnt (Tabelle A3 in Johansen und Juselius [1990]). Dies zeigt, daß wir auf das Bestehen von vier Kointegrationsrelationen in den Daten schließen können.

Tabelle 10.1.1
Ermittlung der Ordnung des VAR-Wechselkurs-Modells

VAR Ordnung k	FPE $*10^{-18}$	AIC	HQ	SC	LR ($\chi^2(36)$)	LR (F)
1	-05.2	-39.72	-38.32	-37.65*	102.5 [0.00]	2.85 [0.00]
2	-87.8*	-40.57	-38.73	-37.38	079.2 [0.00]	2.20 [0.00]
3	-17.2	-41.20	-38.89	-36.84	074.2 [0.00]	2.06 [0.01]
4	-01.9	-40.95	-39.13*	-36.40	053.7 [0.03]	1.49 [0.11]
5	-04.6	-41.38	-39.02	-35.57	050.9 [0.05]	1.42 [0.15]
6	-01.0	-42.03*	-39.10	-34.92	-	-

Die Tests sind Final-Prediction-Error (FPE), Akaike Information Criterion (AIC), Hannan-Quinn (HQ), Schwarz (SC) und ein Likelihood-Ratio-Test (LR).
* gibt das Minimum der Werte an. In den eckigen Klammern sind die jeweiligen marginalen Signifikanzniveaus der LR-Tests angegeben.

Tabelle 10.1.2
Analyse der Residuen im VAR(2)-Modell

Variable	B-P(18)	ARCH(2)	SKEW.	EX.KURT.	J-B.NORM.
y	0.729	1.344	0.185	-0.236	0.596
p	1.496	12.774	0.739	0.548	7.654
m	1.261	0.243	-0.123	0.200	0.308
i_B	1.029	4.711	0.113	-0.083	0.177
i_S	0.706	8.733	0.737	1.183	11.020
s_I	1.244	3.297	-0.191	0.686	1.902

Die Teststatistiken sind Box-Pierce-Statistik, ARCH-Test, Schiefe, Exess-Kurtosis und der Jera-Barque-Test auf Normalität.

Tabelle 10.1.3
VAR(2)-Modell für Deutschland.
LR-Kointegrationstests von Johansen.

Eigenwert	0.612	0.465	0.370	0.275	0.186	0.026
H_0	$r=0$	$r\leq1$	$r\leq2$	$r\leq3$	$r\leq4$	$r\leq5$
λ_{max}-Test	70.111**	46.227**	34.185**	23.790**	15.285	02.013
Trace-Test	191.612**	121.501**	75.274**	41.089**	17.299	02.013

** zeigen Signifikanz auf dem 5% Niveau an. Zu vergleichen mit den Werten aus Tabelle A3 in Johansen und Juselius [1990, S.209].

Zusätzlich ist nun noch zu überprüfen, ob die Annahme, daß kein linearer Trend bei den Differenzengleichungen vorliegt, mit den Daten konsistent ist. Dazu wird der in Abschnitt 5.4.2 vorgestellte Test angewendet. Die Teststatistik nimmt den Wert 2.36 an. Da die Teststatistik eine asymptotische $\chi^2(2)$ Verteilung hat, ist der Wert auf den gewöhnlichen Signifikanzniveaus nicht signifikant, und die Hypothese wird nicht abgelehnt.

Die Koeffizientenschätzer der Kointegrationsrelationen sind in Tabelle 10.1.4 angegeben. Während β die langfristigen Gleichgewichtsbeziehungen angibt, geben die Koeffizienten der Ladungsmatrix α an, mit welchem Gewicht die Kointegrationvektoren in die sechs Gleichungen eingehen und wie hoch die Anpassungsgeschwindigkeit zum Gleichgewichtszustand ist.

Tabelle 10.1.4
VAR(2)-Modell für Deutschland.
Geschätzte Eigenvektoren und Gewichte der Kointegrationsrelationen.

	β_1	β_2	β_3	β_4
y	-1.111	2.795	1.000	0.354
p	-1.963	1.000	1.027	0.137
m	1.000	-0.367	-0.952	-0.504
i_B	0.011	0.111	0.216	0.021
i_S	0.018	-0.241	-0.060	-0.009
s_I	0.153	-1.002	0.445	1.000
1	7.670	-9.294	-7.278	-4.579
	α_1	α_2	α_3	α_4
y	0.014	0.012	-0.010	-0.111
p	0.026	-0.003	0.005	0.011
m	0.048	0.008	-0.011	0.035
i_B	0.239	-0.317	-1.327	-0.226
i_S	-1.161	0.585	-0.667	2.742
s_I	-0.023	0.006	0.008	-0.279

Tests auf schwache Exogenität und Ausschluß von Variablen

In diesem Abschnitt werden die im Abschnitt 5.4.2 vorgestellten Tests auf schwache Exogenität und Ausschluß von Variablen von langfristigen Beziehungen eingesetzt, die einen Hinweis auf die Bedeutung der einzelnen Variablen für die langfristigen Relationen geben können. Zuerst wird auf schwache Exogenität untersucht. Mit diesem Test wird überprüft, ob sich einzelne Variablen unabhängig von den ermittelten Kointegrationsvektoren entwickeln, d.h. ob die Kointegrationsrelationen wichtig für die Modellierung der einzelnen Fehlerkorrekturgleichungen sind oder nicht. In Tabelle 10.1.5 sind die Werte für die einzelnen Variablen angegeben, die asymptotisch $\chi^2(4)$ verteilt sind. Wie die Ergebnisse zeigen, wird nur beim Wechselkurs die Hypothese der schwachen Exogenität nicht verworfen. Dies deutet darauf hin, daß die dynamische Wechselkursgleichung unabhängig von den Kointegrationsrelationen bestimmt wird.

Bei dem folgenden Test auf Ausschluß einzelner Variablen von den langfristigen Relationen wird durch die Untersuchung der individuellen Testwerte $-T\ \ln[(1-\lambda_j^*)/(1-\lambda_j)]$, getrennt für $j=1,\ldots 4$, angedeutet, wie wichtig eine Variable für die jeweilige Kointegrationsrelation ist. Die Werte sind in diesem Fall $\chi^2(1)$ verteilt. Der gemeinsame Test auf die Summe der Werte ist $\chi^2(4)$ verteilt und gibt an, ob eine Variable aus dem gesamten Kointegrationsraum ausgeschlossen werden kann oder nicht. Die Werte zeigen an, daß ein Ausschluß für jede Variable bei mindestens einer Kointegrationsrelation signifikant abgelehnt wird. Auch bei dem Wechselkurs wird ein Ausschluß dieser Variablen für einen Vektor hochsignifikant verworfen. Dies zeigt, daß der Wechselkurs ein wichtiger Bestandteil von mindestens einer langfristigen Beziehung ist und nicht aus dem System weggelassen werden kann. Zusammenfassend läßt die obige Analyse die Folgerung zu, daß alle betrachteten Variablen für die Bildung der verschiedenen Kointegrationsrelationen von Bedeutung sind.

Tabelle 10.1.5
VAR(2)-Modell für Deutschland.
Tests der langfristigen Beziehung auf schwache Exogenität und Ausschluß von Variablen.
Unter der Annahme von vier Kointegrationsvektoren.

Variable	schwache Exogenität $\chi^2(4)$	Ausschluß aus Vektor β_1 $\chi^2(1)$	β_2 $\chi^2(1)$	β_3 $\chi^2(1)$	β_4 $\chi^2(1)$
y	08.03*	04.74***	1.46	0.55	0.75
p	40.85***	20.97***	1.72	2.07	0.38**
m	29.86***	07.53***	0.05	0.81	3.30*
i_B	18.11***	00.22	0.57	8.43***	7.69***
i_S	10.79**	01.38*	9.09***	8.50***	6.99**
s_I	06.11	01.65	0.19	0.09	8.50***

*, **, *** zeigen Signifikanz auf dem 10%, 5% und 1% Niveau an.

Strukturelle Hypothesen auf den Kointegrationsraum

Die große Anzahl der gefundenen Kointegrationsvektoren macht im Rahmen des Johansenverfahrens eine eindeutige Identifikation jeder einzelnen Kointegrationsrelation unmöglich. Einzelne Hypothesen können jedoch mit ML-Tests, wie sie von Johansen und Juselius [1990] vorgeschlagen wurden (siehe Abschnitt 5.4.2), überprüft werden.

In einem ersten Schritt werden Hypothesen auf den gesamten Kointegrationsraum überprüft. Wie oben angesprochen, wurde für das System nicht von vornherein lineare Homogenität angenommen. Ob Homogenität in den Preisen akzeptiert werden kann, läßt sich durch einen Likelihood-Ratio-Test des gesamten Kointegrationsraumes auf die Form

(*, β_{i2}, -β_{i2}, *, *, *), für alle β_i mit i=1,...,4, testen. Die Teststatistik ist $\chi^2(4)$ verteilt und hat den Wert 27.99, so daß die Hypothese hochsignifikant abgelehnt wird. Eine weitere Hypothese, die lineare Homogenität im Einkommen, kann durch einen Test des Kointegrationsraumes auf die Form (β_{i1}, *, -β_{i1}, *, *, *), für alle β_i mit i=1,...,4, überprüft werden. Diese Hypothese wird mit einem Wert von 3.69 bei einer $\chi^2(4)$-Verteilung mit einem marginalen Signifikanzniveau von 0.45 nicht abgelehnt, sondern als konsistent mit dem zugrundeliegenden Datenprozeß akzeptiert.

In einem zweiten Schritt wird auf die Analyse einzelner Kointegrationsvektoren übergegangen. Der erste Vektor der in Tabelle 10.1.4 angegebenen Kointegrationsvektoren weist von den Vorzeichen und der Größe der Variablen eine mit den theoretischen Erwartungen übereinstimmende Struktur einer Geldnachfragefunktion auf. Während der Wert des Koeffizienten für das Einkommen y dem Betrage nach nahe bei Eins geschätzt wird und damit das Ergebnis des vorhergehenden Tests auf Homogenität im Einkommen bestätigt, ist der Wert für die Preise von Eins verschieden. Wird ein LR-Test durchgeführt, der überprüft, ob für einen Kointegrationsvektor neben Einkommens- auch Preishomogenität angenommen werden kann, und der damit einen Vektor zu (-β_{i1}, -β_{i1}, *, *, *, 0) restringiert, so wird diese Hypothese mit einem Wert von 5.08 (unter $\chi^2(1)$-Verteilung) signifikant verworfen. Homogenität in den Preisen kann daher nicht bestätigt werden. Davon abgesehen liegt die Interpretation des ersten Kointegrationsvektors als eine Geldnachfragebeziehung nahe, die die Überschußnachfrage nach Geld ermittelt. Normiert man den Vektor nach der Geldmenge m, so ist die Schätzung der Gleichgewichtsbeziehung gegeben durch:

$$m = \quad 1.111y + 1.963p - 0.011i_B - 0.018i_S - 0.153s_I - 7.669 \qquad (10.1.4)$$

Ein LR-Test auf den Ausschluß des Wechselkurses in dieser langfristigen Beziehung ergibt einen Wert von 0.82 ($\chi^2(1)$) und wird nicht abgelehnt. Die Eigenvektoren deuten somit darauf hin, daß tatsächlich eine langfristige Geldmengenrelation existiert, die positiv mit dem Einkommen und den Preisen und negativ mit den Zinsen korreliert ist. Die geschätzten Koeffizienten des entsprechenden α_1-Vektors in Tabelle 10.1.4 sind großenteils plausibel, wobei der positive α_{13} Koeffizient jedoch keinen Fehler-Korrekturmechanismus für die Geldmenge impliziert.

Es lassen sich weitere Untersuchungen auf die Form der übrigen Vektoren durchführen. So ist zu untersuchen, ob auch Effekte der realen Güternachfrage festzustellen sind. Dies würde bedeuten, daß das Realeinkommen positiv mit der realen Geldmenge und negativ mit den langfristigen Anleihezinsen und dem Wechselkursindex verbunden ist. Eine mit diesen theoretischen Annahmen übereinstimmende Form weist in Tabelle 10.1.4 der dritte Vektor auf. Wird dieser Vektor nach dem Einkommen normiert, so hat die Gleichung die Form:

$$y = 0.952m - 1.027p - 0.217i_B + 0.060i_S - 0.445s_I + 7.278 \qquad (10.1.5)$$

Wie zu erkennen ist haben m und p ungefähr die gleichen Koeffizienten mit umgekehrtem Vorzeichen, was die positive Beziehung zwischen dem Realeinkommen und der realen Geldmenge andeutet. Die Koeffizienten der langfristigen Zinsen und des Wechselkurses haben ebenfalls die erwarteten Vorzeichen, während der Koeffizient der kurzfristigen Zinsen nahe bei Null und nur von geringer Bedeutung ist[8]. Die Koeffizienten des α_3-Vektors sind ebenfalls in Tabelle 10.1.4 angegeben. Die negativen Vorzeichen der Koeffizienten α_{31} und α_{34} deuten für die Einkommens- und besonders die Preisgleichung einen Fehler-Korrekturmechanismus an, durch den Abweichungen von der langfristigen Gleichgewichtsbeziehung berücksichtigt werden.

Für die zwei weiteren Kointegrationsvektoren können keine direkten Interpretationen gegeben werden, und eine eindeutige Identifizierung ist nicht ohne weiteres möglich. So lassen sich zwar Hypothesentests auf langfristige Abhängigkeit zwischen der Preisgröße und dem Anleihezins sowie zwischen der Geldmenge und dem Geldmarktzins vornehmen, die bei Testwerten von 1.88 ($\chi^2(2)$-verteilt mit marginalem Signifikanzniveau von 0.39) und 3.21 ($\chi^2(2)$, 0.20) auch nicht verworfen werden. Unter Zugrundelegung dieser Hypothesen nehmen die übrigen Kointegrationsvektoren aber vollkommen andere Formen an, die nicht mehr interpretierbar sind. Auf den Versuch einer weiteren Identifizierung der Vektoren wird daher verzichtet und die Aufmerksamkeit stattdessen auf die Analyse von Teilmodellen gerichtet.

Untersuchungen mit Teilmodellen

Im folgenden werden einige der obigen Untersuchungen für VAR-Modelle durchgeführt, die eine geringere Dimension haben. Wie sich bei der obigen Analyse gezeigt hat, konnte eine lineare Homogenität in den Preisen für den gesamten Kointegrationsraum nicht angenommen werden. Im folgenden soll ein Modell untersucht werden, in dem diese Hypothese implizit angenommen wird und das somit neben den Variablen Einkommen, den Zinssätzen und dem Wechselkurs die reale Geldmenge m/p beinhaltet. Es wird ebenfalls ein VAR(2)-System den Daten angepaßt, wobei in diesem Fall die Hypothese, daß kein linearer Trend vorliegt, abgelehnt wird. Der entsprechende Test liefert einen Wert von 9.48 ($\chi^2(3)$), der auf dem 5% Niveau signifikant ist.

---

8 Ein LR-Test, der den Koeffizienten des kurzfristigen Zinses auf Null restringiert, wird bei einem Wert von $\chi^2(1)=0.71$ nicht abgelehnt.

Die Ergebnisse der Eigenwert- und Eigenvektor-Berechnungen sind in Tabelle 10.1.6 angegeben. Zuerst wird die Zahl der Kointegrationsvektoren ermittelt. Die Hypothese von r=0 wird sowohl von dem Trace- als auch vom λ_{max}-Test abgelehnt. Für den Test auf $r \leq 1$ ergibt sich bei dem λ_{max}-Test kein signifikanter Wert, während der Trace-Test einen Wert von 59.44 liefert, der auf dem 1% Niveau signifikant ist. Wir schließen daher auf zwei Kointegrationsvektoren. Ein Test auf lineare Homogenität im Einkommen wird, wie schon in dem Gesamtmodell, nicht abgelehnt (mit 2.48, $\chi^2(2)$-verteilt, marginales Signifikanzniveau 0.29).

Tabelle 10.1.6
VAR(2)-Modell für Deutschland.
Teilmodell $x=[y, m/p, i_B, i_S, s]$.
LR-Kointegrationstests von Johansen.

Eigenwert	0.455	0.374	0.181	0.119	0.008
H_0	r=0	$r \leq 1$	$r \leq 2$	$r \leq 3$	$r \leq 4$
λ_{max}-Test	44.853**	34.657	14.799	9.382	0.599
Trace-Test	104.290**	59.437**	24.789	9.981	0.599

** zeigen Signifikanz auf dem 5% Niveau an. Zu vergleichen mit den Werten aus Tabelle A2 in Johansen und Juselius [1990, S.208].

Tabelle 10.1.7
VAR(2)-Modell für Deutschland.
Teilmodell $x=[y, m/p, i_B, i_S, s]$.
Geschätzte Eigenvektoren und Gewichte der Kointegrationsrelationen.

	β_1	β_2	α_1	α_2
y	-47.125	1.000	-0.001	-0.037
m/p	1.000	-1.010	-0.001	-0.035
i_B	-3.133	0.111	0.015	-2.590
i_S	5.030	-0.037	-0.030	-0.788
s_I	8.927	0.799	-0.000	0.001

Bei der Betrachtung der in Tabelle 10.1.7 angegebenen Eigenvektoren wird die im Gesamtmodell festgestellte Struktur der langfristigen Beziehungen bestätigt. Der erste Kointegrationsvektor deutet auf eine Geldnachfragerelation, bei der die reale Geldmenge positiv mit dem Einkommen und negativ mit der Summe der Zinssätze verbunden ist. Allerdings fällt der sehr große unrealistische Koeffizient für die Einkommensvariable auf. Dieser Wert läßt Zweifel aufkommen, ob die impliziten Restriktionen durch die Betrachtung eines Modells mit m/p im Einklang mit den Daten stehen. Wird trotzdem im weiteren bei dem ersten Cointegrationsvektor von einer Geldnachfragerelation ausgegangen, so wird ein Likelihood-Ratio-Test, der den Koeffizienten des Wechselkurses auf Null restringiert, nicht abgelehnt (0.29, $\chi^2(1)$-verteilt mit marginalem Signifikanzniveau von 0.59). Der Vektor der Gewichte zeigt, daß die Gleichungen für m/p, i_B, i_S und s_I einem Fehler-Korrekturmechanismus folgen, bei dem Überschußnachfrage korrigiert wird. Allerdings ist die Geschwindigkeit der Anpassung, wie aus der Größe der Koeffizienten ersichtlich, relativ gering. Der zweite Kointegrationsvektor stellt eine aggregierte Nachfragebeziehung dar, und die Vorzeichen der Variablen entsprechen den theoretischen Erwartungen. Auch hier ist bei der Einkommens- und Zinsvariablen ein Fehler-Korrekturmechanismus wirksam, wobei besonders bei der letzteren Variablen mit α_{23} der hohe Wert auffällt.

Durch die Verwendung zweier Zinssätze in einem Modell können Schwierigkeiten aufgrund von Multikollinearität entstehen. Daher wird in einem weiteren Teilmodell ein VAR(2)-System untersucht, das als Zinsgröße nur den Geldmarktzins beinhaltet. Der Test auf die Hypothese, daß kein linearer Trend vorliegt, wird bei einem Wert von 2.75 ($\chi^2(2)$) nicht verworfen. Bei der Ermittlung der Anzahl der Kointegrationsvektoren (Tabelle 10.1.8) läßt der λ_{max}-Test zwei Kointegratinsbeziehungen erwarten, während der Trace-Test das Bestehen von drei Relationen angibt. Wir gehen daher im weiteren von mindestens zwei langfristigen Beziehungen aus.

Tabelle 10.1.8
VAR(2)-Modell für Deutschland.
Teilmodell $x=[y, m, p, i_S, s_I]$.
LR-Kointegrationstests von Johansen.

Eigenwert	0.584	0.408	0.246	0.186	0.033
H_0	r=0	r≤1	r≤2	r≤3	r≤4
λ_{max}-Test	64.981**	38.834**	20.887	15.196	2.507
Trace-Test	142.404**	77.424**	38.590**	17.703	2.507

** zeigen Signifikanz auf dem 5% Niveau an. Zu vergleichen mit den Werten aus Tabelle A3 in Johansen und Juselius [1990, S.209].

Tabelle 10.1.9
VAR(2)-Modell für Deutschland.
Teilmodell $x=[y, m, p, i_S, s_I]$.
Geschätzte Eigenvektoren und Gewichte der Kointegrationsrelationen.

	β_1	β_2	β_3	α_1	α_2	α_3
y	-0.926	-3.344	1.000	0.027	-0.007	-0.035
p	-1.727	-1.025	0.317	0.023	0.003	0.006
m	1.000	1.000	-1.620	0.065	-0.006	0.010
i_S	0.007	0.267	0.008	-0.777	-0.501	0.498
s_I	-0.212	-1.417	3.237	-0.009	0.001	-0.072
1	7.745	19.979	-13.348			

Die Form der mit dem ML-Verfahren berechneten Kointegrationsvektoren (Tabelle 10.1.9) läßt wieder eine Interpretation entsprechend der monetären Theorie zu, wobei in diesem Fall zwei der Vektoren die Form einer Geldnachfragefunktion annehmen. Interessanterweise deuten die Größen der Koeffizienten des ersten Vektors lineare Homogenität im Einkommen an, während die Koeffizienten des zweiten Vektors nahezu

Preishomogenität aufweisen[9]. Der erste Vektor stellt vorwiegend eine Beziehung zwischen den Geld-, Einkommens- und der Preisgrößen und zusätzlich dem Wechselkurs dar, der Koeffizient für den Zins liegt dagegen sehr nahe bei Null. Die Zinsgröße ist aber im zweiten Vektor neben den anderen Variablen wichtig. Der dritte Vektor kann wiederum als eine aggregierte Güternachfragerelation interpretiert werden.

Damit werden die Ergebnisse unserer obigen Untersuchungen erneut bestätigt. In den makroökonomischen Größen für Deutschland existieren Kointegrationsbeziehungen, die in Richtung eines langfristigen Gleichgewichts wirken. Diesen Relationen kann eine monetäre Interpretation gegeben werden, wobei jedoch eine allgemein gültige Preishomogenität nicht ohne weiteres bestätigt werden kann.

Zusammenfassung

Wie diese Untersuchungen gezeigt haben, existieren in den von uns verwendeten makroökonomischen Daten für Deutschland Gleichgewichtsbeziehungen, die langfristig wirksam werden. Dabei lassen sich zwei der gefundenen Kointegrationsbeziehungen leicht interpretieren. Bei einer der gefundenen Relationen handelt es sich um eine Geldnachfragebeziehung, während die andere eine aggregierte Nachfragegleichung darstellt. Diese Gleichgewichtsbeziehungen bleiben auch bei der Verwendung von Teilsystemen erhalten, und die Hypothese der linearen Homogenität im Einkommen kann jeweils bestätigt werden. Dagegen ist eine eindeutige Aussage über Preishomogenität nicht abschließend zu geben. Diese Annahme wird zwar für einzelne langfristige Beziehungen akzeptiert, nicht jedoch für den gesamten Kointegrationsraum.

10.1.4.2 Vereinigte Staaten

Für die Vereinigten Staaten wurde ebenfalls ein VAR(2)-Modell den Daten angepaßt. Die Resultate der Eigenvektor- und Eigenwertberechnungen wurden zum Bestimmen der Anzahl der Kointegrationsvektoren eingesetzt. Beim λ_{max}-Test ergeben sich zwei langfristige Vektoren, während auf dem 5% Signifikanzniveau für den Trace-Test drei Vektoren ermittelt werden (siehe Tabelle 10.1.10). Dies hat zur Folge, daß wir von dem Bestehen von mindestens zwei langfristigen Relationen ausgehen können. Die zusätzliche Hypothese, daß kein linearer Trend vorliegt, wird sowohl für den Fall von $r=2$ als auch für $r=3$ nicht abgelehnt (bei drei Vektoren mit dem Wert 5.5 und $\chi^2(3)$-verteilt und bei zwei Vektoren mit 7.43 und $\chi^2(4)$-verteilt). Im folgenden legen wir drei Kointegrationsvektoren zugrunde

9 Wie schon für die oben untersuchten Systeme wird auch in diesem Modell, im Unterschied zur Preishomogenität (19.20 $\chi^2(3)$-verteilt), Homogenität im Einkommen für den gesamten Kointegrationsraum nicht verworfen (1.62, $\chi^2(3)$).

und untersuchen das VAR(2)-Modell unter der Restriktion, daß deterministische Komponenten nur im Niveau der Variablen vorkommen.

Entsprechend dem Vorgehen bei dem VAR-System mit deutschen Variablen werden die US-Größen auf schwache Exogenität und Ausschluß einzelner Variablen von langfristigen Beziehungen untersucht (Tabelle 10.1.12). Für r=3 weist der Test auf schwache Exogenität darauf hin, daß eine Unabhängigkeit der langfristigen US-Zinsen von den Kointegrationsrelationen nicht verworfen werden kann. Bei dem Test auf Ausschluß einzelner Variablen deuten die Ergebnisse an, daß bei jeder betrachteten Variablen ein Ausschluß aus mindestens einer der Kointegrationsbeziehungen abgelehnt wird. Dieser Test zeigt daher, daß alle System-Variablen wichtig für die Bestimmung der drei langfristigen Relationen sind.

Tabelle 10.1.10
VAR(2)-Modell für die Vereinigten Staaten.
LR-Kointegrationstests von Johansen.

Eigenwert	0.489	0.418	0.307	0.186	0.169	0.086
H_0	r=0	r≤1	r≤2	r≤3	r≤4	r≤5
λ_{max}-Test	49.645**	40.058**	27.118	15.259	13.740	6.625
Trace-Test	152.446**	102.801**	62.742**	35.624	20.365	6.625

** zeigen Signifikanz auf dem 5% Niveau an. Zu vergleichen mit den Werten aus Tabelle A3 in Johansen und Juselius [1990, S.209].

Tabelle 10.1.11
VAR(2)-Modell für die Vereinigten Staaten.
Geschätzte Eigenvektoren und Gewichte der Kointegrationsrelationen.

	β_1	β_2	β_3	α_1	α_2	α_3
y	-1.988	-0.619	2.260	0.013	0.056	0.008
p	-0.144	1.000	-9.881	-0.033	0.010	0.001
m	1.000	-0.667	5.972	-0.009	0.047	-0.003
i_B	0.049	-0.039	1.000	-1.374	-0.791	-0.004
i_S	-0.042	0.010	-0.401	-3.365	-4.729	0.688
s_I	0.263	-0.013	-5.490	-0.030	0.126	0.015
1	1.916	3.013	15.046			

Im folgenden werden die einzelnen Kointegrationsrelationen eingehender untersucht. Tabelle 10.1.11 gibt für r=3 die Kointegrationsvektoren und Gewichte an. Ein Hypothesentest des gesamten Kointegrationsraumes auf Homogenität in den Preisen oder im Einkommen wird deutlich abgelehnt (22.11 bei $\chi^2(3)$- sowie 19.32 bei $\chi^2(3)$-Verteilung). Der erste Vektor weist jedoch hinsichtlich der Vorzeichen die korrekte Form einer Geldnachfragerelation auf. Wird dieser Vektor auf Preishomogenität und den Ausschluß der Variablen i_S und s_I restringiert, wird die Hypothese mit einem Wert von 2.21 bei einer $\chi^2(1)$-Verteilung nicht abgelehnt. Schon in der unrestringierten Form waren die Vorzeichen der Koeffizienten in der Nähe von Null gelegen. Wie in Tabelle 10.1.11 zu erkennen, implizieren die Koeffizienten des Gewichtsvektors α_1 für die Variablen M, Y, und i_B in der Geldnachfragegleichung auch wie erwartet die Existenz von Fehlerkorrekturmechanismen, die auf die dynamischen Differenzengleichungen wirken.

Der zweite Vektor ähnelt dem dritten in Hinblick auf die Vorzeichen der Koeffizienten. Allerdings ist eine Interpretation der beiden Vektoren als aggregierte Nachfragegleichung(-en) nicht ohne weiteres möglich. Zwar hat der Koeffizient der langfristigen Zinssätze i_B bezüglich der Einkommenvariablen y das korrekte Vorzeichen, demgegenüber stimmen die Vorzeichen für die Geldmengenkomponente und den Wechselkurs jedoch nicht mit den theoretischen Überlegungen überein. Die Werte der Koeffizienten deuten vielmehr darauf hin, daß es sich bei den geschätzten Relationen zum einen um eine Preisgleichung und zum anderen um eine Gleichung der langfristigen Zinsvariablen handelt. Der zweite Vektor wird, wie schon aus den Werten der Tabelle 10.1.12 für den Ausschluß einzelner Variablen aus dem Kointegrationsraum ersichtlich, primär durch die Preisvariable, die Geldmenge, die Einkommensvariable und eine Konstante bestimmt, während ein Ausschluß der anderen Variablen nicht abgelehnt wird. Für die übrigen Variablen des Kointegrationsvektors β_2 nehmen die Koeffizienten jeweils einen Wert in der Nähe von Null an, so daß diese im Vektor nur geringe Bedeutung haben. Die langfristige Preisgleichgewichtsrelation wird damit weitgehend durch die Einkommens- und die Geldmengenentwicklung bestimmt. Von dem dritten Kointegrationsvektor kann keine Variable ausgeschlossen werden, und eine Interpretation als Gleichgewichtsbeziehung des langfristigen Zinssatzes bietet sich an, bei der der Zins negativ mit einem Geldüberangebot und positiv mit den Preisen, dem kurzfristigen Zinssatz und dem Wechselkurs korreliert ist.

Tabelle 10.1.12
VAR(2)-Modell für die Vereinigten Staaten.
Tests der langfristigen Beziehung auf schwache Exogenität und Ausschluß von Variablen.
Unter der Annahme von drei Kointegrationsvektoren.

Variable	schwache Exogenität	Ausschluß aus Vektor		
	$\chi^2(3)$	β_1 $\chi^2(1)$	β_2 $\chi^2(1)$	β_3 $\chi^2(1)$
y	8.10**	6.79***	10.88***	3.18*
p	28.50***	0.10	5.00**	7.09***
m	13.24***	3.42*	5.46**	3.79*
i_B	2.93	1.81	2.01	11.45***
i_S	12.68***	5.33**	1.43	9.80***
s_I	7.51*	0.92	0.01	8.60***

*, **, *** zeigen Signifikanz auf dem 10%, 5% und 1% Niveau an.

Werden die Untersuchungen auf der Grundlage von r=2 Kointegrationsvektoren durchgeführt, so gelangt man zu weitgehend übereinstimmenden Ergebnissen. Die

Interpretation der beiden Vektoren läßt sich dann entsprechend den ersten zwei Vektoren β_1 und β_2 vornehmen. Da sich daraus keine neuen Aspekte ergeben, wird auf eine explizite Darstellung verzichtet.

Zusammenfassung

Die Untersuchung des VAR(2)-Modells für die Vereinigten Staaten führt so zu dem Ergebnis, daß zwei oder auch drei langfristige Gleichgewichtsbeziehungen zwischen den von uns betrachteten makroökonomischen Variablen bestehen. Die Resultate bestätigen dabei die theoretische Erwartung der Existenz einer langfristig wirksamen Geldnachfragegleichung. Außerdem werden langfristige Preis- und Zinsgleichungen als Kointegrationsbeziehungen charakterisiert. Der relativ geringe Einfluß des Wechselkurses für die langfristigen Relationen im Modell für die Vereinigten Staaten (der Wechselkurs ist allerdings für den dritten Kointegrationsvektor eine wichtige Größe) verwundert nicht, da aufgrund der Größe des amerikanischen Binnenmarktes außenwirtschaftliche Komponenten lange Zeit nur als Faktor von untergeordneter Bedeutung für die amerikanische Volkswirtschaft gesehen wurden. Erst seit der starken Dollaraufwertung in der Mitte der achtziger Jahre wird der Handels- und Kapitalbilanz mehr Beachtung geschenkt, besonders aufgrund der immer größer werdenden Außenhandelsdefizite gegenüber Europa und speziell Japan.

10.1.4.3 Japan

Da für das japanische Modell für den Eurogeldmarktzins bis Mitte 1978 keine Daten verfügbar sind, wird das VAR(2)-Modell über den Zeitraum von 1978:3 bis 1991:4 geschätzt. Die Resultate der Eigenwert- und Eigenvektorberechnungen sind in Tabelle 10.1.13 und 14 aufgeführt. Die Werte des λ_{max}- und des Trace-Tests weisen darauf hin, daß von zwei oder drei langfristigen Gleichgewichtsbeziehungen ausgegangen werden kann. Der Likelihood-Ratio-Test, der die Hypothese linearer Restriktionen auf die Trendterme überprüft, wird bei der von uns zugrundegelegten Annahme von $r=2$ Kointegrationsvektoren mit 19.71 signifikant auf dem 1% Niveau abgelehnt.

Die Tests auf Ausschluß und schwache Exogenität zeigen auf, daß der Ausschluß einzelner Variablen aus dem Kointegrationsraum jeweils verworfen wird. Allerdings kann die schwache Exogenität der Variablen y, p und m nicht abgelehnt werden (Tabelle 10.1.15). Zur Interpretation der einzelnen langfristigen Gleichgewichtsbeziehungen wird zunächst der gesamte Kointegrationsraum auf Homogenität im Einkommen und in den Preisen untersucht. Beide LR-Tests werden jedoch abgelehnt (5.71 und 5.74 jeweils $\chi^2(2)$-

Tabelle 10.1.13
VAR(2)-Modell für Japan.
LR-Kointegrationstests von Johansen.

Eigenwert	0.565	0.537	0.484	0.126	0.100	0.000
H_0	r=0	r≤1	r≤2	r≤3	r≤4	r≤5
λ_{max}-Test	43.321**	40.065**	34.415**	6.994	5.495	0.009
Trace-Test	130.299**	86.978**	46.913	12.498	5.504	0.009

** zeigen Signifikanz auf dem 5% Niveau an. Zu vergleichen mit den Werten aus Tabelle A2 in Johansen und Juselius [1990, S.208].

Tabelle 10.1.14
VAR(2)-Modell für Japan.
Geschätzte Eigenvektoren und Gewichte der Kointegrationsrelationen.

	β_1	β_2	α_1	α_2
y	1.000	-0.354	0.007	-0.003
p	4.132	1.000	-0.003	-0.079
m	-2.353	-0.139	0.024	0.148
i_B	0.375	0.011	0.446	-8.069
i_S	-0.303	-0.003	1.064	-21.156
s_I	1.777	0.174	-0.109	-0.124

Tabelle 10.1.15
VAR(2)-Modell für Japan.
Tests der langfristigen Beziehung auf schwache Exogenität und Ausschluß von Variablen.
Unter der Annahme von zwei Kointegrationsvektoren.

Variable	schwache Exogenität	Ausschluß aus Vektor	
		β_1	β_2
	$\chi^2(2)$	$\chi^2(1)$	$\chi^2(1)$
y	1.15	0.15	5.59**
p	2.03	0.38	5.63**
m	4.34	1.85	3.12*
i_B	6.34**	2.82*	2.60
i_S	6.09**	3.22*	5.41**
s_I	6.24**	1.23	3.02*

*, **, *** zeigen Signifikanz auf dem 10%, 5% und 1% Niveau an.

verteilt). Die Werte der Koeffizienten des ersten Vektors deuten auf die Struktur einer aggregierten Nachfragerelation hin. Wenn zusätzlich für diesen Vektor ein Likelihood-Ratio-Test auf die Hypothese linearer Homogenität im Einkommen und in den Preisen durchgeführt wird, so wird diese Annahme bei einem Wert von 0.25 und einer Teststatistik, die $\chi^2(2)$ verteilt ist, nicht verworfen. Das langfristige Realeinkommen ist somit positiv von der Geldmenge und negativ von den Anleihezinsen (bzw. der Summe aus kurz- und langfristigen Zinsen) und dem gewichteten Wechselkurs abhängig. Für den zweiten Vektor gestaltet sich eine Interpretation schwieriger, da die Werte und Vorzeichen der Koeffizienten keine Deutung als Geldnachfragerelation zulassen. Anhand des obigen Tests auf Ausschluß ist zu erkennen, daß in diesem Vektor keine Variable bis auf die langfristige

Zinsvariable ausgeschlossen werden kann. Die Koeffizienten dieses Vektors weisen dagegen auf die Struktur einer langfristigen Gleichung für die Entwicklung des Preisniveaus hin. Die Preise sind dabei in einer stabilen positiven Abhängigkeit vom Geldangebot und dem Einkommen sowie negativ vom Wechselkursindex. Die Zinsvariablen spielen mit Werten nahe bei Null keine große Rolle.

Wie die Gewichte des Ladungsvektors α_2 anzeigen, impliziert diese Darstellung auch einen Fehlerkorrekturmechanismus für die dynamischen Preis-, Geldmengen- und Wechselkursgleichungen. Werden an Stelle von zwei drei langfristige Beziehungen vorausgesetzt, so werden neben der Gleichung der realen Güternachfrage und der Preisgleichung keine weiteren Aussagen hinsichtlich einer Identifizierung des dritten Kointegrationsvektors ermöglicht.

Zusammenfassung

Die Untersuchung der japanischen Daten auf Kointegrationsbeziehungen mit Hilfe des Johansen-Verfahrens im Rahmen vektorautoregressiver Systeme bestätigt das Bestehen von Gleichgewichtsbeziehungen. Die Koeffizienten von einem der Vektoren deuten auf eine langfristige Güternachfragegleichung hin, während der andere Vektor die Struktur einer stabilen Gleichung für die Entwicklung des Preisniveaus andeutet. Anzeichen für das Bestehen einer langfristigen Geldnachfragebeziehungen sind jedoch nicht zu ermitteln.

10.1.4.4 Vereinigtes Königreich

Die Daten der Variablen für das Vereinigte Königreich wurden einem vektorautoregressiven Modell mit zwei zeitverzögerten Termen angepaßt. Aus Gründen der Verfügbarkeit wurde als Geldmengenvariable in diesem Modell M0 verwendet (M0 besteht aus Noten und Münzen in Zirkulation und den über die Mindestreservesätze hinaus freiwillig und unverzinslich gehaltenen Geldern der Geschäftsbanken bei der Bank of England). Die Resultate von Eigenwertberechnungen und Likelihood-Ratio-Tests zur Bestimmung der Zahl der Kointegrationsvektoren sind in Tabelle 10.1.15 angegeben. Wie die Werte zeigen, weist der λ_{max}-Test zwei langfristige Beziehungen aus, während nach dem Trace-Test die Hypothese von $r=6$ Vektoren nicht verworfen werden kann. Auch um eine weitere Untersuchung zu ermöglichen, werden die Resultate des λ_{max}-Tests präferiert, und für die Analyse wird die Annahme von zwei Kointegrationsvektoren zugrundegelegt.

Der Test auf Restriktion des linearen Trends kann bei einem Wert von 5.70 und einer $\chi^2(4)$-Verteilung nicht verworfen werden, daher wird im weiteren ein restringiertes VAR-Modell verwendet, bei dem kein linearer Trend in den Differenzengleichungen enthalten ist.

Der Test auf Ausschluß einzelner Variablen ergibt, daß ein Ausschluß der Variablen Geldmarktzins und Wechselkurs aus dem Kointegrationsraum nicht abgelehnt werden kann (Tabelle 10.1.17). Die schwache Exogenität wird nur bei der Preis- und der Geldmengenvariablen verworfen. Dies bedeutet, daß speziell für die Bestimmung dieser beiden Differenzengleichungen in Fehlerkorrekturform die berechneten langfristigen Gleichgewichtsbeziehungen wichtig sind.

Tabelle 10.1.15
VAR(2)-Modell für das Vereinigte Königreich.
LR-Kointegrationstests von Johansen.

Eigenwert	0.459	0.372	0.311	0.254	0.188	0.120
H_0	$r=0$	$r\leq 1$	$r\leq 2$	$r\leq 3$	$r\leq 4$	$r\leq 5$
λ_{max}-Test	45.489**	34.443**	27.550	21.670	15.379	9.393
Trace-Test	153.954**	108.465**	74.022**	46.472**	24.772**	9.393**

** zeigen Signifikanz auf dem 5% Niveau an. Zu vergleichen mit den Werten aus Tabelle A3 in Johansen und Juselius [1990, S.209].

Tabelle 10.1.16
VAR(2)-Modell für das Vereinigte Königreich.
Geschätzte Eigenvektoren und Gewichte der Kointegrationsrelationen.

	β_1	β_2	α_1	α_2
y	-0.894	1.000	0.090	-0.044
p	1.000	0.657	-0.096	0.017
m	-1.111	-0.698	-0.064	-0.048
i_B	-0.044	0.060	0.583	-5.759
i_S	0.011	0.000	0.386	-9.175
s_I	-0.061	0.231	-0.168	0.223
1	10.654	-2.714		

Tabelle 10.1.17
VAR(2)-Modell für das Vereinigte Königreich.
Tests der langfristigen Beziehung auf schwache Exogenität und Ausschluß von Variablen.
Unter der Annahme von zwei Kointegrationsvektoren.

Variable	schwache Exogenität	Ausschluß aus Vektor	
		β_1	β_2
	$\chi^2(2)$	$\chi^2(1)$	$\chi^2(1)$
y	3.35	3.95**	4.69**
p	13.13***	5.61**	2.06
m	10.27***	4.31**	1.10
i_B	3.78	4.05**	6.82***
i_S	2.87	2.05	0.00
s_I	4.30	0.17	0.98

*, **, *** zeigen Signifikanz auf dem 10%, 5% und 1% Niveau an.

Die geschätzten Koeffizienten der Variablen im Vektorraum sind in Tabelle 10.1.16 angegeben. Während der Test auf lineare Homogenität im Einkommen für den ganzen Kointegrationsraum verworfen wird (12.24 - $\chi^2(2)$), wird Homogenität in den Preisen bei einem Wert von 0.66 - $\chi^2(2)$ für den Likelihood-Ratio-Test akzeptiert. Wie auch in Tabelle 10.1.16 zu erkennen, läßt jedoch keiner der errechneten Vektoren eine Interpretation als langfristige Geldnachfragegleichung zu. Dieses Resultat ist in Übereinstimmung mit den Arbeiten von Brookes et. al. [1991] oder Westaway und Walton [1991], die im Rahmen von vier- und fünfdimensionalen vektorautoregressiven Modellen keine Bestätigung für die Existenz einer Geldnachfragegleichgewichtsbeziehung finden können. Einer der Gründe dafür liegt möglicherweise in der engen Abgrenzung der Geldmenge M0.

Dagegen deutet die Form der Vektoren auf eine langfristige Preis-/Inflationsgleichung sowie eine aggregierte Nachfragegleichung hin. Dies wird weiter bestätigt, wenn die Hypothese der Preishomogenität und die schwache Exogenität des Wechselkurses für die Kointegrationsvektoren zugrundegelegt wird. Diese Annahme wird mit 5.76 und einer Teststatistik mit asymptotischer $\chi^2(4)$-Verteilung nicht verworfen. Die resultierende Gestalt der Vektoren ist in Tabelle 10.1.18 angegeben. Die geschätzten Koeffizienten der beiden Vektoren stimmen dabei mit den theoretischen Überlegungen überein. In der langfristigen Preisgleichgewichtsbeziehung sind die Preise linear homogen mit der Geldmengenvariablen, positiv korreliert mit dem Einkommen, den Anleihezinsen und dem Wechselkurs sowie negativ mit den Geldmarktzinsen. Die Vorzeichen der letzten beiden Koeffizienten überraschen, da sie nicht den theoretischen Annahmen gehorchen, dafür sind diese Werte auch kaum von Null verschieden. Ein Likelihood-Ratio-Test, der diese Koeffizienten auf Null restringiert, wird mit 2.29 und $\chi^2(1)$-Verteilung auch nicht verworfen. Der zweite Vektor, der als langfristige aggregierte Güternachfragegleichung interpretiert wird, ist wie erwartet positiv mit dem realen Geldangebot korreliert und negativ mit den langfristigen Anleihezinsen sowie dem Wechselkurs. Der kurzfristige Zinssatz ist für diese Gleichung der Realgrößen ohne Bedeutung, mit einem Koeffizienten von nahezu Null. Bei der Betrachtung der Ladungsvektoren α erkennt man, daß diese langfristigen Gleichgewichtsbeziehungen teilweise Fehlerkorrekturterme implizieren, speziell auch für die dynamischen Preis- und Einkommensgleichungen.

Tabelle 10.1.18
VAR(2)-Modell für das Vereinigte Königreich.
Kointegrationsvektoren unter linearer Homogenität in den Preisen und schwacher Exogenität des Wechselkurses.

	β_1	β_2	α_1	α_2
y	-1.011	1.000	0.074	-0.143
p	1.000	0.287	-0.074	0.054
m	-1.000	-0.287	-0.067	-0.045
i_B	-0.038	0.052	-0.882	-4.244
i_S	0.012	-0.000	-1.738	-5.721
s_I	-0.021	0.353	0.000	0.000
1	9.840	-5.396		

Zusammenfassung

Die Untersuchung für das Vereinigte Königreich zeigt, daß in dem betrachteten VAR(2)-Modell Kointegrationsvektoren existieren, die langfristige Gleichgewichtsbeziehungen für die Preis- und Einkommensvariablen bestimmen. Die Koeffizienten der betrachteten Variablen entsprechen auch sehr schön den theoretischen Überlegungen. Insbesondere hat der Wechselkurs in der aggregierten Nachfragebeziehung die erwartete negative Korrelation mit der Einkommensgröße. Davon abgesehen hat der Wechselkurs relativ geringe Bedeutung für den Kointegrationsraum[10]. Es gelingt jedoch nicht, in dem betrachteten vektorautoregressiven Modell eine langfristige Geldnachfragerelation zu identifizieren.

10.1.4.5 Frankreich

Da für Frankreich der gewichtete Wechselkursindex nicht für die Jahre zwischen 1973 und 1979 verfügbar ist, wird das VAR(2)-Modell nur über den Zeitraum von 1979:1 bis 1991:4 geschätzt. Die Ergebnisse der Bestimmung der Anzahl der Eigenvektoren sind in Tabelle 10.1.19 angegeben. Die Resultate zeigen, daß im Rahmen dieser Untersuchung von zwei, möglicherweise auch einer, langfristigen Gleichgewichtsbeziehung auszugehen ist.

Tabelle 10.1.19
VAR(2)-Modell für Frankreich.
LR-Kointegrationstests von Johansen.

Eigenwert	0.558	0.434	0.367	0.208	0.010	0.037
H_0	r=0	r≤1	r≤2	r≤3	r≤4	r≤5
λ_{max}-Test	40.825**	28.469	22.833	11.655	5.257	1.876
Trace-Test	110.916**	70.091**	41.621	18.788	7.133	1.876

** zeigen Signifikanz auf dem 5% Niveau an. Zu vergleichen mit den Werten aus Tabelle A2 in Johansen und Juselius [1990, S.208].

Tabelle 10.1.20
VAR(2)-Modell für Frankreich.
Geschätzte Eigenvektoren und Gewichte der Kointegrationsrelationen.

	β_1	β_2	α_1	α_2
y	1.000	0.012	-0.050	0.035
p	3.201	-1.216	-0.005	0.056
m	-2.828	1.000	0.020	-0.035
i_B	0.020	0.027	-5.573	8.990
i_S	-0.007	-0.012	1.804	43.943
s	0.867	-0.007	-0.077	-0.030

10 Wird an Stelle des gewichteten Wechselkursindices der GBP/USD-Kurs verwendet, so wird interessanterweise ein Ausschluß des Wechsekurses aus den Kointegrationsvektoren signifikant verworfen. Der Test nimmt dabei den Wert 4.14 bei einer asymptotischen $\chi^2(1)$-Verteilung an.

Ein zusätzlicher Likelihood-Ratio-Test auf Restriktion von linearen Trend-Komponenten wird bei einem Wert von 11.5 und $\chi^2(5)$-Verteilung auf dem 5% Signifikanzniveau abgelehnt. Damit wird das Modell ohne Restriktionen der deterministischen Komponenten geschätzt. Die Tests auf Ausschluß einzelner Variablen deuten darauf hin, daß alle verwendeten Variablen für mindestens einen der beiden Kointegrationsvektoren von Bedeutung sind. Schwache Exogenität kann nur für die beiden Zinsvariablen abgelehnt werden (Tabelle 10.1.21).

Tabelle 10.1.21
VAR(2)-Modell für Frankreich.
Tests der langfristigen Beziehung auf schwache Exogenität und Ausschluß von Variablen.
Unter der Annahme von zwei Kointegrationsvektoren.

Variable	schwache Exogenität $\chi^2(2)$	Ausschluß aus Vektor β_1 $\chi^2(1)$	Ausschluß aus Vektor β_2 $\chi^2(1)$
y	4.22	4.46**	0.00
p	2.34	5.94**	4.01**
m	1.62	6.28**	5.26**
i_B	11.15***	1.06	5.63**
i_S	5.46*	0.81	3.93**
s_I	2.72	6.51**	0.00

*, **, *** zeigen Signifikanz auf dem 10%, 5% und 1% Niveau an.

Tabelle 10.1.22
VAR(2)-Modell für Frankreich.
Kointegrationsvektoren unter linearer Homogenität in den Preisen.

	β_1	β_2	α_1	α_2
y	1.000	-0.236	-0.050	0.023
p	1.744	-1.000	0.007	0.028
m	-1.744	1.000	0.024	-0.042
i_B	0.026	0.025	-6.106	9.041
i_S	-0.007	-0.014	5.832	38.639
s_I	0.423	0.191	-0.064	-0.081

Zur Interpretation der langfristigen Gleichgewichtsbeziehungen wird der Kointegrationsraum wiederum zuerst auf Homogenität im Einkommen überprüft. Diese Hypothese wird mit 7.04 und einer Teststatistik, die asymptotisch $\chi^2(2)$-verteilt ist, signifikant abgelehnt. Der Test auf Preishomogenität wird dagegen nicht verworfen (2.47 $\chi^2(2)$), und die Form der so restringierten Vektoren läßt eine weitere Interpretation zu (Tabelle 10.1.22). Die erste Gleichung hat die Gestalt einer aggregierten Nachfragegleichung und ist positiv mit der realen Geldmenge und negativ mit den Anleihezinsen und dem Wechselkurs korreliert. Der Koeffizient von i_S ist mit einem Wert nahe bei Null ohne Bedeutung. Der zweite Vektor stellt offensichtlich eine langfristige Geldnachfragegleichung dar, bei der, den theoretischen Erwartungen entsprechend, die reale Geldnachfrage positiv von dem Einkommen und negativ von den Anleihezinsen abhängig ist. Die kurzfristigen Geldmarktzinsen wirken zwar positiv, aber in der Summe der Koeffizienten der Zinsvariablen ist der Einfluß negativ. Wie aus den Ladungsvektoren ersichtlich, fließen bei einem Großteil der dynamischen Differenzengleichungen die Abweichungen von den langfristigen Gleichgewichtsbeziehungen als Fehlerkorrekturterme ein.

Zusammenfassung

Das Modell für Frankreich weist bei der Analyse der langfristigen Gleichgewichtsrelationen eine sehr schöne Struktur auf. Die errechneten Kointegrationsvektoren lassen sich dabei als Gleichgewichtsbeziehungen für die reale Geldnachfrage und die Güternachfrage interpretieren. Die Berücksichtigung des Wechselkurses im Rahmen dieses Modells ist dabei besonders für die Bestimmung der aggregierten Nachfragegleichung wichtig und kann nicht vernachlässigt werden.

10.1.4.6 Schweiz

Das Modell für die Schweiz wird aufgrund nicht verfügbarer Geldmengendaten im Jahr 1973 für die Zeitspanne zwischen dem ersten Quartal 1974 und dem vierten Quartal 1991 geschätzt. Über diesen Zeitraum wird den Daten ein VAR-Model mit Konstanten und saisonalen Dummies angepaßt. Die Anzahl der zeitverzögerten Terme wird auf zwei gesetzt. Nach diesen Voreinstellungen wird im nächsten Schritt der Rang der Kointegrationsmatrix β bestimmt. Ausgegangen wird dabei von eimem Modell, für das keine Restriktionen in Hinblick auf lineare Trendeigenschaften zugrundegelegt werden. Die Ergebnisse der Eigenwertberechnungen und die Werte des Trace- und λ_{max}-Tests werden in Tabelle 10.1.23 angegeben. Die berechneten Werte zeigen an, daß sowohl von dem Trace- als auch von dem λ_{max}-Test übereinstimmend die Hypothese von $r \leq 1$ Kointegrationsvektoren signifikant verworfen wird. Im weiteren kann daher von der Existenz von zwei langfristigen Relationen in den Schweizer Daten ausgegangen werden.

Tabelle 10.1.23
VAR(2)-Modell für die Schweiz.
LR-Kointegrationstests von Johansen.

Eigenwert	0.484	0.391	0.278	0.206	0.088	0.012
H_0	r=0	r≤1	r≤2	r≤3	r≤4	r≤5
λ_{max}-Test	46.373**	34.670**	22.837	16.155	6.418	0.811
Trace-Test	127.263**	80.890**	46.220	23.383	7.229	0.811

** zeigen Signifikanz auf dem 5% Niveau an. Zu vergleichen mit den Werten aus Tabelle A2 in Johansen und Juselius [1990, S.208].

Vor der weiteren Analyse der Kointegrationsvektoren ist noch zu überprüfen, ob das konstante Glied so restringiert werden kann, daß es nur innerhalb der Niveauvariablen der Kointegrationsrelationen vorkommt. Der dafür relevante Maximum-Likelihood-Test nimmt unter der Annahme eines Kointegrationsraumes von r=2 Vektoren den Wert 20.56 an. Bei einer asymptotischen $\chi^2(4)$-Verteilung wird die Hypothese auf dem 1% Signifikanzniveau abgelehnt. D.h. die Trendeigenschaften können für das Schweizer VAR(2)-Modell nicht weitergehend restringiert werden.

Tabelle 10.1.24
VAR(2)-Modell für die Schweiz.
Geschätzte Eigenvektoren und Gewichte der Kointegrationsrelationen.

	β_1	β_2	α_1	α_2
y	4.325	-1.100	-0.008	0.329
p	-17.373	-0.576	0.002	0.030
m	5.946	1.000	-0.001	-0.206
i_B	-0.320	0.063	-0.002	1.233
i_S	1.000	0.017	-0.098	2.499
s_I	0.649	0.040	0.000	-0.243

Im nächsten Schritt wird das Modell auf schwache Exogenität und Ausschluß einzelner Variablen von den Kointegrationsrelationen untersucht (Tab. 25). Für r=2 weist der Test auf Ausschluß einzelner Variablen von den langfristigen Relationen darauf hin, daß der Ausschluß des Wechselkurses von den Kointegrationsrelationen nicht verworfen werden kann. Damit zeigt dieser Test, daß speziell der Wechselkursindex keine Bedeutung für die Gestalt der langfristigen Beziehungen hat. Bei dem Test auf schwache Exogenität deuten die Ergebnisse an, daß bei den beiden Zinssätzen und dem Wechselkurs die Unabhängigkeit von den langfristigen Beziehungen nicht abgelehnt wird. Dies besagt, daß sich die Differenzengleichungen dieser drei Variablen weitgehend unabhängig von den langfristigen Gleichgewichtsbeziehungen entwickeln.

Tabelle 10.1.25
VAR(2)-Modell für die Schweiz.
Tests der langfristigen Beziehung auf schwache Exogenität und Ausschluß von Variablen.
Unter der Annahme von zwei Kointegrationsvektoren.

Variable	schwache Exogenität	Ausschluß aus Vektor	
		β_1	β_2
	$\chi^2(2)$	$\chi^2(1)$	$\chi^2(1)$
y	16.27***	0.10	11.44***
p	21.82***	3.76*	10.67***
m	7.56**	0.20	8.44***
i_B	1.13	0.13	6.60**
i_S	2.23	6.36**	4.49**
s_I	3.74	0.02	0.06

*, **, *** zeigen Signifikanz auf dem 10%, 5% und 1% Niveau an.

Zur Analyse der Gestalt der langfristigen Gleichgewichtsbeziehungen sind in Tabelle 10.1.24 die Ladungs- und Gewichtungsvektoren angegeben. Zuerst wird der gesamte Kointegrationsraum untersucht. Für das von uns betrachtete System wird keine lineare Homogenität in den Preisen vorausgesetzt. Mit dem in Abschnitt 5.4.2.2 vorgestellten Likelihood-Ratio-Test kann jedoch auf diese Hypothese getestet werden. Der Test nimmt den Wert 6.22 an und wird bei einer asymptotischen $\chi^2(2)$-Verteilung auf dem 5% Signifikanzniveau verworfen; ebenso abgelehnt wird lineare Homogenität im Einkommen für den gesamten Kointegrationsraum bei einem Wert von 4.83 ($\chi^2(2)$).

Bei der Analyse der einzelnen Kointegrationsvektoren erkennt man bei dem zweiten Vektor deutlich die Struktur einer Geldnachfragegleichung. Die verschiedenen Variablen weisen das richtige Vorzeichen auf, und der Koeffizient des Wechselkurses liegt nahe bei Null. Die Hypothese der linearen Homogenität in den Preisen (0.10 bei $\chi^2(1)$-Verteilung) und zusätzlich im Einkommen wird für diesen Vektor nicht verworfen (2.95 bei $\chi^2(2)$-Verteilung). Damit liegt es nahe, diesen Vektor als langfristige Gleichgewichtsbeziehung zu interpretieren, bei der die Geldnachfrage positiv mit den Preisen und dem Einkommen und negativ mit den Zinsen korreliert ist, während der ausländische Einfluß über den effektiven Wechselkurs vernachlässigbar ist. Wie der Ladungsvektor α_2 in Tabelle 10.1.24 ausweist, wirkt diese Gleichgewichtsrelation auch wie erwartet über Fehlerkorrekturmechanismen auf die Differenzengleichungen für Einkommen, Preise und Geldmengengrößen ein.

Die Möglichkeit, den anderen Kointegrationsvektor als aggregierte Nachfragegleichung zu interpretieren, ist dagegen nicht offensichtlich. Es handelt sich bei diesem Vektor stattdessen eher um eine Gleichgewichtsbeziehung des kurzfristigen Zinssatzes bzw. eine Reaktionsfunktion der Zentralbank. Wie schon die Werte des Tests auf Ausschluß einer Variablen gezeigt haben, spielen bei diesem Vektor vor allem der kurzfristige Zins und die Preisgröße eine entscheidende Rolle. Wird die Geldnachfragegleichung restringiert auf Homogenität im Einkommen und in den Preisen, so zeigt der zweite Vektor eine positive Korrelation des kurzfristigen Zinses mit den Preisen, der Geldmenge, den Bondzinsen und dem Wechselkurs sowie eine negative mit der Einkommensvariablen. Eine weitergehende Restriktion dieser Gleichgewichtsrelation allein auf die Größen p, y und i_S wird ebenfalls nicht verworfen (2.92 mit einer $\chi^2(2)$-Verteilung), und die Form des anderen Vektors als Geldnachfragegleichung bleibt dabei erhalten.

Die Untersuchung auf die Form der Kointegrationsvektoren läßt erkennen, daß in dem VAR-System für die Schweiz zwei langfristige Gleichgewichtsbeziehungen existieren, die zum einen als Geldnachfragegleichung und zum anderen als Zinsgleichung interpretiert werden können.

Modell mit dem Wechselkurs zwischen D-Mark und Schweizer Franken

Die Analyse des obigen Systems zeigt, daß die Bedeutung der gewichteten Wechselkursindices für die übrigen Variablen des VAR(2)-Modells relativ gering ist. Dieses Phänomen führt zu weiteren Überlegungen. Wie schon in Kapitel 9 aufgezeigt (vgl. auch Garbers [1992]), verfolgt die Schweizer Nationalbank unter anderem eine Politik der Stabilisierung des Wechselkurses in Hinblick auf die D-Mark. Daraus resultieren auch Implikationen für die nationale Geldpolitik, was sich somit auch auf die in unserem Modell betrachteten makroökonomischen Variablen auswirken dürfte. Vor diesem Hintergrund liegt die Frage nahe, ob sich die Verwendung des DEM/CHF-Kurses im VAR-Modell nicht als eine geeignete Alternative für den bisher betrachteten gewichteten Wechselkursindex anbietet. Die daraus resultierenden Änderungen für das VAR-Modell sind somit das Untersuchungsziel in diesem Abschnitt.

Im obigen VAR(2)-Modell wird anstelle des Wechselkursindices die DEM/CHF-Relation verwendet, sonst bleibt das Modell unverändert. Die Berechnungen der Trace- und λ_{max}-Tests zeigen (Tabelle 10.1.26), daß die Tests in diesem System zwei bzw. drei langfristige Gleichgewichtsbeziehungen anzeigen. Im folgenden wird, auch um analog zu der obigen Untersuchung zu bleiben, von zwei Kointegrationsvektoren ausgegangen.

Tabelle 10.1.26
VAR(2)-Modell für die Schweiz mit DM/CHF-Wechselkurs.
LR-Kointegrationstests von Johansen.

Eigenwert	0.509	0.450	0.291	0.268	0.075	0.005
H_0	r=0	r≤1	r≤2	r≤3	r≤4	r≤5
λ_{max}-Test	49.802**	41.828**	24.091	21.870	5.447	0.385
Trace-Test	143.424**	93.622**	51.794**	27.703	5.832	0.835

** zeigen Signifikanz auf dem 5% Niveau an. Zu vergleichen mit den Werten aus Tabelle A2 in Johansen und Juselius [1990, S.208].

Tabelle 10.1.27
VAR(2)-Modell für die Schweiz mit DM/CHF-Wechselkurs.
Geschätzte Eigenvektoren und Gewichte der Kointegrationsrelationen.

	β_1	β_2	α_1	α_2
y	-1.120	1.000	-0.002	-0.621
p	-0.547	-0.155	0.062	0.052
m	1.000	-0.612	-0.140	0.175
i_B	0.001	0.006	0.810	-2.487
i_S	0.050	-0.011	-0.281	-7.851
s	-0.581	0.635	0.148	-0.064

Die im nächsten Schritt durchgeführten Tests auf schwache Exogenität und Ausschluß einzelner Variablen weisen schon den ersten deutlichen Unterschied zu dem ursprünglichen

Modell auf. Wie in Tabelle 10.1.28 zu erkennen, wird bei dem letzteren Test ein Ausschluß des DEM/CHF-Wechselkurses speziell für den zweiten Kointegrationsvektor hochsignifikant abgelehnt. Davon abgesehen fällt entsprechendes für die Preisvariable und den kurzfristigen Zins auf, während die Variable der langfristigen Bondzinsen deutlich an Bedeutung verliert. Dieser Test ist somit schon ein erstes Indiz für die größere Bedeutung des bilateralen Wechselkurses zwischen der Schweizer und der deutschen Währung. Die schwache Exogenität der Systemvariablen von den langfristigen Beziehungen kann in diesem Modell für die Zins- und Wechselkursgrößen nicht verworfen werden.

Tabelle 10.1.28
VAR(2)-Modell für die Schweiz mit DM/CHF-Wechselkurs.
Tests der langfristigen Beziehung auf schwache Exogenität und Ausschluß von Variablen.
Unter der Annahme von zwei Kointegrationsvektoren.

Variable	schwache Exogenität $\chi^2(2)$	Ausschluß aus Vektor β_1 $\chi^2(1)$	Ausschluß aus Vektor β_2 $\chi^2(1)$
y	14.48***	2.87*	17.55***
p	17.33***	5.03**	2.27
m	9.88***	4.19**	15.63***
i_B	5.36*	0.00	0.12
i_S	4.39	7.10***	13.75***
s	4.47	1.83	9.73***

*, **, *** zeigen Signifikanz auf dem 10%, 5% und 1% Niveau an.

Tabelle 10.1.29
VAR(2)-Modell für die Schweiz mit DM/CHF-Wechselkurs.
Kointegrationsvektoren mit Restriktionen auf den ersten Vektor.

	β_1	β_2	α_1	α_2
y	-0.836	1.000	0.293	-0.378
p	-1.000	-1.056	0.041	0.014
m	1.000	-0.223	-0.231	0.147
i_B	0.038	0.050	1.900	-1.786
i_S	0.050	0.016	3.316	-4.713
s	0.000	1.151	0.147	-0.091

Die Koeffizientenwerte für die Variablen in den beiden Kointegrationsvektoren sind in Tabelle 10.1.27 angegeben. Der erste weist wiederum eine schöne Struktur einer Geldnachfragegleichung auf. Die Koeffizienten der Einkommens- und der Geldmengenvariablen liegen nahe bei Eins, und ein Test auf Homogenität wird nicht abgelehnt ebensowenig wie ein zusätzlicher Test auf Preishomogenität (0.70 und $\chi^2(1)$-verteilt). Die Bedeutung der langfristigen Anleihezinsen in der Geldmengengleichung ist, wie schon aus den Tests von Tabelle 10.1.28 ersichtlich, im Unterschied zu den kurzfristigen Geldmarktzinsen gering. Wird die Geldnachfragerelation auf Preishomogenität und Ausschluß des Wechselkurses restringiert, so kann die Hypothese mit 1.75 ($\chi^2(1)$) nicht verworfen werden. Tabelle 10.1.29 gibt für diesen Fall die beiden Kointegrationsvektoren an.

Deutlich ist für den ersten Vektor die Struktur einer Geldnachfragegleichung zu sehen, wobei zusätzlich α_1 auf einen Fehlerkorrekturmechanismus der Geldnachfrage hinweist. Der zweite Kointegrationsvektor läßt sich als aggregierte Nachfragegleichung interpretieren. Die Variable y hat dabei eine positive Relation zu den Preisen und der Geldmenge und eine negative zu den Zinssätzen und zum DEM/CHF-Kurs. Der Wert des Koeffizienten von p liegt dabei nahe bei Minus Eins. Das Vorzeichen des Wechselkurses (in diesem Fall als Mengennotierung: Anzahl an Einheiten ausländischer Währung pro Einheit inländischer Währung) impliziert hier entsprechend der theoretischen Annahme, daß aus einer Abwertung der Schweizer Währung (DEM/CHF-Kurs fällt) ein Anstieg von y resultiert.

Modell mit dem Wechselkurs zwischen Schweizer Franken und US-Dollar

Nachdem in der obigen Untersuchung festgestellt wurde, daß im Unterschied zu dem gewichteten Wechselkursindex die Aufnahme des Kurses zwischen der D-Mark und dem Schweizer Franken wichtig für das Modell ist, stellt sich natürlich die Frage, ob die Resultate tatsächlich sensitiv auf den betrachteten bilateralen Kurs sind. Daher wird die entsprechende Untersuchung mit dem makroökonomisch ebenfalls wichtigen Wechselkurs zwischen der Schweiz und den Vereinigten Staaten durchgeführt. Tabelle 10.1.30 listet die ermittelten Eigenwerte und die berechneten Trace- und λ_{max}-Testwerte auf. Zu erkennen ist, daß von beiden Tests die Hypothese von $r \leq 1$ Kointegrationsvektoren verworfen wird. Das bedeutet, daß ein Kointegrationsraum mit zwei langfristigen Gleichgewichtsbeziehungen aufgespannt wird.

Tabelle 10.1.30
VAR(2)-Modell für die Schweiz mit CHF/USD-Wechselkurs.
LR-Kointegrationstests von Johansen.

Eigenwert	0.487	0.408	0.254	0.117	0.087	0.003
H_0	$r=0$	$r\leq 1$	$r\leq 2$	$r\leq 3$	$r\leq 4$	$r\leq 5$
λ_{max}-Test	46.776**	36.652**	20.538	8.683	6.370	0.228
Trace-Test	119.247**	72.471**	35.819	15.281	6.598	0.228

** zeigen Signifikanz auf dem 5% Niveau an. Zu vergleichen mit den Werten aus Tabelle A2 in Johansen und Juselius [1990, S.208].

Tabelle 10.1.31
VAR(2)-Modell für die Schweiz mit CHF/USD-Wechselkurs.
Geschätzte Eigenvektoren und Gewichte der Kointegrationsrelationen.

	β_1	β_2	α_1	α_2
y	21.331	-1.153	-0.009	0.212
p	-16.852	-0.627	0.001	0.049
m	0.649	1.000	0.001	-0.183
i_B	-1.273	0.061	-0.005	0.866
i_S	1.000	0.025	-0.108	0.798
s	2.487	-0.047	-0.002	0.427

Zunächst werden wiederum Tests auf schwache Exogenität und Ausschluß einzelner Variablen durchgeführt, die Resultate sind dabei in Tabelle 10.1.32 wiedergegeben. Wie zu erkennen ist, kann die Hypothese, daß der USD/CHF-Wechselkurs von den langfristigen Gleichgewichtsbeziehungen ausgeschlossen wird, nicht verworfen werden. Damit wird der Unterschied zu der Untersuchung mit dem DEM/CHF-Kurs deutlich. Der Wechselkurs zwischen Deutschland und der Schweiz ist von entscheidender Bedeutung in dem betrachteten makroökonomischen Modell, während der US-Dollar oder ein gewichteter Index nur geringen Einfluß aufweisen[11].

Tabelle 10.1.32
VAR(2)-Modell für die Schweiz mit CHF/USD-Wechselkurs.
Tests der langfristigen Beziehung auf schwache Exogenität und Ausschluß von Variablen.
Unter der Annahme von zwei Kointegrationsvektoren.

Variable	schwache Exogenität	Ausschluß aus Vektor	
		β_1	β_2
	$\chi^2(2)$	$\chi^2(1)$	$\chi^2(1)$
y	20.94***	1.43	16.04***
p	22.05***	2.08	9.77***
m	7.96**	0.00	10.96***
i_B	0.83	1.52	12.42***
i_S	2.81	4.00**	11.43***
s	6.88**	1.14	0.73

*, **, *** zeigen Signifikanz auf dem 10%, 5% und 1% Niveau an.

In Tabelle 10.1.31 sind die beiden geschätzten Kointegrationsvektoren sowie die Ladungsvektoren angegeben. Die Interpretation dieser Vektoren ergibt sich hier analog zu der Analyse des VAR(2)-Modells mit dem gewichteten Wechselkurs. Der zweite Vektor hat die Gestalt einer langfristigen Geldnachfragebeziehung und der erste deutet wieder auf eine Zinsgleichung hin.

[11] Interessanterweise wird bei einer Untersuchung des Modells bei der Verwendung des für die Schweiz auch wichtigen Wechselkurses zwischen dem französichen Franc und dem Schweizer Franken ein Ausschluß des Wechselkurses aus den Kointegrationsbeziehungen ebenso verworfen wie im Fall des DEM/CHF-Kurses (mit 5.09 und 7.39 jeweils bei einer $\chi^2(1)$-Verteilung).

Zusammenfassung

Das VAR-Modell weist zwei langfristige Kointegrationsbeziehungen auf, wobei der eine Vektor als Geldnachfragegleichung interpretiert werden kann. Der zweite Vektor weist die Form einer Zins- oder Reaktionsfunktion der Zentralbank auf. Der gewichtete Wechselkursindex hat dabei für die Bestimmung der Gleichgewichtsbeziehungen kaum Bedeutung. Zu einem entsprechenden Ergebnis gelangt man, wenn das Modell mit dem CHF/USD-Kurs betrachtet wird. Das Bild ändert sich grundlegend, wenn der für die Schweiz besonders wichtige Wechselkurs zwischen der D-Mark und dem Schweizer Franken in die Analyse einbezogen wird. In diesem Fall wird ein Ausschluß dieser Relation aus den langfristigen Beziehungen signifikant verworfen. Somit erweist sich der DEM/CHF-Kurs als wichtiger Bestandteil des Kointegrationsraumes. Eine der langfristigen Beziehungen ist wiederum eine Geldnachfragefunktion, während die andere die Form einer aggregierten Nachfragegleichung erhält. Damit wird der Unterschied zu den Untersuchungen mit dem CHF/USD- und dem gewichteten Wechselkurs deutlich. Der Wechselkurs zwischen Deutschland und der Schweiz hat entscheidenden Einfluß in dem betrachteten makroökonomischen Modell, speziell für die langfristige aggregierte Nachfragegleichung, während der US-Dollar oder ein gewichteter Index nur geringen Einfluß aufweisen.

10.1.5 Schlußfolgerungen

Die empirischen Untersuchungen der Existenz stabiler langfristiger monetärer Beziehungen im Datenmaterial moderner offener Volkswirtschaften wurde in diesem Kapitel im Rahmen von Kointegrationstests durchgeführt. Mit dem von uns eingesetzten Verfahren von Johansen konnten tatsächlich langfristige Gleichgewichtsbeziehungen festgestellt werden. Diese ermittelten Linearkombinationen sind stationär, obwohl die einzelnen Zeitreihen selbst nichtstationär sind.

Als nächster Schritt wurde eine Analyse der Kointegrationsvektoren für die von uns betrachteten Volkswirtschaften durchgeführt. Insbesondere wurden Hypothesen über monetäre Wirkungszusammenhänge untersucht. Für die Mehrzahl dieser Länder ist es möglich, einen der Vektoren des Kointegrationsraumes als langfristige Geldnachfragegleichung zu interpretieren. Nur für die VAR-Modelle für Japan und das Vereinigte Königreich konnten keine stabilen Geldnachfragebeziehungen gefunden werden. Die Abhängigkeiten der Variablen innerhalb der Gleichungen entsprechen dabei hinsichtlich der Koeffizienten den theoretischen Erwartungen. Allerdings kann die Annahme der

Preishomogenität innerhalb des jeweiligen Kointegrationsraumes bzw. der Geldnachfragefunktion nicht für alle untersuchten VAR-Modelle bestätigt werden. Dieses Ergebnis ist damit bei der Modellierung monetärer Wechselkursmodelle zu berücksichtigen, bei denen somit nicht ohne weiteres von Preishomogenität ausgegangen werden darf. Neben einer stabilen Geldnachfragerelation können weitere Gleichgewichtsbeziehungen ermittelt werden, die die Struktur aggregierter Güternachfrage-, Preis- oder auch Zinsgleichungen haben. In Tabelle 10.1.33 werden für die untersuchten Länder die verschiedenen Kointegrationsvektoren verglichen.

Tabelle 10.1.33
Die Kointegrationsvektoren der untersuchten VAR-Modelle.

Koint.-raum	Deutsch-land	Vereinigte Staaten	Japan	Vereinigtes Königreich	Frankreich	Schweiz
1. Vektor	Geld-nachfrage	Geld-nachfrage	Güter-nachfrage	Preis-gleichung	Güter-nachfrage	kurzfr. Zins-gleichung
2. Vektor	-	Preis-gleichung	Preis-gleichung	Güter-nachfrage	Geld-nachfrage	Geld-nachfrage
3. Vektor	Güter-nachfrage	langfr. Zins-gleichung				
4. Vektor	-					

Mit - wird angedeutet, daß keine strukturelle Interpretation des Vektors möglich ist.

Durch die Untersuchungen in diesem Kapitel läßt sich zeigen, wie wichtig es ist, dem jeweils ermittelten Kointegrationsraum eine ökonomische Struktur zugrunde zu legen. Dadurch fällt es leichter, die komplizierten Mechanismen verstehen zu lernen, die in den vorliegenden Systemen mit hochaggregierten Daten von modernen Volkswirtschaften wirken. Die ermittelten langfristigen monetären Mechanismen sind zugleich mit realen Gleichgewichtsbeziehungen verbunden und müssen damit auch in diesem Kontext untersucht werden. Allerdings darf nicht vergessen werden, daß wir uns in diesem Kapitel allein auf die Analyse langfristiger Gleichgewichtsbeziehungen und -wirkungen konzentriert haben. Auf die Analyse dynamischer Prozesse im Rahmen von monetären Modellen werden wir in Abschnitt 10.3 dieser Arbeit eingehen.

Ein weiterer wichtiger Aspekt der obigen Studie war die Analyse der Bedeutung von Wechselkursvariablen in den betrachteten aggregierten Modellen. Wie die Resultate zeigen, haben diese Variablen in der Tat deutlichen Einfluß auf den Kointegrationsraum. Während die Wechselkurse, wie auf der Basis der theoretischen Überlegungen erwartet, für die Spezifikation stabiler Geldnachfragerelationen in den meisten Fällen kaum Bedeutung haben, sind sie wichtiger Bestandteil von langfristigen aggregierten Güternachfrage-, Preissowie Zinsgleichungen. Wechselkurse sollten daher explizit in die Analyse makroökonomischer Systeme eingehen, besonders wenn es sich bei den betrachteten Volkswirtschaften um Länder handelt, die stark mit dem Weltmarkt verflochten sind, bzw. deren Außenhandel große Bedeutung hat.

Die Untersuchungen zeigen außerdem, daß für einen Großteil der betrachteten Volkswirtschaften langfristige Gleichgewichtsrelationen für monetäre Fluktuationen gefunden werden können. Deren Struktur ist allerdings recht unterschiedlich. Ein Ansatzpunkt der ursprünglichen monetären Wechselkurstheorie ist jedoch gerade die Annahme identischer Geldnachfragegleichungen von zwei Ländern. Diese Hypothese ist daher anhand der obigen Ergebnisse für empirische Wechselkursmodelle abzulehnen. Jedes Land hat eine spezielle makroökonomische Struktur, die sich auch in der Gestalt der Gleichgewichtsrelationen niederschlägt. Damit läßt sich erwarten, daß bei der Überprüfung monetärer Wechselkursmodelle die Hypothese identischer Geldnachfragefunktionen nicht akzeptiert wird. Eine Übereinstimmung der Koeffizienten in den verschiedenen Gleichungen von zwei Volkswirtschaften läßt sich damit nicht bestätigen und ist bei der Spezifizierung empirischer Wechselkursmodelle zu beachten.

Die Ergebnisse dieses Abschnittes können so im großen und ganzen als eine Bestätigung grundlegender monetärer Annahmen gesehen werden. In den von uns verwendeten makroökonomischen Daten moderner Volkswirtschaften sind monetäre Beziehungen existent, die langfristig auf die Entwicklung der einzelnen Variablen Einfluß nehmen. Einer monetären Begründung makroökonomischer Fluktuationen moderner Industrienationen kann daher mit Einschränkungen zugestimmt werden.

10.2 Eine Untersuchung auf langfristige monetäre Wechselkursbeziehungen

In Kapitel 9 wurde die Hypothese der Kaufkraftparität empirisch überprüft, und in Abschnitt 10.1 wurden langfristige monetäre Gleichgewichtsrelationen innerhalb makroökonomischer Daten offener Volkswirtschaften untersucht. Wie die Resultate der Überprüfung der Kaufkraftparität zeigen, können zwischen einigen Wechselkursen und Preisindices Kointegrationsbeziehungen aufgedeckt werden, die langfristig Abweichungen des Wechselkurses von der Kaufkraftparität korrigieren. In den Fällen, in denen die Kointegrationsregressionen nicht signifikant sind, nehmen die Koeffizienten jedoch das korrekte Vorzeichen an, und zum Teil können durch Berücksichtigung möglicher Produktivitätsunterschiede zwischen den Industrieländern Kointegrationsbeziehungen festgestellt werden. Damit wird im Rahmen der obigen Studie im Unterschied zu vielen früheren Untersuchungen ein etwas positiveres Licht auf die Hypothese der Kaufkraftparität geworfen.

Bei der Analyse offener Volkswirtschaften lassen sich in Abschnitt 10.1. in Übereinstimmung mit der monetären Theorie stationäre Gleichgewichtsbeziehungen feststellen. In der Mehrzahl der Fälle können einzelne Kointegrationsvektoren als langfristige Geldnachfragebeziehungen interpretiert werden. Daneben nehmen einige der Vektoren auch die Form von aggregierten Güternachfragebeziehungen bzw. Preis- oder Zinsgleichungen an. Mit den Ergebnissen dieser zwei Untersuchungen, derjenigen auf Kaufkraftparität und derjenigen auf Geldnachfragerelationen, ist die Grundlage gelegt, um eine empirische Analyse monetärer Wechselkursmodelle vorzunehmen. Wie in dem theoretischen Teil dieser Arbeit aufgezeigt, basieren diese Wechselkursmodelle insbesondere auf der Annahme der Kaufkraftparität und der Existenz monetärer Geldnachfragebeziehungen (vgl. Kapitel 3.3). Eine Ablehnung dieser grundlegenden Annahmen würde damit auch die empirische Überprüfung monetärer Wechselkursmodelle hinfällig machen. Wie unsere Untersuchungen gezeigt haben, können diese Annahmen jedoch mit Einschränkungen akzeptiert werden. Diese Einschränkungen beziehen sich darauf, daß die meist sehr strikten Annahmen in Hinblick auf die Werte der jeweiligen Koeffizienten im allgemeinen nicht bestätigt werden können. So nehmen bei der Analyse der Kaufkraftparität die Parameter meist nicht den Wert Eins bzw. Minus Eins an, d.h. die strenge Form der Kaufkraftparität wird abgelehnt[12]. Ebenso kann in vielen Fällen bei den

---

12 Auf die Fragen möglicher Verzerrungen der Ergebnisse aufgrund endlicher Stichproben oder Meßfehler wird hier nicht weiter eingegangen, siehe dazu Kapitel 5 und Kapitel 9.

langfristigen Geldnachfragefunktionen in Abschnitt 10.1. die Annahme linearer Homogenität in den Preisen und/oder Einkommen nicht akzeptiert werden.

Lassen sich im Datenmaterial moderner offener Volkswirtschaften langfristige monetäre Wechselkursgleichungen ermitteln, so ist auf der Basis der obigen Resultate nicht ohne weiteres damit zu rechnen, daß die Koeffizienten genau die theoretisch erwarteten Werte annehmen. Dies würde implizieren, daß in Entsprechung etwa der monetären Wechselkursgleichung unter flexiblen Preisen (3.3.4) mit $s=(m-m^*)-\phi(y-y^*)+\lambda(i-i^*)$ die Koeffizienten für die jeweiligen in- und ausländischen Einflußgrößen Einkommen, Geldmenge und Zinsen gleich sind[13]. In Anlehnung an die Formulierung in Kapitel 9 für die Gültigkeit der Kaufkraftparität kann in einem solchen Fall von einer monetären Wechselkursbeziehung der strengen Form gesprochen werden. In unserer empirischen Untersuchung werden dagegen keine a-priori-Restriktionen für die Koeffizienten zugrundegelegt, sondern der Kointegrationsraum nach einem Vektor β_i untersucht, der die allgemeine Form einer monetären Wechselkursgleichung aufweist:

$$s = \mu + \beta_{i1}y^* - \beta_{i2}m^* - \beta_{i3}i_S^* - \beta_{i4}y + \beta_{i5}m + \beta_{i6}i_S. \qquad (10.2.1)$$

Die Gleichung enthält dabei die in- und ausländischen Variablen für das Einkommen, die Geldmenge und die kurzfristigen Zinssätze. Langfristige Kapitalmarktzinsen sowie die Inflationsraten können ebenfalls in diese Gleichung anstelle der kurzfristigen Zinsvariablen eingehen. Bei Vorliegen des monetären Wechselkursmodells unter flexiblen Preisen gilt für die Koeffizienten der fundamentalen Einflußgrößen: $\beta_{ij}>0$, für $j=1,\ldots,6$. Dagegen wird im Fall des Wechselkursmodells bei langsamer Anpassung der Güterpreise für β_{i1}, β_{i2}, β_{i4}, $\beta_{i5}>0$ und für β_{i3}, $\beta_{i6}<0$ erwartet (Vgl. hierzu die Kapitel 3.3.1 und 7.2.1). In den folgenden Analysen wird nicht a-priori eine Version der monetären Wechselkursmodelle zugrundegelegt sondern zuerst untersucht, ob die in- und ausländischen Zinssätze entgegengesetzt auf die Wechselkursgröße wirken und daraufhin festgestellt, welchem theoretischen Modelltyp die ermittelte Struktur entspricht.

Die strenge Form monetärer Wechselkursgleichungen kann im Rahmen des Johansen-Verfahrens mit Hilfe von Likelihood-Ratio-Tests geprüft werden. Mit diesen Hypothesentests der Parameter der Geldmengen-, Einkommens-, Zins-, und Inflationsvariablen auf $\beta_{i1}=\beta_{i4}$, $\beta_{i2}=\beta_{i5}$ und $\beta_{i3}=\beta_{i6}$ können die Kointegrationsvektoren überprüft werden (siehe Abschnitt 5.4.2.3). Eine Akzeptanz dieser Restriktionen und die Übereinstimmung der Vorzeichen der Parameter mit der monetären Wechselkurstheorie kann dann als Bestätigung der strengen Form langfristiger monetärer

[13] Der Ausgangspunkt der Modellierung einer monetären Wechselkursgleichung in reduzierter Form führt im folgenden zu einem VAR-Modell, das nicht den Preisindex in der Variablenmenge beinhaltet.

Wechselkursbeziehungen angesehen werden. Wie den bisherigen empirischen Resultaten und der obigen Diskussion zu entnehmen ist, kann jedoch nicht damit gerechnet werden, daß diese Hypothesen akzeptiert werden. Vielmehr wird sich die Frage stellen, ob in den ermittelten Kointegrationsvektoren Struktur enthalten ist, die es trotzdem zuläßt, einen Vektor als langfristige monetäre Wechselkursbeziehung zu interpretieren. Dies bedeutet, daß untersucht werden muß, ob für einen solchen Vektor die Vorzeichen der Einflußgrößen und die Parameterwerte mit den theoretischen Überlegungen in Einklang stehen, diese aber nicht die jeweils identischen Koeffizienten mit umgekehrtem Vorzeichen haben. Falls derartige Strukturbeziehungen im Kointegrationsraum vorgefunden werden, kann von dem Bestehen der schwachen Form monetärer Wechselkursbeziehungen gesprochen werden. Dies würde bedeuten, daß Wechselkurs und Einflußfaktoren einem gemeinsamen stochastischen Trend folgen und Abweichungen der Wechselkursentwicklung von der fundamentalen monetären Bestimmungsgleichung langfristig wieder abgebaut werden.

Außer den monetären Wechselkursrelationen kann der Kointegrationsraum natürlich auch andere Strukturbeziehungen enthalten. Hier kommen zum einen Vektoren in Frage, die nur nationale Variablen beinhalten und somit inländische langfristige Gleichgewichtsbeziehungen darstellen, die unabhängig von ausländischen Faktoren sind. Zum anderen können langfristig gültige internationale Strukturgleichungen bestehen, z.B. zwischen den Produktions-, Geldmengen- oder Zinsvariablen der betrachteten Länder. Eine eingehende Untersuchung auf derartige Abhängigkeiten würde jedoch den Rahmen dieser Arbeit sprengen, daher wird in dem folgenden empirischen Teil auf eine tiefergehende Analyse verzichtet. Allerdings wird der Frage des Vorliegens rein nationaler Strukturbeziehungen nachgegangen, indem diese Hypothesen mit Hilfe von Likelihood-Ratio-Tests geprüft werden. Die Resultate dieser Tests können so auch einen Hinweis geben, inwieweit im vorliegenden Datenmaterial langfristige Abhängigkeiten zwischen den betrachteten Ländern bestehen.

10.2.1 Der Untersuchungsrahmen

Mit Hilfe des Johansen-Verfahrens auf Kointegrationsbeziehungen wird die monetäre Wechselkurstheorie für die bilateralen Wechselkurse zwischen den Vereinigten Staaten und Deutschland, Japan, dem Vereinigten Königreich, Frankreich sowie der Schweiz untersucht. Um die VAR-Modelle nicht zu groß werden zu lassen und damit die Anzahl der zu schätzenden Parameter einzugrenzen und die Interpretation zu erleichtern, wird die Zahl der Variablen auf sieben beschränkt. Den empirischen Untersuchungen folgend, beinhaltet das VAR-System dabei die als entscheidend für die Erklärung des Wechselkursverhaltens angesehenen Variablen Produktion, Geldmenge und kurzfristiger Zins sowie den Wechselkurs zwischen den jeweiligen Ländern, wobei mit '*' jeweils die amerikanischen Größen bezeichnet werden:

$$x_t = \quad [y^*, m^*, i_S^*, y, m, i_S, s]_t, \quad \text{mit } t = 1973{:}1, \ldots, 1991{:}4. \qquad (10.2.2)$$

Neben diesem Grundmodell werden in die Analyse auch Modelle einbezogen, bei denen die kurzfristigen Zinssätze durch die langfristigen Kapitalmarktsätze oder die Inflationsraten der jeweiligen Länder ersetzt werden. Die verschiedenen VAR-Modelle enthalten weiterhin Konstanten und saisonale Dummies, und es werden jeweils zwei zeitverzögerte Variablen verwendet. Dies resultiert aus Voruntersuchungen, die zeigten, daß mit dieser Lag-Zahl die Residuen der Gleichungen weitestgehend auf weißes Rauschen reduziert werden können. Außerdem hat dies den Vorteil, die Zahl der zu schätzenden Parameter nicht zu groß werden zu lassen. Im folgenden Abschnitt wird nun die monetäre Wechselkurstheorie für die zur Untersuchung herangezogenen Wechselkurse empirisch überprüft.

10.2.2 Empirische Analyse der einzelnen Wechselkursrelationen

10.2.2.1 VAR-Modell für Deutschland und die Vereinigten Staaten

Ein vektorautoregressives Modell in Fehler-Korrektur-Form wird den Daten für Deutschland und den USA angepaßt. Die Tests auf Kointegration weisen auf mindestens zwei stationäre Linearkombinationen im Niveau der Variablen hin (Tabelle 10.2.1). Der Hypothesentest auf lineare Restriktion von β in Hinblick auf die Konstanten wird bei einem Wert von 30.22-$\chi^2(5)$ auf dem 1% Signifikanzniveau abgelehnt. Wie die Tests auf Ausschluß einzelner Variablen zeigen (Tabelle 10.2.2), kann aus dem ersten Kointegrationsvektor keine der Variablen ausgeschlossen werden. In dem zweiten Vektor sind die Größen y^*, i_S^*, y und s signifikant. Dagegen kann die schwache Exogenität für den Wechselkurs, die deutsche Geldmenge und den Zins nicht abgelehnt werden. Dies deutet darauf hin, daß die Differenzengleichungen für diese Variablen unabhängig von den langfristigen Beziehungen bestimmt werden.

Bei der Untersuchung des Kointegrationsraums deutet die Form des ersten Vektors aufgrund der korrekten Vorzeichen bei den Parametern auf eine langfristige monetäre Wechselkursrelation vom Frenkel/Bilson-Typ hin, d.h. einem Modell unter flexiblen Güterpreisen (vgl. Kapitel 3.3.1). Die Werte der Parameter stimmen jedoch meist nicht mit den Erwartungen für die strenge Form überein. Tabelle 10.2.11 listet die Hypothesentests auf, die überprüfen, ob die Annahme jeweils übereinstimmender Koeffizienten mit entgegengesetzten Vorzeichen akzeptiert werden kann. Bis auf die Restriktion der Variablen des Kointegrationsvektors auf identische Koeffizienten für y, y^* und i_S, $i_S{}^*$ sowie m, m^* und i_S, $i_S{}^*$ werden diese Hypothesentests abgelehnt. Die Resultate implizieren somit für den ersten Vektor eine monetäre Wechselkursgleichung der schwachen Form. Wie der Ladungsvektor α_1 anzeigt, wirkt diese langfristige Wechselkursgleichung auch als Fehler-Korrektur-Term. Auch bei dem VAR-Modell, bei dem die langfristigen Zinsgrößen anstelle der Geldmarktzinsen eingesetzt werden, kann einer der Vektoren als langfristige monetäre Wechselkursgleichung interpretiert werden.

Tabelle 10.2.1
VAR(2)-Modell für DEM/USD-Kurs.
LR-Kointegrationstests von Johansen, Eigenvektoren und Kointegrationsrelationen.

Eigenwert	0.557	0.424	0.373	0.191	0.173	0.051	0.013
H_0	r=0	r≤1	r≤2	r≤3	r≤4	r≤5	r≤6
λ_{max}-Test	60.278**	40.839**	34.537**	15.677	14.068	3.862	0.939
Trace-Test	170.199**	109.922**	69.083	34.546	18.869	4.800	0.939

	β_1	β_2	α_1	α_2
y^*	-3.834	32.765	-0.032	-0.003
m^*	1.632	-2.957	0.006	-0.001
$i_S{}^*$	0.190	-0.168	-1.481	0.401
y	14.651	-21.100	-0.020	-0.001
m	-3.453	-6.430	-0.009	0.001
i_S	-0.159	0.339	0.369	-0.143
s	1.000	-3.426	-0.035	-0.003

** zeigen Signifikanz auf dem 5% Niveau an. Zu vergleichen mit den Werten aus Tabelle A2 in Johansen und Juselius [1990, S.209].

Tabelle 10.2.2
VAR(2)-Modell für DEM/USD-Kurs.
Tests des Kointegrationsraums auf schwache Exogenität und Ausschluß von Variablen, unter der Annahme von zwei Kointegrationsvektoren.

Variable	schwache Exogenität $\chi^2(2)$	Ausschluß aus Vektor β_1 $\chi^2(1)$	β_2 $\chi^2(1)$
y^*	20.63***	2.93*	6.22**
m^*	4.48	4.29**	0.65
$i_S{}^*$	9.29***	18.75***	5.51**
y	10.95***	16.19***	4.25**
m	4.05	10.00***	2.11
i_S	2.55	9.54***	1.49
s	2.20	7.06***	3.37*

*, **, *** zeigen Signifikanz auf dem 10%, 5% und 1% Niveau an.

In Tabelle 10.2.11 sind ebenfalls die Ergebnisse der Tests aufgelistet, mit denen überprüft wird, ob einer der Kointegrationsvektoren allein durch nationale Größen bestimmt wird. Diese Hypothesen werden jeweils hochsignifikant verworfen. Die ermittelten stationären Linearkombinationen stellen daher langfristige Beziehungen zwischen den vorliegenden amerikanischen und deutschen makroökonomischen Größen dar. Zusammenfassend ist festzustellen, daß einer der Vektoren im Kointegrationsraum mit der schwachen Form monetärer Wechselkursmodelle übereinstimmt und als Fehler-Korrektur-Term wirkt, während der zweite Vektor eine Strukturgleichung darstellt, die weitgehend von der amerikanischen und deutschen Einkommensvariablen, dem US-Zins und dem Wechselkurs bestimmt wird.

10.2.2.2 VAR-Modell für Japan und die Vereinigten Staaten

Bei dem VAR-Modell für Japan und die USA deutet der λ_{max}-Test auf zwei Kointegrationsbeziehungen, während der Trace-Test r=4 anzeigt (Tabelle 10.2.3). Die weiteren Untersuchungen werden im folgenden unter der Annahme von zwei stationären Linearkombinationen im Niveau der Daten durchgeführt. Für die Identifikation langfristiger monetärer Wechselkursgleichungen ergeben sich jedoch auch bei der Annahme von vier Kointegrationsvektoren keine anderen Resultate. Eine Restriktion der linearen Komponenten wird bei einem Wert von 22.76 und einer asymptotischen $\chi^2(5)$-Verteilung auf dem 1% Signifikanzniveau abgelehnt. Die Tests auf schwache Exogenität deuten darauf hin, daß die langfristigen Gleichgewichtsrelationen wichtig für die Bestimmung der Gleichungen für die amerikanischen Variablen, den japanischen Zins und den Wechselkurs sind (Tabelle 10.2.4). Die weiteren Hypothesentests zeigen, daß ein Ausschluß der amerikanischen und japanischen Einkommensgrößen sowie des Wechselkurses nicht abgelehnt werden kann. Dies bedeutet, daß die genannten Variablen keine größere Bedeutung für die Kointegrationsvektoren haben.

Unter Berücksichtigung der obigen Hypothesentests weist bei der Analyse des Kointegrationsraums keiner der Vektoren eine Form auf, die in Übereinstimmung mit einer monetären Wechselkursbeziehung ist. Dieses Ergebnis kann als konsistent mit dem Resultat der Untersuchung auf langfristige monetäre Relationen in Abschnitt 10.1 angesehen werden. Es konnte dabei keine langfristige Geldnachfragebeziehung für Japan festgestellt werden. Dies kann erklären, warum in dem vorliegenden VAR-Modell keine monetäre Gleichgewichtsbeziehung für die Wechselkursgröße festzustellen ist. Auch die weiteren Hypothesentests auf gleiche Koeffizienten werden, wie in in Tabelle 10.2.11 ersichtlich, großenteils abgelehnt. Die Tests auf die Restriktion eines der Kointegrationsvektoren auf rein nationale Komponenten werden mehrheitlich abgelehnt. Dies deutet darauf hin, daß die langfristigen Gleichgewichtsbeziehungen auch keine nationalen Strukturbeziehungen darstellen. Die Tests auf die Koeffizienten deuten dagegen an, daß es sich speziell bei dem zweiten Vektor um eine Funktion des internationalen Zinszusammenhangs zwischen Japan und den Vereinigten Staaten handelt. Die Resultate für das JPY/USD-Wechselkursmodell ergeben somit, daß in dem Datenmaterial keine langfristige monetäre Beziehung für die Wechselkursgröße vorliegt, dies gilt entsprechend auch für die VAR-Modelle mit den langfristigen Zinssätzen bzw. den Inflationsraten. Die Untersuchung bestätigt so die in Abschnitt 10.1 ermittelten Resultate, wonach für Japan keine langfristige Geldnachfragefunktion festgestellt werden konnte.

Tabelle 10.2.3
VAR(2)-Modell für JPY/USD-Kurs.
LR-Kointegrationstests von Johansen, Eigenvektoren und Kointegrationsrelationen.

Eigenwert	0.671	0.568	0.458	0.390	0.294	0.103	0.083
H_0	r=0	r≤1	r≤2	r≤3	r≤4	r≤5	r≤6
λ_{max}-Test	57.780**	43.943**	31.823	25.669	18.103	5.636	4.521
Trace-Test	187.176**	129.396**	85.753**	53.930**	28.261	10.158	4.521

	β_1	β_2	α_1	α_2
y^*	4.690	-25.366	-0.002	-0.003
m^*	-14.481	10.695	-0.002	-0.003
i_S^*	0.482	0.517	-0.143	-0.529
y	6.528	18.100	0.001	-0.001
m	20.100	-10.596	0.003	0.002
i_S	-0.807	-0.048	0.365	-0.362
s	2.512	-1.425	0.016	-0.005

** zeigen Signifikanz auf dem 5% Niveau an. Zu vergleichen mit den Werten aus Tabelle A2 in Johansen und Juselius [1990, S.209].

Tabelle 10.2.4
VAR(2)-Modell für JPY/USD-Kurs.
Tests des Kointegrationsraums auf schwache Exogenität und Ausschluß von Variablen, unter der Annahme von zwei Kointegrationsvektoren.

Variable	schwache Exogenität	Ausschluß aus Vektor	
	$\chi^2(2)$	β_1 $\chi^2(1)$	β_2 $\chi^2(1)$
y^*	5.59*	0.09	1.18
m^*	6.03**	7.49***	5.26**
i_S^*	5.09*	6.71***	10.84***
y	0.86	0.20	0.70
m	1.17	3.38*	0.54
i_S	17.24***	14.06***	4.90**
s	7.85*	1.17	0.18

*, **, *** zeigen Signifikanz auf dem 10%, 5% und 1% Niveau an.

10.2.2.3 VAR-Modell für das Vereinigte Königreich und die Vereinigten Staaten

Die Kointegrationstests weisen bei dem vektorautoregressiven Modell mit den Daten des Vereinigten Königreichs und der USA auf das Vorliegen von zwei bzw. drei stationären Gleichgewichtsbeziehungen hin (Tabelle 10.2.5). Uns an den Ergebnissen des λ_{max}-Tests orientierend, gehen wir im folgenden von einem Kointegrationsraum mit zwei Vektoren aus, ohne daß sich grundsätzliche Unterschiede für die Identifikation monetärer Wechselkursgleichungen bei der Annahme von r=3 ergeben. Der Likelihood-Ratio-Test auf Restriktion der Konstanten wird signifikant abgelehnt (21.42-$\chi^2(5)$).

Tabelle 10.2.5
VAR(2)-Modell für GBP/USD-Kurs.
LR-Kointegrationstests von Johansen, Eigenvektoren und Kointegrationsrelationen.

Eigenwert	0.515	0.419	0.327	0.227	0.165	0.130	0.070
H_0	r=0	r≤1	r≤2	r≤3	r≤4	r≤5	r≤6
λ_{max}-Test	53.496**	40.150**	29.256	19.021	13.358	10.322	5.394
Trace-Test	170.997**	117.502**	77.351**	48.095	29.074	15.716	5.394

	β_1	β_2	α_1	α_2
y^*	27.019	-5.487	-0.006	-0.003
m^*	0.503	-9.055	-0.000	-0.000
i_S^*	0.306	0.045	0.173	-0.020
y	-13.699	43.760	-0.000	-0.008
m	-6.725	0.950	-0.001	0.004
i_S	-0.016	-0.221	0.435	0.168
s	-0.805	-0.575	0.002	-0.007

** zeigen Signifikanz auf dem 5% Niveau an. Zu vergleichen mit den Werten aus Tabelle A2 in Johansen und Juselius [1990, S.209].

Wie die Tests auf Ausschluß einzelner Variablen aufzeigen, wird der Ausschluß aus dem Kointegrationsraum für die US-Größen und die britischen Einkommens- und Geldmengenvariablen abgelehnt, nicht jedoch für die britischen Geldmarktzinsen und den GBP/USD-Wechselkurs (Tabelle 10.2.6). Auch die schwache Exogenität kann für diese beiden Größen sowie m^* und i_S^* nicht verworfen werden. Diese Ergebnisse weisen darauf hin, daß in diesem VAR-Modell der Wechselkurs eine relativ unbedeutende Rolle spielt. Die verschiedenen Hypothesentests auf gleiche Parameter werden jeweils abgelehnt (Tabelle 10.2.11). Bei der Untersuchung der einzelnen Kointegrationsvektoren wird deutlich, daß keiner den Voraussetzungen einer monetären Wechselkursgleichung genügt. Damit liegt für dieses System ebenso wie für das VAR-Modell, das anstelle der kurzfristigen Zinsen die Anleihezinsen verwendet, analog zu dem Modell für Japan und die USA, keine monetäre

Wechselkursgleichung weder der strengen noch der schwachen Form vor[14]. Wie die Untersuchungen im vorigen Kapitel gezeigt haben, konnte für das Modell des Vereinigten Königreichs auch keine langfristige Geldnachfragegleichung ermittelt werden. Die beiden Kointegrationsvektoren lassen sich ebenfalls nicht als rein nationale Gleichgewichtsbeziehungen interpretieren, da die entsprechenden Tests verworfen werden (siehe Tabelle 10.2.11).

Insgesamt können so bei der GBP/USD-Relation keine Anzeichen einer Orientierung an eine monetäre fundamentale Wechselkursbeziehung festgestellt werden. Stattdessen hat der Wechselkurs relativ geringe Bedeutung für den Kointegrationsraum des betrachteten VAR-Modells.

Tabelle 10.2.6
VAR(2)-Modell für GBP/USD-Kurs.
Tests des Kointegrationsraums auf schwache Exogenität und Ausschluß von Variablen, unter der Annahme von zwei Kointegrationsvektoren.

Variable	schwache Exogenität	Ausschluß aus Vektor	
		β_1	β_2
	$\chi^2(2)$	$\chi^2(1)$	$\chi^2(1)$
y^*	10.96***	11.58***	1.93
m^*	0.22	0.03	7.54***
i_S^*	1.22	10.36***	0.57
y	5.83*	1.05	8.17***
m	7.95**	11.72***	1.32
i_S	4.08	0.02	2.24
s	1.09	0.37	0.11

*, **, *** zeigen Signifikanz auf dem 10%, 5% und 1% Niveau an.

10.2.2.4 VAR-Modell für Frankreich und die Vereinigten Staaten

Das Bild ändert sich, wenn man sich dem VAR-System mit den Daten von Frankreich und den Vereinigten Staaten zuwendet. Die Kointegrationstests deuten auf das Vorliegen von mindestens drei stationären Beziehungen hin (Tabelle 10.2.7); der Likelihood-Ratio-Test auf lineare Restriktion der Trendgrößen wird auf dem 10% Niveau abgelehnt (8.10-$\chi^2(4)$). Die Hypothesentests in Tabelle 10.2.8 auf Ausschluß und schwache Exogenität einzelner Variablen können nur bei einem Teil der Variablen verworfen werden. Der LR-Test, der einen der Vektoren auf identische Koeffizientenpaare mit jeweils entegegengesetzten Vorzeichen für y, y^*, m, m^* und i_S, i_S^* restringiert, wird signifikant abgelehnt. Dagegen werden die Tests, die einen der Vektoren auf nationale Einflußfaktoren beschränken,

[14] Bei dem VAR-Modell mit den Inflationsraten läßt sich dagegen ein monetärer Wechselkursvektor identifizieren, der als Fehler-Korrektur-Mechanismus auf die Wechselkursgleichung wirkt. Auch die Tests auf Ausschluß sowie schwache Exogenität der GBP/USD-Variablen werden abgelehnt.

speziell bei den US-Daten nicht einheitlich verworfen (Tabelle 10.2.11). Dies deutet darauf hin, daß einer der Kointegrationsvektoren eine nationale Strukturgleichung darstellt.

Tabelle 10.2.7
VAR(2)-Modell für FRF/USD-Kurs.
LR-Kointegrationstests von Johansen, Eigenvektoren und Kointegrationsrelationen.

Eigenwert	0.502	0.460	0.371	0.289	0.164	0.083	0.049
H_0	r=0	r≤1	r≤2	r≤3	r≤4	r≤5	r≤6
λ_{max}-Test	51.600**	45.547**	34.249**	25.197	13.241	6.392	3.754
Trace-Test	179.981**	128.381**	82.834**	48.585**	23.388	10.146	3.754

	β_1	β_2	β_3	α_1	α_2	α_3
y^*	6.514	-7.674	-8.574	-0.011	-0.001	-0.007
m^*	2.831	-13.583	1.687	-0.001	0.000	0.000
i_S^*	0.100	1.000	0.009	0.605	-0.044	-0.696
y	10.115	-16.030	12.958	-0.004	-0.002	-0.022
m	-5.797	9.326	-0.818	-0.002	0.002	-0.002
i_S	-0.021	-0.452	0.042	0.943	0.181	-2.121
s	1.000	1.726	1.000	-0.014	0.005	0.001

** zeigen Signifikanz auf dem 5% Niveau an. Zu vergleichen mit den Werten aus Tabelle A2 in Johansen und Juselius [1990, S.209].

Tabelle 10.2.8
VAR(2)-Modell für FRF/USD-Kurs.
Tests des Kointegrationsraums auf schwache Exogenität und Ausschluß von Variablen, unter der Annahme von drei Kointegrationsvektoren.

Variable	schwache Exogenität	Ausschluß aus Vektor		
		β_1	β_2	β_3
	$\chi^2(3)$	$\chi^2(1)$	$\chi^2(1)$	$\chi^2(1)$
y^*	12.39***	1.22	0.07	2.20
m^*	0.46	1.20	1.63	0.91
i_S^*	6.07	0.89	10.36***	0.25
y	11.42***	1.66	0.19	3.05*
m	16.22***	5.11**	6.85***	1.13
i_S	6.05	0.10	2.03	0.51
s	6.58*	1.57	0.23	1.95

*, **, *** zeigen Signifikanz auf dem 10%, 5% und 1% Niveau an.

Bei der Analyse der Vektoren des Kointegrationsraums zeigt sich, daß zwei der Vektoren weitgehend die Struktur monetärer Wechselkursgleichungen der schwachen Form aufweisen. Beim ersten Vektor entspricht nur die US-Einkommensgröße nicht den theoretischen Überlegungen, während beim dritten Vektor die Zinsgrößen keine alternierenden Vorzeichen aufweisen und damit nicht den Erwartungen entsprechen. Während der erste Vektor als Fehler-Korrektur-Term auch auf die Differenzengleichung der Wechselkursvariable wirkt, ist dies bei dem dritten nicht der Fall. Die VAR-Modelle, die anstelle der Geldmarktzinsen die langfristigen Anleihezinsen bzw. die Inflationsraten einbeziehen, weisen ebenfalls Kointegrationsvektoren auf, die von der Struktur her einer schwachen Form der monetären Wechselkursgleichung gehorchen. Bei dem VAR-Modell mit den langfristigen Zinsen haben bei einem der Kointegrationsvektoren alle Parameter die korrekten Vorzeichen. Die Tests auf Ausschluß und schwache Exogenität werden in diesem Modell signifikant verworfen.

Die Resultate der betrachteten Modelle mit französichen und amerikanischen Einflußgrößen weisen somit deutlich darauf hin, daß zwischen den verschiedenen Variablen Kointegrationsvektoren existieren, die als monetäre Wechselkursgleichungen interpretiert werden können. Und da die schwache Exogenität für die Wechselkursvariable abgelehnt wird, folgt daraus, daß sich die Entwicklung des FRF/USD-Kurses langfristig an diesen monetären Gleichgewichtsbeziehungen orientiert.

10.2.2.5 VAR-Modell für die Schweiz und die Vereinigten Staaten

Bei dem vektorautoregressiven Modell für die Schweiz und die USA ermitteln der λ_{max}- und der Trace-Test übereinstimmend eine stationäre Linearkombination im Niveau der betrachteten Variablen, vgl. Tabelle 10.2.9. Der weitergehende Likelihood-Ratio-Test auf lineare Restriktion des Trendvektors wird bei einem Wert von 22.97 und einer asymptotischen $\chi^2(6)$-Verteilung auf dem 1% Signifikanzniveau abgelehnt. Der Ausschluß einzelner Variablen wird für alle Größen, bis auf die amerikanischen Einkommens- und Geldmengengröße verworfen. Schwache Exogenität kann dagegen nur für die beiden Einkommensvariablen verworfen werden, allerdings kann diese Hypothese bei der CHF/USD-Variablen nur relativ knapp nicht auf dem 10% Niveau abgelehnt werden (Tabelle 10.2.10).

Tabelle 10.2.9
VAR(2)-Modell für CHF/USD-Kurs.
LR-Kointegrationstests von Johansen, Eigenvektoren und Kointegrationsrelationen.

Eigenwert	0.530	0.361	0.278	0.197	0.137	0.111	0.026
H_0	r=0	r≤1	r≤2	r≤3	r≤4	r≤5	r≤6
λ_{max}-Test	52.888**	31.362	22.842	15.364	10.350	8.261	1.825
Trace-Test	142.892**	90.004	58.642	35.801	20.437	10.086	1.825

	β	α
y^*	3.598	-0.015
m^*	-0.330	0.000
i_s^*	0.189	-0.300
y	14.410	-0.047
m	-6.264	0.008
i_s	-0.319	-0.286
s	1.000	-0.022

** zeigen Signifikanz auf dem 5% Niveau an. Zu vergleichen mit den Werten aus Tabelle A2 in Johansen und Juselius [1990, S.209].

Die verschiedenen Hypothesentests auf die Form der Koeffizienten, die in Tabelle 10.2.11 aufgelistet sind, werden mehrheitlich signifikant abgelehnt. Dies bedeutet, daß der Kointegrationsvektor nicht nur eine inländische Strukturbeziehung darstellt. Der Vektor entspricht dagegen von der Struktur her einer schwachen Form der monetären Wechselkursgleichung unter flexiblen Preisen mit Ausnahme der Vorzeichen der Koeffizienten der amerikanischen Einkommens- und Geldmengengröße. Die Signifikanz dieser beiden Variablen ist jedoch relativ gering, wie der obige Test auf Ausschluß gezeigt hat. Der Kointegrationsvektor kann somit unter der erwähnten Einschränkung als langfristige Wechselkursgleichung interpretiert werden und wirkt, wie die Werte des Ladungsvektors α zeigen, auch als Fehler-Korrektur-Term auf die Bestimmungsgleichung des CHF/USD-Kurses. Entsprechende Ergebnisse werden registriert, wenn anstelle der Geldmarktzinsen das VAR-Modell mit den langfristigen Zinssätzen untersucht wird. Auch hier liegt ein Kointegrationsvektor vor, der, bis auf eine Inkonsistenz der Vorzeichen der Parameter der Schweizer und amerikanischen Geldmengenvariablen, den theoretischen Erwartungen einer langfristigen Wechselkursgleichung unter flexiblen Preisen entspricht. In diesem Modell wirkt die stationäre Gleichgewichtsbeziehung ebenfalls als Fehler-Korrektur-Term auf die Bestimmungsgleichung des CHF/USD-Wechselkurses.

Tabelle 10.2.10
VAR(2)-Modell für CHF/USD-Kurs.
Tests des Kointegrationsraums auf schwache Exogenität und Ausschluß von Variablen, unter der Annahme von einem Kointegrationsvektor.

Variable	schwache Exogenität $\chi^2(1)$	Ausschluß aus Vektor β_1 $\chi^2(1)$
y^*	13.32***	1.57
m^*	0.04	0.05
i_S^*	0.62	13.02***
y	15.32***	17.55***
m	1.09	2.88*
i_S	1.05	7.02***
s	2.14	3.80*

** zeigen Signifikanz auf dem 5% Niveau an. Zu vergleichen mit den Werten aus Tabelle A2 in Johansen und Juselius [1990, S.209].

Tabelle 10.2.11
Likelihood-Ratio-Tests auf Kointegrationsvektoren.

Hypothese auf Koeffizienten[a]	VAR-Modell DEM/USD	JPY/USD	GBP/USD	FRF/USD	CHF/USD
Modell mit i_S, i_S^*	(r=2)	(r=2)	(r=2)	(r=3)	(r=1)
					$\chi^2(1)$
$y=y^*$					17.20***
$m=m^*$					6.18**
$i_S=i_S^*$					2.68
	$\chi^2(1)$	$\chi^2(1)$	$\chi^2(1)$		
$y=y^*, m=m^*$	5.61**	11.88***	4.62**		
$y=y^*, i_S=i_S^*$	0.32	2.32	5.29**		
$m=m^*, i_S=i_S^*$	0.04	2.64	4.15**		
	$\chi^2(2)$	$\chi^2(2)$	$\chi^2(2)$	$\chi^2(1)$	$\chi^2(3)$
$y=y^*, m=m^*, i_S=i_S^*$	19.96***	0.99	18.42***	8.24***	26.20***
Nationale Variablen					
y^*, m^*, i_S^*, s	11.62***	1.32	11.88***	2.71*	21.40***
y, m, i_S, s	6.54**	16.33***	12.72***	10.06***	26.27***
Modell mit i_B, i_B^*	(r=1)	(r=1)	(r=2)	(r=2)	(r=1)
	$\chi^2(1)$	$\chi^2(1)$			$\chi^2(1)$
$y=y^*$	2.39	11.32***			2.67
$m=m^*$	1.67	1.48			0.22
$i_B=i_B^*$	14.01***	11.65***			0.48
			$\chi^2(1)$	$\chi^2(1)$	
$y=y^*, m=m^*$			0.18	1.02	
$y=y^*, i_B=i_B^*$			8.19***	3.65*	
$m=m^*, i_B=i_B^*$			1.71	2.79*	
	$\chi^2(3)$	$\chi^2(3)$	$\chi^2(2)$	$\chi^2(2)$	$\chi^2(3)$
$y=y^*, m=m^*, i_B=i_B^*$	38.21***	25.82***	17.30***	1.02	9.76**
Nationale Variablen					
y^*, m^*, i_B^*, s	42.55***	22.82***	16.46***	3.13	14.91***
y, m, i_B, s	36.49***	11.66***	46.22***	5.30*	7.79*
Modell mit π, π^*	(r=1)	(r=2)	(r=3)	(r=2)	(r=1)
	$\chi^2(1)$				$\chi^2(1)$
$y=y^*$	6.92***				10.16***
$m=m^*$	7.53***				16.54***
$\pi=\pi^*$	7.15***				9.05***
		$\chi^2(1)$		$\chi^2(1)$	
$y=y^*, m=m^*$		6.00**		0.94	
$y=y^*, \pi=\pi^*$		6.02**		9.10***	
$m=m^*, \pi=\pi^*$		0.64		1.31	
	$\chi^2(3)$	$\chi^2(2)$	$\chi^2(1)$	$\chi^2(2)$	$\chi^2(3)$
$y=y^*, m=m^*, \pi=\pi^*$	31.18***	6.09	3.99**	13.42***	24.90***
Nationale Variablen					
y^*, m^*, π^*, s	25.46***	13.56***	7.27***	5.56*	17.43***
y, m, π, s	20.01***	26.68***	1.94	0.73	22.70***

LR-Test aus Abschnitt 5.4.2.5 Die VAR-Modelle mit den langfristigen Zinsen bzw. Inflationsraten wurden gesondert geschätzt.

[a] Hypothesentest auf einen Kointegrationsvektor mit identischen Koeffizienten und entgegengesetzten Vorzeichen für die entsprechenden Variablenpaare, bzw. Test auf einen Vektor der nur nationale Variablen enthält.

10.2.2.6 Weitere Untersuchungen für bilaterale Wechselkursrelationen mit der D-Mark

Da bilaterale Wechselkurse der D-Mark für uns von besonderem Interesse sind, werden in einer weiteren Untersuchung VAR-Systeme für die übrigen D-Markkurse untersucht. Um den Umfang der vorliegenden Arbeit nicht zu sprengen, wird auf die Ergebnisse nur kursorisch eingegangen. Im Anhang werden die Resultate für die jeweiligen Wechselkurse in den Tabellen A10.2.1-8 angegeben.

Wie die Ergebnisse zeigen, kann mit Ausnahme des Modells zwischen Deutschland und dem Vereinigten Königreich von der Existenz langfristiger Kointegrationsbeziehungen in den VAR-Systemen ausgegangen werden. Unter den ermittelten Gleichgewichtsbeziehungen können Vektoren ermittelt werden, die in Übereinstimmung mit monetären Wechselkursgleichungen der schwachen Form sind. Bei dem DEM/CHF- und dem DEM/JPY-Modell stimmen alle Vorzeichen mit den theoretischen Überlegungen für ein Wechselkursmodell unter flexiblen Preisen überein, während beim DEM/FRF-Modell nur der Parameter der französischen Einkommensgröße das falsche Vorzeichen annimmt. Diese langfristigen Wechselkursgleichgewichte wirken bei dem VAR-Modell mit den französischen und demjenigen mit den Schweizer Daten auch als Fehler-Korrektur-Terme über den jeweiligen Ladungsvektor α auf die Bestimmungsgleichungen der Wechselkursrelationen ein. Weniger eindeutig sind die Ergebnisse der Tests auf Ausschluß und schwache Exogenität einzelner Variablen. Während der Ausschluß des Wechselkurses im Modell mit Japan verworfen werden kann, ist dies nicht der Fall bei den beiden anderen Modellen. Dagegen wird die schwache Exogenität des Wechselkurses im VAR-Modell mit Frankreich und demjenigen mit Japan signifikant abgelehnt. Für die Bestimmung der Differenzengleichungen der Wechselkurse dieser beiden VAR-Modelle sind die langfristig wirksamen monetären Wechselkursgleichgewichte somit von entscheidender Bedeutung.

Die Resultate der vektorautoregressiven Modelle mit den übrigen bilateralen D-Mark-Wechselkursen weisen somit überwiegend auf das Bestehen stationärer Linearkombinationen hin, die als monetäre Wechselkursbeziehungen interpretiert werden können. Einschränkend ist zu vermerken, daß in einem Fall nicht alle Vorzeichen korrekt sind, und die Hypothesen des Ausschlusses und der schwachen Exogenität nicht in jedem Fall für die betrachteten Wechselkurse abgelehnt werden konnten.

10.2.3 Zusammenfassung

In diesem Abschnitt wurde die Relevanz monetärer Wechselkursmodelle mit Hilfe des von Johansen entwickelten Verfahrens der Untersuchung auf Kointegration getestet. Geprüft wurde, ob zwischen den Wechselkursen und fundamentalen Einflußgrößen wichtiger Industrieländer Linearkombinationen existieren, die stationär sind. Dies bedeutet, daß zwischen den Variablen langfristig eine Gleichgewichtsbeziehung herrscht, an der sich die Wechselkursvariable orientiert.

Ein erstes Resultat der obigen Analysen ist die Feststellung, daß die Variablen der betrachteten vektorautoregressiven Modelle tatsächlich kointegriert sind, d.h. daß stationäre Gleichgewichtsbeziehungen existieren, obwohl die Variablen allein nicht stationär sind. Wie die Untersuchungen gezeigt haben, wird für die gefundenen Kointegrationsvektoren jedoch die Annahme der Existenz einer langfristigen monetären Wechselkursgleichung der strengen Form eindeutig und signifikant abgelehnt. Die in den theoretischen Modellen zugrundegelegten Annahmen sind zu streng gefaßt und können empirisch, entsprechend früherer Untersuchungen (vgl. Kapitel 7), nicht bestätigt werden.

Dagegen können in der vorliegenden Untersuchung Resultate ermittelt werden, die darauf hin deuten, daß für eine Mehrzahl der betrachteten Wechselkurse monetäre Beziehungen existieren, die mit der Hypothese der sogenannten schwachen Form einer monetären Wechselkursgleichung im Einklang stehen. Die Parameter der einzelnen Variablen nehmen die theoretisch erwarteten Vorzeichen an, und der Gleichgewichtsvektor wirkt in vielen Fällen als Fehler-Korrektur-Term auf die Bestimmungsgleichungen der Wechselkurse. Die Struktur der ermittelten langfristigen Kointegrationsvektoren deutet dabei in den meisten Fällen aufgrund der Vorzeichen der Koeffizienten für die Zinsvariablen auf eine monetäre Wechselkursgleichung unter flexiblen Preisen, kaum dagegen auf das Vorliegen des Dornbusch-Modells hin. Einschränkend ist zu bemerken, daß die Hypothesen des Ausschlusses und der schwachen Exogenität einzelner Variablen für die von uns untersuchten Wechselkurse nicht in jedem Fall abgelehnt werden konnten. Daraus resultiert, daß die Wechselkursgrößen in den langfristigen Wechselkursgleichungen nicht immer signifikant sind und die jeweiligen Differenzengleichungen für die Wechselkursvariablen zum Teil unabhängig von den langfristigen monetären Gleichgewichtsbeziehungen bestimmt werden. Trotz dieser Einschränkungen legen die erzielten Resultate eine günstigere Beurteilung der langfristigen Gültigkeit von fundamentalen monetären Wechselkursgleichungen nahe. Monetäre Wechselkursbeziehungen sind somit in dem Datenmaterial moderner offener Volkswirtschaften vorhanden und wirken langfristig auf den Verlauf der nominalen

Wechselkurse. Ob die Dynamik des Wechselkursverhaltens im Einklang mit monetären Überlegungen steht, ist Inhalt des folgenden Abschnitts, der sich mit der Modellierung struktureller vektorautoregressiver Wechselkurssysteme beschäftigt.

Abschließend ist noch anzumerken, daß bei den betrachteten VAR-Modellen mit Ländern, für die schon in Abschnitt 10.1 keine langfristigen Geldnachfragerelationen festgestellt werden konnten, häufig auch keine monetären Wechselkursgleichungen gefunden wurden. Damit ist das Bestehen einer Geldnachfragefunktion monetärer Prägung ein wichtiger Indikator für die mögliche Existenz einer monetären Wechselkursgleichung. Diese auf der Theorie monetärer Wechselkursmodelle basierende Überlegung erlangt somit auch im Rahmen der hier vorgelegten empirischen Untersuchung große Bedeutung.

10.3 Dynamische Analyse monetärer Wechselkursbeziehungen

Nachdem in den vorherigen Abschnitten die Existenz langfristiger Kointegrationsbeziehungen monetärer Prägung für die Geldnachfrage und das Wechselkursverhalten überprüft wurde, liegt der Schwerpunkt in diesem Abschnitt auf der Analyse des dynamischen Verhaltens der makroökonomischen Modellvariablen. Auf der Grundlage der von uns verwendeten VAR-Modelle können Wechselwirkungen im Zeitverlauf und Reaktionen auf Impulse in den Einkommens-, Geldmengen- und Zinsvariablen sowie den Wechselkursgrößen untersucht werden. Das Ziel der Analyse liegt darin, empirisch festzustellen, ob das dynamische Verhalten der Variablen im Einklang mit dem Mundell-Fleming-Modell und speziell der monetären Wechselkurstheorie steht. In der Mehrzahl der von uns untersuchten Modelle konnten langfristige Kointegrationsbeziehungen ermittelt werden. Diese haben sich als konsistent mit der Struktur aggregierter Nachfragegleichungen, monetärer Geldnachfragefunktionen (Abschnitt 10.1) und monetärer Wechselkursgleichungen (Abschnitt 10.2) erwiesen. So ist es von besonderem Interesse zu untersuchen, ob dies auch für die kurzfristigen Wechselwirkungen und für das dynamische Modellverhalten gilt.

Zu diesem Zweck wird auf die in Kapitel 6 vorgestellten Verfahren zur dynamischen Analyse zurückgegriffen. In einem ersten Schritt wird dabei den Innovationstermen in den VAR-Modellen eine strukturelle Interpretation gegeben, die sich an der monetären ökonomischen Theorie orientiert und das Mundell-Fleming-Modell bei flexiblen Wechselkursen mit einer monetären Wechselkursbeziehung verbindet. Die Schätzergebnisse für diese strukturellen vektorautoregressiven Modelle können dabei Aufschluß darüber geben, ob Innovationen in den Einflußfaktoren die Modellvariablen und dabei insbesondere die Wechselkursinnovationen den theoretischen Erwartungen entsprechend beeinflussen. Auf der Grundlage dieser zugrundegelegten strukturellen vektorautoregressiven Modelle wird dann im zweiten Schritt mit Hilfe von Vorhersagefehler-Varianz-Zerlegungen und Impulsantwortfolgen das dynamische Modellverhalten im Zeitablauf untersucht und auf Konsistenz mit der monetären Außenwirtschaftstheorie und speziell den monetären Wechselkursmodellen überprüft. Der Rahmen der strukturellen vektorautoregressiven Modelle ermöglicht es somit, die empirische Relevanz der uns interessierenden makroökonomischen Theorien zu untersuchen, ohne eine Vielzahl von Restriktionen und Annahmen a priori zugrundelegen zu müssen (vgl. Sims [1980]).

10.3.1 Strukturelle Interpretation

Die dynamische Untersuchung struktureller VAR-Modelle basiert auf den Rahmenbedingungen von Abschnitt 10.2.1 und geht von den bereits bekannten fünf vektorautoregressiven Modellen zwischen den Vereinigten Staaten auf der einen Seite sowie Deutschland, Japan, dem Vereinigten Königreich, Frankreich und der Schweiz auf der anderen Seite aus. Verwendet werden die Variablen Produktion, Geldmenge und Zins der jeweils betrachteten zwei Länder und deren bilateraler Wechselkurs. Der Variablenvektor hat also die bekannte Form:

$$x_t = \quad [y^*, m^*, i_S^*, y, m, i_S, s]_t, \quad \text{mit } t = 1973{:}1, \ldots, 1991{:}4,$$

wobei ein * jeweils die amerikanische Größe bezeichnet. Die Untersuchungen wurden ebenfalls mit einem Variablenvektor durchgeführt, bei dem anstelle der Geldmarktzinsen i_S^*, i_S die langfristigen Kapitalmarktsätze i_B^*, i_B verwendet wurden. Die Resultate dieser Strukturschätzungen und der dynamischen Analyse erweisen sich als weitgehend identisch mit den Ergebnissen der ursprünglichen Modelle mit i_S^* und i_S, so daß auf eine gesonderte Darstellung verzichtet werden kann. Die Aussagen für die Geldmarktzinsen sind daher im wesentlichen auch auf die Anleihesätze übertragbar[15].

Wie die Untersuchungen in Abschnitt 10.2. gezeigt haben, sind die von uns betrachteten Variablen kointegriert. Werden Variablen, die multivariat betrachtet kointegriert sind, mit einem Differenzenfilter transformiert, so geht bekanntermaßen Information über langfristige Abhängigkeiten der Variablen im Niveau verloren[16]. In Fuller [1976, Theorem 8.5.1] wird außerdem gezeigt, daß das Differenzieren bei Autoregressionen keinen Gewinn für die asymptotische Effizienz der Schätzwerte aufweist. Eine einfache Differenzenbildung würde also zu einem fehlspezifizierten Modell führen. Um diesem Nachteil zu begegnen, sind Ansätze zu verwenden, die möglichen Kointegrationsrestriktionen Rechnung tragen, dies bedeutet Fehler-Korrektur-Modelle[17] oder unrestringierte VAR-Systeme im Niveau der Daten. Sims, Stock und Watson [1990]

---

[15] Auf eine Untersuchung unter Verwendung der Inflationsraten anstatt der Zinssätze wurde verzichtet, da dies nicht mit der gewählten Form des strukturellen Modells (siehe unten) vereinbar ist. Ein modifiziertes Modell führt dagegen nicht unbedingt zu vergleichbaren Resultaten.

[16] Die Bedeutung von Kointegration in vektorautoregressiven Modellen wird auch in Reimers [1992] und Lütkepohl [1991] untersucht.

[17] Strukturelle vektorautoregressive Modelle im Niveau der Daten wurden u.a. von Blanchard und Watson [1986] oder Sims [1986] untersucht. Blanchard [1989], Blanchard und Quah [1989] und Giovannini [1992] betrachten Modelle mit Variablen in 1. Differenzen, während Bernanke [1986] beide Fälle analysiert. SVAR-Modelle zur Analyse makroökonomischer Fluktuationen wurden auch von Gali [1992], Bruno und Portier [1993] und Karras [1993] verwendet.

und Park und Phillips [1989] zeigen diesbezüglich, daß vektorautoregressive Modelle unrestringiert im Niveau der Variablen geschätzt werden können, da bestehende Kointegrationsbeziehungen aufgrund ihrer höheren Konvergenzgeschwindigkeit (vgl. Abschnitt 5.1.) implizit bei der Schätzung berücksichtigt werden. Allerdings wird in diesem Fall die asymptotische Kovarianzmatrix singulär (siehe dazu Lütkepohl [1991]).

Der Ansatz der strukturellen VAR-Modelle, wie sie in diesem Rahmen eingesetzt werden, wurde in Abschnitt 6.4 vorgestellt (siehe dort für eine ausführlichere Darstellung). Ein SVAR-Modell entspricht dabei weitgehend dem Ansatz bei den VAR-Modellen, d.h. es wird zuerst die unrestringierte Form des vektorautoregressiven Modells geschätzt, mit der die stochastischen Prozesse der Modellvariablen beschrieben werden. Daraufhin wird mit Hilfe von gerade identifizierenden Restriktionen von den Residuen in reduzierter Form zu unkorrelierten strukturellen Innovationen übergegangen. Anstelle der Orthogonalisierung durch eine Choleski-Zerlegung, die dem Modell implizit eine Struktur auferlegt, wird den identifizierenden Restriktionen bei dem SVAR-Modell eine strukturelle Interpretation zugrundegelegt und diese explizit angegeben[18]. Diese Restriktionen stellen direkte Abhängigkeiten für die gleichzeitige, kurzfristige Wirkungsweise der Innovationsterme auf.

Der monetären Wechselkurstheorie zufolge kann das Wechselkursverhalten weitgehend auf der Basis monetärer Wirkungszusammenhänge erklärt werden. Daher müssen makroökonomische Einflußfaktoren wie Sozialproduktgrößen, Geldmengen und Zinsen die dynamische Entwicklung flexibler Wechselkurse beschreiben können. Die strukturelle Interpretation der Wirkungsweise der Innovationen in den einzelnen Variablen, die nun im Anschluß vorgenommen wird, folgt dabei in den Grundzügen dem Mundell-Fleming-Modell und der monetären Wechselkurstheorie (vgl. Abschnitt 3.2 und 3.3).

Bei der dynamischen Analyse im Rahmen von VAR-Modellen wird zugrundegelegt, daß Fluktuationen in makroökonomischen Größen das Resultat von kleinen White-Noise-Impulsen sind, die eine Volkswirtschaft über ein komplexes System von Wirkungszusammenhängen antreiben[19]. Die Überlegungen über den Einfluß der Störterme, die auch als das Eintreffen neuer Informationen interpretiert werden können, sind die Grundlage eines eigenen theoretischen Ansatzes und zwar des Finanzmarktansatzes (siehe Abschnitt 3.5). Bei der Finanzmarkttheorie wird die Annahme zugrundegelegt, daß nur die Bekanntgabe bzw. die Festellung neuer Informationen und Impulse Auswirkungen auf die

---

[18] Die Analyse vektorautoregressiver Modelle mittels einer Choleski-Zerlegung wurde von Sims [1980] erstmals vorgeschlagen und ist im weiteren in einer Vielzahl von empirischen Arbeiten mit VAR-Modellen verfolgt worden. In Kapitel 11 und 12 dieser Arbeit werden für die dynamische Analyse VAR-Modelle mit Choleski-Zerlegungen verwendet.

[19] Die Grundlagen für diese Betrachtungen wurden von Arbeiten von Frisch [1933], Slutzky [1937] und Kalecki [1954] gelegt.

Finanzmärkte und damit beispielsweise auch auf die Wechselkursentwicklung haben. Die Störterme vektorautoregressiver Modelle geben innerhalb dieses Ansatzes denjenigen Anteil einer makroökonomischen Größe an, der nicht durch die übrigen Einflußfaktoren und zurückliegenden Informationen erklärt werden kann. Die Residuen sind somit als Innovationsterme interpretierbar, die die Ankunft und die Bedeutung neuer Informationen aufzeigen. Zu den theoretischen Grundlagen dieser Modelle, die den "News"-Aspekt berücksichtigen siehe Abschnitt 3.5; ein Überblick über diesbezügliche empirische Arbeiten im Wechselkursbereich wird in Abschnitt 7.2.4 gegeben. Mit dem vorliegenden Ansatz struktureller vektorautoregressiver Modelle, bei dem den Innovationstermen eine explizite Bedeutung zugeordnet wird, ist man also in der Lage, neben der grundlegenden monetären Wechselkurstheorie auch in einem Schritt diesen Finanzmarktansatz der Wechselkurserklärung zu überprüfen, der den Einfluß neuer Informationen in den Einflußfaktoren hervorhebt. In der folgenden empirischen Analyse stellt sich so die Frage, ob die Impulse, denen eine strukturelle Bedeutung für die Erklärung der Fluktuationen makroökonomischer Größen beigemessen wird, dynamische Wechselwirkungen erzeugen, die im Einklang mit den theoretischen Erwartungen der Abläufe monetärer Wechselkursmodelle stehen.

Bei den folgenden Untersuchungen wird von der Existenz von sieben strukturellen Innovationsgrößen ausgegangen, die das System antreiben. Diese Impulse werden interpretiert als unabhängige Schocks auf die aggregierte Nachfrage, auf die Geldmenge und den Zins jeweils für die in- und ausländische Größe sowie Schocks auf den Wechselkurs. Diese strukturellen White-Noise-Innovationen werden in dem Vektor e_t zusammengefaßt, und es wird zusätzlich angenommen, daß sie nicht miteinander korreliert sind. Dagegen können die Residuen der Schätzgleichungen in reduzierter Form natürlich untereinander korreliert sein. Über sieben Gleichungen, die die makroökonomischen Wirkungszusammenhänge abbilden, wird die Dynamik in den Einkommens-, Geldmengen-, Zins- und Wechselkursgrößen erzeugt. Das in unserem Untersuchungsrahmen eingesetzte Strukturmodell hat dabei die der Notation von Abschnitt 6.4 folgende allgemeine Form $A_0x_t=\Pi(L)x_t+e_t$, mit $\Pi(L)=A_1L+\ldots+A_kL^k$. Die reduzierte Form des Modells wird zu $x_t=B(L)x_t+\epsilon_t$, wobei ϵ_t der Vektor der Reduzierte-Form-Residuen ist, die untereinander korreliert sein können mit $\epsilon_t'=[y^*,m^*,i_S^*,y,m,i_S,s]_t$. Für die gleichzeitigen Beziehungen des Innovationsvektors ϵ_t mit dem Vektor der strukturellen Innovationen e_t ergibt sich damit $A_0\epsilon_t=e_t$.

Im weiteren wird die Matrix A_0 mit ihren identifizierenden Restriktionen spezifiziert. Diese Restriktionen sollen in Verbindung mit der Tradition des Mundell-Fleming-Modells die grundlegende Struktur eines monetären Wechselkursmodells charakterisieren und abbilden. Dabei wird für die Reduzierte-Form- und die Struktur-Innovationen folgende Form zugrundegelegt:

Strukturelles Modell für die Innovationsterme auf der Grundlage des Mundell-Fleming-Modells

$y^* =$			$-a_{13}i_S^*$			$-a_{17}s$	$+e_1$	(10.3.1)
$m^* =$	$a_{21}y^*$		$-a_{23}i_S^*$				$+e_2$	(10.3.2)
$i_S^* =$							$+e_3$	(10.3.3)
$y =$	$a_{41}y^*$	$-a_{43}i_S^*$		$+a_{45}m$	$-a_{46}i_S$	$+a_{47}s$	$+e_4$	(10.3.4)
$m =$		$-a_{53}i_S^*$	$+a_{54}y$		$-a_{56}i_S$		$+e_5$	(10.3.5)
$i_S =$		$a_{63}i_S^*$	$+a_{64}y$			$+a_{67}s$	$+e_6$	(10.3.6)
$s =$	$a_{71}y^*$	$-a_{72}m^*$	$+/-a_{73}i_S^*$	$-a_{74}y$	$+a_{75}m$	$-/+a_{76}i_S$	$+e_7$	(10.3.7)

Die ersten drei Gleichungen des Systems stellen die Relationen für das ausländische Modell d.h. jeweils das Teilmodell mit den Daten der Vereinigten Staaten auf. Gleichung (10.3.1) impliziert eine aggregierte Nachfragegleichung, in der die Innovationen im Einkommen negativ mit den Zins- und Wechselkursinnovationen zusammenhängen. Bei steigenden Zinsen und einer Aufwertung der ausländischen Währung geht somit die Nachfrage zurück. Die monetäre Geldnachfragegleichung (10.3.2) setzt die Geldmengeninnovationen in positive Abhängigkeit vom Einkommen und in negative vom Zins. Die Zinsgleichung für das Ausland wird allein vom eigenen Innovationsterm bestimmt. Nach der Charakterisierung des Teilmodells für die Vereinigten Staaten stellen die Gleichungen (10.3.4-10.3.6) das jeweilige inländische Teilmodell dar. Auch hier wird eine aggregierte Nachfragegleichung spezifiziert. Die Innovationen im Einkommen sind dabei negativ mit den Zinsinnovationen und positiv mit den Geldmengen- und Wechselkursstörtermen verbunden[20]. Die internationale wirtschaftliche Verflechtung und die große Bedeutung der amerikanischen Volkswirtschaft wird durch die Aufnahme der Innovationen der amerikanischen Produktion und der Zinsvariablen berücksichtigt. Änderungen in diesen Innovationstermen haben damit auch direkt und ohne Zeitverzögerung Einfluß auf die inländischen Einkommensinnovationen. Die Geldnachfragegleichung hat die typische Form einer positiven Einkommenswirkung und negativer Zinsabhängigkeit. Der Auslandseinfluß wird durch die Aufnahme der US-Zinsinnovationen in dieser Gleichung berücksichtigt. Gleichung (10.3.6) stellt den internationalen Zinszusammenhang dar: die ausländischen Zinsinnovationen sind mit den inländischen positiv verbunden. Daneben gehen in diese Gleichung auch die inländischen Einkommensinnovationen und der Wechselkurs ein. Diese Gleichung kann somit als eine um Einkommenseinflüsse erweiterte Zinsparitätenbeziehung

[20] Die Wechselkursgröße ist hier als Preis einer ausländischen Währungseinheit in Einheiten der inländischen Währung definiert. Daher wirkt diese Größe im inländischen Teilmodell mit entgegengesetztem Vorzeichen wie im (ausländischen) US-Modell.

interpretiert werden. Bei Annahme der Gültigkeit der Kaufkraftparität hat Gleichung (10.3.7) schließlich die Struktur einer monetären Wechselkursgleichung in reduzierter Form, bei der die in- und ausländischen Innovationsterme jeweils mit umgekehrten Vorzeichen auf die Wechselkursinnovationen wirken. Mit den Vorzeichen der Zinsterme wird die Möglichkeit des Bestehens eines monetären Wechselkursmodells mit langsamer Anpassung der Preise vom Dornbusch-Typ oder eines Modells mit flexiblen Preisen vom Frenkel/Bilson/Mussa-Typ ermöglicht. Mit der Wechselkursgleichung wird somit das strukturelle Modell geschlossen. Insgesamt betrachtet kann dieses vorgestellte strukturelle Modell somit als ein erweitertes Mundell-Fleming-Modell angesehen werden, das sich an dem Modell von Dornbusch [1976] orientiert.

Die Kovarianzmatrix der reduzierten Form $\sum_\epsilon$ beinhaltet 28 unabhängige Momente. Für die strukturellen Innovationen ergeben sich 21 Parameter und sieben Standardabweichungen. Damit ist das vorliegende SVAR-Modell gerade identifiziert. Aufgrund der beschränkten Anzahl unabhängiger Momente und der Restriktionen auf die Matrizen ist man in der Spezifikation des Modells eingeschränkt, so daß eine gewisse Kritik an der Wahl der Struktur und der Restriktionen nicht ausgeschlossen werden kann. Insgesamt gesehen geben die Modellgleichungen jedoch weitgehend den Charakter des monetären Modellansatzes wieder und können als Grundlage für die Untersuchungen der Wirkungsweise der Innovationsterme und die dynamische Analyse dienen.

In dem folgenden Abschnitt werden für jeden der fünf bilateralen Wechselkurse, den DEM/USD-, JPY/USD-, GBP/USD-, FRF/USD- und den CHF/USD-Kurs, das entsprechende strukturelle VAR-Modell betrachtet. Dazu werden die Modelle zuerst mittels der gewählten Identifizierung geschätzt und die Resultate analysiert. Im Anschluß daran werden auf der Basis der zugrundegelegten monetären Struktur die Fehler-Varianz-Zerlegungen und die Impulsantwortfolgen für die Modelle untersucht. In autoregressiven Modellen mit oder ohne Kointegration kann das Reaktionsverhalten aufgrund unerwarteter Schocks ohne Schwierigkeiten für die dynamische Analyse des Systems berechnet werden (vgl. Abschnitt 6.3.2 und Lütkepohl [1991]). Bei Vorliegen von kointegrierten Systemen, wie das bei den von uns eingesetzten VAR-Modellen der Fall ist, können sich die Reaktionsverläufe jedoch deutlich von denen in stationären Systemen unterscheiden. Während in letzteren die Impulsantwortfolgen im Zeitablauf verschwinden, können sie in kointegrierten Systemen langfristig erhalten bleiben. In diesem Fall sind die Reaktionen permanent, so daß das System ein neues Gleichgewicht erreicht. Der Zeitpfad der Variablen, der sich aufgrund der unerwarteten Impulse ergibt, kann so die kurzfristige und langfristige Interaktion der Variablen aufzeigen und Auskunft über das dynamische Systemverhalten geben.

10.3.2 Struktur-Schätzungen und dynamische Analyse

10.3.2.1 SVAR-Modell für Deutschland und die Vereinigten Staaten

Das vektorautoregressive Modell mit dem amerikanischen und deutschen Datenmaterial wird unter Zugrundelegung der oben angegebenen identifizierenden Restriktionen auf die Reduzierte-Form- und die Struktur-Innovationen geschätzt. In Tabelle 10.3.1 sind die Maximum-Likelihood-Schätzergebnisse angegeben. Die Werte unter den Koeffizienten in Klammern geben den jeweiligen t-Wert an. Die Modellgleichungen spezifizieren für beide Länder eine aggregierte Nachfragegleichung, eine monetäre Geldnachfragegleichung und eine Zinsbeziehung sowie den nominalen Wechselkurs zwischen beiden Ländern.

Tabelle 10.3.1
Strukturschätzung des SVAR(2)-Modells für Deutschland und die Vereinigten Staaten.

$y^* =$			$-0.90i_S^*$			$+0.08s$	$+e_1$
			(-80.51)			(6.41)	
$m^* =$	$0.09y^*$		$-0.84i_S^*$				$+e_2$
	(1.84)		(-70.82)				
$i_S^* =$							$+e_3$
$y =$	$0.09y^*$	$-0.57i_S^*$		$+0.09m$	$-0.18i_S$	$+0.08s$	$+e_4$
	(0.05)	(34.13)		(3.10)	(-16.79)	(0.46)	
$m =$		$-0.56i_S^*$	$+0.08y$		$-0.17i_S$		$+e_5$
		(-76.20)	(1.78)		(-5.27)		
$i_S =$		$0.17i_S^*$	$+0.09y$			$+0.09s$	$+e_6$
		(2.80)	(0.21)			(1.90)	
$s =$	$0.08y^*$	$+0.10m^*$	$-0.58i_S^*$	$+0.09y$	$+0.10m$	$-0.16i_S$	$+e_7$
	(0.38)	(1.13)	(-156.90)	(1.93)	(0.36)	(-5.32)	

t-Statistiken in Klammern.

Wie anhand der beiden Teilmodelle für die USA und Deutschland, d.h. an den ersten sechs Gleichungen zu erkennen ist, stimmen die Schätzergebnisse sehr gut mit der monetären Theorie überein. Die Koeffizienten der Innovationsterme nehmen die erwarteten Vorzeichen an und sind in vielen Fällen signifikant. Der Koeffizient a_{17} der aggregierten US-Nachfragegleichung mit positivem Vorzeichen weist aus, daß eine Abwertung des US-Dollars gegenüber der D-Mark nicht sofort über eine Verbesserung der Handelsbilanz einen Anstieg des US-Sozialproduktes impliziert. Die Wechselkursinnovationen haben stattdessen einen gleichzeitigen positiven Einfluß auf y^*. Somit läßt sich diese Beziehung als Anzeichen für die Existenz eines kurzfristigen J-Kurveneffektes deuten. Aufgrund der kurzfristigen Inelastizität von Exportangebot und Importnachfrage führt eine Abwertung der inländischen Währung anfänglich zu einer Verschlechterung der Handelsbilanz, und die Marshall-Lerner-Bedingung wird erst mit Verzögerung wirksam (siehe dazu Abschnitt 3.1). Die US-Geldnachfragegleichung nimmt die typische Form positiver Einkommens- und negativer

Zinsabhängigkeit an. Im Teilmodell für die deutschen Innovationsterme stimmen die Schätzgleichungen sehr schön mit den theoretischen monetären Modellvorstellungen überein. Die aggregierten Nachfrageinnovationen sind positiv mit den Geldmengen- und negativ mit den Zinsinnovationen verbunden und weisen dabei signifikante t-Werte auf. Der deutliche Einfluß amerikanischer Innovationsterme für die deutschen Bestimmungsgleichungen ist an den hochsignifikanten Werten der US-Zinsinnovationen in der deutschen Einkommens- und der Geldnachfragegleichung erkennbar. Die amerikanischen Zinsinnovationen und ebenso die Wechselkursgröße sind signifikant positiv mit den deutschen Zinsresiduen verbunden und bestätigen so den internationalen Zinszusammenhang in der Bestimmungsgleichung für die deutschen Zinsinnovationen.

Während so die Strukturgleichungen der beiden Modellteile in schöner Übereinstimmung mit der monetären Theorie stehen, kommt man bei der Analyse der Gleichung für die Wechselkursinnovationen zu einem anderen Ergebnis. Diese Schätzgleichung entspricht nicht den theoretischen Erwartungen für eine monetäre Wechselkursgleichung in reduzierter Form. Die Koeffizienten der Innovationsterme nehmen großenteils die falschen Vorzeichen an und sind häufig nicht signifikant. Die Einflußgrößen wirken auch nicht mit paarweise umgekehrten Vorzeichen. Auffallend ist schließlich die extrem hohe Signifikanz der US-Zinsinnovationen für die Wechelkursgröße. Die Schätzergebnisse zeigen daher in diesem Modellrahmen, daß zumindest kurzfristig das Wechselkursverhalten nicht der monetären Wechselkurstheorie entspricht, und die Innovationen der verschiedenen Einflußgrößen keine gleichzeitige Wirkungsweise monetärer Prägung auf die Wechselkursinnovationen aufweisen. Die monetäre Wechselkursgleichung ist somit kurzfristig nicht gültig. Im Gesamten gesehen ist die Wirkungsweise der Innovationsterme der betrachteten makroökonomischen Variablen in weitgehender Übereinstimmung mit der monetären Theorie, jedoch nicht mit einer monetären Wechselkursgleichung in reduzierter Form.

Um das Wechselkursverhalten im dynamischen Verlauf zu untersuchen, wird im Folgenden auf die Betrachtung der Fehler-Varianz-Zerlegungen und Impulsantwortanalyse übergegangen. Mit diesem Instrumentarium kann man auch darüber Aufschluß bekommen, ob möglicherweise die Dynamik der Wechselkursentwicklung im Zeitablauf entsprechend der monetären Theorie verläuft.

Vorhersagefehler-Varianz-Zerlegung

Zuerst wenden wir uns der Varianz-Zerlegung zu. Ausgehend von der Moving-Average-Darstellung eines VAR-Modells läßt sich die Varianz der Vorhersagefehler für jede Variable in ihre einzelnen Komponenten aufteilen. Es wird somit derjenige Prozentsatz des n-Schritt-Vorhersagefehlers ermittelt, der sich auf die orthogonalisierten Innovationen in jeder der endogenen Variablen des Modells zurückführen läßt (vgl. Abschnitt 6.3.3.). Da die Konzentration dieser Arbeit auf der Analyse des Wechselkursverhaltens liegt, werden die Varianz-Zerlegungen nur für die jeweilige Wechelkursgröße in den SVAR-Modellen betrachtet. Abbildung 10.3.1 zeigt die Zerlegung für den DEM/USD-Wechselkurs auf der Grundlage des obigen strukturellen Modells[21]. Wie zu erkennen ist, haben kurzfristig eigene Innovationen und Innovationen in der US-Zinsvariablen den entscheidenden Anteil an der Erklärung der Vorhersagefehler-Varianz. Mit der Zunahme an Prognoseperioden geht die Bedeutung der Innovationen im Wechselkurs zurück, während die Zinsvariable weiterhin die bedeutendste Komponente bleibt. Zusätzlich erhalten die amerikanische Geldmengen- und die deutsche Industrieproduktionsvariable größere Bedeutung, während die restlichen Innovationen keinen relevanten Beitrag zur Erklärung der Fehlervarianz darstellen.

Abbildung 10.3.1
SVAR(2)-Modell für Deutschland und die Vereinigten Staaten.

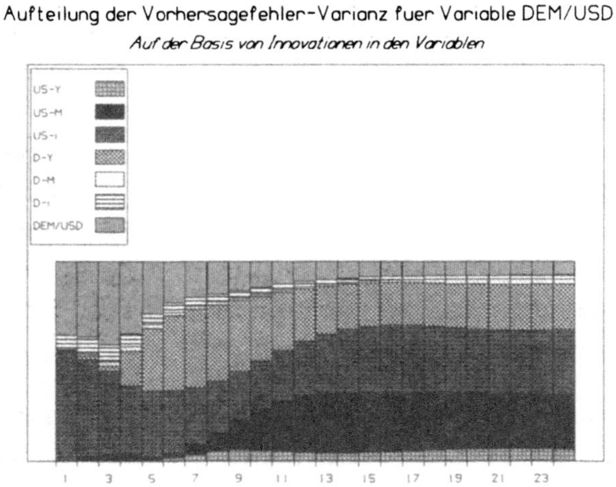

Wie von Sims [1980] argumentiert wird, läßt sich anhand der Varianz-Zerlegung feststellen, ob Änderungen in einer Variablen signifikante Auswirkungen auf eine andere haben. In unserem Rahmen stellt sich neben der Frage der Gültigkeit der monetären Wechselkurstheorie ebenfalls die Frage, ob Änderungen in den theoretischen

21 Es werden für die Varianz-Zerlegungen keine Signifikanzintervalle angegeben, zu der Frage ihrer Bedeutung siehe Sims [1980] und die Diskussion in Runkle [1987] und Sims [1987].

Einflußfaktoren wie Geld, Zinsen und Produktion den Wechselkurs beeinflussen, oder ob dieser eher einen exogenen Charakter hat. Diese Hypothese läßt sich überprüfen, indem untersucht wird, ob ein bedeutender Anteil der Varianz in der Wechselkursgröße über verschiedene Zeitperioden hinweg durch andere Variablen verursacht wird. Wie die Ergebnisse in Abbildung 10.3.1 zeigen, kann eine Exogenität der Wechselkursgröße sowohl auf kurze als auch auf lange Sicht ausgeschlossen werden. Die Varianzzerlegung des Wechselkurses zeigt, daß mehrere Einflußgrößen wichtig sind, um die Variation in der Wechselkursgröße zu erklären[22].

Festzuhalten bleibt somit, daß im Zeitverlauf die amerikanische Geldmengen- und Zinsgröße sowie die deutsche Einkommensgröße die entscheidenden Komponenten sind, auf die die Varianz der Vorhersagefehler zurückzuführen ist. Innovationen in diesen Variablen haben signifikante Auswirkungen auf die Wechselkursvariation. Das interessanteste Resultat ergibt sich jedoch aus der Beobachtung, daß Innovationen in den in- und ausländischen Geldmengen-, Zins- und Produktionsgrößen keinen jeweils symmetrischen Anteil an der Varianz-Zerlegung für den Wechselkurs haben, egal auf welchem betrachteten Zeithorizont. Auf der Grundlage der monetären Wechselkurstheorie hätte man erwarten können, daß die jeweiligen in- und ausländischen Innovationen annäherungsweise den gleichen Anteil in der Fehlervarianz erklären. Dies ist somit nicht der Fall, stattdessen haben die einzelnen strukturellen Schocks eine unterschiedliche Bedeutung für die Vorhersagefehler-Varianz-Zerlegung der Wechselkursgröße.

Impulsantwortanalyse

In den Abbildungen 10.3.2-10.3.5 werden die uns besonders interessierenden Impulsantwortfolgen aufgelistet. Die 7x7-Matrix aller Impulsantwortfolgen wird für die jeweiligen SVAR-Modelle im Anhang A10 angegeben. Als Bänder um die Antwortfolgen herum sind Konfidenzintervalle von zwei Standardabweichungen gelegt, mit deren Hilfe Hinweise über die Signifikanz des Impulsantwortverhaltens gegeben werden können[23]. Im folgenden wenden wir uns der Analyse dieser Abbildungen zu.

Im Rahmen des Mundell-Fleming-Modells führt ein positiver Schock im Einkommen zu einer Bewegung der Geldmenge und der Zinsen in die gleiche Richtung. Unsere Ergebnisse zeigen sich in schöner Übereinstimmung mit den Modellaussagen: ein Impuls in

---

22 Dieses Resultat gilt unverändert auch dann, wenn eine Choleski-Zerlegung zugrundegelegt und die Wechselkursvariable an die erste Stelle gesetzt wird. Die Innovationen in den anderen Variablen verursachen den signifikanten Anteil der Wechselkursvariation.

23 Die Konfidenzintervalle wurden mit Hilfe von Monte-Carlo-Experimenten mit jeweils 100 Ziehungen ermittelt.

y^*, dessen Eigenimpulsantwortfolge über rund sechs Perioden signifikant bleibt, führt zu einer signifikanten positiven Reaktion der amerikanischen Geldmenge über zwei Perioden und des Zinssatzes über acht Perioden. Eine entsprechende Wirkung weist ein Impuls in der deutschen Nachfragevariablen auf, und die Reaktionen des Zinssatzes sind innerhalb von acht Quartalen signifikant, die der Geldmenge gerade zwei.

Abbildung 10.3.2
SVAR(2)-Modell für Deutschland und die Vereinigten Staaten.
Impulsantwortfolgen auf Einheitsschocks in y^* und y.

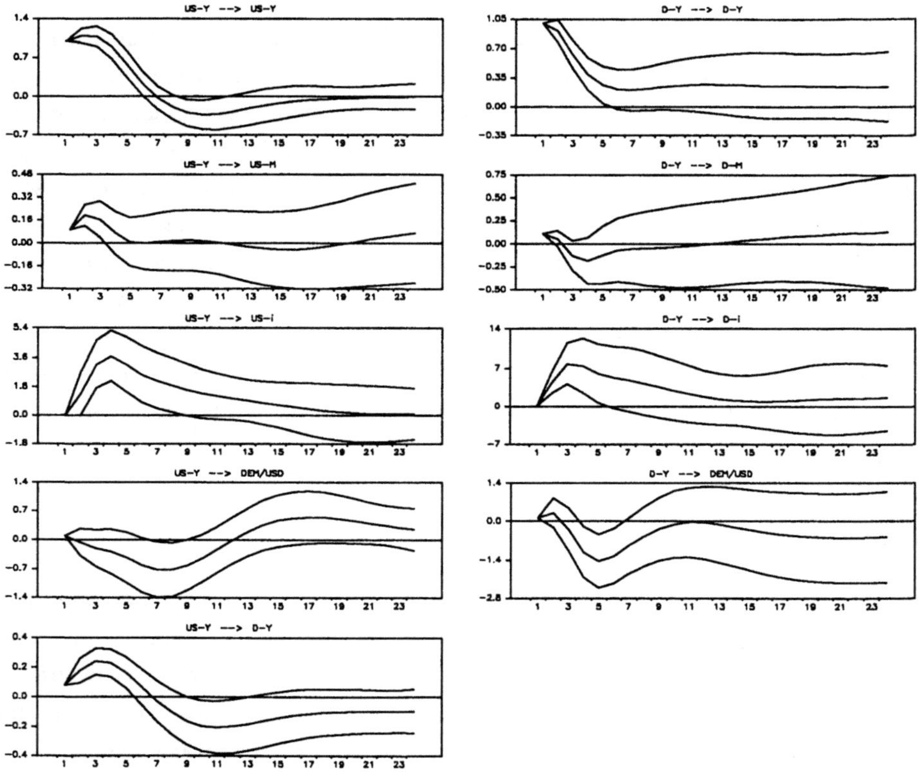

Die Bedeutung der amerikanischen Volkswirtschaft für Deutschland wird sehr schön anhand des positiven Effektes deutlich, den ein Impuls in y^* für die deutsche Produktionsgröße hat. Umgekehrt bestätigt sich diese Wirkungsweise nicht (vgl. die Gesamtmatrix der Impulsantwortfolgen im Anhang A10.3.1). Ein positiver Impuls in y^* führt bei der Wechselkursgröße nach einem zeitweiligen Rückgang zu einer positiven Reaktion. Eine Aktivierung des Wirtschaftswachstums in den Vereinigten Staaten steigert die Nachfrage nach der amerikanischen Währung und bewirkt damit langfristig einen Anstieg des Wechselkurses, also eine Aufwertung der Währung. Dieses empirische Resultat erweist sich so als konsistent mit dem Mundell-Fleming-Modell und den monetären Wechselkurstheorien. Die Reaktion des DEM/USD-Wechselkurses auf einen Impuls in der deutschen Industrieproduktion hat eine kurzfristig signifikante Aufwertung der D-Mark zur Folge, was den theoretischen Erwartungen entspricht. Nach rund acht Perioden ist die Anwortfolge dann nicht mehr signifikant. Wie die Impulsantwortfolgen der Wechselkursgrößen zeigen, reagiert der Wechselkurs auf einen Einkommensimpuls in Deutschland schneller als auf einen ebensolchen im amerikanischen Einkommen.

Abbildung 10.3.3
SVAR(2)-Modell für Deutschland und die Vereinigten Staaten.
Impulsantwortfolgen auf Einheitsschocks in m^* und m.

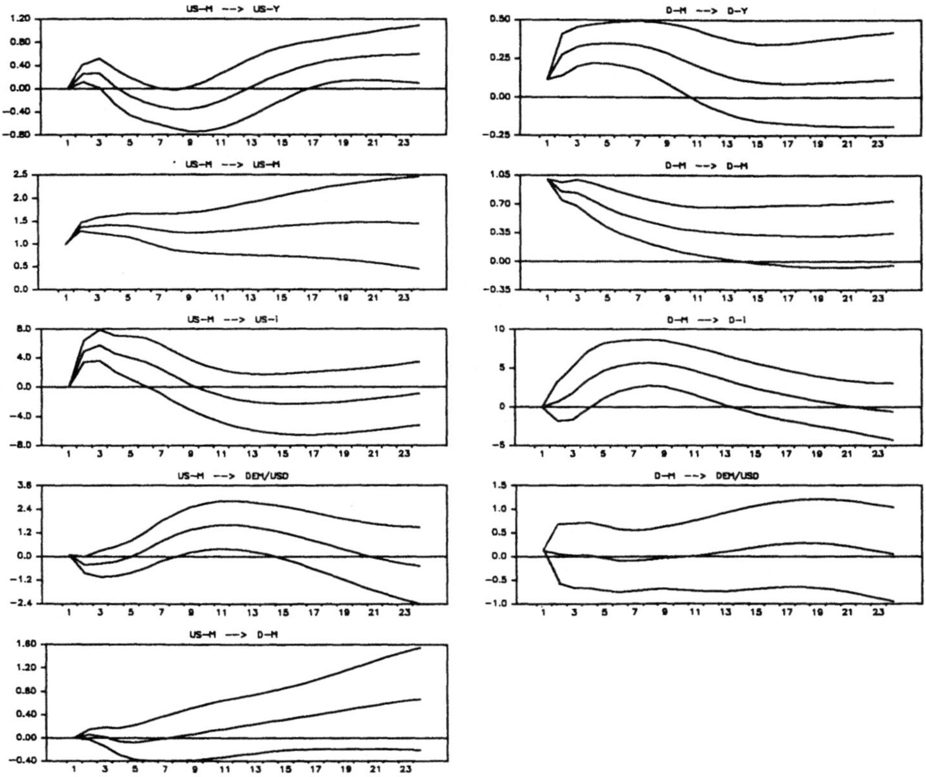

Die Antwortfolgen auf einen Schock im Geldangebot sind ebenfalls weitgehend konsistent mit den Erwartungen. Im Rahmen der monetären Modelle führt ein Geldmengenimpuls im Unterbeschäftigungsfall zu einer Ausweitung der wirtschaftlichen Tätigkeit und der Nachfrage. Die Impulsantwortfolgen in der Abbildung 10.3.3 bestätigen diese Aussagen. Während die amerikanische Industrieproduktion nur einen kurzfristigen signifikanten positiven Effekt aufweist, bewirkt ein Impuls in der deutschen Geldmengengröße eine positive Reaktion der deutschen Produktionsgröße, die über einen Zeitraum von zwei Jahren signifikant bleibt. Ein Effekt aufgrund des Liquiditätsüberschusses in der Form eines kurzfristigen Rückgangs der Zinsen, wie es das Mundell-Fleming-Modell bzw. das monetäre Wechselkursmodell mit langsamer Anpassung der Güterpreise impliziert, ist dagegen nicht zu beobachten. Stattdessen führt der durch den Geldmengenimpuls implizierte Wachstumsschub sofort zu einem Anstieg der Zinsen. Alternativ kann das Verhalten der Zinsvariablen auch als Reaktionsfunktion der jeweiligen Zentralbank interpretiert werden. Dies bedeutet, daß ein unerwarteter Anstieg der Geldmengenaggregate mit einer Anhebung der Leitzinsen beantwortet wird. Wie die Impulsantworten zeigen, wirken Geldmengenimpulse kaum auf die makroökonomischen Größen des jeweiligen anderen Landes. Die entsprechenden Impulsantwortfolgen sind zum größten Teil nicht signifikant. Rein monetäre Impulse weisen somit eine geringe Wirkung auf die Auslandsvariablen auf. Die speziell für die Bewertung monetärer Wechselkursmodelle interessante Fragestellung der Wechselkursreaktion auf Geldmengenschocks, insbesondere das Überschießen des Kurses auf der Grundlage des Modells von Dornbusch [1976], läßt sich im Rahmen des vorliegenden strukturellen VAR-Modells nicht eindeutig beantworten, da die Reaktionsfolgen des Wechselkurses kaum signifikante Resultate ausweisen. Wird das Konfidenzintervall außer Acht gelassen, dann zeigt die Impulsantwortfolge des Wechselkurses auf einen US-Geldmengenimpuls einen kurzfristigen negativen Ausschlag, der nach rund sechs Perioden in einen positiven Ausschlag übergeht. Im Anschluß daran läuft die Antwortfolge wieder langsam gegen die Nullachse zurück. Diese Reaktion kann dabei als im Einklang mit dem Dornbusch-Modell interpretiert werden, wobei das sogenannte Überschießen des Wechselkurses, womöglich auch aufgrund des ausbleibenden kurzfristigen Zinsrückgangs, nur sehr schwach ausfällt. Deutlich zeigt sich dagegen die anschließende Aufwertung, ausgelöst durch den Zinsanstieg und die Überschußnachfrage. Bei einem Impuls auf die deutsche Geldmengenvariable wird ebenfalls eine Abwertung ausgelöst, die allerdings nicht in eine Aufwertung sondern nur in einen Rückgang des Kurses zur Nullachse mündet. Dieses Wechselkursverhalten ist jedoch nur innerhalb des Konfidenzbandes festzustellen und nicht signifikant.

Abbildung 10.3.4 stellt die Reaktionsfunktionen von Impulsen auf die Zinsvariablen dar. Die Antwortfolgen auf einen Zinsimpuls erstaunen. Entgegen den Erwartungen hat ein Zinsschock einen gleichzeitigen positiven Effekt auf die aggregierte Nachfrage und die Geldmenge[24]. Daneben ist eine deutliche Abhängigkeit der deutschen Zinsen von den

---

24 Es wurde ebenfalls eine dynamische Analyse unter Zugrundelegung einer Choleski-Zerlegung mit der Anordnung der Variablen als y^*, m^*, i_S^*, y, m, i_S und s durchgeführt. Diese Anordnung impliziert die Annahme der Exogenität für die y^*, während Impulse in i_S^* gleichzeitig mit y^* und m^* wirken können. Interessanterweise zeigen in diesem Fall die Reaktionsfolgen auf Zinsimpulse das erwartete Verhalten einer negativen Reaktion der aggregierten Nachfrage und der Geldmenge. Dies gilt sowohl innerhalb des amerikanischen als auch innerhalb des deutschen Teilmodells. Auch in den strukturellen VAR-Modellen zwischen den USA und Japan, Frankreich und der Schweiz (siehe unten) weisen die Impulsantworten auf Zinsinnovationen in den jeweiligen Teilmodellen das theoretisch erwartete Verhalten auf.

amerikanischen feststellbar, da ein Impuls in der US-Zinsgröße zu einer nahezu identischen Reaktion in der deutschen Variablen führt. Diese Abhängigkeit wirkt offensichtlich nicht von Deutschland in die Vereinigten Staaten, da ein Zinsimpuls in i_S keine signifikante Auswirkung auf i_S^* hat. Zinsimpulse führen zu starken wellenförmigen Reaktionen im Wechselkurs. Ein positiver Schock auf die US-Zinsen hat nahezu gleichzeitig eine deutliche Aufwertung der amerikanischen Währung zur Folge. Die Antwortfunktion des Kurses geht daraufhin schnell wieder auf die Nullachse zurück und in insignifikante Schwingungen über. Ein Impuls auf den deutschen Zins hat dagegen nur eine geringe (positive) Auswirkung auf den Wechselkurs.

Abbildung 10.3.4
SVAR(2)-Modell für Deutschland und die Vereinigten Staaten.
Impulsantwortfolgen auf Einheitsschocks in i^* und i.

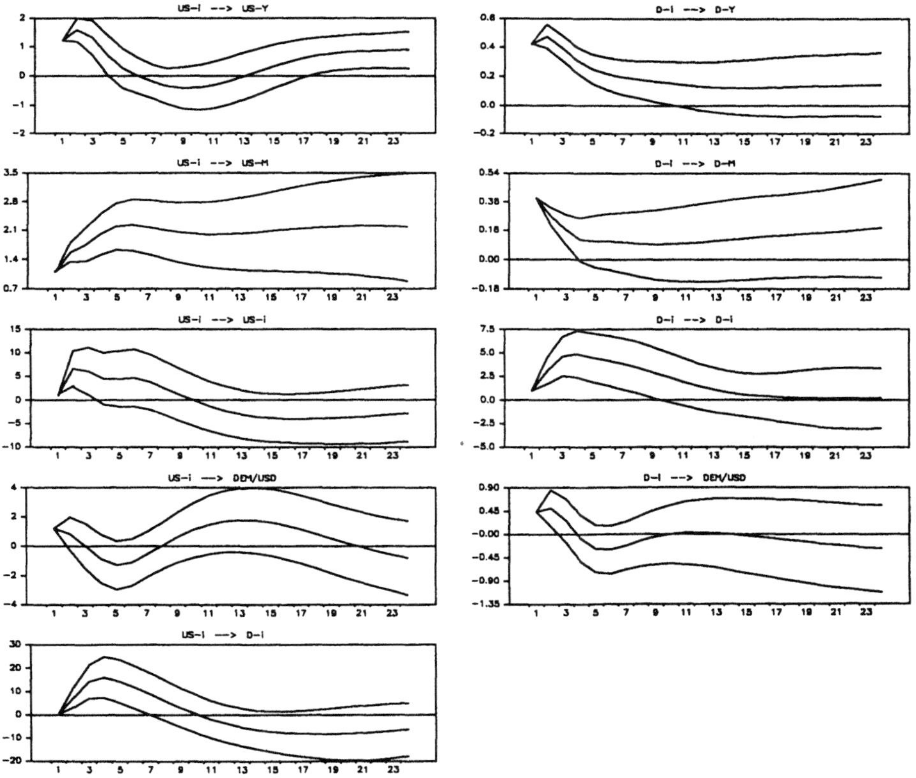

Weitere interessante Charakteristika der Dynamik des Modells lassen sich aus der Betrachtung der Impulsantwortfolgen auf einen Einheitsschock im Wechselkurs gewinnen (Tabelle 10.3.5). Impulse auf den DEM/USD-Wechselkurs haben signifikante Auswirkungen auf die aggregierte Nachfrage- sowie die Geldmengenvariable in beiden Volkswirtschaften, während die Antwortfolgen der Zinsen nur schwach signifikant sind.

Eine Aufwertung des US-Dollars zeigt kurzfristig eine geringe positive Reaktion der US-Nachfrage. Die Antwortfolge der amerikanischen Geldmenge weist eine deutlichere positive Reaktion auf. Dies erklärt sich daraus, daß eine Aufwertung des US-Dollars eine ansteigende Nachfrage nach der amerikanischen Währung impliziert und so zu einer Aufblähung der US-Geldmenge führt. Dieser Liquiditätsüberschuß ruft auch einen leichten Rückgang des Zinses hervor. In Hinblick auf das deutsche Teilmodell hat die Abwertung der D-Mark ein vorübergehendes Nachlassen der Geldnachfrage in Deutschland zur Folge, so daß die Geldmenge kurzfristig zurückgeht bzw. schwächer als der Trend ansteigt. Dieser Liquiditätsengpaß führt kurzfristig zu einem höheren deutschen Zinssatz. Gleichzeitig hat die Abwertung einen positiven Impuls auf die Exportwirtschaft, was im weiteren Verlauf zu einem stärkeren Anwachsen der Produktion führt. In der Folge dieses wirtschaftlichen Aufschwungs, der anhand der positiven Impulsantwortfolge von y erkennbar ist, steigen auch die Geldnachfrage und die Zinsen wieder an.

Abbildung 10.3.5
SVAR(2)-Modell für Deutschland und die Vereinigten Staaten.
Impulsantwortfolgen auf Einheitsschocks in s.

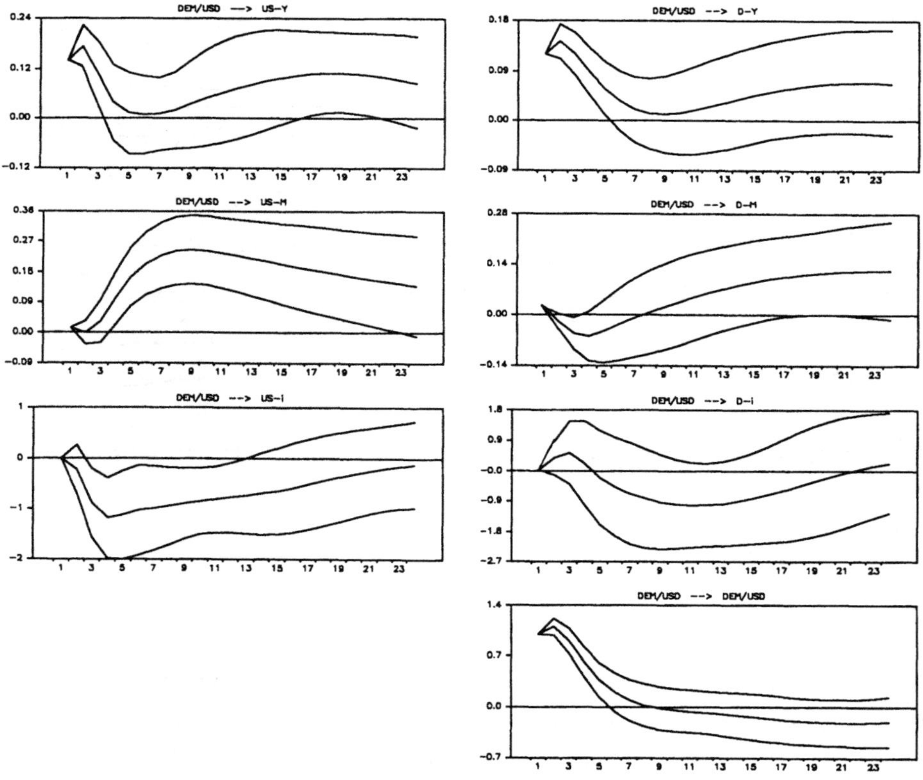

Zusammenfassend erweist sich die dynamische Analyse des strukturellen VAR-Modells für die Vereinigten Staaten und Deutschland als im großen und ganzen konsistent mit den Implikationen des Mundell-Fleming-Modells für offene Volkswirtschaften und der monetären Theorie. Das Reaktionsverhalten der makroökonomischen Daten auf Impulse entspricht den theoretischen Erwartungen. Ebenfalls werden anhand der Analysen der internationale Zusammenhang und die wirtschaftliche Verflechtung der beiden Volkswirtschaften sehr schön deutlich. Wachstumsimpulse und Zinsänderungen in den USA wirken signifikant auf die deutschen Variablen, während die amerikanischen Größen relativ unbeeinflußt von den deutschen Größen sind. Dagegen reagieren die makroökonomischen US-Größen signifikant auf Wechselkursimpulse. Deutlich wird ebenfalls, daß monetäre Größen beachtlichen Einfluß auf das Verhalten der realen Variablen haben. Monetäre Impulse haben damit im Rahmen unseres Modells deutliche reale Auswirkungen.

Dynamische Effekte, die im Einklang mit der monetären Wechselkurstheorie stehen, sind speziell bei den Reaktionen des DEM/USD-Wechselkurses auf Impulse in den amerikanischen Variablen vorzufinden. Hier führt ein Impuls auf die Nachfrage- oder die Zinsvariable zu einer Aufwertung der Währung, während ein Geldmengenimpuls eine vorübergehende Abwertung einleitet. Das dynamische Reaktionsverhalten des Wechselkurses auf Impulse in deutschen Variablen ist zwar weitgehend konsistent mit den theoretischen Modellansätzen, aber nur im Falle eines Einkommensschocks dauerhafter signifikant. Dieses Resultat deutet eine primäre Bedeutung der amerikanischen Fundamentalgrößen für die Kursentwicklung an.

10.3.2.1 SVAR-Modell für Japan und die Vereinigten Staaten

Die Schätzwerte des strukturellen VAR-Modells für die Daten von Japan und den USA sind in Tabelle 10.3.2 angegeben. Die vorgenommene Identifikation wird weitgehend von den Schätzungen bestätigt. Bei dem US-Teilmodell weist der Parameter a_{13} der aggregierten Nachfragegleichung das falsche Vorzeichen auf, dagegen nimmt die monetäre Geldnachfrage die theoretisch erwartete Form an, d.h. die Geldmengeninnovationen sind positiv mit den Einkommens- und negativ mit den Zinsinnovationen verbunden. Die aggregierte Nachfragegleichung in dem Teilmodell für Japan weist die erwartete Form positiver Geldmengen- und negativer Zinsabhängigkeit auf und entspricht so den theoretischen Erwartungen. Nur die Wechselkursinnovationen haben ein negatives Vorzeichen, allerdings liegt der Koeffizient sehr nahe bei Null und ist nicht signifikant. Die amerikanischen Einkommensinnovationen wirken positiv ebenso wie die US-Zinsresiduen. Die Geldnachfragegleichung für Japan hat nicht die nach der monetären Theorie erwartete Form, da a_{54}, der Koeffizient der Einkommensvariablen, ein negatives Vorzeichen aufweist. Dieses Ergebnis ist konsistent mit den Resultaten bei der Analyse der japanischen

Daten auf Vorliegen einer langfristig wirksamen monetären Geldnachfragegleichung. Auch da konnte keine entsprechende Kointegrationsbeziehung identifiziert werden, im Unterschied zu dem Bestehen einer aggregierten Nachfragegleichung (vgl. hierzu Abschnitt 10.1.4.3). So ist auf der Grundlage dieser Analyse auch auf kurzfristige Sicht für die Beziehungen zwischen den japanischen Innovationstermen keine monetäre Geldnachfragegleichung wirksam. Da die Schätzergebnisse keine monetäre Geldnachfrage für Japan aufzeigen, ist es nur folgerichtig, daß auch für die Wechselkursinnovationen keine Gleichung monetärer Prägung geschätzt wird. Nur die Koeffizienten der Zinsvariablen weisen die erwarteten umgekehrten Vorzeichen auf. Dagegen sind die meisten Einflußgrößen insignifikant. Das vorliegende SVAR-Modell bestätigt so nicht die Existenz einer kurzfristigen monetären Wechselkursgleichung in reduzierter Form.

Tabelle 10.3.2
Strukturschätzung des SVAR(2)-Modells für Japan und die Vereinigten Staaten.

$y^* =$			$0.65i_S^*$			$-0.04s$	$+e_1$
			(13.34)			(-10.70)	
$m^* =$	$0.09y^*$		$-0.23i_S^*$				$+e_2$
	(1.93)		(-2.30)				
$i_S^* =$							$+e_3$
$y =$	$0.10y^*$	$+0.49i_S^*$		$+0.03m$	$-0.10i_S$	$-0.01s$	$+e_4$
	(0.01)	(6.82)		(1.63)	(-4.68)	(-0.01)	
$m =$		$0.28i_S^*$	$-0.02y$		$-0.04i_S$		$+e_5$
		(4.34)	(-3.99)		(-2.46)		
$i_S =$		$-0.08i_S^*$	$+0.04y$			$+0.52s$	$+e_6$
		(-1.17)	(0.45)			(2.78)	
$s =$	$0.06y^*$	$+0.10m^*$	$+0.02i_S^*$	$+0.02y$	$+0.10m$	$-0.66i_S$	$+e_7$
	(0.42)	(2.35)	(0.31)	(0.28)	(0.15)	(-10.43)	

t-Statistiken in Klammern.

Vorhersagefehler-Varianz-Zerlegung

Auf der Grundlage des strukturellen Modells wird in Abbildung 10.3.6 für die JPY/USD-Relation die Varianz-Zerlegung angegeben. Kurzfristig wird die Varianz in der Wechselkursgröße stark von eigenen Innovationen sowie von Veränderungen der amerikanischen und japanischen Zinsvariablen verursacht. Nach sechs Quartalen hat sich die Aufteilung weitgehend stabilisiert, und als die entscheidenden Innovationsgrößen für den Wechselkurs erweisen sich der amerikanische Zins und die japanische Industrieproduktion. Langfristig bekommt noch die US-Geldmenge einen deutlichen Anteil.

So zeigt sich auch für die Varianz-Zerlegung des JPY/USD-Kurses, daß die Wechselkursgröße in dem SVAR-Modell nicht exogen ist. Weitere Variablen haben einen signifikanten Anteil an der Erklärung von Veränderungen im Wechselkurs. Interessanterweise handelt es sich langfristig um die entsprechenden Variablen wie bei dem

SAR-Modell für den DEM/USD-Kurs. Und schon nach wenigen Perioden, rund anderthalb Jahren, hat sich die grundlegende Aufteilung der Fehlervarianz auf die einzelnen Variablen vollzogen.

Abbildung 10.3.6
SVAR(2)-Modell für Japan und die Vereinigten Staaten.

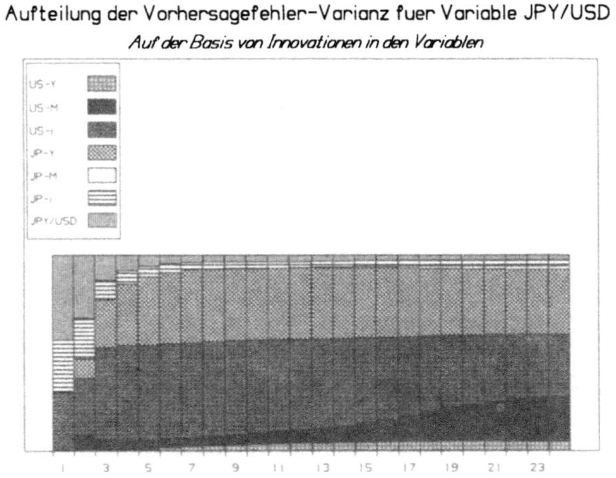

Impulsantwortanalyse

Die Impulsantwortfolgen für das amerikanische Teilmodell entsprechen in diesem SVAR-Modell ebenso wie in den folgenden weitgehend den Reaktionsfolgen im Modell für die Vereinigten Staaten und Deutschland und werden daher nicht noch einmal explizit behandelt. Stattdessen wird auf Besonderheiten oder interessante Aspekte hingewiesen. Der Schwerpunkt der Analyse liegt auf der Untersuchung des dynamischen Verhaltens der japanischen Variablen sowie des Wechselkurses zwischen dem US-Dollar und dem japanischen Yen.

Ein Impuls auf die japanische Einkommensvariable (siehe Abbildung 10.3.7) bewirkt eine Eigenimpulsantwortfolge, die über 15 Perioden signifikant bleibt. Ein solcher Schock im Einkommen ruft, ganz in Entsprechung mit der keynesianischen Tradition und der Geldmarktgleichung der monetären Theorie, eine positive signifikante Reaktion der Geldmengenvariablen hervor, die über den Zeitraum von sieben Quartalen signifikant bleibt. Auch die japanische Zinsvariable reagiert nach einem kurzfristigen Rückgang aufgrund des Überschusses an Liquidität positiv auf einen Nachfrageimpuls. Ebenso wie in dem strukturellen VAR-Modell mit Deutschland zeigt sich die große Bedeutung eines positiven Wachstumsschocks in den USA für die japanische Wirtschaft. Die japanische Industrieproduktionsvariable reagiert deutlich positiv und und bleibt über sechs Perioden signifikant bis die Antwortfolge zur Nullachse zurückkehrt. Dagegen reagiert y^* auf einen Impuls in der japanischen Industrieproduktion schwächer und mit zeitlicher Verzögerung (vgl. Anhang A10.3.2). Ein Impuls in y^* ruft einen leichten Anstieg des JPY/USD-Wechselkurses hervor, allerdings ist die Reaktion nicht signifikant. Dagegen weist die Impulsantwort des Wechselkurses auf einen Schock im japanischen Einkommen wegen des kurzfristigen Zinsrückgangs zuerst eine positive Wellenbewegung auf, die nach rund zwei Jahren in einen leicht niedrigeren Yen-Kurs, d.h. eine Aufwertung der japanischen Währung übergeht. Die Aufwertung ist in Übereinstimmung mit der monetären Wechselkurstheorie, der Unsicherheitsbereich dieser Reaktion ist jedoch sehr groß.

Abbildung 10.3.7
SVAR(2)-Modell für Japan und die Vereinigten Staaten.
Impulsantwortfolgen auf Einheitsschocks in y und m.

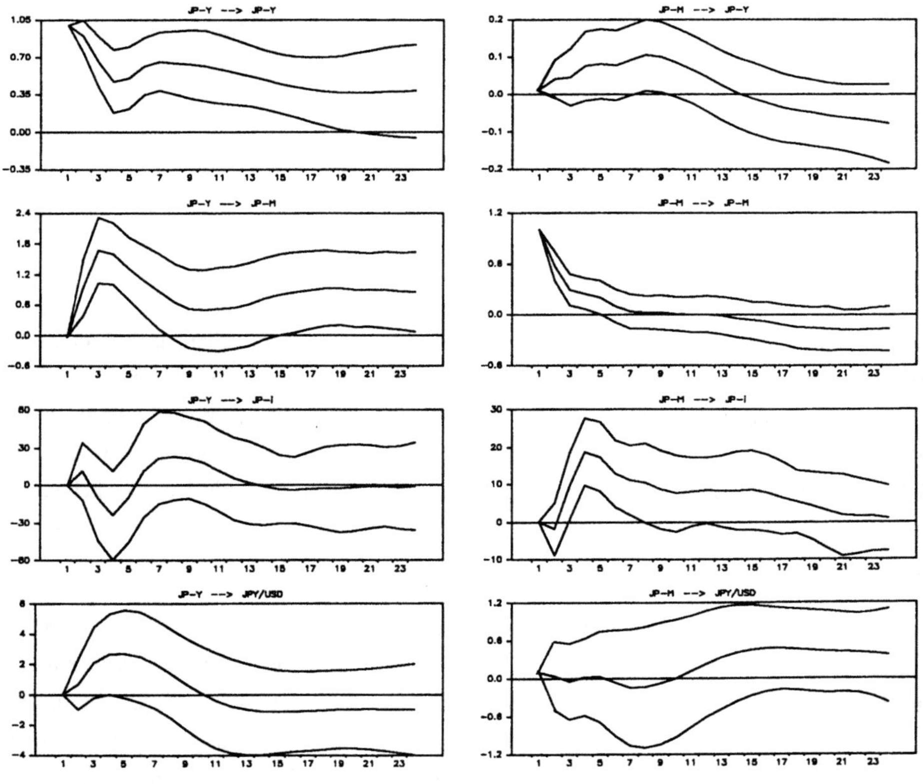

In Konsistenz mit der komparativ-statischen Analyse im Mundell-Fleming-Modell bewirkt im japanischen Modell ein Impuls auf die Geldmenge einen leichten Anstieg des Einkommens. Allerdings ist die Impulsantwortfolge nicht signifikant. Die Impulsantwort des japanischen Zinssatzes zeigt die typische, von der monetären Theorie erwartete Reaktion auf einen Geldmengenimpuls. Eine expansive Geldmenge führt aufgrund des Liquiditätsüberschusses zu einer anfänglichen Senkung des Zinssatzes. Parallel zu einem wachsenden Einkommen folgt daraufhin bei einer bis dahin stabilisierten Geldmengenentwicklung (die Impulsantwortfolge ist über vier Quartale signifikant) ein Wiederanstieg des Zinssatzes. Ein theoretisch erwarteter kurzfristiger Anstieg des JPY/USD-Kurses, d.h. eine Abwertung der Währung aufgrund der expansiven Geldmengenwirkung und eine daran, zusammen mit den ansteigenden Zinsen, anschließende Wiederumkehrung der Wechselkursentwicklung, kann dagegen nicht beobachtet werden. Die Impulsantwortfolgen des Wechselkurses erweisen sich als nicht signifikant.

Abbildung 10.3.8
SVAR(2)-Modell für Japan und die Vereinigten Staaten.
Impulsantwortfolgen auf Einheitsschocks in i und s.

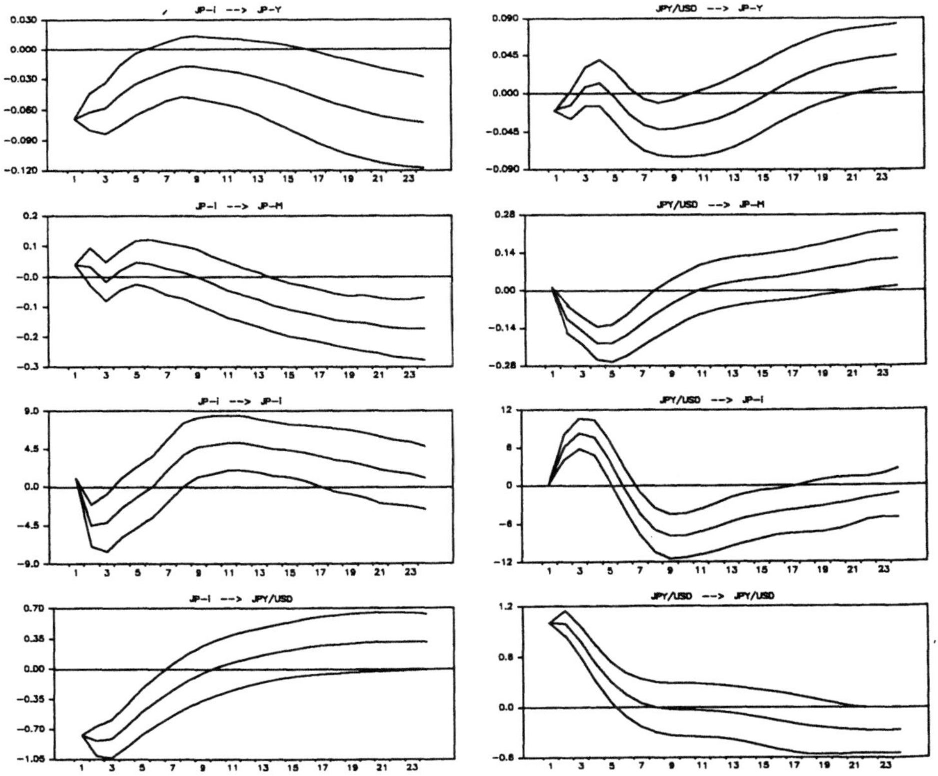

Wie sich anhand der Impulsantwortfolgen in Abbildung 10.3.8 erkennen läßt, ruft ein Zinsschock, der allerdings nur eine kurzfristig positive Eigenimpulsantwortfolge aufweist, die nach einem Rückgang erst nach sechs Perioden wieder positiv wird, die erwarteten Reaktionen bei den übrigen Variablen hervor. Ein positiver Zinsimpuls hat sowohl einen langfristigen Rückgang der Geldmenge als auch eine niedrigere aggregierte Nachfrage zur Folge. Das Wechselkursverhalten ist ebenfalls konsistent mit der Theorie, ein Zinsimpuls führt erst zu einer Aufwertung der Währung, während langfristig in Verbindung mit dem Rückgang der Produktion die Wechselkursentwicklung umgekehrt wird. Diese Modellreaktionen auf einen Zinsimpuls sind sowohl in dem japanischen als auch in dem US-Teilmodell zu beobachten (siehe Anhang A10.3.2), im Unterschied zum obigen Modell für die USA und Deutschland.

Die Impulsantwortfolgen eines Wechselkursschocks sind ebenfalls in Abbildung 10.3.8 aufgezeigt. Die Auswirkungen einer Abwertung des Yen auf die japanische Wirtschaft sind sehr schön zu erkennen und konsistent mit der ökonomischen Theorie. Eine Wechselkursabwertung führt aufgrund einer kurzfristigen Inelastizität der Importnachfrage und des Exportangebotes zu einer Verschlechterung der Leistungsbilanz und einem anfänglichen Rückgang des Sozialproduktes. Die Wirtschaftssubjekte passen sich im Zeitablauf der neuen Situation an, und mit den verbesserten Exportmöglichkeiten erfolgt ein Wiederanstieg des Einkommens. Diese Bewegung der Impulsantwortfolge der Einkommensvariablen spiegelt damit das Vorliegen eines J-Kurveneffektes wider (siehe Abschnitt 3.1). Die Abwertung ruft ebenfalls einen negativen Geldmengenimpuls hervor, und auf der Grundlage des Liquiditätsrückgangs steigt der Zins kurzfristig. Mit Einsetzen des wirtschaftlichen Aufschwungs kehrt sich die Zinsentwicklung wieder um, und eine positive Geldmengenentwicklung schließt sich an.

Die strukturelle Identifikation und Interpretation des SVAR-Modells sowie die dynamische Analyse bestätigen die Erwartungen der monetären Außenwirtschaftstheorie. Das Verhalten der makroökonomischen Einkommens-, Geldmengen- und Zinsgrößen und insbesondere auch die dynamische Simulation entsprechen dabei weitgehend den Modellaussagen. Die Wechselkursreaktionen sind nicht durchgängig im Einklang mit der monetären Wechselkurstheorie. Dies ist besonders deutlich anhand der Schätzung der Innovationen der monetären Wechselkursgleichung in reduzierter Form zu erkennen. Auf der anderen Seite zeigen - im Rahmen der dynamischen Analyse - die Reaktionen des JPY/USD-Kurses auf Einheitsschocks in den fundamentalen Einflußfaktoren ein Verhalten, das überwiegend den Erwartungen der monetären Wechselkurstheorie entspricht.

10.3.2.3 SVAR-Modell für das Vereinigte Königreich und die Vereinigten Staaten

Die Resultate der Schätzung des strukturellen vektorautoregressiven Modells für die britischen und amerikanischen Daten sind in Tabelle 10.3.3 angegeben. Wie schon bei den beiden vorigen Modellen werden die Wirkungszusammenhänge zwischen den Innovationen weitgehend in Übereinstimmung mit den zugrundegelegten monetären Annahmen geschätzt. In dem US-Teilmodell hat die aggregierte Nachfragegleichung die theoretisch erwartete Struktur, die Zins- und Wechselkursinnovationen wirken negativ und sind hochsignifikant. Bei der monetären Geldnachfrage weisen die Zinsinnovationen allerdings ein falsches positives Vorzeichen auf.

Die Strukturschätzung des Teilmodells für Großbritannien bestätigen sehr schön die zugrundegelegten Annahmen für die Einkommens- und die monetäre Geldnachfragegleichung: bei der letzteren wirken die Einkommensinnovationen wie erwartet positiv, während die Koeffizienten der Zinsresiduen ein negatives Vorzeichen haben. Während bei unseren Analysen in Abschnitt 10.1.4.4 keine langfristige monetäre Geldnachfragegleichung festgestellt werden konnte, wirken die Innovationsterme in der Gleichung für m kurzfristig entsprechend der monetären Theorie.

Tabelle 10.3.3
Strukturschätzung des SVAR(2)-Modells für das Vereinigte Königreich und die Vereinigten Staaten.

$y^*=$			$-0.87i_S^*$			$-0.03s$	$+e_1$
			(-8.01)			(-64.75)	
$m^*=$	$0.12y^*$		$+0.76i_S^*$				$+e_2$
	(2.34)		(7.93)				
$i_S^*=$							$+e_3$
$y=$	$0.42y^*$	$-0.17i_S^*$		$+0.09m$	$-0.36i_S$	$+0.06s$	$+e_4$
	(0.06)	(1.60)		(0.20)	(-21.77)	(0.78)	
$m=$		$-0.84i_S^*$	$+0.29y$		$-0.98i_S$		$+e_5$
		(-456.98)	(37.91)		(-527.30)		
$i_S=$		$0.16i_S^*$	$-0.52y$			$+0.11s$	$+e_6$
		(1.19)	(-3.64)			(1.71)	
$s=$	$1.03y^*$	$+0.09m^*$	$+0.04i_S^*$	$-0.44y$	$+0.71m$	$+0.83i_S$	$+e_7$
	(0.12)	(1.01)	(0.29)	(-0.59)	(0.27)	(16.07)	

t-Statistiken in Klammern.

Die Gleichung für den internationalen Zinszusammenhang weist wie erwartet für den Koeffizienten der US-Zinsinnovationen ein positives Vorzeichen auf. Dagegen impliziert diese Gleichung eine kurzfristige negative Wirkung von y auf die britischen Zinsinnovationen. Wie aus der Tabelle ersichtlich, wird die monetäre Wechselkursgleichung wiederum nicht durch die Schätzergebnisse bestätigt. Ein Großteil der Koeffizienten weist das falsche Vorzeichen auf und/oder ist insignifikant. Auch für das SVAR-Modell für den

GBP/USD-Wechselkurs ist daher die Annahme einer kurzfristigen monetären Wechselkursgleichung nicht gültig.

Vorhersagefehler-Varianz-Zerlegung

Die Varianzzerlegungen für den Wechselkurs zwischen Großbritannien und den Vereinigten Staaten (Abb. 10.3.9) zeigen eine sehr starke Bedeutung der britischen Zinsvariablen. Dagegen wird der Anteil der Innovationen der US-Zinsgröße sowie der britischen Einkommensvariablen längerfristig wichtig für die Erklärung der Wechselkursvariationen. Ihr Beitrag bleibt jedoch deutlich geringer. Diese drei Variablen erklären langfristig über 80% der Varianz im Wechselkurs.

Abbildung 10.3.9
SVAR(2)-Modell für das Vereinigte Königreich und die Vereinigten Staaten.

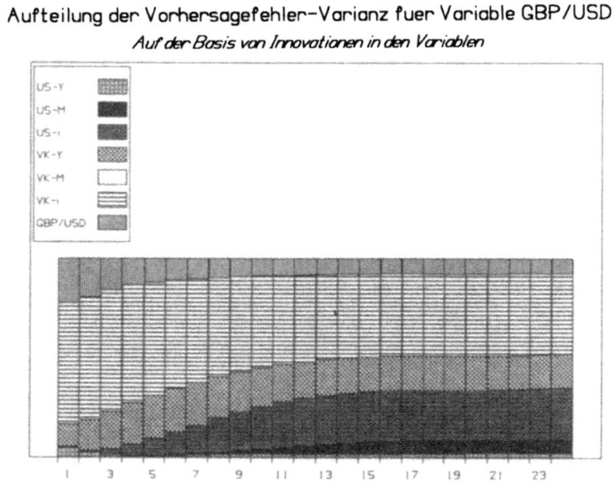

Impulsantwortanalyse

Die Impulsantwortfolgen für die dynamische Analyse des strukturellen VAR-Modells zwischen den USA und dem Vereinigten Königreich sind in Abbildung 10.3.10 angegeben. Die Eigenimpulsantwortfolge eines britischen Einkommensschocks ist über vier Quartale signifikant und ruft eine ebenfalls signifikante positive Reaktion der Geldmengenvariablen und des Zinssatzes hervor. Im Einklang mit der monetären Wechselkurstheorie weist die Antwortfolge des Wechselkurses zwischen britischem Pfund und US-Dollar einen signifikanten negativen Aussschlag auf, der nach zehn Perioden wieder zurückgeht. Ein Einkommensimpuls hat also eine Aufwertung der britischen Währung zur Folge. Auch in diesem Modell bestätigt sich die Bedeutung der US-Wirtschaft für die übrigen Volkswirtschaften. Ein Impuls in der amerikanischen Wirtschaft strahlt signifikant auf y aus, umgekehrt zeigt sich kein signifikanter Effekt (vgl. Anhang A10.3.3).

Abbildung 10.3.10
SVAR(2)-Modell für das Vereinigte Königreich und die Vereinigten Staaten.
Impulsantwortfolgen auf Einheitsschocks in y und m.

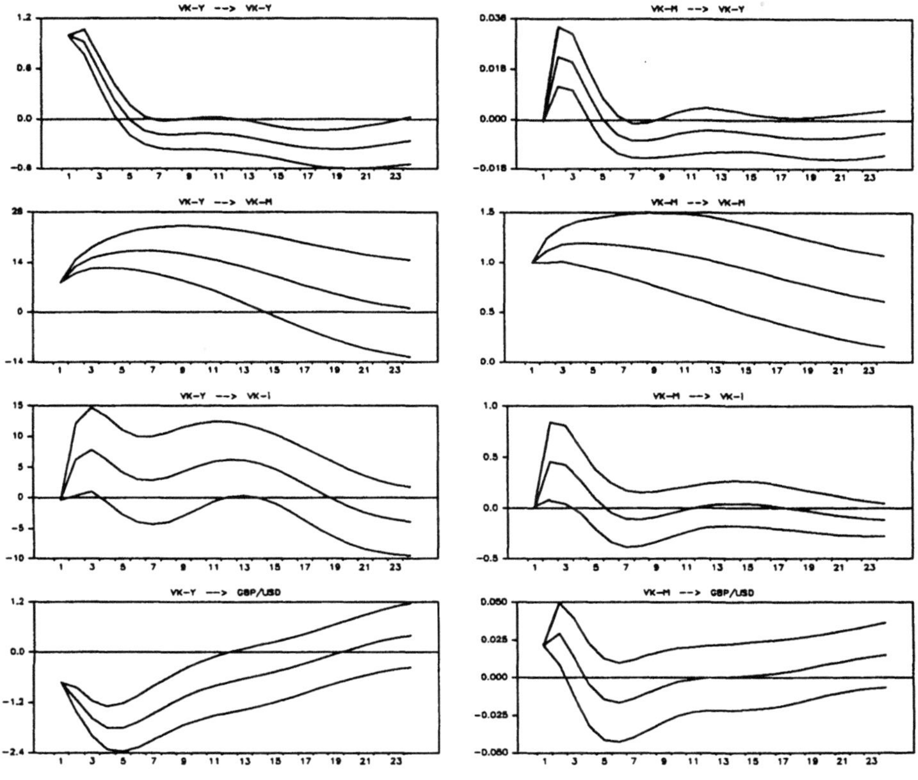

In Entsprechung zu der monetären Theorie wirkt ein Geldmengenimpuls über vier Quartale hinweg expansiv auf das Einkommen und führt ohne Verzögerung zu einem Zinsanstieg. Eine solche Zinsreaktion kann so als Reaktionsfunktion der britischen Zentralbank interpretiert werden. Auch die Wechselkursreaktion entspricht den theoretischen Erwartungen: der Geldmengenimpuls führt zu einer kurzfristigen (geringen) Abwertung des britischen Pfundes. Im Anschluß an diese Bewegung kehrt sich die Wechselkursentwicklung als Folge des Einkommensanstieges wieder um. Die Eigenimpulsantwortfolgen eines Zinsimpulses im britischen Teilmodell sind nur in der ersten Periode positiv und gehen daraufhin deutlich in den negativen Bereich über (siehe Abbildung 10.3.11). Diese

Entwicklung erstaunt, ist allerdings nur kurzfristig signifikant. Das Reaktionsverhalten der übrigen Modellvariablen ist dabei konsistent mit der Wirkungsweise des Mundell-Fleming-Modells. Ein plötzlicher Zinsschock ruft signifikant negative Reaktionen der Einkommens- und Geldmengenvariablen hervor, die sich im Zeitverlauf in Entsprechung mit dem Zinsrückgang umkehren.

Abbildung 10.3.11
SVAR(2)-Modell für das Vereinigte Königreich und die Vereinigten Staaten.
Impulsantwortfolgen auf Einheitsschocks in i und s.

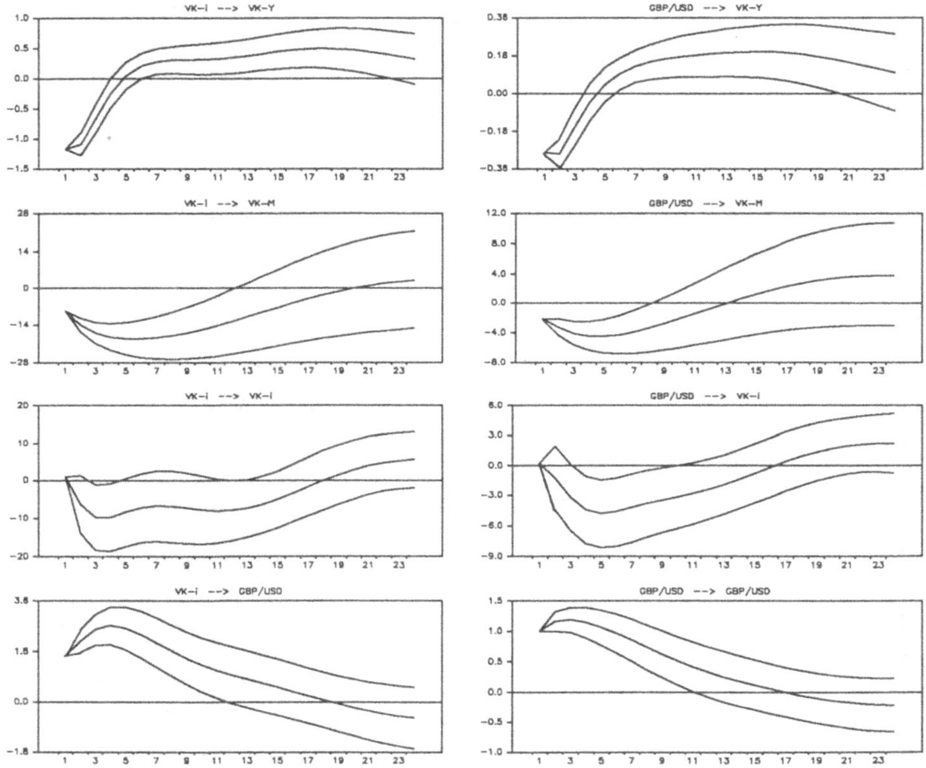

Die Impulsantwort des Wechselkurses auf eine über viele Perioden negative Eigenimpulsantwortfolge des Zinses ist durch einen Anstieg und damit eine Abwertung gekennzeichnet (siehe Abbildung 10.3.11). Langfristig kehrt sich die Entwicklung parallel mit dem Wiederanstieg der Zinsen um und ist damit konsistent mit den theoretischen Erwartungen der monetären Wechselkursmodelle mit langsamer Anpassung der Preise.

Bei einem Impuls auf die Wechselkursvariable wird im US-Teilmodell eine signifikante positive Geldmengenreaktion und ein negativer Zinseffekt bewirkt, die Einkommensreaktion ist nicht signifikant (vgl. Anhang A10.3.3). Im Teilmodell für

Großbritannien zeigt sich sehr schön ein J-Kurveneffekt in der Impulsantwortfolge der Einkommensvariablen als Reaktion auf eine Abwertung des britischen Pfund Sterling. Die Impulsantwort der britischen Geldmenge weist über rund sechs Perioden eine signifikant negative Wirkung auf, was sich aus dem kurzfristigen Einkommensrückgang und der schwachen Pfund-Nachfrage ergibt. Der britische Zins sinkt in Reaktion auf die Wachstumsschwäche und den Geldmengenrückgang und steigt erst bei Umkehrung der wirtschaftlichen Rahmenbedingungen, wie anziehende Nachfrage und Geldmengenausweitung, wieder an. eine Reaktionsweise, die das Verhalten der Zentralbank widerspiegelt.

Auch in dem vorliegenden strukturellen VAR-Modell ist das Verhalten der makroökonomischen Einkommens-, Geldmengen- und Zinsgrößen konsistent mit der Wirkungsweise der monetären Theorie. Dies zeigt sich besonders deutlich anhand der dynamischen Analyse, bei der auch das Reaktionsverhalten des Wechselkurses auf Impulse der verschiedenen Einflußgrößen weitgehend den Erwartungen der monetären Wechselkurstheorie entspricht.

10.3.2.4 SVAR-Modell für Frankreich und die Vereinigten Staaten

Die Resultate für das strukturelle VAR-Modell sind in Tabelle 10.3.4 summiert. Die Schätzergebnisse für diese Gleichungen sind - insgesamt gesehen - als gemischt zu bezeichnen. Einzelne Koeffizienten weisen nicht die theoretisch erwarteten Vorzeichen auf. So wird etwa bei der US-Geldnachfragegleichung eine positive Zinsabhängigkeit oder in der französischen aggregierten Nachfragegleichung eine negative Wirkung der Geldmengeninnovationen auf die Einkommensinnovationen ausgewiesen.

Tabelle 10.3.4
Strukturschätzung des SVAR(2)-Modells für Frankreich und die Vereinigten Staaten.

$y^* =$			$0.22 i_S^*$			$-0.21 s$	$+e_1$
			(3.86)			(−12.33)	
$m^* =$	$0.11 y^*$		$0.58 i_S^*$				$+e_2$
	(28.89)		(13.37)				
$i_S^* =$							$+e_3$
$y =$	$0.60 y^*$	$-0.14 i_S^*$		$-0.33 m$	$-0.50 i_S$	$-0.39 s$	$+e_4$
	(0.11)	(−1.94)		(−4.05)	(−15.56)	(−0.34)	
$m =$		$0.61 i_S^*$	$+0.23 y$		$-0.11 i_S$		$+e_5$
		(5.44)	(3.88)		(−2.05)		
$i_S =$		$0.20 i_S^*$	$-0.57 y$			$+0.30 s$	$+e_6$
		1.17	(−1.96)			2.59	
$s =$	$0.10 y^*$	$+0.11 m^*$	$-0.06 i_S^*$	$+0.33 y$	$-0.04 m$	$-0.59 i_S$	$+e_7$
	(0.72)	(11.85)	(−0.58)	(2.61)	(−0.20)	(−20.20)	

t-Statistiken in Klammern.

Die französische monetäre Geldnachfragefunktion wird dagegen in Übereinstimmung mit der monetären Theorie geschätzt: die Innovationen in der Produktion wirken positiv, die Zinsinnovationen dagegen negativ. Eine klare Ablehnung der monetären Theorie für die kurzfristigen Wechselkursbeziehungen zwischen den Innovationstermen zeigt die Schätzgleichung für die Wechselkursinnovationen auf. Die Koeffizienten weisen großenteils die falschen Vorzeichen auf. So widersprechen die Schätzergebnisse für das SVAR-Modell zwischen Frankreich und den USA sehr deutlich den Erwartungen der monetären Wechselkurstheorie.

Vorhersagefehler-Varianz-Zerlegung

Abbildung 10.3.12
SVAR(2)-Modell für Frankreich und die Vereinigten Staaten.

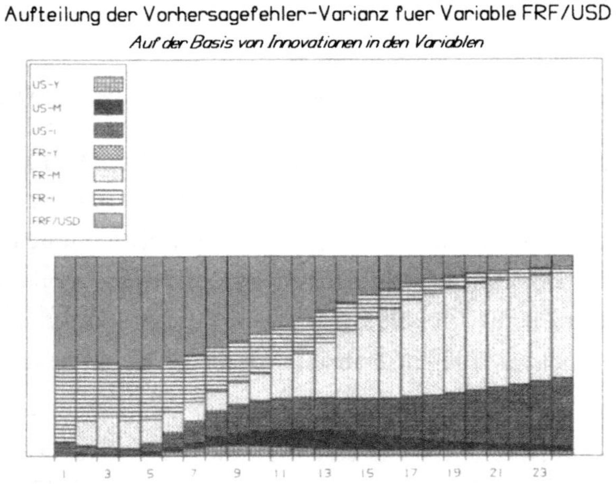

In Abbildung 10.3.12 wird die Aufteilung der Vorhersagefehler-Varianz für den Wechselkurs zwischen Frankreich und den USA angegeben. Kurzfristig haben Innovationen in der Wechselkursvariablen selbst sowie im französischen Zins die größte Bedeutung. Erst langfristig erhalten Innovationen in der französischen Geldmenge und im US-Zins einen größeren Anteil. Interessanterweise erklären die Variationen im Wechselkurs über die Dauer von sechs Quartalen mehr als 50% der Fehlervarianz, und erst danach geht ihr Anteil zurück. Dies deutet auf eine anfänglich exogene Bestimmung des Wechselkurses, die relativ unbeeinflußt von den anderen Variablen in diesem VAR-Modell ist. Langfristig haben Innovationen im Wechselkurs und im französischen Zins dagegen kaum Bedeutung, da

Innovationen in der französischen Geldmenge und dem US-Zins den überwiegenden Teil der Variationen im FRF/USD-Kurs verursachen.

Impulsantwortanalyse

Im Folgenden wenden wir uns der Analyse des dynamischen Reaktionsverhaltens auf Impulse in den Modellvariablen zu. Wie schon bei der Analyse der obigen Modelle zeigt sich auch hier eine deutliche Abhängigkeit der französischen Wirtschaftsentwicklung von Impulsen im amerikanischen Einkommen, die umgekehrt keine Entsprechung findet.

Abbildung 10.3.13
SVAR(2)-Modell für Frankreich und die Vereinigten Staaten.
Impulsantwortfolgen auf Einheitsschocks in y und m.

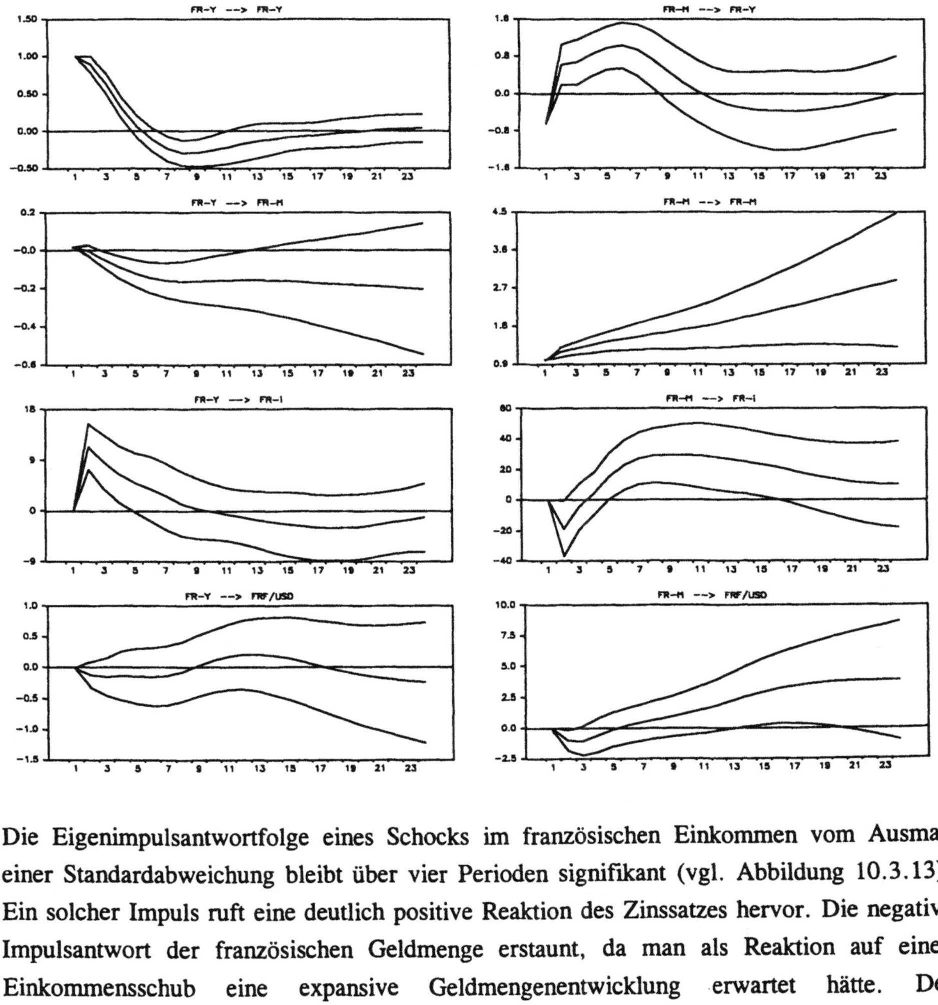

Die Eigenimpulsantwortfolge eines Schocks im französischen Einkommen vom Ausmaß einer Standardabweichung bleibt über vier Perioden signifikant (vgl. Abbildung 10.3.13). Ein solcher Impuls ruft eine deutlich positive Reaktion des Zinssatzes hervor. Die negative Impulsantwort der französischen Geldmenge erstaunt, da man als Reaktion auf einen Einkommensschub eine expansive Geldmengenentwicklung erwartet hätte. Der

Einkommensschub führt zu einer Aufwertung des französischen Francs, die sich nach acht Perioden wieder umkehrt. Allerdings bleibt die Impulsantwortfolge des Wechselkurses über den gesamten Untersuchungshorizont hinweg insignifikant.

Ein Impuls in der Geldmengenvariablen führt zu einer Eigenimpulsantwortfolge, die dauerhaft signifikant bleibt. Das dynamische Verhalten des Modells auf einen positiven Geldmengenimpuls erweist sich als konsistent mit der Wirkungsweise des Mundell-Fleming-Modells. Die Erhöhung des Geldangebots hat aufgrund des entstehenden Liquiditätsüberschusses eine anfängliche Senkung des Zinssatzes zur Folge. Die Geldmengenausweitung und die gesunkenen Zinsen bewirken zusammen eine Abwertung und ermöglichen so eine expansive Reaktion der Einkommensvariable und als Folge dieser positiven Einkommensentwicklung steigen auch wieder die Zinssätze an. Diese Entwicklung ist anhand der Impulsantwortfolgen sehr schön zu erkennen.

Abbildung 10.3.14
SVAR(2)-Modell für Frankreich und die Vereinigten Staaten.
Impulsantwortfolgen auf Einheitsschocks in i und s.

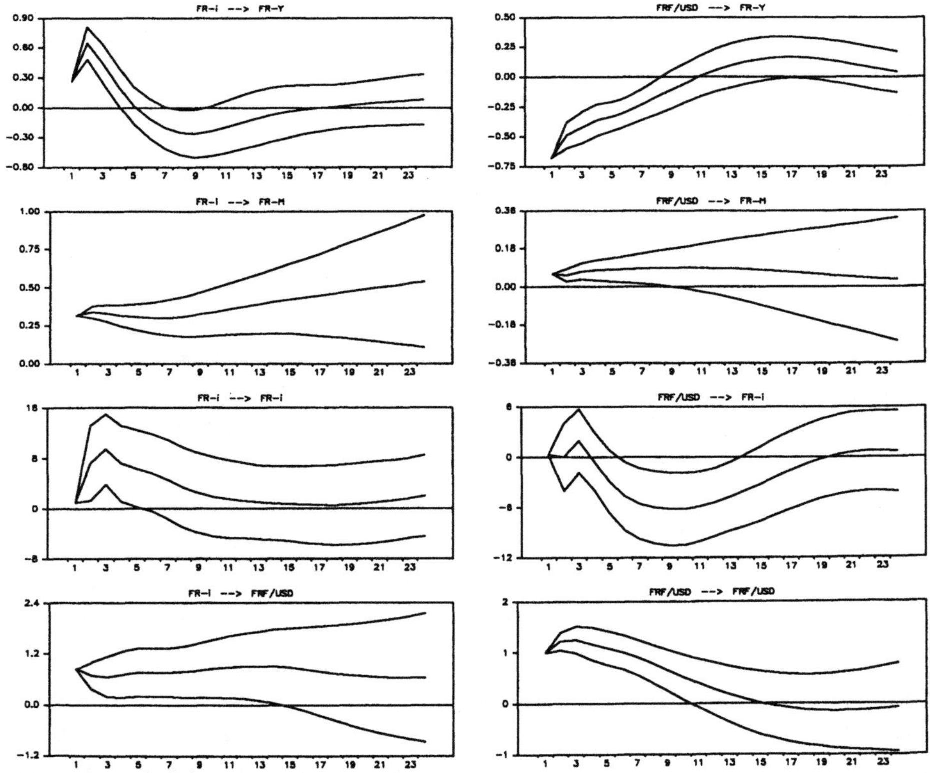

Das Reaktionsverhalten des SVAR-Modells auf einen Zinsimpuls (siehe Abbildung 10.3.14) entspricht im französischen Modell dagegen nicht den Erwartungen, ganz im Unterschied zu dem US-Teilmodell. Dort hat ein positiver Zinsimpuls, wie die monetäre Theorie postuliert, eine deutlich signifikante kontraktive Reaktion in der Einkommens- und der Geldmengenentwicklung zur Folge (vgl. Anhang A10.3.4). Im französischen Teilmodell ergeben sich stattdessen eine positive Geldmengenreaktion und eine anfänglich ebenfalls positive Einkommensentwicklung, die sich jedoch nach rund zwei Perioden umkehrt. Der Wechselkurs reagiert mit einer Abwertung der französischen Währung, was der Wirkungsweise im monetären Wechselkursmodell unter flexiblen Preisen vom Frenkel/Bilson/Mussa-Typ entspricht.

Bei der Wirkungsuntersuchung einer unerwarteten Wechselkursabwertung des französischen Francs tritt für die Impulsantwort der französischen Einkommensvariablen ein ausgeprägter J-Kurveneffekt auf. Erst nach rund 10 Perioden zeigt sich ein expansiver Effekt in der französichen Einkommensvariablen. Die Zinsreaktion ist langfristig negativ, während die Geldmenge eine expansive Reaktion zeigt. Dies mag auf den ersten Blick erstaunen, ist aber konsistent mit der französischen Wirtschaftspolitik, die bis zum Ende der achtziger Jahre keine Politik des "franc fort" verfolgte, sondern unter Mißachtung möglicher Inflationsgefahren mit einer expansiven Geldpolitik den Versuch unternahm, der Wirtschaft zu stärkerem Wachstum zu verhelfen.

Somit bestätigt das strukturelle VAR-Modell für die USA und Frankreich weitgehend die Modellaussagen der monetären Theorie, weniger was die kurzfristigen strukturellen Schätzgleichungen als was das dynamische Verhalten der makroökonomischen Variablen betrifft.

10.3.2.5 SVAR-Modell für die Schweiz und die Vereinigten Staaten

In Tabelle 10.3.5 werden die Ergebnisse der Strukturschätzung für das VAR-Modell mit dem amerikanischen und Schweizer Datenmaterial angegeben. Das Teilmodell für die Vereinigten Staaten bestätigt dabei die Strukturannahmen der monetären Theorie. Sowohl die Einkommens- als auch die Geldnachfragegleichung nehmen die erwartete Form an und weisen signifikante Koeffizienten aus.

Die Zinsinnovationen wirken negativ und die Wechselkursinnovationen positiv auf die Einkommensresiduen, und die Geldmengeninnovationen werden in der Schätzgleichung durch positive Einkommens- und negative Zinsabhängigkeit bestimmt. Auch das Schweizer Teilmodell weist weitgehend die erwartete Struktur auf. Nur das Vorzeichen des Koeffizienten der Zinsinnovationen ist in der aggregierten Nachfragegleichung und der monetären Geldnachfragebeziehung positiv, was einen Widerspruch zur monetären Theorie darstellt. Die Zinsgleichung zeigt durch die positive Wirkung der amerikanischen Zins- und Wechselkursinnovationen sehr gut den internationalen Bezug auf. Daneben wirken Innovationen in der inländischen Produktion auf die Zinsgleichung. Auch in diesem SVAR-Modell wird jedoch die kurzfristige monetäre Wechselkursgleichung nicht bestätigt, wie an den Schätzwerten für die einzelnen Koeffizienten in Tabelle 10.3.5 zu erkennen ist. Mit Deutlichkeit wird eine kurzfristige Wechselkursbeziehung monetärer Prägung in dem vorliegenden Untersuchungsrahmen für die Innovationsprozesse abgelehnt.

Tabelle 10.3.5
Strukturschätzung des SVAR(2)-Modells für die Schweiz und die Vereinigten Staaten.

$y^* =$			$-0.25 i_S^*$			$+0.02 s$	$+e_1$
			(-2.33)			(2.79)	
$m^* =$	$0.09 y^*$		$-0.15 i_S^*$				$+e_2$
	(5.17)		(-1.51)				
$i_S^* =$							$+e_3$
$y =$	$0.10 y^*$	$+0.38 i_S^*$		$+0.06 m$	$+0.12 i_S$	$+0.06 s$	$+e_4$
	(0.01)	(5.72)		(5.87)	(3.34)	(0.11)	
$m =$		$0.56 i_S^*$	$+0.04 y$		$+0.23 i_S$		$+e_5$
		(20.30)	(0.78)		(2.67)		
$i_S =$		$0.30 i_S^*$	$+0.28 y$			$+0.30 s$	$+e_6$
		(3.36)	(1.79)			(12.23)	
$s =$	$0.05 y^*$	$+0.09 m^*$	$+0.35 i_S^*$	$+0.06 y$	$+0.11 m$	$+0.08 i_S$	$+e_7$
	(0.11)	(5.06)	(18.49)	(1.17)	(0.33)	(0.75)	

t-Statistiken in Klammern.

Vorhersagefehler-Varianz-Zerlegung

Abbildung 10.3.15 zeigt die Varianz-Zerlegung für den CHF/USD-Wechselkurs. Nur innerhalb der ersten vier Quartale erklären eigene Innovationen einen deutlichen Anteil an der Fehlervarianz des Wechselkurses. Danach haben die Innovationen im Zins, im Einkommen und in der Geldmenge der Vereinigten Staaten den vorherrschenden Anteil. Diese drei Variablen erklären langfristig über 95% der Variationen im Wechselkurs zwischen der Schweiz und den USA. Interessanterweise zeigt sich damit, daß in diesem Modell die makroökonomischen Schweizer Daten keinerlei signifikante Auswirkungen für die Veränderungen im Wechselkurs haben. Dies deutet darauf hin, daß Innovationen in den amerikanischen Variablen die treibende Kraft hinter Bewegungen in der Wechselkursvariablen sind.

Abbildung 10.3.15
SVAR(2)-Modell für die Schweiz und die Vereinigten Staaten.

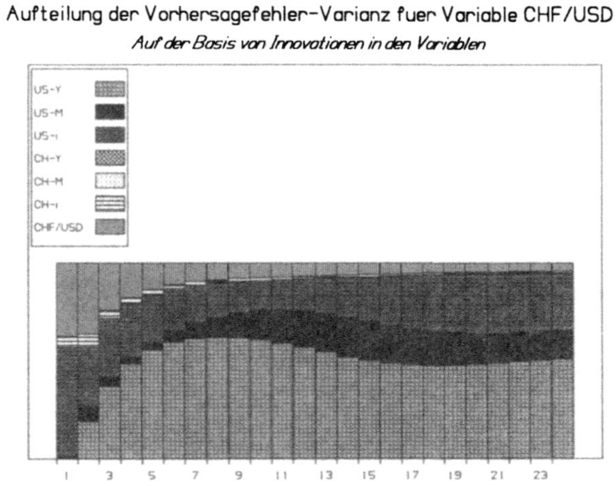

Impulsantwortanalyse

Für das Modell zwischen den USA und der Schweiz werden die Impulsantwortfolgen in Abbildung 10.3.16 und 10.3.17 angegeben. Das Reaktionsverhalten entspricht weitgehend demjenigen der übrigen Länder und wird daher nur kursorisch behandelt. Ein Einkommensimpuls in dem Schweizer Modell hat einen positiven Effekt auf die Geldmenge und zeitverzögert auch auf den Zinssatz. Allerdings bleiben die Zins- und Wechselkursreaktionen insignifikant. Interessanterweise hat ein Impuls in der amerikanischen Variablen y^* keine signifikanten Auswirkungen für die Schweizer Wirtschaftslage. Dagegen wird ein signifikanter Rückgang des Wechselkurses hervorgerufen, der sich im Zeitverlauf umkehrt und langfristig in eine Aufwertung der amerikanischen Währung übergeht (siehe Anhang A10.3.5).

Wie in Abbildung 10.3.16 zu erkennen, ruft ein unerwarteter Schweizer Geldmengenimpuls, ganz in Entsprechung zu der monetären Theorie, eine expansive Wirtschaftsentwicklung und einen Anstieg des Zinses hervor. Der Wechselkurs reagiert mit einer leichten Abwertung der Schweizer Währung, allerdings ist die Impulsantwortfolge nicht signifikant. Ein Einheitsschock im Zins (siehe Abbildung 10.3.17) führt ebenfalls zu den erwarteten Reaktionsmustern: eine Verteuerung des Geldes reduziert signifikant die

Geldmenge und das Einkommen. Daneben hat der obige Impuls eine höhere Bewertung der Schweizer Währung zur Folge.

Abbildung 10.3.16
SVAR(2)-Modell für die Schweiz und die Vereinigten Staaten.
Impulsantwortfolgen auf Einheitsschocks in y und m.

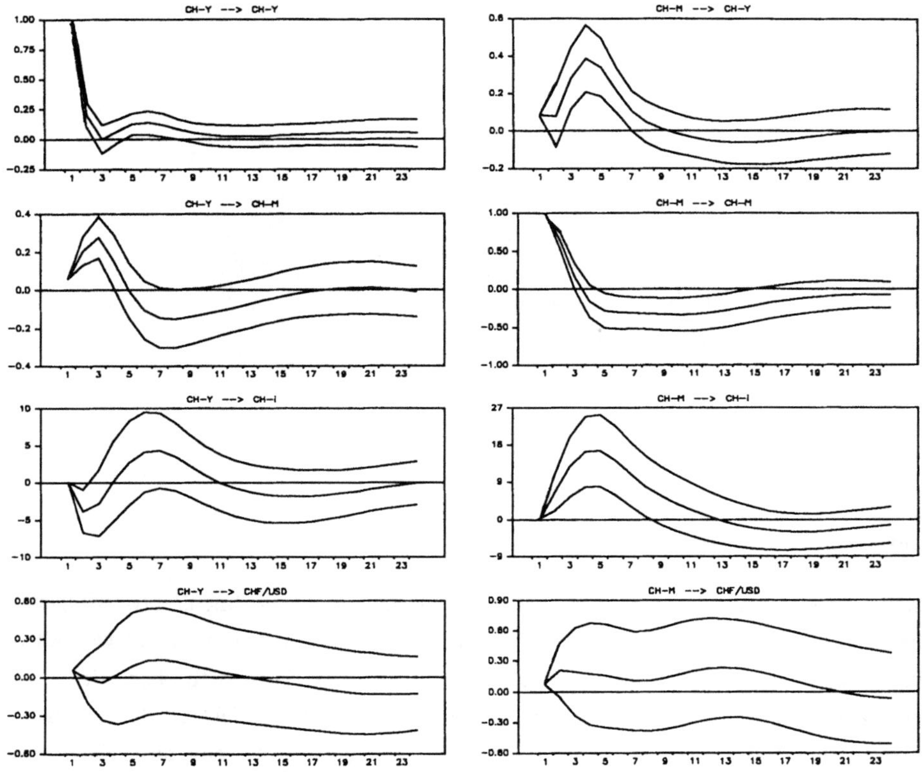

Ein Wechselkursschock in Form einer Abwertung des Schweizer Frankens schließlich ruft auch bei dem Schweizer Modell eine Impulsantwort für y hervor, die gemäß dem J-Kurveneffekt einen anfänglichen Rückgang und anschließend einen Wiederanstieg des Einkommens impliziert. Die Geldmenge entwickelt sich auf eine Abwertung des Schweizer Frankens in Entsprechung zu der Impulsantwortfolge des Einkommens: nach einer anfänglichen Kontraktion steigt die Geldmenge parallel mit y wieder an. Die Zinsreaktion ist anfangs negativ, langfristig steigen die Zinsen aufgrund des Einkommensanstiegs und der Geldmengenexpansion wieder an. Diese Reaktionsweise der Schweizer makroökonomischen Variablen ist damit in Übereinstimmung mit den Überlegungen der monetären Außenwirtschaftstheorie. Allerdings ist zu berücksichtigen, daß die Impulsantwortfolgen zum Teil nicht signifikant sind.

Abbildung 10.3.17
SVAR(2)-Modell für die Schweiz und die Vereinigten Staaten.
Impulsantwortfolgen auf Einheitsschocks in i und s.

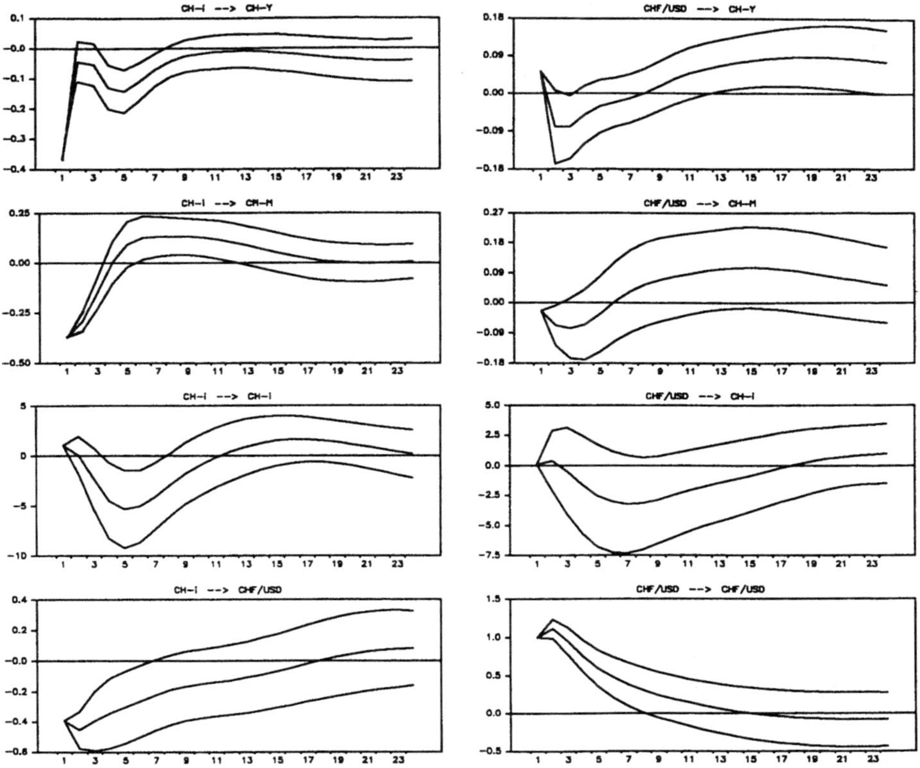

Wie schon die Vorhersagefehler-Varianz-Zerlegungen gezeigt haben, rufen die Innovationen in den Schweizer Größen im Unterschied zu Impulsen in der amerikanischen Variablen keine sehr deutlichen Wechselkursreaktionen hervor. Zusammenfassend konnten die Resultate der dynamischen Analyse für das SVAR-Modell zwischen der Schweiz und den USA eine schöne Bestätigung der monetären Theorie aufzeigen. So führen Innovationen in den Schweizer Variablen zu den theoretisch erwarteten Reaktionen des Modells.

10.3.2 Zusammenfassung

Zusammenfassend betrachtet erweist sich die dynamische Analyse der strukturellen VAR-Modelle als weitgehend konsistent mit den Implikationen des Mundell-Fleming-Modells für offene Volkswirtschaften und der monetären Theorie. Sie bestätigt so die Zweckmäßigkeit dieser Ansätze. Das Reaktionsverhalten der makroökonomischen Daten auf Impulse entspricht den theoretischen Erwartungen. Ebenfalls werden anhand der Analysen der internationale Zusammenhang und die wirtschaftliche Verflechtung der Volkswirtschaften sehr schön deutlich. Wachstumsimpulse und Zinsänderungen in den USA wirken signifikant auf die Variablen der jeweils anderen Staaten, während die amerikanischen Größen relativ unbeeinflußt von den ausländischen Größen sind.

Das Impulsantwortverhalten der Wechselkurse kann dagegen nur als teilweise konsistent mit der monetären Wechselkurstheorie angesehen werden. Dies zeigt schon die Gleichung für die Strukturinnovationen auf. Insbesondere wirken Impulse in in- bzw. ausländischen Variablen nicht entgegengesetzt auf den Wechselkurs. Auch die nach der monetären Wechselkurstheorie bedeutungsvolle Kursreaktion auf Geldmengenimpulse erweist sich häufig als nicht signifikant und ist daher mit großer Unsicherheit belastet. Der Grund für das aus dem Blickwinkel der monetären Wechselkurstheorie teilweise enttäuschende dynamische Reaktionsverhalten des Wechselkurses liegt möglicherweise in der beobachteten starken Verflechtung der Volkswirtschaften. Impulse in Variablen, die auf den Wechselkurs wirken, werden von Reaktionen anderer Variablen überlagert und verhindern damit ein konsistentes Verhalten der Wechselkursvariablen.

Die Innovationen wirken auf die Wechselkursvariablen und rufen signifikante Reaktionsweisen hervor. Dynamische Effekte, die im Einklang mit der monetären Wechselkurstheorie stehen, sind jedoch nur in einigen Fällen festzustellen. So sind in dem ersten SVAR-Modell zwischen den USA und Deutschland die Wechselkursreaktionen auf Impulse der amerikanischen Variablen mit der monetären Wechselkurstheorie konsistent, ebenso die Kursreaktionen auf einen deutschen Einkommensschock, während Einheitsschocks in m und i_S nur insignifikante Reaktionen hervorrufen. Im USA/Japan-Modell entspricht das Reaktionsverhalten der Wechselkurse überwiegend den theoretischen Erwartungen, allerdings sind die Reaktionen häufig nicht signifikant. Die Impulsantwortfolgen des Wechselkurses entsprechen im Modell zwischen den Vereinigten Staaten und dem Vereinigten Königreich, speziell bei Einheitsschocks der britischen Variablen, den theoretischen Erwartungen, während das Schwingungsverhalten auf US-Schocks keine eindeutigen Anworten erlaubt. Im strukturellen VAR-Modell für die USA und Frankreich sind die Reaktionsfolgen der Wechselkursvariablen nur zu einem geringen Teil im Einklang mit der monetären Wechselkurstheorie, so daß nicht von einer Gültigkeit gesprochen werden kann. Im Modell zwischen den Vereinigten Staaten und der Schweiz hinterläßt die dynamische Analyse des Wechselkursverhaltens einen unbefriedigenden Eindruck, da die Wechselkursantwortfolgen sehr häufig keine signifikanten Muster aufweisen. In den von uns untersuchten Modellen steht somit das dynamische

Wechselkursverhalten nur zum Teil in Übereinstimmung mit der monetären Wechselkurstheorie.

Zusammenfassend betrachtet hat die dynamische Analyse jedoch gezeigt, daß Innovationen in den Einflußgrößen signifikante Auswirkungen für das Reaktionsverhalten der Variablen haben und damit das System antreiben. Dabei entspricht das Systemverhalten weitgehend den Überlegungen, die dem Mundell-Fleming-Modell bzw. der monetären Theorie zugrunde liegen.

10.4 Schlußfolgerungen aus den Resultaten des Kapitels

Ziel dieses Kapitels war es, zu untersuchen, ob die beobachtete wirtschaftliche Entwicklung bedeutender Industrienationen seit dem Zusammenbruch des Systems von Bretton Woods mit den theoretischen Überlegungen in der Tradition des Mundell-Fleming-Modells und der monetären Wechselkurstheorie im Einklang steht. Dazu wurden mit Hilfe von vektorautoregressiven Modellen zum einen die langfristig wirksamen Komponenten innerhalb der makroökonomischen Variablen der einzelnen Länder, zum anderen die dynamischen Wechselwirkungen zwischen je zwei Volkswirtschaften untersucht. Grundlegende Annahme einer derartigen Analyse ist die Überlegung, daß Variablen wie Industrieproduktion, Geldmenge, Preise, Zinsen und Wechselkurse die Volkswirtschaften ausreichend charakterisieren und daß Schocks im Angebot und in der Nachfrage dieser Größen die grundlegenden Ursachen von Fluktuationen der Volkswirtschaften sind.

Verschiedene makroökonomische Modelle, die die Struktur der monetären Theorie in ihren Grundzügen widerspiegeln, wurden für die Analyse der einzelnen Länder sowie für Zwei-Länder-Untersuchungen entwickelt und unter Verwendung des Datenmaterials von sechs bedeutenden Industrienationen - den Vereinigten Staaten, Japan, Deutschland, dem Vereinigten Königreich, Frankreich und der Schweiz - geschätzt. Aus der empirischen Analyse und dem Vergleich der Resultate lassen sich mehrere Schlußfolgerungen ziehen.

Wie die Ergebnisse des ersten Abschnittes 10.1 zeigen, können für die einzelnen Volkswirtschaften langfristige Gleichgewichtsbeziehungen ermittelt werden, die im Einklang mit der monetären Theorie stehen. Mit Hilfe des multivariaten Kointegrationsansatzes kann bei der Mehrzahl der untersuchten Länder einer der Vektoren des Kointegrationsraumes als langfristige monetäre Geldnachfragegleichung interpretiert werden. Dies stellt bekanntermaßen eine wichtige Vorbedingung für die Gültigkeit monetärer Wechselkurstheorien dar. Die Abhängigkeiten der Variablen innerhalb der

Gleichungen entsprechen dabei hinsichtlich der Koeffizienten den theoretischen Erwartungen, wobei die Annahme der Preishomogenität innerhalb des jeweiligen Kointegrationsraumes bzw. der Geldnachfragefunktionen nicht allgemein für die untersuchten VAR-Modelle bestätigt werden kann. Auch ist die Form der monetären Geldnachfragegleichungen für die verschiedenen Länder recht unterschiedlich. Neben stabilen Geldnachfragerelationen existieren weitere Gleichgewichtsbeziehungen, die als aggregierte Güternachfrage-, Preis- oder auch Zinsgleichungen interpretiert werden können.

Ein weiteres wichtiges Resultat ergibt sich aus der Analyse der Bedeutung von Wechselkursvariablen in den betrachteten aggregierten Modellen. Dabei zeigt sich, daß die Wechselkurse wichtig für die Spezifikation von langfristigen aggregierten Güternachfrage-, Preis- sowie Zinsgleichungen sind. Wechselkurse sollten daher explizit in die Analyse makroökonomischer Systeme eingehen, insbesondere wenn es sich bei den betrachteten Volkswirtschaften um Länder handelt, die stark mit dem Weltmarkt verflochten sind, bzw. deren Außenhandel große Bedeutung hat.

Bei den empirischen Untersuchungen auf langfristige monetäre Wechselkursbeziehungen im Rahmen von Zwei-Länder-Analysen in Abschnitt 10.2 können mit Hilfe des Johansen-Verfahrens ebenfalls Kointegrationsbeziehungen festgestellt werden. Die ermittelten Kointegrationsvektoren deuten darauf hin, daß für eine Mehrzahl der betrachteten Wechselkurse monetäre Beziehungen existieren, die mit der Struktur einer monetären Wechselkursgleichung im Einklang stehen. Die Parameter der einzelnen Variablen nehmen die theoretisch erwarteten Vorzeichen an, und der Gleichgewichtsvektor wirkt in vielen Fällen als Fehler-Korrektur-Term auf die Bestimmungsgleichungen der Wechselkurse. Die erzielten Resultate legen somit unter Einschränkungen eine günstigere Beurteilung der langfristigen Gültigkeit von fundamentalen monetären Wechselkursgleichungen nahe. Monetäre Wechselkursbeziehungen sind in dem Datenmaterial moderner offener Volkswirtschaften vorhanden und wirken langfristig auf den Verlauf der nominalen Wechselkurse.

Innerhalb der von uns untersuchten vektorautoregressiven Modelle existieren daher langfristig gültige Gleichgewichtsbedingungen für die makroökonomischen Variablen. Diese Beziehungen können als langfristige monetäre Geldnachfrage-, Güternachfrage- oder Preisgleichungen innerhalb der einzelnen Länder interpretiert werden. Ebenfalls lassen sich signifikante länderübergreifende Relationen ermitteln, die die Form monetärer Wechselkursgleichungen annehmen. Die Variablen wirken dabei ungeachtet kurzfristiger Abweichungen im Rahmen dieser Modelle langfristig in Richtung der Gleichgewichtsrelationen.

Im dritten Abschnitt 10.3 wurde daraufhin das dynamische Systemverhalten der Modelle untersucht. Hierfür wurde die neu entwickelte Methodik der strukturellen vektorautoregressiven Modelle eingesetzt, mit der unter Einsatz von möglichst wenigen einschränkenden Restriktionen die dynamischen Reaktionen eines Modells im Zeitablauf untersucht werden können. Den Innovationstermen der endogenen Variablen wird dazu eine strukturelle Interpretation gegeben, die sich an der monetären ökonomischen Theorie orientiert und in der Tradition des Mundell-Fleming-Modells bei flexiblen Wechselkursen steht. Die Resultate zeigen, daß die Schätzergebnisse für diese strukturellen vektorautoregressiven Modelle sehr gut mit der monetären Theorie übereinstimmen. Die Koeffizienten der Innovationsterme in den einzelnen Strukturgleichungen nehmen die erwarteten Vorzeichen an und sind in vielen Fällen signifikant.

Bei der Analyse der Ergebnisse der Gleichung für die Wechselkursinnovationen gelangt man dagegen zu einem anderen Ergebnis. Diese Schätzgleichung entspricht bei allen untersuchten Zwei-Länder-Modellen nicht den theoretischen Erwartungen für eine monetäre Wechselkursgleichung in reduzierter Form. Die Koeffizienten der Innovationsterme nehmen großenteils die falschen Vorzeichen an und sind häufig nicht signifikant. Die Einflußgrößen wirken auch nicht mit paarweise umgekehrten Vorzeichen. Die Schätzergebnisse zeigen daher in diesem Modellrahmen, daß zumindest für die kurzfristigen Innovationsterme das Wechselkursverhalten nicht der monetären Wechselkurstheorie entspricht.

Die Analyse der Innovationsterme bestätigt die Bedeutung von Schocks für die Fluktuationen in den untersuchten Modellvariablen. Wie die Ergebnisse ebenfalls zeigen, ist der "News"-Aspekt auch für die Wechselkursbestimmung wichtig, allerdings wird die Ankunft neuer Informationen von den Wirtschaftssubjekten nicht in Übereinstimmung mit monetären Wechselkurstheorien verarbeitet, und somit entsprechen die sehr kurzfristigen Reaktionsweisen nicht den Erwartungen.

Die Untersuchung der dynamischen Wirkungszusammenhänge und Reaktionen in ihrer zeitlichen Abfolge mit Hilfe von Fehler-Varianz-Zerlegungen und Impulsantwortfolgen läßt weitere Schlußfolgerungen zu. Die Wirkungen der Innovationsterme der betrachteten makroökonomischen Variablen, und auch die dynamischen Wechselkursreaktionen stimmen weitgehend mit der monetären Theorie überein. So bestätigen die Modellreaktionen auf Schocks im Einkommen, der Geldmenge, den Zinsen und den Wechselkursen die Wirkungszusammenhänge des zugrundegelgten Mundell-Fleming-Modells.

Eine wichtige Schlußfolgerung, die sich aus der dynamischen Analyse ergibt, ist die Feststellung, daß fiskalische und monetäre Störungen deutliche Auswirkungen auf die Output-Variable aufweisen. Wie die Resultate der Impulsantwortanalyse der verschiedenen

Länder zeigen, rufen diese Störungen zum größten Teil aber nur temporäre und keine dauerhaften Änderungen in der Industrieproduktion hervor, da die Antwortfolgen von y langfristig wieder in den insignifikanten Bereich zurückgehen. Dieses Resultat steht damit in der Tradition von keynesianischen und monetären Modellen, in denen das langfristige Gleichgewicht primär vom Kapitalstock, dem Arbeitsangebot und der Technologie bestimmt wird, während monetäre Störungen nur kurzfristige Auswirkungen auf die Produktion haben (vgl. Lucas [1973] Friedman [1968]). Diejenigen Modellansätze, bei denen davon ausgegangen wird, daß nur realwirtschaftliche Datenänderungen und Störfaktoren wie Produktivitäts- und Präferenzänderungen sowohl kurzfristig als auch langfristig Auswirkungen auf die Konjunktur hervorrufen, z.B. Modelle im Rahmen der real-business-cycle-Theorie (siehe z.B. Kydland und Prescott [1982] oder Long und Plosser [1983]) und bei denen rein monetäre Störungen keinen Einfluß aufweisen, können somit innerhalb unserer Analyse nicht bestätigt werden.

Im Rahmen der Impulsantwortanalyse werden großenteils auch die erwarteten dynamischen Wechselkursreaktionen von den Strukturimpulsen im Zeitverlauf hervorgerufen. Diese unterscheiden sich allerdings zum Teil in ihrer zeitlichen Abfolge. Die langfristige Wechselkursdynamik entspricht so bei in- oder ausländischen Einkommens- oder Geldmengenschocks mehrheitlich den theoretischen Annahmen monetärer Wechselkursmodelle und auch den Ergebnissen der Kointegrationsuntersuchungen von Abschnitt 10.2. Die Resultate der Kursreaktionen auf Zinsimpulse lassen sich entsprechend interpretieren. So werden langfristige im Rahmen der Kointegrationsanalyse mehrheitlich monetäre Wechselkursgleichungen vom Frenkel/Bilson/Mussa-Typ ermittelt und ebenso kurz- bis mittelfristig umgekehrte Reaktionsweisen auf Zinsimpulse gemäß dem Modell von Dornbusch [1976]. Aufgrund der unterschiedlichen Bedeutung, die die Zinssätze annehmen, können Reaktionen im Zeitverlauf entsprechend verschieden ausfallen. So hat der Zins die Funktion der Feststellung der Rendite einer Geldanlage im Kontext der Liquiditätssituation auf dem Kapitalmarkt, gleichzeitig stellt er ein geldpolitisches Instrument zur Geldmengensteuerung dar und wird weiterhin vielfach als Indikator für die Inflationserwartungen der Wirtschaftssubjekte angesehen. Daraus resultiert die unterschiedliche Wirkung der Zinssätze in den theoretischen Wechselkursmodellen (vgl. dazu auch Kapitel 7) und in der empirischen Analyse. Das Wechselkursverhalten erweist sich vor dem Hintergrund der aufgezeigten Einschränkungen in der dynamischen Reaktion zum Teil im Einklang mit der monetären Wechselkurstheorie. Von einer umfassenden Erklärung des Wechselkursverhaltens kann dabei jedoch nicht gesprochen werden. Während die langfristigen monetären Beziehungen überwiegend den theoretischen Erwartungen entsprechen, zeigt gerade das kurzfristige dynamische Verhalten der Wechselkurse einige inkonsistente Reaktionsweisen auf. Daher werden wir uns im folgenden Kapitel der Untersuchung des Portfolioansatzes zur Wechselkursentwicklung zuwenden, der speziell für das kürzerfristige Reaktionsverhalten eine Erklärungsmöglichkeit liefert. In Kapitel 12 werden dann im Rahmen eines multivariaten Systems strukturelle Wechselkurszusammenhänge zwischen den wichtigsten Währungen auf den internationalen Devisenmärkten analysiert.

Im Gesamten betrachtet zeigt insbesondere die dynamische Analyse mit Hilfe eines strukturellen vektorautoregressiven Ansatzes, daß mit Hilfe eines hochstilisierten Modells, das von einer möglichst geringen Anzahl von Restriktionen und a-priori-Voraussetzungen ausgeht, die grundlegenden Zusammenhänge und Wechselwirkungen zwischen makroökonomischen Einflußfaktoren moderner Industriestaaten sehr schön aufgezeigt werden können. Diese empirischen Resultate für sechs bedeutende moderne Industrienationen erweisen sich als weitgehend konsistent mit dem theoretischen Rahmen des Mundell-Fleming-Modells und befinden sich somit auch in Übereinstimmung mit der keynesianischen Tradition.

11 Empirische Untersuchung des Portfoliomodells

11.1 Portfolioüberlegungen

Neben dem im vorigen Kapitel untersuchten monetären Ansatz zur Wechselkursbestimmung haben gerade die Finanzmarktansätze große Beachtung gefunden. Allerdings wurde speziell der Portfolioansatz nur relativ selten eingehenden empirischen Untersuchungen unterzogen (siehe dazu Abschnitt 7.2.3). Daher werden wir in diesem Kapitel im Rahmen des Ansatzes vektorautoregressiver Modelle mit dem Instrumentarium der dynamischen Analyse den von seiner Konzeption eher kurzfristig orientierten Portfolioansatz auf seine Konsistenz mit den zu beobachtenden Wechselkursfluktuationen in modernen Industrienationen untersuchen.

In dem auf die Arbeiten von William H. Branson basierenden und in Abschnitt 3.4 vorgestellten Modellansatz haben die Wirtschaftssubjekte zwei grundsätzliche Portfolioentscheidungen zu treffen: jene zwischen Inlands- und Auslandsanlage und jene zwischen Geld und Wertpapieren. In den Modellgleichungen werden die Gleichgewichtsentscheidungen der Portfolionachfrage nach inländischem Geld M, inländischen Wertpapieren B und Auslandsanlage F spezifiziert, wobei von der Annahme ausgegangen wird, daß die Nachfrage nach jeder Anlageform positiv von der eigenen und negativ von den übrigen Ertragsraten ist. Im Rahmen unserer Analyse wird dabei vom in- und ausländischen Zinssatz bei statischen Wechselkurserwartungen ausgegangen. Zur Verdeutlichung werden die Gleichungen aus Abschnitt 3.4 in der hier verwendeten Form nochmals angegeben:

Angebot	=	Nachfrage		
M	=	$m(i,i^*)W,$	$m_i<0,\ m_{i^*}<0$	(11.1.1)
B	=	$b(i,i^*)W,$	$b_i>0,\ b_{i^*}<0$	(11.1.2)
sF	=	$f(i,i^*)W,$	$f_i<0,\ f_{i^*}>0$	(11.1.3)
W	=	$M + B + sF$		(11.1.4)

Bei dem Übergang zu einem Zwei-Länder-Modell, das sich auf einen speziellen bilateralen Wechselkurs bezieht, wird der theoretische Ansatz erweitert zu einem Modell, das

Geldmengen- und Auslandsvermögensdaten für das In- und das Ausland enthält[1]. In dieser Arbeit werden bilaterale vektorautoregressive Modelle zwischen den USA und Deutschland, Japan, dem Vereinigten Königreich, Frankreich und der Schweiz untersucht. Die dabei verwendeten Variablen sind jeweils inländische und ausländische Geldmenge, das jeweilige Auslandsvermögen[2], die Zinssätze sowie der entsprechende bilaterale Wechselkurs. Der Variablenvektor erhält also die Form:

$$x_t \quad = \quad [m^*, F^*, i^*, m, F, i, s]_t, \qquad \text{mit } t = 1973{:}1,\ldots,1991{:}4,$$

wobei ein * jeweils die amerikanische Größe bezeichnet. Werden die Zinssätze und der Wechselkurs endogen gehalten, so lassen sich die Auswirkungen von Änderungen in den anderen Einflußgrößen auf diese Variablen untersuchen. Mit Hilfe graphischer Darstellungen oder der wie in Abschnitt 3.4 durchgeführten komparativ-statischen Analyse ergeben sich somit für den Wechselkurs (in Preisnotierung) die folgenden Abhängigkeiten:

$$s \quad = \quad f(\overset{-}{m^*}, \overset{+}{F^*}, \overset{+}{i^*}, \overset{+}{m}, \overset{-}{F}, \overset{-}{i}), \tag{11.1.5}$$

In den folgenden Abschnitten werden für die bilateralen Wechselkurse vektorautoregressive Portfoliomodelle geschätzt, Tests auf langfristige Kointegrationsbeziehungen durchgeführt und das dynamische Reaktionsverhalten untersucht. Die Variablen werden entsprechend dem obigen Variablenvektor angeordnet, dagegen wird keine spezielle strukturelle Identifikation wie z.B. in Abschnitt 10.3 vorgenommen. An erster Stelle stehen die Variablen des amerikanischen Teilmodells, wobei zuerst diejenigen Variablen gesetzt werden, die dem theoretischen Modell zufolge einen eher exogenen Charakter haben, d.h. die Geldmenge m^*, das Auslandsvermögen F^* und als drittes der US-Zins. Daran schließen die Variablen des jeweiligen inländischen Teilmodells an, ebenfalls zuerst die Geldmengenvariable m, das Auslandsvermögen F und dann der Zins i. An die letzte Stelle wird der Wechselkurs s gesetzt. Die VAR-Modelle werden mit zwei zeitverzögerten Variablen geschätzt. Voruntersuchungen zeigten, daß die Residuen der Regressionsgleichungen der einzelnen Variablen keine signifikanten Autokorrelationsterme mehr aufweisen[3]. Die so geschätzten Modelle für die einzelnen Wechselkurse werden zuerst auf das Bestehen langfristiger Beziehungen zwischen den Variablen und daraufhin mit Hilfe

---

[1] Zu der Problematik der Verwendung der Auslandsvermögenspositionen beider Länder siehe Branson, Halttunen, Masson [1977].

[2] Der allgemeinen Praxis folgend wird das Auslandsvermögen durch eine Summation der Leistungsbilanzsalden der jeweiligen Länder ermittelt (vgl z.B. Branson, Halttunen, Masson [1977, 1979], Boughton [1988]).

[3] Die verschiedenen Tests auf die Anzahl verzögerter Terme ergaben dagegen keine eindeutigen Ergebnisse für die Wahl der Lags.

von Vorhersagefehler-Varianz-Zerlegung und Impulsantwortfolgen auf ihr dynamisches Systemverhalten untersucht.

11.2 Langfristige Abhängigkeiten

Obwohl der Schwerpunkt des Portfolioansatzes eher auf der Untersuchung kurzfristiger bis mittelfristiger Wechselwirkungen zwischen Wechselkurs, Zinsen und Finanzaktiva liegt, können zwischen den von uns untersuchten Variablen natürlich auch langfristige Gleichgewichtsbeziehungen existieren. Liegen derartige Kointegrationsbeziehungen vor, so sind diese Linearkombinationen stationär, obwohl die einzelnen Variablen selbst nichtstationär sind (vgl. Kapitel 5).

Mögliche langfristige Abhängigkeiten innerhalb der von uns verwendeten VAR-Systeme können insbesondere zwischen den in- und ausländischen Zinssätzen oder innerhalb der nationalen Teilmodelle vermutet werden. Da die Variablen des Auslandsvermögens über die Leistungsbilanzsalden ermittelt werden, ist auch das Vorliegen langfristiger Abhängigkeiten zwischen diesen aggregierten Leistungsbilanzsalden und der Wechselkursgröße denkbar. Dies würde damit einen langfristigen makroökonomischen Zusammenhang zwischen dem Wechselkurs und der relativen Außenhandelsposition der jeweiligen Volkswirtschaften anzeigen.

Mit Hilfe des in Abschnitt 5.4 vorgestellten Johansenverfahrens werden die verschiedenen VAR-Modelle auf das Vorliegen stabiler Kointegrationsbeziehungen untersucht. Die Teststatistiken des λ_{max}- und des Trace-Tests sind in Tabelle 11.2.1 angegeben. Wie die Ergebnisse zeigen, sind die Systemvariablen tatsächlich kointegriert, d.h. es existieren langfristig wirksame Gleichgewichtsbeziehungen zwischen den einbezogenen Variablen. Da für die meisten der von uns betrachteten VAR-Modelle der Kointegrationsraum einen Rang $r>1$ hat (Ausnahme: VAR-Modell zwischen Großbritannien und USA), ist keine eindeutige Identifizierung der Kointegrationsvektoren möglich.

Tests auf schwache Exogenität in Hinblick auf die langfristigen Parameter und auf Ausschluß einzelner Variablen aus dem Kointegrationsraum lassen jedoch einige Schlußfolgerungen zu: Die ermittelten Kointegrationsvektoren beinhalten in der Mehrzahl der Fälle in- und ausländische Variablen. Das bedeutet, daß es sich bei den ermittelten Kointegrationsvektoren weniger um rein nationale Gleichgewichtsbeziehungen handelt als um Abhängigkeiten zwischen den betrachteten Volkswirtschaften. Vielfach deuten die

Resultate darauf hin, daß langfristige Abhängigkeiten zwischen in- und ausländischen Zinssätzen bestehen, Geldmengen-Zinsrelationen vorliegen oder es sich um Vektoren handelt, die die in- und ausländischen Variablen des Auslandsvermögens, die Zinssätze und die Wechselkursvariable enthalten.

Tabelle 11.2.1
LR-Kointegrationstests von Johansen

VAR(2)-Modell für Deutschland und die Vereinigten Staaten.							
Eigenwert	0.473	0.450	0.311	0.254	0.216	0.129	0.009
H_0	r=0	r≤1	r≤2	r≤3	r≤4	r≤5	r≤6
λ_{max}-Test	47.388**	44.242**	27.580	21.652	17.968	10.812	0.701
Trace-Test	169.714**	122.325**	78.083**	50.503**	28.851	10.884	0.701
VAR(2)-Modell für Japan und die Vereinigten Staaten.							
Eigenwert	0.775	0.649	0.548	0.396	0.296	0.145	0.004
H_0	r=0	r≤1	r≤2	r≤3	r≤4	r≤5	r≤6
λ_{max}-Test	76.103**	53.417**	40.494**	25.755	17.934	8.001	0.191
Trace-Test	221.899**	145.796**	92.379**	51.885**	26.131	8.196	0.191
VAR(2)-Modell für das Vereinigte Königreich und die Vereinigten Staaten.							
Eigenwert	0.482	0.313	0.296	0.210	0.128	0.082	0.001
H_0	r=0	r≤1	r≤2	r≤3	r≤4	r≤5	r≤6
λ_{max}-Test	48.621**	27.729	25.926	17.473	10.114	6.365	0.082
Trace-Test	136.309**	87.688	59.959	34.033	16.561	6.447	0.082
VAR(2)-Modell für Frankreich und die Vereinigten Staaten.							
Eigenwert	0.494	0.418	0.309	0.261	0.102	0.090	0.053
H_0	r=0	r≤1	r≤2	r≤3	r≤4	r≤5	r≤6
λ_{max}-Test	50.343**	40.038**	27.315	22.403	7.935	7.003	4.031
Trace-Test	159.068**	108.725**	68.687	41.371	18.968	11.034	4.031
VAR(2)-Modell für die Schweiz und die Vereinigten Staaten.							
Eigenwert	0.560	0.378	0.320	0.222	0.212	0.097	0.090
H_0	r=0	r≤1	r≤2	r≤3	r≤4	r≤5	r≤6
λ_{max}-Test	57.433**	33.257	26.968	17.578	16.702	7.148	6.584
Trace-Test	165.670**	108.237**	74.980**	48.012	30.434	13.732	6.584

** zeigen Signifikanz auf dem 5% Niveau an. Zu vergleichen mit den Werten aus Tabelle A2 in Johansen und Juselius [1990, S.209] und Osterwald-Lenum [1992].

Im gesamten betrachtet sind die Ergebnisse für die herangezogenen VAR-Modelle nicht einheitlich und stimmen nicht durchweg miteinander überein, so daß keine eindeutige Interpretation möglich ist. Der stärker kurzfristig ausgelegten Charakteristik des Portfolioansatzes entsprechend, wenden wir uns daher im weiteren Verlauf der Analyse des dynamischen Systemverhaltens der Modelle zu.

11.3 Dynamische Analyse des Portfolioansatzes

11.3.1 VAR-Modell für Deutschland und die Vereinigten Staaten

Für das VAR(2)-Modell mit den Daten für Deutschland und die USA wird eine Fehlervarianz-Zerlegung vorgenommen. Da uns im Rahmen dieser Untersuchung speziell das Wechselkursverhalten interessiert, wird hier wie auch in den folgenden Modellen jeweils nur die Aufteilung der Fehlervarianz für die Wechselkursgröße untersucht. Wie Abbildung 11.3.1 zeigt, wird die Variation im DEM/USD-Kurs kurzfristig stark von eigenen Innovationen erklärt, daneben spielen F^* und im weiteren Zeitverlauf noch F, i^* und i eine Rolle. Der Erklärungsgehalt der fundamentalen Einflußgrößen erweist sich dabei als deutlich geringer als bspw. bei den empirischen Untersuchungen im Rahmen des monetären Modells in Kapitel 10.

Abbildung 11.3.1
VAR(2)-Modell für Deutschland und die Vereinigten Staaten.

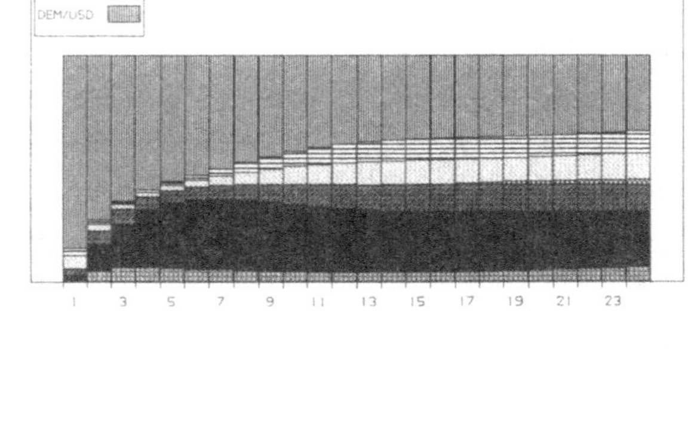

Im folgenden wenden wir uns der Impulsantwortanalyse zu. In Abbildung 11.3.2 werden in der linken Spalte die Eigenreaktionsfolgen und in der rechten die Impulsantworten des Wechselkurses dargestellt, während im Anhang A11.3.1 die 7x7-Matrix aller

Antwortfolgen angegeben wird. Um die Antwortfolgen sind Bänder gelegt, die Konfidenzintervalle von zwei Standardabweichungen darstellen und einen Hinweis auf die Signifikanz des Reaktionsverhaltens geben. Wie die Graphiken zeigen, entspricht das Reaktionsverhalten des Wechselkurses weitgehend den theoretischen Überlegungen des Portfoliomodells (vgl. Abschnitt 3.4.). Ein Impuls in der ausländischen Geldmenge führt aufgrund des Geldmengenüberangebots zu einer erhöhten Nachfrage nach Wertpapieren und damit zu einem Rückgang des ausländischen Zinsniveaus (siehe Abbildung A11.3.2 im Anhang A11) und einem sinkenden Wechselkurs. Im Anschluß an diesen negativen Impuls kehrt der Wechselkurs wieder zur Null-Achse zurück und ist nach rund 4 Perioden nicht mehr signifikant. Ein Geldmengenimpuls in Deutschland senkt wie erwartet den Inlandszins, dagegen weist der Geldmengenschock keinen signifikanten Effekt auf den DEM/USD-Kurs auf.

Abbildung 11.3.2
VAR(2)-Modell für Deutschland und die Vereinigten Staaten.
Impulsantwortfolgen.

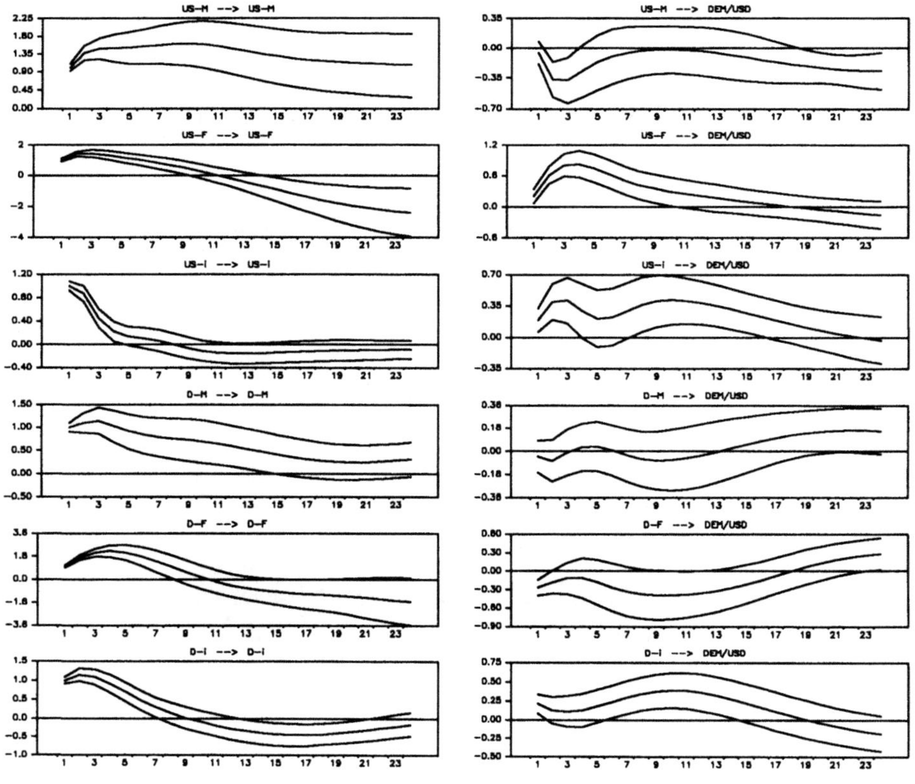

Ein Anstieg des von den Vereinigten Staaten gehaltenen Auslandsvermögens F^* wird den Modellannahmen zufolge durch eine Verbesserung der Leistungsbilanzposition hervorgerufen. Wie die Abbildungen zeigen, schlägt sich ein Impuls in F^* erwartungsgemäß in einer Aufwertung der amerikanischen Währung nieder. Längerfristig wird die Aufwertung der Währung allerdings die Leistungsbilanzposition verschlechtern und somit die Änderungen in F^* wieder umkehren. Auch dieser Effekt ist sehr schön anhand der Eigenimpulsantwortfolge von F^* zu erkennen. Ein Impuls im Auslandsvermögen von Deutschland F führt in Entsprechung zu der Reaktionsweise im amerikanischen Teilmodell zu einer Aufwertung der D-Mark. Diese Aufwertung hat ebenfalls langfristig aufgrund der resultierenden Verschlechterung der Leistungsbilanz wieder einen Rückgang von F zur Folge.

Ein positiver Schock im US-Zins erhöht die Nachfrage nach amerikanischen Wertpapieren und führt damit zu einer Aufwertung des US-Dollars. Wie Abbildung 11.3.2 zeigt, hat eine Erhöhung des US-Zinses in Übereinstimmung mit dieser Überlegung einen Anstieg des DEM/USD-Kurses zur Folge. Die Reaktion des Wechselkurses auf einen Impuls im deutschen Zins entspricht mit einem signifikanten Anstieg dagegen nicht den Erwartungen. Wie die Abbildung A11.3.1 im Anhang zeigt, sind die anderen kürzerfristigen Reaktionsmuster weitgehend in Übereinstimmung mit den Modellannahmen. Zinsschocks führen zu einer umgekehrten negativen Reaktion in der jeweiligen Geldmenge. Ein positiver US-Zinsimpuls hat eine entsprechend ausgeprägte positive Impulsantwort des deutschen Zinses zur Folge. Die dynamische Untersuchung des vorliegenden VAR(2)-Modells zwischen den Vereinigten Staaten und Deutschland erweist sich damit weigehend konsistent mit den theoretischen Überlegungen des Portfolioansatzes.

11.3.2 VAR-Modell für Japan und die Vereinigten Staaten

In Abbildung 11.3.3 wird die Vorhersagefehler-Zerlegung des JPY/USD-Wechselkurses für das vektorautoregressive Modell zwischen Japan und den USA angegeben. Auch in diesem Modell wird anfänglich ein großer Teil der Fehlervarianz durch eigene Innovationen bestimmt. Im weiteren Verlauf erhalten, ebenso wie im vorigen Modell F^*, i^* und i an Einfluß, wobei von diesen die US-Zins-Variable den größten Erklärungsanteil erhält. Wie weiter unten zu sehen sein wird, führen Schocks in dieser Variablen auch zu den deutlichsten Reaktionen in der Wechselkursgröße.

Abbildung 11.3.3
VAR(2)-Modell für Japan und die Vereinigten Staaten.

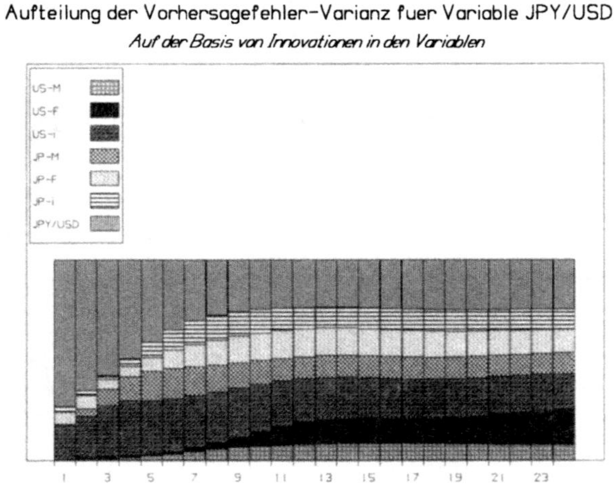

Die Impulsantwortfolgen werden in Abbildung 11.3.4 sowie im Anhang A11.3.2 angegeben. Auch bei diesem Modell entsprechen die Reaktionsmuster, soweit sie signifikant sind, weitgehend den Vorstellungen des Portfolioansatzes. Ein US-Geldmengenimpuls hat einen Rückgang des US-Zinses zur Folge. Der JPY/USD-Kurs sinkt daraufhin ebenfalls leicht, wobei diese Reaktion jedoch nicht signifikant ist. Ein japanischer Geldmengenimpuls führt zu einer signifikanten negativen Reaktionen in i und einer positiven in s. Ein Impuls im Auslandsvermögen der USA F^* hat dagegen keine signifikante Reaktion des US-Dollars zur Folge. Ein Anstieg des japanischen Auslandsvermögens resultiert wiederum nach rd. 4 Perioden in einer Aufwertung des japanischen Yen. Diese Aufwertung ist jedoch relativ gering. Ein US-Zinsschock schließlich hat die erwarteten Auswirkungen und führt zu einem Anstieg des JPY/USD-Kurses, d.h. zu einer Aufwertung der amerikanischen Währung. Entsprechend hat ein Zinsimpuls in Japan über rund acht Perioden hinweg eine leichte Aufwertung des japanischen Yen zur Folge.

Abbildung 11.3.4
VAR(2)-Modell für Japan und die Vereinigten Staaten.
Impulsantwortfolgen.

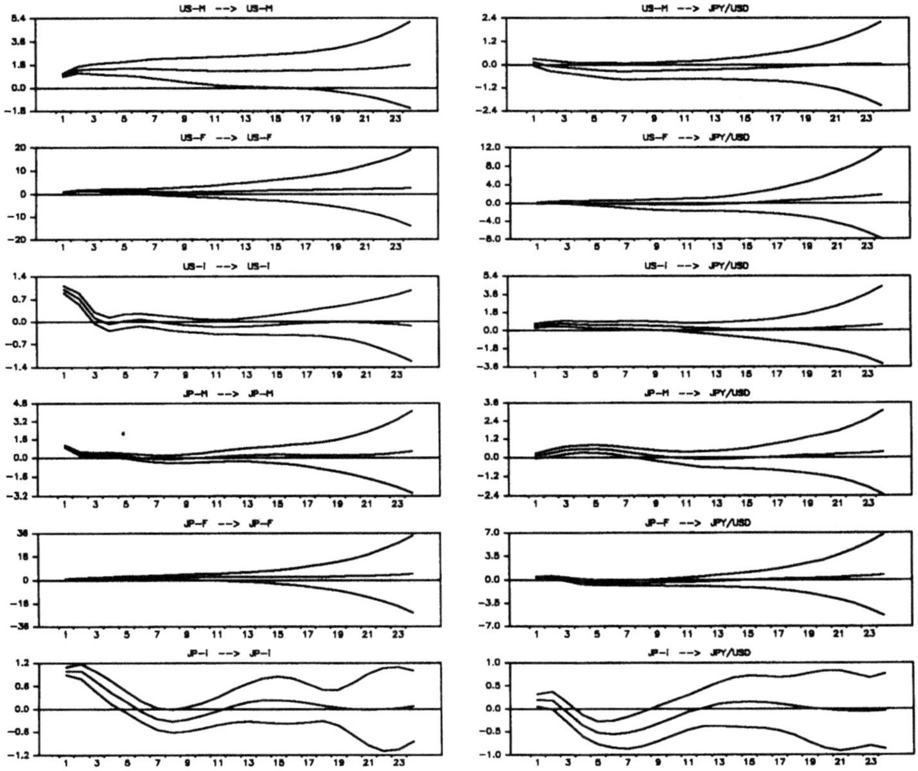

11.3.3 VAR-Modell für das Vereinigte Königreich und die Vereinigten Staaten

Auch für dieses Modell wird für die Wechselkursgröße eine Vorhersagefehler-Varianz-Zerlegung durchgeführt (siehe Abbildung 11.3.5). Neben dem dominierenden Einfluß des GBP/USD-Kurses selbst erklärt F^* noch einen deutlichen Anteil der Fehlervarianz im Wechselkurs. Die anderen Variablen haben dagegen nur geringen Einfluß.

Abbildung 11.3.5
VAR(2)-Modell für das Vereinigte Königreich und die Vereinigten Staaten.

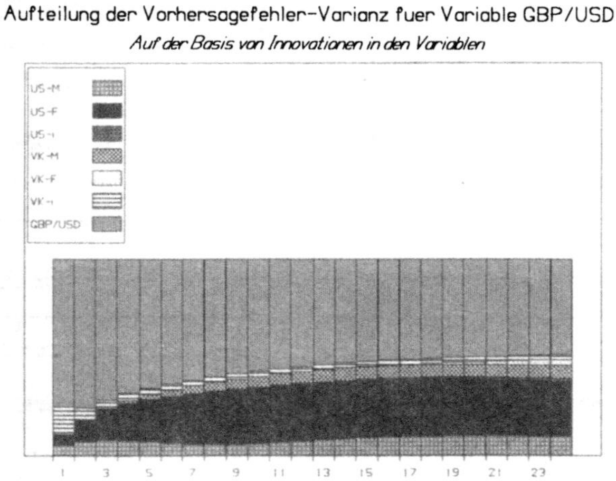

Im weiteren betrachten wir die Impulsantwortfolgen, die in Abbildung 11.3.6 sowie vollständig im Anhang A11.3.3 angegeben sind. In dem vorliegenden Modell für Großbritannien und die USA sind die dynamischen Reaktionen der Wechselkursvariablen zum Teil nicht signifikant. Ein positiver Schock in der amerikanischen Geldmenge ruft eine nur kurzfristig negative Zinsreaktion und einen über rund vier Quartale signifikanten Rückgang des GBP/USD-Wechselkurses hervor. Dagegen folgt einem Impuls in der britischen Geldmenge kein Rückgang des Zinses sondern unerwarteterweise ein Zinsanstieg, in dessen Folge das britische Pfund aufgewertet wird. Ausgeprägt sind dagegen die Auswirkungen eines plötzlichen Anstiegs im US-Auslandsvermögen F^*: die amerikanische Währung wird deutlich aufgewertet. Diese Aufwertung führt, wie vom Portfoliomodell postuliert, zu einer Verschlechterung der Exportsituation der USA, was sich längerfristig in einer Umkehrung der Entwicklung von F^* ausdrückt. Ein Impuls im Auslandsvermögen Großbritanniens hat keine signifikante Auswirkung auf den Wechselkurs, längerfristig deutet sich allenfalls eine leichte Aufwertung des britischen Pfundes an. Auch ein Impuls im amerikanischen Zins i^* führt zu keiner signifikanten Reaktion des GBP/USD-Wechselkurses. Ein Schock in den britischen Zinsen, hat nach einem unerwarteten positiven Ausschlag einen sinkenden Wechselkurs zur Folge, diese Reaktion ist jedoch nicht signifikant. Insgesamt betrachtet ist die Analyse dieses VAR-Modells aufgrund der insignifikanten Reaktionsfolgen als etwas unbefriedigend einzuschätzen, auch sind die signifikanten Impulsantwortfolgen nicht durchgängig im Einklang mit den theoretischen Erwartungen des Portfoliomodells.

Abbildung 11.3.6
VAR(2)-Modell für das Vereinigte Königreich und die Vereinigten Staaten.
Impulsantwortfolgen.

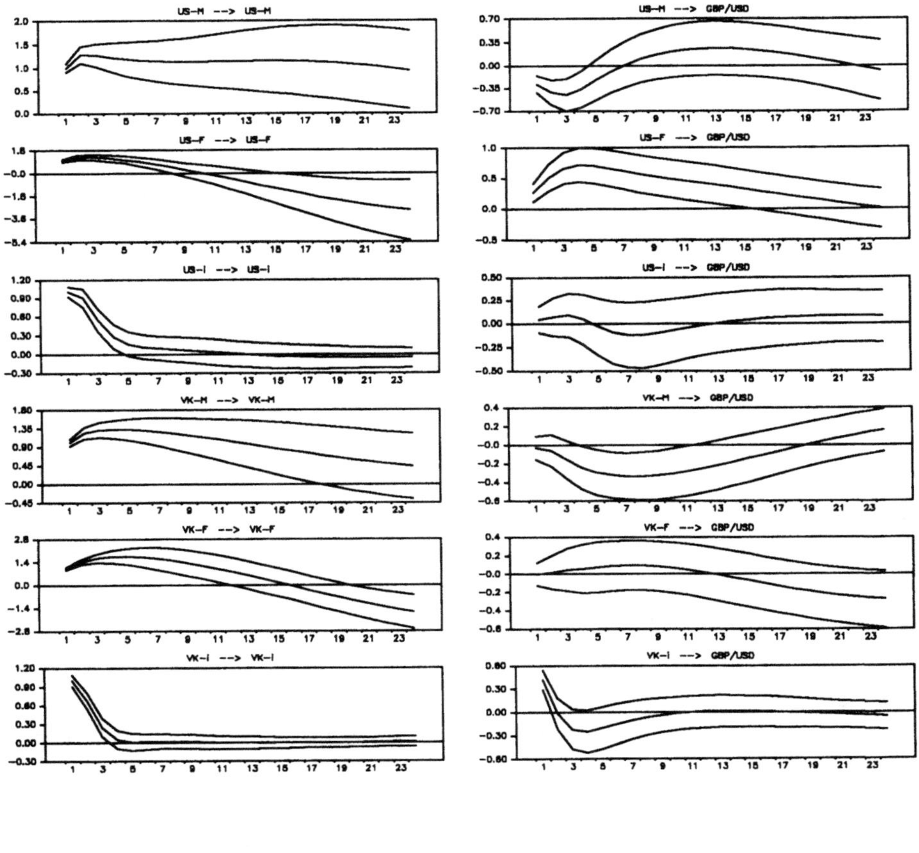

11.3.4 VAR-Modell für Frankreich und die Vereinigten Staaten

Wie die Fehlervarianz-Zerlegung für den Franc/US-Dollarwechselkurs zeigt (Abbildung 11.3.7), erklärt die Variable des Auslandsvermögens von Frankreich neben den Eigenimpulsen längerfristig einen großen Teil der Wechselkursvariation. Daneben weisen auch noch F^* und die amerikanische Zinsvariable Erklärungsgehalt auf.

Abbildung 11.3.7
VAR(2)-Modell für Frankreich und die Vereinigten Staaten.

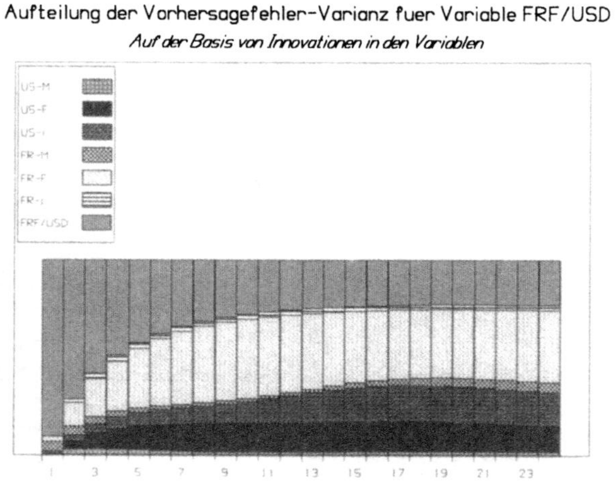

In Abbildung 11.3.8 und im Anhang A11.3.4 werden die Impulsantwortfolgen des Wechselkurses zwischen dem französischen Franc und dem US-Dollar auf Schocks in den verschiedenen Einflußgrößen angegeben. Die dynamischen Reaktionen der Wechselkursvariablen sind dabei weitgehend konsistent mit den theoretischen Erwartungen des Portfolioansatzes. US-Geldmengenimpulse führen zu einem kurzfristig sinkenden FRF/USD-Wechselkurs, während französische Geldmengenimpulse entsprechend den Erwartungen kurzfristig eine entgegengesetzte Reaktion, nämlich einen Anstieg des Wechselkurses zur Folge haben. Ein positiver Impuls im Auslandsvermögen der USA resultiert in einer US-Dollaraufwertung, während umgekehrt ein Anstieg in F eine Francaufwertung nach sich zieht. Ein Schock in den US-Zinsen schließlich hat einen signifikanten Anstieg des FRF/USD-Wechselkurses zur Folge. Ein positiver Impuls in den französischen Zinsen ruft eine negative Reaktion des Wechselkurses und damit eine

Aufwertung des französischen Franc hervor. Die Impulsantwortfolge ist dabei rund vier Quartale lang signifikant. Die Reaktionsweisen im VAR(2)-Modell zwischen Frankreich und den USA sind konsistent mit den Erwartungen und können somit insgesamt als eine Bestätigung der Annahmen des Portfolioansatzes angesehen werden.

Abbildung 11.3.8
VAR(2)-Modell für Frankreich und die Vereinigten Staaten.
Impulsantwortfolgen.

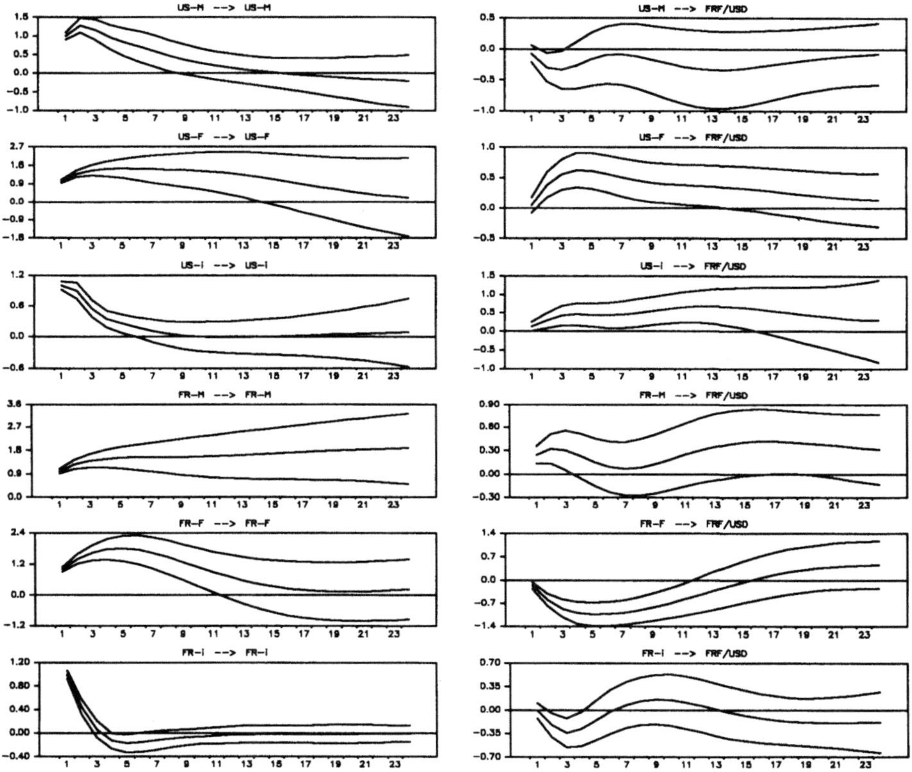

11.3.5 VAR-Modell für die Schweiz und die Vereinigten Staaten

Abschließend wird das vektorautoregressive Modell für die Schweiz und die USA betrachtet. Wie Abbildung 11.3.9 zeigt, wird die Variation im CHF/USD-Kurs kurzfristig vorwiegend von eigenen Innovationen erklärt, daneben spielen F^* und der amerikanische Zins i^* eine Rolle. Auffällig ist, daß die Schweizer Variablen nur einen vernachlässigbaren Anteil der Fehler-Varianz der Wechselkursgröße erklären.

Abbildung 11.3.9
VAR(2)-Modell für die Schweiz und die Vereinigten Staaten.

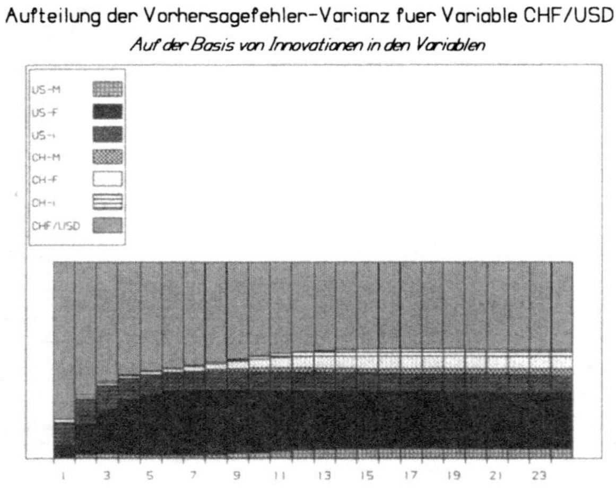

In Abbildung 11.3.10 werden in der linken Spalte die Eigenreaktionsfolgen und in der rechten die Impulsantworten des Wechselkurses dargestellt, die Matrizen aller Antwortfolgen sind im Anhang A11.3.5 angegeben. Ein Impuls in der ausländischen Geldmenge führt zu einem sehr kurzfristigen Rückgang des ausländischen Zinsniveaus und einer Abwertung der ausländischen Währung. Diese Antwortfolge ist über einen Zeitraum von rund 4 Perioden signifikant. Umgekehrt bewirkt ein Geldmengenimpuls in der Schweiz einen Rückgang des Schweizer Zinses, die Reaktion des Wechselkurses ist dagegen nicht signifikant. Ein Anstieg des von den Vereinigten Staaten gehaltenen Auslandsvermögens F^* führt erwartungsgemäß zu einer Aufwertung der amerikanischen Währung. Längerfristig geht der Wechselkurs und ebenso F^* wieder zur Null-Achse zurück und wird nach ca. 10 Perioden insignifikant. Ein entsprechender Impuls im Auslandsvermögen der Schweiz F führt zu einer leichten, jedoch nur kurzfristig signifikanten Aufwertung des Schweizer Frankens. Ein positiver Schock im US-Zins erhöht die Nachfrage nach amerikanischen Wertpapieren und führt damit zu einer anhaltenden Aufwertung des US-Dollars. Ebenso wird eine positive Reaktion des Schweizer Zinssatzes ausgelöst. Ein Schock auf den Schweizer Zins hat dagegen keine signifikante Antwort der Wechselkursvariablen zur Folge. Abgesehen von den teilweise nicht signifikanten Impulsantwortfolgen sind die Reaktionsmuster der von uns betrachteten Variablen somit in Übereinstimmung mit den Annahmen des Portfoliomodells.

Abbildung 11.3.10
VAR(2)-Modell für die Schweiz und die Vereinigten Staaten.
Impulsantwortfolgen.

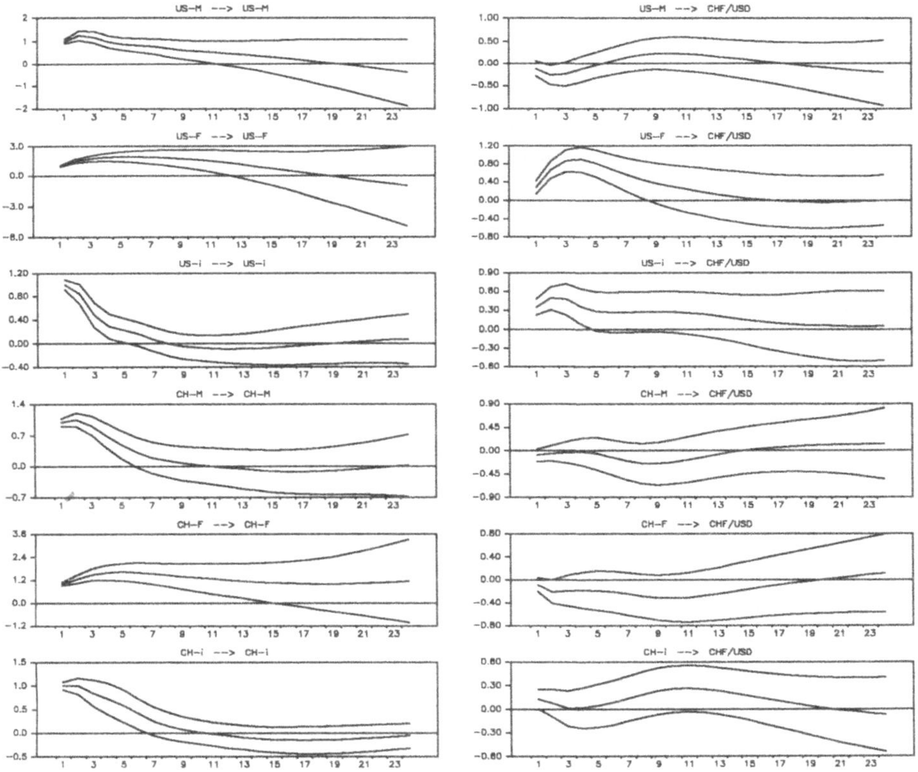

11.4 Zusammenfassung

Der Portfolioansatz zur Erklärung des Wechselkursverhaltens konzentriert sich auf eine kürzerfristige Betrachtungsweise und betont die Veränderung der Portfolionachfrage nach unterschiedlichen in- und ausländischen Anlageformen. Um den Erklärungsgehalt dieser Theorie einer empirischen Überprüfung zu unterziehen, wurde mit dem Instrumentarium des VAR-Modellansatzes eine Untersuchung der bedeutendsten bilateralen Wechselkurse durchgeführt. Im ersten Schritt wurden Kointegrationstests vorgenommen, um festzustellen, ob innerhalb der VAR-Modelle langfristige Gleichgewichtsbeziehungen vorliegen. Wie die Resultate der Likelihood-Ratio-Tests zeigen, existieren Abhängigkeiten zwischen den betrachteten Variablen. Eine eindeutige Identifizierung der Kointegrationsvektoren ist jedoch nicht möglich. Für die Untersuchung der kürzerfristigen Dynamik der VAR-Modelle wurden zum einen die Zerlegung der Vorhersagefehler-Varianz und zum anderen Impulsantwortfolgen herangezogen. Wie die obigen Ergebnisse der Varianz-Zerlegung zeigen, wird ein großer Teil der Fehlervarianz im Wechselkurs durch eigene Impulse erklärt, während der Anteil der anderen Einflußgrößen vergleichsweise gering ist. Dies zeigt, daß die im Portfolioansatz verwendeten Einflußfaktoren kurzfristig die Variation in der jeweiligen Wechselkursgröße nicht alleine erklären können, sondern die eigenen zurückliegenden Wechselkursdaten für eine Prognose von Bedeutung sind.

Das dynamische Reaktionsverhalten auf Schocks in den in- und ausländischen Einflußgrößen Geldmenge, Auslandsvermögen sowie dem Zins entspricht aber sehr schön den theoretischen Überlegungen des Portfolioansatzes. Wie die Analyse der Impulsanwortfolgen zeigt, reagiert der Wechselkurs zum größten Teil in Übereinstimmung mit den zugrundegelegten Annahmen. Impulse in der Auslandsgeldmenge führen zu einer Aufwertung der inländischen Währung, während ein Geldmengenschock im Inland in einer (teilweise nichtsignifikanten) Abwertung resultiert. Ein Anstieg des US-Auslandsvermögens ebenso wie ein US-Zinsimpuls ruft eine Aufwertung des US-Dollars hervor, dagegen impliziert ein Impuls im Auslandsvermögen des Inlands oder ein inländischer Zinsschock eine Aufwertung der inländischen Währung. Auch die Reaktionsantworten der anderen Variablen sind weitgehend im Einklang mit portfoliotheoretischen Überlegungen. So hat ein Geldmengenimpuls in der Mehrzahl der untersuchten Modelle einen sinkenden Zins zur Folge, während umgekehrt positive Zinsimpulse zu einer negativen Geldmengenreaktion führen. Wie schon in Kapitel 10 bei der Analyse des monetären Modells zu beobachten, ist auch bei der empirischen Untersuchung des Portfolioansatzes eine enge Abhängigkeit zwischen den amerikanischen und den jeweiligen inländischen Zinssätzen festzustellen: ein Impuls im US-Zins hat eine weitgehend identische Reaktion des Inlandszinses zur Folge, umgekehrt ist eine entsprechende Reaktion in der Mehrzahl der Fälle nicht zu beobachten.

In Hinblick auf die Interpretation der ermittelten Reaktionsmuster ist einschränkend zu erwähnen, daß einige der Impulsantwortfolgen im nichtsignifikanten Bereich bleiben. Auffällig ist, daß die Antwortfolgen auf inländische Impulse speziell für die Wechselkurse im allgemeinen weniger signifikant sind als die Reaktionsfolgen auf Schocks in amerikanischen Variablen. Wie schon die Analyse der Varianz-Zerlegung gezeigt hat, rufen somit Änderungen in den US-Variablen deutlichere Reaktionen hervor als Impulse in inländischen Größen.

Die empirische Untersuchung in diesem Kapitel führt zu dem Ergebnis, daß das kurz- bis mittelfristige Verhalten der von uns betrachteten Wechselkurse unter den obigen Einschränkungen in Übereinstimmung mit der Portfoliotheorie steht. Wie die Reaktionen anhand der Impulsantwortanalyse zeigen, laufen die Anpassungsvorgänge mit einem Zeithorizont von rund vier bis sechs Perioden ab. Hinweise, die auf eine sofortige und vollständige Anpassung durch die Marktteilnehmer hindeuten, können dagegen kaum gefunden werden. Das Instrument der Varianzzerlegung weist jedoch darauf hin, daß die portfoliotheoretischen Reaktionsmuster nur einen Teil der Variationen in den Wechselkursen erklären können. Der restliche Anteil kann nicht durch die in unserem Ansatz verwendeten Einflußfaktoren erklärt werden und läßt somit die Frage nach möglichen weiteren Erklärungsfaktoren offen. Solche Einflußgrößen können z.B. Einkommensvariablen, Konjunkturindikatoren oder Preisgrößen sein, die im Rahmen des hier verwendeten Portfolioansatzes nicht berücksichtigt werden (vgl. dazu auch empirische Analyse in Kapitel 9 und 10). Andere Ursachen des fehlenden Erklärungsgehalts der verwendeten Variablen sind möglicherweise auch auf das Verhalten der Marktteilnehmer zurückzuführen. Diese leiten ihre Handlungsentscheidungen gerade im kürzerfristigen Bereich aus der technischen oder Chart-Analyse her und verwenden daher speziell aggregierte Vergangenheitsdaten der Wechselkursvariablen selbst (siehe dazu auch Untersuchungen von Frankel und Froot [1986], Allen und Taylor [1990] oder Taylor und Allen [1992]).

Ein weiterer in der Literatur bisher vernachlässigter Aspekt zur Erklärung des Wechselkursverhaltens ist in den Beziehungen der Wechselkurse untereinander sowie in den möglichen Auswirkungen von Währungsabkommen, Kapitalkontrollen und Zentralbank-interventionen zu sehen. Im folgenden Kapitel wird daher dem Einfluß von Wechselkursabhängigkeiten und der Bedeutung des Europäischen Währungssystems für die Devisenmärkte nachgegangen.

12 Strukturelle Wechselkursbeziehungen auf den internationalen Devisenmärkten

12.1 Wirkungszusammenhänge zwischen flexiblen Wechselkursen

Die empirische Untersuchung und Analyse der Abhängigkeiten und Beziehungen zwischen nominalen Wechselkursen bedeutender Industrieländer ist das Ziel des vorliegenden Kapitels. Viele theoretische Wechselkursmodelle untersuchen nur den Zwei-Länder-Fall. In der ökonomischen Theorie und für die Erstellung analytischer Modelle ist die Beschränkung auf ein geschlossenes System zweier Volkswirtschaften verständlich, da dadurch die Analyse vereinfacht wird. Die Modelle bleiben überschaubar, die Wirkungsweise der Modellgrößen läßt sich identifizieren, und das Reaktionsverhalten auf exogene Schocks kann simuliert und dargestellt werden.

Durch die Beschränkung auf den Zwei-Länder-Fall wird jedoch vernachlässigt, daß starke Beziehungen zwischen Wechselkursrelationen bestehen können, die Einfluß auf die Entwicklung der einzelnen bilateralen Wechselkurse nehmen. So kann z.B. eine starke Abwertung der Währung von Land A gegenüber Land B auch auf den Wechselkurs zwischen Land B und C Einfluß haben, obwohl das Umfeld zwischen B und C unverändert ist. Dies ist der Fall, wenn die Währung von A aus verschiedenen Gründen, z.B. fundamentaler oder spekulativer Natur, nicht entsprechend stark gegenüber der Währung von C abgewertet wird. Als ein Beispiel, bei dem dies sehr gut verfolgt werden konnte, sei die Entwicklung der Devisenmärkte im Spätsommer 1992 erwähnt. Die historischen Tiefstkurse des DM/US-Dollarwechselkurses waren in diesem Fall einer der auslösenden Faktoren für die starken Spannungen im Europäischen Währungssystem (EWS). Die anderen EWS-Währungen wurden auf den internationalen Devisenmärkten nicht entsprechend der D-Mark gegenüber dem US-Dollar aufgewertet, und infolgedessen kamen die bilateralen Paritäten im EWS unter Druck. Als Konsequenz dieser Entwicklung wurden Realignments notwendig, und einige Länder sahen sich gezwungen, zeitweilig aus dem Festkurssystem auszuscheren. Eine solche Wechselkursentwicklung wird auch durch Beobachtungen von Fratianni und von Hagen [1990] bestätigt, wonach die Auf- und Abschwünge in der US-Dollarbewertung die D-Mark durchweg stärker betroffen haben als andere EWS-Währungen, so daß dadurch die Wahrscheinlichkeit von Realignments erhöht wurde. Auch Giavazzi und Giovannini [1986] weisen darauf hin, daß der Zeitpunkt von EWS-Realignments häufig mit einer Abwertung des US-Dollars und anschließender Erhohlung der amerikanischen Währung zusammengefallen ist.

Daher beschränken wir uns in der vorliegenden Studie nicht auf Zwei-Länder-Modelle, sondern analysieren die Abhängigkeitsstrukturen der wichtigsten Wechselkursrelationen auf längerfristige Beziehungen und dynamische Wechselwirkungen. Ebenso werden die möglichen Auswirkungen von Wechselkursabkommen, wie in unserem Fall das EWS, auf die Mitglieds- und Nichtmitgliedsländer berücksichtigt. In der empirischen Untersuchung wird dabei auf die Methodik vektorautoregressiver Modelle zurückgegriffen und die modernen ökonometrischen Verfahren der Kointegrationstests und der dynamischen Analyse eingesetzt. Das weitere Vorgehen ist folgendermaßen: im nächsten Abschnitt werden einige Hypothesen über die Beziehungen der wichtigsten Währungsrelationen aufgestellt. Im Anschluß daran werden im dritten Abschnitt die empirischen Ergebnisse der Studie vorgestellt. Zuerst werden die Resultate der Untersuchung auf die Existenz langfristiger Wechselkursbeziehungen aufgezeigt. Daran anschließend wird die Dynamik zwischen den von uns betrachteten Wechselkursen mit der Hilfe von Vorhersagefehler-Varianz-Zerlegungen und Impuls-Antwortfolgen untersucht. Der letzte Abschnitt ist für zusammenfassende Bemerkungen und abschließende Überlegungen reserviert.

12.2 Hypothesen über strukturelle Wechselkursrelationen

Die Abhängigkeiten und Wechselwirkungen zwischen flexiblen nominalen Wechselkursen seit dem Ende des Festkurssystems von Bretton Woods sind der Untersuchungsgegenstand dieses Kapitels. Wechselkurse als endogene Preise geben das relative Austauschverhältnis zwischen in- und ausländischer Währung wieder. Ein Anstieg des Preises einer Einheit ausländischer Währung, ausgedrückt in inländischer Währung, verteuert somit ausländische Güter gegenüber inländischen und stellen eine Aufwertung der Auslandswährung dar. In der Formulierung als Finanzmarktansatz werden Wechselkurse als Preise dauerhafter Vermögensanlagen angesehen, die auf organisierten Märkten gehandelt werden. Die erzielten Preise reflektieren damit die Markterwartungen hinsichtlich der gegenwärtigen und zukünftigen Marktverhältnisse. Preisänderungen in Wechselkursen sind daher weitgehend unvorhersehbar und spiegeln neue Informationen (Innovationen) wider (vgl. Frenkel und Mussa [1985]). Bei der starken wirtschaftlichen Verflechtung der modernen Industrieländer und der verstärkten internationalen Integration der Güter- und insbesondere Kapital- und

Finanzmärkte stellt sich die Frage, ob Änderungen eines Wechselkurses, also des Austauschverhältnisses von Währungen bzw. Vermögensobjekten zwischen zwei Volkswirtschaften, auch auf dritte Länder ausstrahlt und damit ebenfalls zu Wechselkursänderungen führt, oder ob sich die Wechselkurse unabhängig davon entwickeln. Nominale Wechselkursänderungen, die aufgrund bestehender Preisrigiditäten kurzfristig nahezu gleiche reale Kursänderungen implizieren, haben auch eine Änderung der relativen internationalen Wettbewerbsposition der betroffenen Länder zur Folge, da sich Ex- und Importpreise ebenso wie die Preise für internationale Kapitalanlage oder Kreditaufnahme ändern. Zieht beispielsweise ein Anstieg des Wechselkurses zwischen der D-Mark und dem US-Dollar eine entsprechend ausgeprägte Änderung in dem Dollarkurs zum französischen Franc oder dem britischen Pfund nach sich, so hat dies eine gemeinsame Änderung der Wettbewerbsposition dieser europäischen Länder gegenüber den Vereinigten Staaten zur Folge.

In dem vorliegenden Kapitel betrachten wir die wichtigsten Währungsrelationen. Dazu werden für die Untersuchung primär folgende Währungen herangezogen: US-Dollar (USD), Japanische Yen (JPY), Deutsche Mark (DEM), Britische Pfund Sterling (GBP), Französiche Franc (FRF) sowie Schweizer Franken (CHF). Aufgrund ihrer großen Bedeutung für den Welthandel, die Kapitalmärkte und als Reservewährungen werden diese Währungen auf den Devisenmärkten am stärksten gehandelt. Dabei hat der US-Dollar als zweifellos wichtigste Währung die Numeratorfunktion inne, d.h. alle anderen Währungen werden über den US-Dollar gehandelt und kaum direkt als cross rates[2]. Daher betrachten wir auch im folgenden jeweils die bilateralen Kurse zum US-Dollar.

Die historische Entwicklung der Währungen und Kapitalmärkte ebenso wie die Größe der jeweiligen Finanzzentren lassen Überlegungen über die Bedeutung der verschiedenen Wechselkursrelationen untereinander zu. Seit Ende des zweiten Weltkrieges und besonders deutlich in der Ausgestaltung des Bretton-Wood-Systems wurde der Währung der Vereinigten Staaten die entscheidende und wichtigste Rolle für die Finanzmärkte zugewiesen. Dagegen verloren die ehemals wichtigste Währung Pfund Sterling sowie der Französiche Franc an Bedeutung. Ihre wichtige internationale Stellung hatte sich zum einen aus der Größe ihrer Volkswirtschaften und zum anderen aus der Geschichte der beiden Länder als große Kolonialmächte ergeben. Die beiden Währungen waren daher in den ausgedehnten Kolonialgebieten und in dem Warenhandel zwischen diesen Regionen meist offizielles Zahlungsmittel mit der entsprechenden Verbreitung und Bedeutung. Seit dem Ende des zweiten Weltkrieges und der Entkolonialisierung nahm der Einfluß sukzessive ab. Der Anstieg der Bedeutung des Japanischen Yen und der Deutschen Mark für die

---

2 Der Anteil des Volumens, das direkt und damit nicht über den US-Dollar gehandelt wird, liegt deutlich unter 10%, siehe Burnham [1991].

Finanzzentren lief mit dem wirtschaftlichen Wiederaufbau und den hohen Wachstumsraten in diesen Industriestaaten parallel. Wichtiger Aspekt dabei war die starke Ausrichtung der beiden Länder auf den Außenhandel mit der Folge hoher Exporterlöse. Damit einhergehend stieg auch die Bedeutung der Kapitalmärkte an. Während der japanische Außenhandel zu einem großen Prozentsatz in amerikanischer Währung abgewickelt wird, nahm der Anteil an DM-Fakturierung im Außenhandel Deutschlands, insbesondere im innereuropäischen Raum, stark zu. Mit der Gründung des Europäischen Währungssystems wurde zusätzlich die internationale Bedeutung der deutschen Währung und Geldpolitik weiter verstärkt. Die empirische Signifikanz des deutschen Einflusses wurde in den letzten Jahren von einigen Autoren für die Bereiche Zinspolitik und Geldmengenpolitik untersucht, so z.B. Kirchgässner und Wolters [1991], MacDonald und Taylor [1991], Karfakis und Mochos [1990] oder von Hagen und Fratianni [1990]. Die Resultate dieser Studien sind jedoch als gemischt zu bezeichnen und geben keine eindeutige Antwort. Die Schweiz schließlich als stabiles, neutrales und demokratisch regiertes Land hat für die Finanzmärkte schon seit langer Zeit eine besondere Rolle gespielt. Konstante, stabile und vorhersehbare Entwicklung in Politik und Wirtschaft macht den Schweizer Franken zusammen mit einem schon frühzeitig hochentwickelten Bankensystem und dem grundsätzlichen Schutz des Bankgeheimnisses bis in die heutigen Tage zu einer der bedeutendsten Flucht- und Anlagewährungen.

Der vorangegangene historische Abriß verdeutlicht und rechtfertigt die von uns getroffene Wahl der einbezogenen Währungen. Gerade bei den Wechselkursen dieser wichtigen Währungen stellt sich die Frage, ob langfristige Abhängigkeiten existieren und ob diese auch einer Interpretation zugeführt werden können. Falls eine Anzahl von Wechselkursen, die einzeln betrachtet nichtstationär sind, kointegriert ist, dann existiert zwischen diesen mindestens eine Linearkombination, die stationär ist. Diese Linearkombination kann dann als langfristige Beziehung angesehen werden, und die einzelnen Variablen zeigen die gemeinsame Tendenz, sich in Richtung dieser Gleichgewichtsbeziehung zu entwickeln (siehe dazu Engle und Granger [1987]).

Wie in der Einleitung erwähnt, konzentriert sich die wissenschaftliche Literatur auf die Untersuchung von Zwei-Länder-Modellen, dagegen ist eine Vernachlässigung der Behandlung von Mehr-Länder-Modellen festzustellen. Einige Autoren führen eine Übertragung der Analyse durch, wobei jedoch in der Mehrzahl der Fälle primär die Aspekte eines Währungsarrangements behandelt werden. Die Struktur einer Währungsunion wird dadurch charakterisiert, daß zwei oder mehr Länder durch feste Wechselkurse miteinander verbunden sind, so daß zwischen diesem Währungsblock und dritten Ländern flexible Wechselkurse vorliegen (siehe dazu z.B. Levin [1983] oder Canzoneri [1982]). Canzoneri [1982] untersucht im Rahmen eines theoretischen Modells mit drei Ländern, inwieweit eine Wechselkursstabilisierung zwischen zwei Ländern Auswirkungen auf ein drittes Land aufweist. Dabei wird aufgezeigt, daß theoretische Resultate aus der Zwei-Länder-Analyse nicht ohne weiteres auf Mehr-Länder-Modelle übertragen werden können. Canzoneri [1982] und Marston [1985] gelangen zu dem Resultat, daß in einer Welt mit mehreren Währungen Wechselkursabkommen, wie z.B. das EWS, einen destabilisierenden Einfluß auf die Wechselkurse zwischen Mitglieds- und Nichtmitgliedsländern haben können. Fratianni und von Hagen [1990] untersuchen speziell die Auswirkungen des Europäischen Währungssystems und stellen u.a. fest, daß sich innerhalb des EWS die Wechselkursunsicherheit verringert hat. Zu entsprechenden Ergebnissen gelangen auch Radaelli [1990] und Rogoff [1985]. Allerdings wird diese geringere interne Wechselkursunsicherheit eingetauscht gegen einen Anstieg der externen Unsicherheit. Ein Resultat, das mit den erwähnten theoretischen Analysen übereinstimmt.

In der vorliegenden Studie werden diese Überlegungen berücksichtigt und somit auch die Auswirkungen von Wechelkursarrangements auf die Kurse zwischen Mitglieds- und Nichtmitgliedsländern untersucht. Mit der Einführung des Wechselkursmechanismus im EWS ist innerhalb Europas ein Abkommen mit festen aber anpassungsfähigen Kursen in Kraft getreten. Dadurch wird ein empirischer Vergleich der Wechselkursentwicklung für die Phase vor Beginn des EWS und seit dessen Bestehen möglich. Außerdem läßt sich untersuchen, ob und inwieweit sich das Wechselkursverhalten zwischen den bedeutenden Währungen im Anschluß an den Beginn des EWS verändert hat.

Hinsichtlich der Währungspolitik im EWS werfen Fratianni und von Hagen [1990] die Frage auf, ob über die DEM/US-Dollarrelation eine gemeinsame Wechselkurspolitik des EWS gegenüber dem US-Dollar gesteuert wird. Ein Test auf die Hypothese der Führungsrolle des DEM/USD-Kurses für EWS- und auch für Nicht-EWS-Währungen läßt sich im Rahmen von vektorautoregressiven Modellen durch die Analyse von Impuls- und Reaktionsfolgen der von uns betrachteten Wechselkurse durchführen. Falls der DEM/US-Dollarkurs eine Führungsrolle in diesem System hat, so würde eine Veränderung in diesem Kurs signifikante Auswirkungen auf die anderen Wechselkurse haben. Diese Reaktionen würden im Falle einer Dominanz des DEM/USD-Kurses zu weitgehend parallelen Verläufen der übrigen Wechselkurse führen. Dadurch ergäbe sich eine gemeinsame Änderung der Währungsposition dieser Länder gegenüber den Vereinigten Staaten. Im umgekehrten Fall sollten Impulse in den anderen Wechselkursen geringere Auswirkungen auf den DEM/USD-Kurs sowie die restlichen Wechselkurse haben.

In VAR-Systemen kann ebenso die Fehlervarianzzerlegung als Indikator für die Bedeutung einer Wechselkursrelation herangezogen werden. Die Entwicklung eines Wechselkurses kann als relativ unabhängig von den Einflüssen anderer Kurse angesehen werden, wenn die Fehlervarianz des Kurses primär durch die eigenen Variationen erklärt wird. Wird dagegen die Variation der von uns untersuchten Wechselkurse zu einem großen Teil durch einen einzelnen Kurs erklärt, so kann dies als eine Bestätigung der dominanten Rolle des entsprechenden Wechselkurses für die übrigen Variablen interpretiert werden. Störungen in diesem Wechselkurs haben eine große Bedeutung, und Schocks in dieser Variablen strahlen auch auf die anderen Wechselkursrelationen aus.

Die Phase flexibler Wechselkurse seit dem Zusammenbruch des Bretton-Woods-Systems ist nicht durch frei schwankende Wechselkurse, sondern von Kapitalkontrollen und einer Vielzahl von Interventionen durch Zentralbanken geprägt. Das Auffinden langfristiger Abhängigkeiten zwischen den Wechselkursen kann daher auch auf das Zentralbankverhalten zurückzuführen sein. Viele Zentralbanken versuchen langfristig ihre Wechselkurse zu den für ihre Volkswirtschaft wichtigsten Währungen zu stabilisieren, so z.B. die Schweizer Zentralbank, die diese Währungspolitik seit Ende der siebziger Jahre für den Kurs des Schweizer Frankens gegenüber der D-Mark verfolgt. Häufig orientieren sich die Zentralbanken auch an einer Kombination, d.h. an einer Art eines effektiven Wechselkurses, der für sie wichtigsten Währungen. Entsprechend werden von den Zentralbanken geldpolitische Maßnahmen und Interventionen durchgeführt, um Abweichungen von diesen langfristigen Wechselkurszielen entgegenzuwirken. Dabei konzentrieren sich die Zentralbanken im allgemeinen auf die ein, zwei wichtigsten Währungen, anstatt Stützungskäufe oder -verkäufe in allen Korbwährungen vorzunehmen. Zu einer Vertiefung entsprechender Überlegungen siehe z.B. Radaelli [1990]. Stationäre Linearkombinationen zwischen den von uns betrachteten Wechselkursen können also auch auf die Existenz von langfristigen Wechselkurszielen der Zentralbanken hindeuten und Resultat dahingehender Interventionspolitik sein.

Wie die obigen Überlegungen gezeigt haben, stellt sich innerhalb unserer Untersuchung die Frage nach der Bedeutung der einzelnen Wechselkurse und ihren Abhängigkeiten untereinander. Im Rahmen von vektorautoregressiven Modellen werden wir in Abschnitt 12.3.1 Tests auf stabile langfristige Beziehungen zwischen den von uns betrachteten Wechselkursen durchführen, während sich Abschnitt 12.3.2 der dynamischen Analyse unter dem Einsatz von Impulsantwortfolgen und Vorhersagefehler-Varianz-Zerlegungen widmet.

12.3 Empirische Analyse

Um die obigen Überlegungen einer empirischen Untersuchung zuzuführen, werden wir vektorautoregressive Modelle einsetzen, die als Variablen die Wechselkurse der jeweiligen Länder gegenüber dem US-Dollar enthalten und folgende allgemeine Form haben:

$$x_t = \Pi_1 x_{t-1} + \ldots + \Pi_k x_{t-k} + \mu + \gamma D_t + \epsilon_t, \quad t=1,2, \ldots,$$

wobei x_t ein (5×1) Vektor der Variablen ist, Π_i eine (5×5) Matrix der Koeffizienten und ϵ_t ein (5×1) Vektor der Störterme sind. Der Variablenvektor besteht aus folgenden Wechselkursen x' = (DEM/USD, GBP/USD, JPY/USD, CHF/USD, FRF/USD), wobei alle Kurse Quartalsendstände darstellen und in Logarithmen transformiert sind. Der Untersuchungszeitraum erstreckt sich vom zweiten Quartal 1979, d.h. mit Beginn des Wechselkursmechanismus des EWS, bis 1991:4. Zusätzlich sind konstante Terme μ und saisonale Dummies D_t in den Gleichungen verwendet worden. Daneben wird ein entsprechendes VAR-Modell geschätzt, das als Datenbasis den Zeitraum von 1973:1 bis 1979:1 verwendet und somit den Vergleich mit der Zeit vor dem EWS ermöglicht. VAR-Modelle benötigen nur wenige a-priori-Voraussetzungen und lassen primär die verwendeten Daten sprechen (Sims [1980]). Allerdings können Strukturanalysen vorgenommen werden, indem verschiedene theoretisch fundierte Restriktionen auf Akzeptanz getestet werden. Ebenso kann die Dynamik der Wechselwirkungen zwischen den Systemvariablen untersucht werden. Die Charakteristik der VAR-Modelle erscheint daher für die von uns angestrebte Untersuchung des multivariaten Wechselkursverhaltens besonders geeignet.

Langfristige Abhängigkeiten im Niveau der Variablen lassen sich innerhalb von VAR-Systemen durch Kointegrationstests überprüfen, wobei in dem vorliegenden multivariaten Modell das in Kapitel 5 vorgestellte Maximum Likelihood Verfahren von Johansen angewandt wird. Hierzu wird der Integrationsgrad der verwendeten Variablen im vorhinein getestet. Wir gehen dabei, den Empfehlungen von Dickey und Pantula [1987] folgend, vor und untersuchen die Wechselkurse mit den Dickey-Fuller- (DF) und Augmented-Dickey-Fuller-Tests (ADF) der Reihe nach auf zwei, eine und keine Einheitswurzeln. Die Tests auf den Integrationsgrad wurden für alle in dieser Arbeit herangezogenen Variablen in Kapitel 8 durchgeführt[3]. Auf der Grundlage der dort errechneten Statistiken kann dabei die Hypothese, daß jede Variable eine einzige Einheitswurzel enthält, d.h. daß sie integriert der Ordnung eins ist I(1), nicht abgelehnt werden. In dem nächsten Schritt wird untersucht, welche Anzahl an zeitverzögerten Werten

---

[3] Tests auf Stationarität lassen sich auch im Rahmen des ML-Ansatzes von Johansen mit Likelihood-Ratio-Tests durchführen. Die Ergebnisse bestätigten diejenigen der DF- und ADF-Tests.

sinnvollerweise in das VAR-Modell einbezogen werden. In der Literatur wird eine Vielzahl an Kriterien genannt, wir konzentrieren uns im folgenden auf das Verfahren von Akaike [1973, 1974] (AIC), das im Prinzip auf der Minimierung des mittleren quadratischen Fehlers beruht, Hannan und Quinn [1979] und Quinn [1980] (HQ), Schwarz [1978] (SC) den Final-Prediction-Error (FPE) sowie einen Wahrscheinlichkeits-Verhältnistest (LR) nach Lütkepohl [1991]. In der Untersuchung geben wir als maximale Anzahl der Zeitverzögerungen sechs Perioden vor, die entsprechenden Werte der Auswahlverfahren sind in Tabelle 12.3.1 aufgelistet. AIC und FPE neigen zu Überparametrisierung, dagegen schätzen SC und HQ konsistent (Lütkepohl [1991]). Die von Johansen vorgeschlagene Prozedur zur Untersuchung langfristiger Zusammenhänge verlangt, daß keine serielle Korrelation in den Residuen vorliegt. Daher wurde das Modell mit unterschiedlichen Zeitverzögerungen auf Mißspezifikation in den Residuen hinsichtlich Autokorrelation, autoregressiver Heteroskedastizität und Normalität untersucht. Auf der Grundlage dieser Tests wurde ein VAR-Modell mit einem Lag als Beschreibung des datenerzeugenden Prozesses akzeptiert. Die entsprechenden Teststatistiken sind in Tabelle 12.3.2 aufgelistet. Das von uns verwendete VAR-Modell enthält also neben den aktuellen Werten der fünf Variablen, den Konstanten und Saison-Dummies die um ein Quartal verzögerten Werte der fünf Variablen.

Tabelle 12.3.1
Ermittlung der Ordnung des VAR-Wechselkurs-Modells für Zeitraum 1979:2 bis 1991:4.

VAR Ordnung k	FPE $*10^{-16}$	AIC	HQ	SC	LR $(\chi^2(25))$	LR (F)
1	-03.52	-35.58	-34.24*	-33.66*	38.73 [0.04]*	1.55 [0.10]*
2	-01.23	-35.63	-33.94	-32.78	28.63 [0.28]	1.15 [0.35]
3	-50.47*	-35.52	-33.49	-31.74	26.67 [0.37]	1.07 [0.43]
4	-06.01	-35.51	-33.14	-30.80	39.25 [0.03]*	1.57 [0.13]
5	-07.67	-36.29	-33.58	-30.66	23.53 [0.54]	0.94 [0.56]
6	-08.10	-36.68*	-33.62	-30.12	24.25 [0.50]	0.97 [0.54]

Die Tests sind Final-Prediction-Error (FPE), Akaike Information Criterion (AIC), Hannan-Quinn (HQ), Schwarz (SC) und ein Likelihood-Ratio-Test (LR).
* gibt das Minimum, bzw. bei dem LR-Test signifikante Werte an. In den eckigen Klammern sind die jeweiligen marginalen Signifikanzniveaus der LR-Tests angegeben.

Tabelle 12.3.2
Analyse der Residuen im VAR(1)-Modell für Zeitraum 1979:2 bis 1991:4.

Variable	B-P(12)	ARCH(1)	SKEW.	EX.KURT.	J-B.NORM.
DEM/USD	0.470	1.084	-0.019	0.287	0.174
GBP/USD	1.471	0.318	0.112	-0.244	0.229
JPY/USD	0.534	0.658	-0.438	-0.071	1.613
CHF/USD	0.550	1.726	-0.153	0.176	0.260
FRF/USD	0.508	0.164	-0.137	0.422	0.526

Die Teststatistiken sind Box-Pierce-Statistik, ARCH-Test, Schiefe, Exess-Kurtosis und der Jera-Barque-Test auf Normalität.

12.3.1 Langfristige Kointegrationsbeziehungen

Nach diesen Vorarbeiten können nun mit dem Johansen-Verfahren Kointegrationstests durchgeführt und damit langfristige Abhängigkeiten im Niveau der Variablen untersucht werden. In Tabelle 12.3.3 sind die ermittelten Eigenvektoren und die Teststatistiken für die von Johansen vorgeschlagenen Trace- und λ_{max}-Tests angegeben. Kritische Werte wurden von Johansen und Juselius [1990] für verschiedene Modellversionen in Simulationen ermittelt und aufgelistet, in dem vorliegenden VAR-System werden die Werte für Modelle mit Konstanten verwendet. Wie zu erkennen ist, wird die Hypothese $r=0$ von dem λ_{max}-Test und dem Trace-Test auf dem 5% Signifikanzniveau verworfen. Im folgenden gehen wir daher von einem Kointegrationsrang $r=1$ aus. Die Kointegrationsanalyse des zweiten VAR-Modells für die Zeit vor dem EWS weist für den Trace-Test auf dem 5% Niveau ebenfalls einen Kointegrationsvektor aus, während die Hypothese $r=0$ von dem λ_{max}-Test nicht abgelehnt wird. Im weiteren wird auch bei dem Vor-EWS-Modell von einem stationären Vektor ausgegangen. Damit existiert in den betrachteten Zeiträumen jeweils eine langfristige Kointegrationsbeziehung zwischen den einbezogenen Wechselkursen, so daß jeweils eine Linearkombination im Niveau der Variablen stationär ist.

Tabelle 12.3.3
LR-Kointegrationstests von Johansen.

H_0	Eigen-wert	λ_{max}-Test	Kritische Werte 5%	Trace-Test	Kritische Werte 5%
		VAR(1)-Modell für Zeitraum 1979:2 bis 1991:4			
$r\leq4$	0.046	02.355	08.083	02.355	08.083
$r\leq3$	0.154	08.350	14.595	10.705	17.844
$r\leq2$	0.179	09.864	21.279	20.569	31.256
$r\leq1$	0.313	18.798	27.341	39.367	48.419
$r=0$	0.533	38.116**	33.262	77.484**	69.977
		VAR(1)-Modell für Zeitraum 1973:1 bis 1979:1			
$r\leq4$	0.089	02.232	08.083	02.232	08.083
$r\leq3$	0.318	09.184	14.595	11.416	17.844
$r\leq2$	0.441	13.959	21.279	25.375	31.256
$r\leq1$	0.593	21.562	27.341	46.937	48.419
$r=0$	0.682	27.466	33.262	74.403**	69.977

** zeigen Signifikanz auf dem 5% Niveau an.

Das VAR-Modell in der ersten Differenz mit dem Fehlerkorrekturterm $\alpha\beta' x_{t-k}$, wobei β der Kointegrationsvektor und α der Ladungsvektor sind und $\beta' x_{t-k}$ - I(0) gilt, hat die allgemeine Form:

$$\Delta x_t = \Gamma_1 \Delta x_{t-1} + \ldots + \Gamma_{k-1} \Delta x_{t-k+1} + \alpha\beta' x_{t-k} + \epsilon_t. \qquad (5.4.6a)$$

Durch die bisherige Analyse konnte nur der Kointegrationsraum festgestellt werden, dagegen kann der Kointegrationsvektor nicht identifiziert werden. Es lassen sich jedoch verschiedene Hypothesen bezüglich des Vektors aufstellen. Diese Hypothesen auf die Struktur der langfristigen Beziehungen zwischen den untersuchten Wechselkursen lassen sich mit Hilfe von Restriktionen auf den Kointegrationsvektor β und den Ladungsvektor α und anschließenden Likelihood-Ratio-Tests gegen die unrestringierte Spezifikation untersuchen.

12.3.1.1 Test auf schwache Exogenität in bezug auf die langfristigen Parameter

Da die Parameter in den zugrundeliegenden VAR-Systemen unrestringiert sind, steigt die Zahl der zu schätzenden Koeffizienten sehr stark mit der Zahl der Variablen und autoregressiven Termen an. Speziell in kleinen Stichproben kann dies zu unerwünschten Problemen führen, siehe dazu entsprechende Simulationsstudien in Reimers [1991]. Das Konzept der schwachen Exogenität (Engle, Hendry und Richard [1983]) kann eine Motivation sein, die Dimension des Systems zu reduzieren. Liegt das Hauptaugenmerk auf den langfristigen Parametern α und β in Gleichung (7), so bedeutet die Bedingung, daß eine Variable x_{it}, mit $i \epsilon 1,\ldots,5$, des Variablenvektors x_t schwach exogen für den langfristigen Parameter β ist, daß gilt: $\alpha_{i.}=0$. Damit wird die Bestimmungsgleichung für diese Variable ohne die langfristigen Kointegrationsvektoren geschätzt: $\Delta x_t = \Gamma_1 \Delta x_{t-1} + \ldots + \Gamma_{k-1} \Delta x_{t-k+1} + \epsilon_t$. Die Reduzierte-Rang-Matrix Π kann in diesem Fall auch ohne die Gleichung für x_{it} effizient geschätzt werden, und die Gleichung für die Variable x_{it} paßt sich langfristig nicht den ermittelten Kointegrationsbeziehungen an. Um die Hypothese, daß eine Variable x_{it} schwach exogen für den langfristigen Prozeß ist, empirisch zu überprüfen, wird auf den in Abschnitt 5.4.2.2 vorgestellten Likelihood-Ratio-Test zurückgegriffen. Die Testwerte sind in unserem Fall bei einem Kointegrationsvektor annäherungsweise $\chi^2(1)$ verteilt und geben die Bedeutung des Kointegrationsraums für die jeweilige Gleichung an.

Die Ergebnisse des Tests sind in Tabelle 12.3.4 für die verschiedenen Variablen angegeben. Sie zeigen, daß bei den von uns betrachteten Wechselkursen eine schwache Exogenität in Hinblick auf α und β für alle Wechselkurse bis auf den JPY/USD-Kurs hochsignifikant abgelehnt wird. Dies deutet darauf hin, daß die langfristige Kointegrationsbeziehung keinen Einfluß auf die Bestimmung des Yen-Wechselkurses hat. Damit entwickelt sich dieser Kurs unabhängig von dem geschätzten Kointegrationsraum. Für das Vor-EWS-Modell wird bei dem Yen-Kurs ebenfalls die schwache Exogenität bezüglich der Kointegrationsbeziehung nicht verworfen. Entsprechendes gilt hier auch für den Wechselkurs mit dem französischen Franc. Damit hat sich in der Zeit vor dem EWS sowohl der Yen- als auch der französische Franc-Kurs unabhängig von dem langfristigen Kointegrationsvektor entwickelt.

Tabelle 12.3.4
Tests auf schwache Exogenität und Ausschluß von Variablen aus dem Kointegrationsraum.

Variable	schwache Exogenität ($\chi^2(1)$)	Ausschluß aus Vektor β ($\chi^2(1)$)
	VAR(1)-Modell für Zeitraum 1979:2 bis 1991:4	
DEM/USD	07.17***	5.14**
GBP/USD	11.00***	7.27***
JPY/USD	02.25	0.21
CHF/USD	09.34***	7.96***
FRF/USD	12.93***	1.31
	VAR(1)-Modell für Zeitraum 1973:1 bis 1979:1	
DEM/USD	04.15**	4.25**
GBP/USD	04.41**	0.61
JPY/USD	00.95	5.00**
CHF/USD	03.37*	0.00
FRF/USD	01.00	0.06

*, **, *** zeigen Signifikanz auf dem 10%, 5% und 1% Niveau an.

12.3.1.2 Ausschluß von Variablen von den langfristigen Beziehungen

Eine andere Untersuchung, die bei der Analyse von multivariaten Modellen angewendet werden kann, basiert auf der Überlegung, daß eine Teilmenge des Variablenvektors x_t nicht in den Kointegrationsraum Π eingeht. Dies bedeutet, daß für die Bestimmung der langfristigen Kointegrationsrelationen nur ein bestimmter Teil des Variablenvektors notwendig ist. Somit ist also die Hypothese zu überprüfen, ob eine Teilmenge der Variablen von der Bestimmung der langfristigen Beziehungen ausgeschlossen werden kann. Ist eine Variable x_{it}, mit $i \epsilon 1,\ldots,5$, des Variablenvektors x_t nicht für die Bestimmung des Kointegrationsraumes relevant, so weist der jeweilige Kointegrationsvektor der Matrix β an der entsprechenden Stelle eine Nullstelle auf: $\beta_{.i}=0$. In der empirischen Überprüfung verwenden wird den Hypothesentest aus Abschnitt 5.4.2.3, das heißt bei der Untersuchung er i-ten Variablen auf Ausschluß, hat die Hypothese die Form $H^i_\beta(r)^*$: $\beta_{.i}=0$, $i=1,\ldots,5$, und das solchermaßen restringierte Modell wird daraufhin gegenüber dem unrestringierten getestet. Die erhaltenen Testwerte werden daraufhin mit einer $\chi^2(1)$ Verteilung verglichen.

Die Testergebnisse sind ebenfalls in Tabelle 12.3.4 angegeben. Wie die Resultate zeigen, erweisen sich der DEM/USD-Kurs sowie der CHF/USD- und der GBP/USD-Kurs als am wichtigsten für die Bestimmung der langfristigen Kointegrationsbeziehung. Der Ausschluß des Yen-Kurses und des französischen Franc-Kurses kann dagegen nicht abgelehnt werden. Jeder einzelne dieser beiden Wechselkurse spielt somit für die Schätzung der langfristigen Gleichgewichtsbeziehung keine entscheidende Rolle. Ob auch beide Wechselkurse gleichzeitig ausgeschlossen werden können, läßt sich im Rahmen der folgenden Likelihood-Ratio-Tests untersuchen. Für das zweite VAR-Modell sind die Resultate im unteren Teil der Tabelle 4 aufgelistet. Auch für dieses Modell wird ein Ausschluß der D-Mark/US-Dollarrelation signifikant abgelehnt. Von den restlichen Kursen wird die Hypothese dagegen nur noch für den Yen-Kurs verworfen. Diese Tests zeigen somit, daß allein der DEM/USD-Kurs über beide Teilperioden hinweg seine Bedeutung für die Bestimmung der langfristigen Gleichgewichtsbeziehung beibehält, während der Einfluß der anderen Kursrelationen wechselt.

12.3.1.3 Strukturelle Hypothesen auf den Kointegrationsraum

Wie die Kointegrationsanalyse gezeigt hat, sind einige der von uns betrachteten Wechselkurse durch eine gemeinsame langfristige Entwicklung gekennzeichnet. Dies liegt möglicherweise an der langfristigen Dominanz der Relation zwischen D-Mark und US-Dollar, durch die Sonderbewegungen anderer Wechselkurse auf Dauer überlagert werden.

In einem ersten Schritt wird überprüft, ob in dem EWS-Modell der Kointegrationsvektor β nur von den D-Mark-, Schweizer Franken- und Pfundkursen gebildet wird. Das würde bedeuten, daß die beiden Wechselkurse JPY/USD und FRF/USD gemeinsam ausgeschlossen werden können. Der entsprechende Wahrscheinlichkeitstest ist in Johansen und Juselius [1990] beschrieben und in Abschnitt 5.4.2.1 angegeben, und die Hypothese wird formuliert als $H_\beta(r)^*$: $\beta = H\varphi$, wobei H eine bekannte $(p \times s)$ Matrix und φ eine $(s \times r)$ Matrix unbekannter Parameter ist.

Unter der obigen Hypothese hat der Kointegrationsvektor somit die Form $(\beta_1,\beta_2,0,\beta_4,0)$. Mit dieser Restriktion ist die Teststatistik $\chi^2(2)$ verteilt, und wir erhalten einen Wert von 1.34 mit einem marginalen Signifikanzniveau von 0.51 (Siehe Tabelle 12.3.5). Somit wird die Nullhypothese nicht abgelehnt, und es kann davon ausgegangen werden, daß die langfristige Gleichgewichtsbeziehung allein von DEM/USD-, GBP/USD- und dem CHF/USD-Kurs gebildet wird. Mit dem vorgestellten Likelihood-Ratio-Test läßt sich ebenfalls die Frage klären, ob sich einzelne der drei Kurse langfristig proportional zueinander entwickeln. Wie den Ergebnissen in Tabelle 12.3.5 zu entnehmen ist, werden diese Hypothesen jedoch jeweils hochsignifikant verworfen.

Eine weitergehende Untersuchung besteht darin festzustellen, ob neben dem Ausschluß von JPY/USD und FRF/USD aus dem Kointegrationsvektor zusätzlich auch die schwache Exogenität des Yen-Kurses in Hinblick auf die langfristigen Parameter α und β angenommen wird. Auch für die Überprüfung dieser Hypothese wird ein Likelihood-Ratio-Test eingesetzt, der in Abschnitt 5.4.2.7 beschrieben ist und auf Johansen und Juselius

[1990] zurückgeht. Getestet wird auf die gemeinsame Hypothese $H_{\beta\alpha}(r)^*$: $\beta = H\psi$ und $\alpha = A\phi$, mit H eine (p×s) und A eine (p×m) Matrix.

In Tabelle 12.3.5 ist das Ergebnis des Hypothesentests angegeben. Mit den zwei Restriktionen auf Ausschluß und der einzelnen Restriktion auf schwache Exogenität ist die Teststatistik in unserem Fall $\chi^2(3)$ verteilt und die Nullhypothese wird bei einem Wert von 3.68 nicht abgelehnt. Das Resultat der verschiedenen Hypothesentests zeigt somit, daß in dem vorliegenden VAR-Modell eine langfristige Kointegrationsbeziehung existiert, die von dem DEM/USD-, dem CHF/USD- und dem GBP/USD-Kurs gebildet wird. Diese Gleichgewichtsbeziehung beeinflußt alle Wechselkursgleichungen mit Ausnahme derjenigen für den japanischen Yen.

Tabelle 12.3.5
LR-Tests von Hypothesen auf β und α.

Kointegrationsraum	χ^2(p)-Test-Statistik	Signifikanz-niveau
VAR(1)-Modell für Zeitraum 1979:2 bis 1991:4		
Hypothese auf Vektor β		
$(\beta_1, \beta_2, 0, \beta_4, 0)$	1.34 ($\chi^2(2)$)	0.51
$(\beta_1, -\beta_1, 0, \beta_4, 0)$	12.86 ($\chi^2(3)$)	0.00***
$(\beta_1, \beta_2, 0, -\beta_1, 0)$	18.96 ($\chi^2(3)$)	0.00***
$(\beta_1, \beta_2, 0, -\beta_2, 0)$	25.33 ($\chi^2(3)$)	0.00***
Hypothese auf Vektor β und α		
$(\beta_1, \beta_2, 0, \beta_4, 0)$ $(\alpha_1, \alpha_2, 0, \alpha_4, \alpha_5)$	3.68 ($\chi^2(3)$)	0.30
VAR(1)-Modell für Zeitraum 1973:1 bis 1979:1		
Hypothese auf Vektor β		
$(\beta_1, 0, \beta_3, 0, 0)$	6.01 ($\chi^2(3)$)	0.11
$(\beta_1, 0, -\beta_1, 0, 0)$	10.63 ($\chi^2(4)$)	0.03**
Hypothese auf Vektor α		
$(\alpha_1, \alpha_2, 0, \alpha_4, 0)$	1.59 ($\chi^2(2)$)	0.45
Hypothese auf Vektor β und α		
$(\beta_1, 0, \beta_3, 0, 0)$ $(\alpha_1, \alpha_2, 0, \alpha_4, 0)$	10.12 ($\chi^2(5)$)	0.07*

Die Reihenfolge der Variablen in den Vektoren ist (DEM/USD, GBP/USD, JPY/USD, CHF/USD, FRF/USD)
*, **, *** zeigen Signifikanz auf dem 10%, 5% und 1% Niveau an.

Das zweite VAR-Modell für die Periode vor dem EWS wird entsprechenden Untersuchungen unterzogen. Die Resultate der Hypothesentests sind dabei im unteren Teil der Tabelle 12.3.5 angegeben. Die Ausschluß-Restriktion auf β mit $(\beta_1,0,\beta_3,0,0)$ wird mit einem marginalen Signifikanzniveau von 0.11 knapp nicht abgelehnt, ebensowenig wie ein Test auf die gemeinsame schwache Exogenität des JPY/USD- und des FRF/USD-Kurses in bezug auf α und β. Die gemeinsame Hypothese, die Restriktion auf β mit $(\beta_1,0,\beta_3,0,0)$ und auf α mit $(\alpha_1,\alpha_2,0,\alpha_4,0)$, wird dagegen auf dem 10% Signifikanzniveau verworfen. So sind die Resultate für diese Gleichgewichtsbeziehung nicht eindeutig zu bewerten.

Die bisherige Analyse konnte zeigen, daß tatsächlich langfristige Kointegrationsbeziehungen zwischen den untersuchten Wechselkursen festzustellen sind. Wie die verschiedenen Tests auf den Kointegrationsraum gezeigt haben, ist für beide Teilperioden der DEM/USD-Kurs Grundlage der langfristigen Gleichgewichtsbeziehung. Die D-Mark/US-Dollar-Relation übt damit eine Art Ankerfunktion innerhalb der Kointegrationsbeziehungen aus. Während in dem Zeitraum vor Beginn des Europäischen Währungssystems zusätzlich noch der Yen-Kurs eine Rolle spielt, besteht seit Beginn des EWS eine stabile langfristige Entwicklung zwischen dem D-Mark- und Schweizer Franken-Kurs und zusätzlich der GBP/USD-Relation. Speziell bei der Kursentwicklung zwischen DEM/USD und CHF/USD ist die Ursache in der Politik der Schweizer Nationalbank zu vermuten, die ihre Geldpolitik an einem langfristig relativ konstanten Kursverhältnis zwischen Schweizer Franken und D-Mark ausrichtet[4]. Die langfristige Beziehung mit dem britischen Pfund erstaunt auf den ersten Blick. Radaelli [1990], der mit einem anderen Ansatz zu einem entsprechenden Ergebnis gelangt, führt dies auf sterilisierte Interventionen oder die explizite Geldpolitik in Großbritannien zurück, mit der versucht wird, dem Pfund-Kurs eine ähnliche Entwicklung wie dem D-Mark-Wechselkurs zu geben. Siehe auch Artis [1987] zu den Bemühungen des Vereinigten Königreichs, der D-Mark als "Schatten" zu folgen.

Interessant erscheinen auch die Ergebnisse für den Wechselkurs zwischen dem US-Dollar und dem französischen Franc. In der Zeit vor Beginn des EWS ist der Franc-Kurs weder Bestandteil einer langfristigen Gleichgewichtsbeziehung noch geht eine solche Beziehung in die Schätzgleichung für den französischen Franc ein. Dieser entwickelt sich also unabhängig von der Kointegrationsbeziehung. Seit Beginn des EWS ändert sich das Bild dagegen. Für die Form der langfristigen Abhängigkeitsbeziehung ist der Franc-Kurs weiterhin nicht entscheidend, diese Funktion wird von den anderen europäischen Wechselkursen und dabei insbesondere von dem D-Mark-Kurs übernommen. Dagegen wird die schwache Exogenität des französischen Franc in bezug auf die langfristige Gleichgewichtsbeziehung hochsignifikant abgelehnt (siehe Tabelle 12.3.4). Die Schätzgleichung für den Franc entwickelt sich also nicht unabhängig von dem Kointegrationsvektor, dagegen hat die französische Währung keinen Einfluß auf die Form der langfristigen Beziehung. Dieses Resultat spiegelt somit sehr schön die veränderte Konstellation seit Beginn des Wechselkursmechanismus im EWS wider. Die langfristige Beziehung zu den übrigen Nicht-EWS-Währungen wird ohne Einfluß des französischen

---

[4] Die naheliegende direkte Überprüfung der Hypothese der Stationarität des DEM/CHF-Kurses mit Hilfe von Einheitswurzeltests führt jedoch zu einer Ablehnung der Hypothese.

Franc durch den D-Mark/US-Dollarkurs hergestellt, während umgekehrt diese langfristige Beziehung die Franc-Gleichung beeinflußt. Diese Beobachtung für die Mitglieder und Nichtmitglieder im EWS kann damit im Rahmen unserer Analyse, insbesondere aufgrund des Vergleichs zu der Vor-EWS-Periode, als ein Indiz für die Führungsrolle des DEM/USD-Kurses, gerade auch innerhalb des EWS, gewertet werden.

In einer zusätzlichen VAR-Untersuchung wird zu dem bestehenden Variablenvektor der Wechselkurs zwischen dem US-Dollar und der italienischen Lira (ITL) und damit eine weitere EWS-Währung hinzugenommen. Interessanterweise zeigt dieser Kurs das entsprechende Verhalten wie der Franc-Kurs und bestätigt damit die obigen Resultate: während die EWS-Währungen Französischer Franc und italienische Lira, im Unterschied zu der D-Mark, nicht in den langfristigen Kointegrationsvektor eingehen, werden deren Wechselkursgleichungen von diesem beeinflußt[5].

12.3.2 Analyse der dynamischen Wechselkursbeziehungen

12.3.2.1 Vorhersagefehler-Varianz-Zerlegung

Im Unterschied zu traditionellen ökonometrischen Modellen, bei denen eine dynamische Analyse meist mit Hilfe von Impulsen in den exogenen Variablen durchgeführt wird, werden in vektorautoregressiven Modellen im allgemeinen - wie auch in dem vorliegenden Rahmen - keine exogenen Variablen verwendet. Neue Informationen werden hier allein über die Störterme (white noise) in das System eingeführt.

Eine aufschlußreiche Möglichkeit der dynamischen Analyse eines VAR-Systems ist die Zerlegung der Fehlervarianz des Modells. Diese Analyse basiert auf einer Aufteilung der Varianz der Vorhersagefehler in die einzelnen Komponenten im VAR-Modell über verschiedene Zeithorizonte (vgl. Sims [1980] und Kapitel 6). In einem multivariaten linearen vektorautoregressiven Modell wird somit für jede Variable derjenige Prozentsatz der Vorhersagefehler-Varianz ermittelt, der sich auf orthogonalisierte Innovationen in der

---

[5] Bei dem erweiterten VAR-Modell wird der Ausschluß vom ITL/USD-Kurs aus der langfristig wirksamen Gleichgewichtsbeziehung bei einem Wert von 2.55 ($\chi^2(1)$) nicht verworfen. Dagegen wird die schwache Exogenität von ITL/USD in Hinblick auf den Kointegrationsvektor mit 14.22 ($\chi^2(1)$) auf dem 1% Niveau hochsignifikant abgelehnt. Die gemeinsame Hypothese auf β und α mit der Form $(\beta_1,\beta_2,0,\beta_4,0,0)$ $(\alpha_1,\alpha_2,0,\alpha_4,\alpha_5,\alpha_6)$ wird mit 5.36 und einer $\chi^2(4)$-Verteilung bei einem marginalen Signifikanzniveau von 0.25 akzeptiert. In der Periode vor dem EWS werden für den Lira-Wechselkurs die Hypothesen auf Ausschluß mit 2.22 ($\chi^2(1)$) und auf schwache Exogenität bezüglich der langfristigen Beziehung mit 0.38 ($\chi^2(1)$) jeweils nicht abgelehnt.

eigenen bzw. der anderen Variablen zurückführen läßt. Bei einer Variablen, die sich optimal mit Hilfe der eigenen verzögerten Werte vorhersagen läßt, wird die gesamte Vorhersagefehler-Varianz nur durch eigene Störungen oder Innovationen erklärt werden.

Bei der Anwendung dieser Verfahren zur dynamischen Analyse wird durch die Anordnung der Variablen implizit eine Modellstruktur vorgegeben, was dementsprechend im vorhinein beachtet werden muß[6]. Aufbauend auf unsere obigen Überlegungen über den Einfluß der verschiedenen Wechselkurse auf den internationalen Devisenmärkten und die ermittelten langfristigen Abhängigkeiten, wird die Anordnung so gewählt, daß die Wechselkurse mit der größten Bedeutung in der Reihenfolge DEM/USD, GBP/USD und JPY/USD zuerst und daran anschließend die weniger einflußreichen Kurse CHF/USD und FRF/USD gesetzt werden.

Mit Hilfe der Vorhersagefehler-Varianz-Zerlegung kann Aufschluß darüber gegeben werden, welche Rolle Störungen in den einzelnen Größen für die Erklärung der Fluktuationen der Wechselkurse über verschiedene Zeithorizonte spielen. Aus dem Blickwinkel des Finanzmarktansatzes können derartige Störungen als neue Informationen angesehen werden, die auf die Devisenmärkte treffen und zu Portfolioumschichtungen führen, bzw. als finanzielle Schocks interpretiert werden, die aus plötzlichen Veränderungen in der internationalen spekulativen Nachfrage nach einzelnen Währungen resultieren.

Die Graphiken der Fehlervarianz-Aufteilung für das VAR-Modell der EWS-Periode sind in Abbildung 12.3.1 angegeben. Anhand der Graphiken läßt sich eine Dominanz des Wechselkurses zwischen US-Dollar und D-Mark deutlich erkennen. Schocks im DEM/USD-Kurs erklären durchweg über 40% der Variationen der anderen Wechselkursgrößen über den gesamten Zeithorizont von bis zu 24 Perioden. Bei der Varianz-Zerlegung der DEM/USD-Relation liegt der eigene Anteil auch langfristig bei 60%. Bei der Untersuchung der Varianz-Zerlegungen der anderen Wechselkurse zeigt sich interessanterweise, daß die Fehlervarianz in der JPY/USD-Relation im Unterschied zu den anderen Kursen langfristig stark von den eigenen Innovationen bestimmt ist[7]. Dies deutet darauf hin, daß sich der Wechselkurs zwischen Yen und US-Dollar weitgehend aus eigenen verzögerten Werten vorhersagen läßt und nur zu einem relativ geringen Teil Informationen aus dem DEM/USD-Kurs eingehen. Fluktuationen bei dem britischen Pfund, dem Schweizer Franken und dem französischen Franc werden dagegen vor allem durch den D-

---

[6] Zu kritischen Anmerkungen in Hinblick auf die VAR-Methodik siehe Leamer [1985] oder Cooley und LeRoy [1985]).

[7] Dieses Ergebnis tritt noch deutlicher hervor, wenn die JPY/USD-Relation in dem VAR-System an erste Stelle vor den DEM/USD-Kurs und die übrigen Wechselkurse gesetzt wird.

Mark-Kurs geprägt, längerfristig weist noch die CHF/USD-Relation Erklärungsgehalt auf. Wird zu dem VAR-Modell als weitere Variable der Lira-Wechsekurs hinzugezogen, so ergibt die Fehler-Varianzzerlegung für den ITL/USD-Kurs ein entsprechendes Bild wie die Zerlegung des FRF/USD-Kurses: der Erklärungsgehalt der eigenen Fehlervarianz ist sehr gering, der Erklärungsanteil der Varianz des DEM/USD-Kurs dagegen dominierend[8].

Auch für das VAR-Modell für den Zeitraum vor Beginn des Europäischen Währungssystems wird eine Fehlervarianz-Zerlegung durchgeführt. Wie die Resultate in Abbildung 12.3.2 erkennen lassen, haben in diesem Zeitraum, mit Ausnahme der Zerlegung der Fehlervarianz des DEM/USD-Kurses, eigene Störungen generell einen größeren Anteil an der Fehlervarianz-Zerlegung. Fluktuationen im britischen Pfund, dem japanischen Yen und dem Schweizer Franken werden primär durch die Fehlervarianz in der eigenen Größe erklärt. Der Beitrag des DEM/USD-Kurses ist dagegen gering. Die Vorhersagefehler-Varianz des französischen Franc wird langfristig von der Varianz der anderen Kursrelationen bestimmt, wobei jedoch der Eigenanteil deutlich größer ist als in dem Modell für die EWS-Periode. Entsprechendes gilt für den ITL/USD-Kurs in dem erweiterten VAR-Modell. Interessant ist auch das Ergebnis der Varianz-Zerlegung des DEM/USD-Kurses für die Zeit vor Beginn des EWS: danach werden Fluktuationen im DEM/USD-Wechselkurs langfristig nur zu rund 15% durch eigene Innovationen erklärt.

Die Resultate der Vorhersagefehler-Varianz-Zerlegungen für die beiden Zeiträume vor und seit Beginn des EWS lassen einige Schlußfolgerungen zu. Der Anteil der Fluktuationen der verschiedenen Wechselkurse, der durch Schocks im DEM/USD-Kurs erklärt wird, ist in den achtziger Jahren deutlich gestiegen. Diese Beobachtung kann daher als ein Indiz für die sich ändernde Rolle der DEM/USD-Relation angesehen werden. Seit Beginn des EWS hat sich die Struktur auf den internationalen Devisenmärkten geändert, und die anderen Wechselkurse werden stärker durch Störungen im D-Mark/US-Dollarkurs beeinflußt. Die Ergebnisse sind somit ein Hinweis darauf, daß die DEM/USD-Relation in die Funktion eines Leitkurses hineingewachsen ist. Dabei gilt dieses Resultat nicht nur in Hinblick auf die Währung des EWS-Landes Frankreich (und Italien) sondern auch für die übrigen europäischen Währungen. Dagegen hat der Kurs zwischen japanischem Yen und US-Dollar seine relativ unabhängige Charakteristik beibehalten.

---

[8] Auf einen Zeithorizont von einem Quartal ist die Variabilität des ITL/USD-Kurses zu 11% auf eigene Innovationen, dagegen zu 87% auf Schocks im DEM/USD-Kurs zurückzuführen. Mit ansteigendem Horizont verstärkt sich dieser Effekt. So wird 24 Perioden im voraus die Fehlervarianz im Lira-Kurs nur noch zu 2% von der eigenen Varianz und zu 50% durch die Variabilität im DEM/USD-Kurs erklärt. Daneben gewinnt langfristig der Schweizer Franken noch an Gewicht mit rd. 32%.

Abbildung 12.3.1
Vorhersagefehler-Varianz-Zerlegung
VAR(1)-Modell für Zeitraum 1979:2 bis 1991:4.

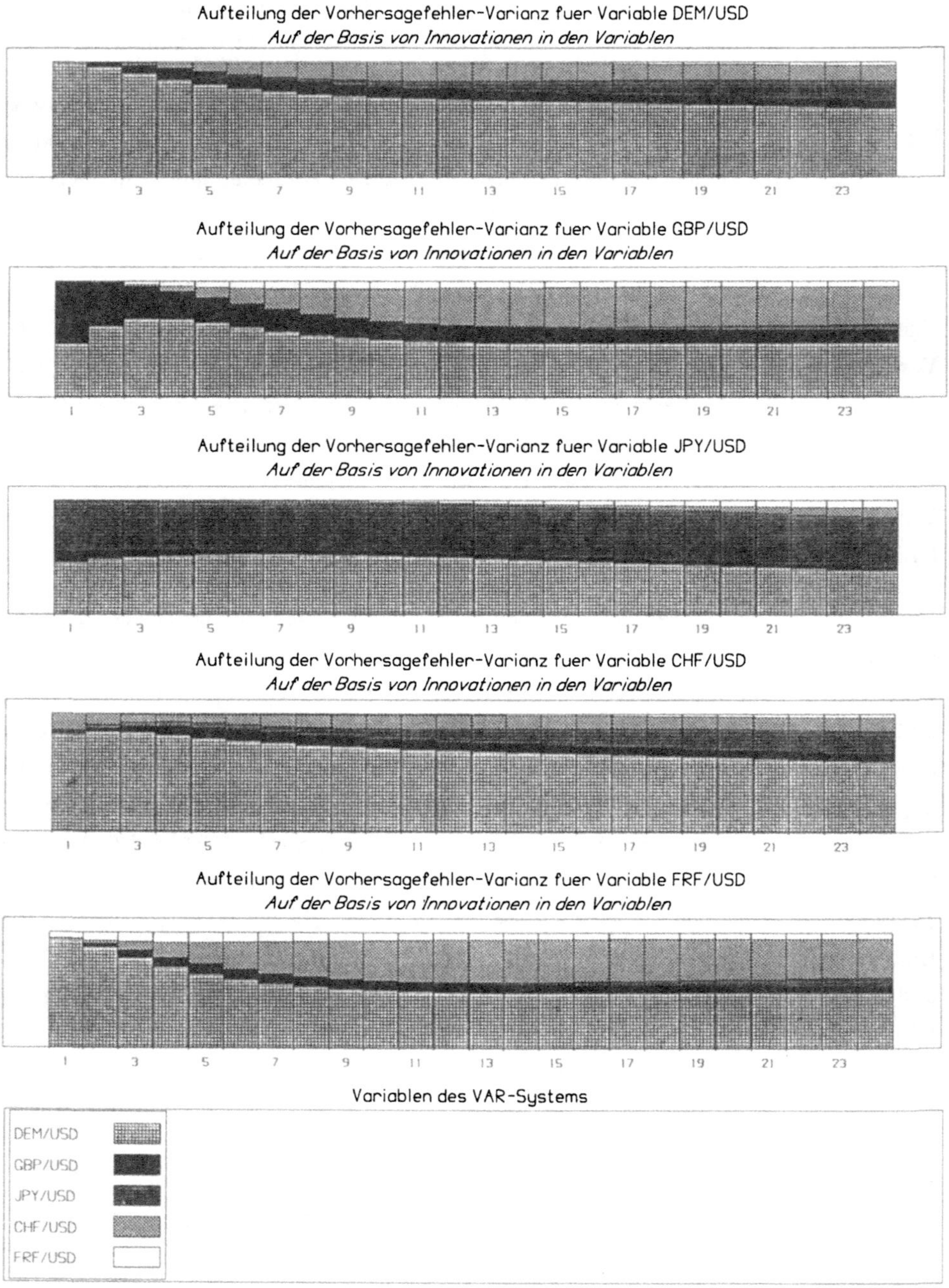

Abbildung 12.3.2
Vorhersagefehler-Varianz-Zerlegung
VAR(1)-Modell für Zeitraum 1973:1 bis 1979:1.

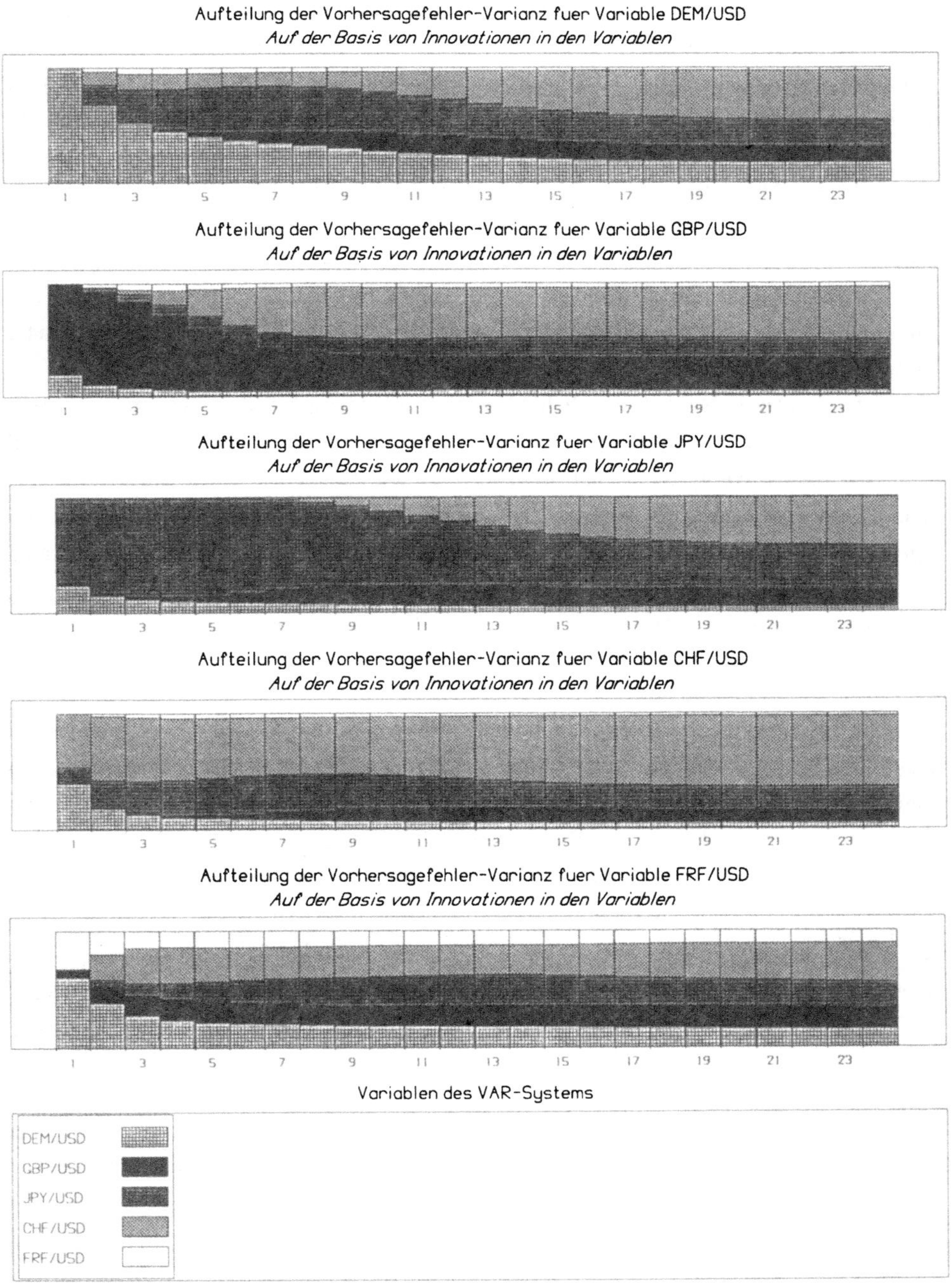

12.3.2.2 Impulsantwortanalyse

Neben der Untersuchung von Innovations-Zerlegungen bietet sich eine weitere Methode für die Simulation und Analyse von dynamischen Anpassungsvorgängen an. Mit der Hilfe von Impulsantwortfolgen werden die Reaktionen der Variablen im VAR-System auf Impulse in einer einzelnen Variablen betrachtet. Da die Residuen in den einzelnen Variablengleichungen miteinander korreliert sein können, wird im allgemeinen wie auch bei der Fehlervarianz-Zerlegung auf orthogonalisierte Impulse zurückgegriffen (vgl. Kapitel 6).

Zuerst wird wiederum das VAR-Modell für den EWS-Zeitraum betrachtet (Abbildung 12.3.3). In der ersten Graphik sind die Reaktionen auf einen Impuls im Wechselkurs zwischen D-Mark und US-Dollar gezeigt. Nach einem positiven Impuls geht die Reaktionsfolge des DEM/USD-Kurses gleichmäßig zurück und strebt langfristig auf den Nullpunkt zu. Die Impulsantworten der anderen Wechselkurse weisen ein entsprechendes Verhalten auf. Sie verlaufen in einem engen Band und weitgehend parallel zu der Eigenimpulsantwortfolge des DEM/USD-Kurses. Dagegen ist bei allen anderen Graphiken keine entsprechend parallele Entwicklung der Impulsantwortfolgen festzustellen. Zum Teil sind sind die Reaktionsweisen auf Impulse sehr unterschiedlich bzw. gegenläufig und nähern sich erst langfristig einander an. Speziell in der Graphik für einen Schock im japanischen Yen weisen die Reaktionsfolgen eine deutlich entgegengesetzte Entwicklung auf. Während der JPY/USD-Kurs nach einem positiven Impuls gleichmäßig zurückgeht, werden bei den anderen Wechselkursen zum Teil negative Reaktionen ausgelöst, die erst langfristig wieder zusammenlaufen.

In Abbildung 12.3.4 sind die Impulsantwortfolgen für das Modell des Zeitraumes vor dem EWS angegeben. Die erste Graphik zeigt die uns besonders interessierenden Antwortfolgen für einen Impuls im DEM/USD-Kurs. Die Eigenimpulsantwortfolge des D-Mark-Kurses geht nach einem positiven Impuls deutlich zurück und weist im weiteren Verlauf Schwingungen um die horizontale Null-Achse auf. Ein positiver Ausschlag in der D-Mark-Relation hat auch bei den übrigen Wechselkursen eine kurzfristig positive Reaktion zur Folge. Danach laufen die Antwortfolgen ebenfalls in Schwingungen aus. Die Impulsantwortfolgen in den übrigen Graphiken weisen ein unruhigeres Antwortverhalten auf als diejenigen des EWS-Modells. Teilweise ergeben sich auch entgegengesetzte Reaktionsfolgen.

Schocks im DEM/USD-Kurs haben am deutlichsten eine parallele Entwicklung der Antwortfolgen der anderen Kurse zur Folge, wobei dies in der EWS-Periode am stärksten ausgeprägt ist. Änderungen in der DEM/USD-Relation rufen entsprechende Änderungen der anderen Wechselkurse hervor, was eine Verschiebung der gemeinsamen

Abbildung 12.3.3
Impulsantwortfolgen
VAR(1)-Modell für Zeitraum 1979:2 bis 1991:4.

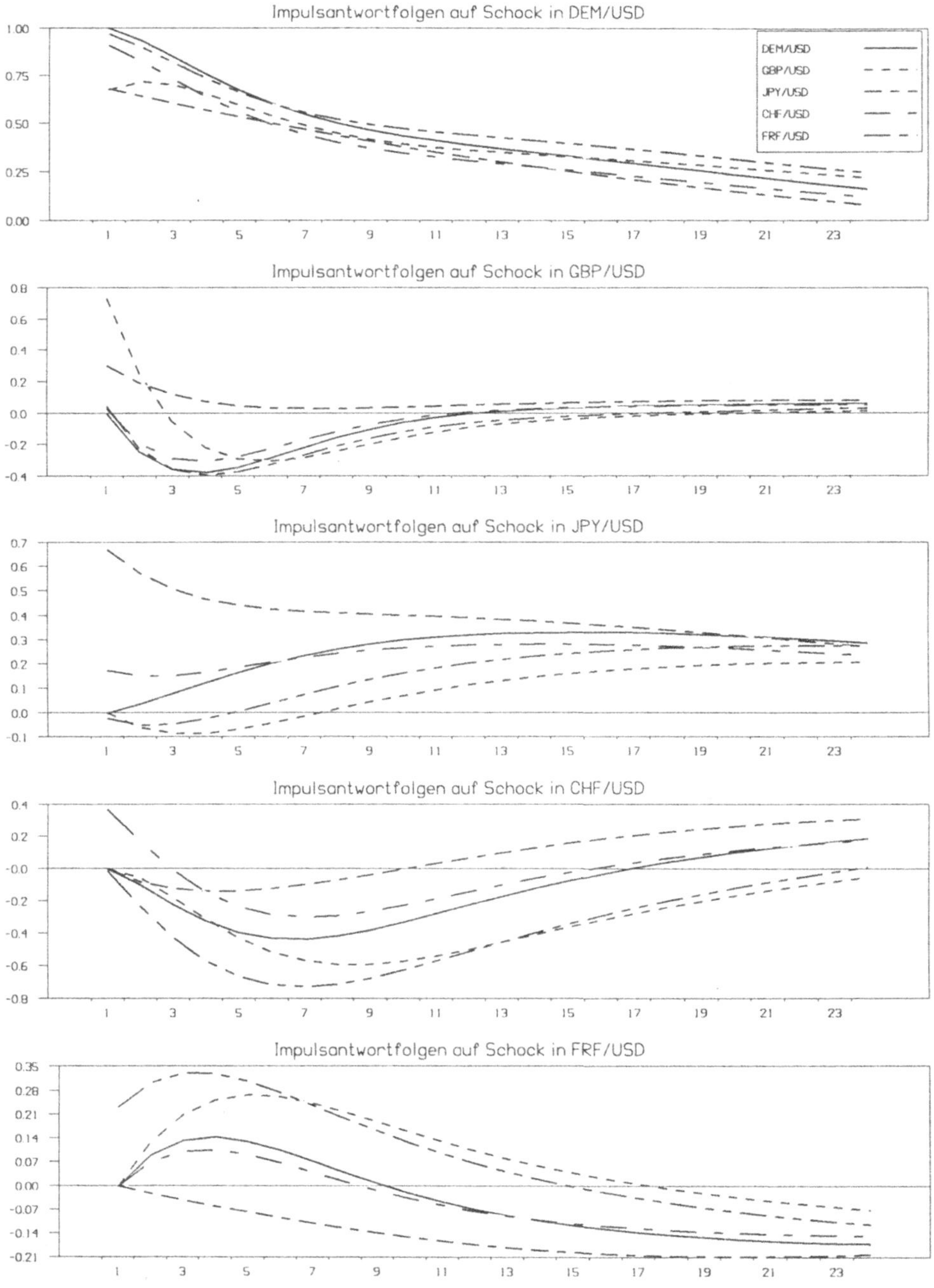

Abbildung 12.3.4
Impulsantwortfolgen
VAR(1)-Modell für Zeitraum 1973:1 bis 1979:1.

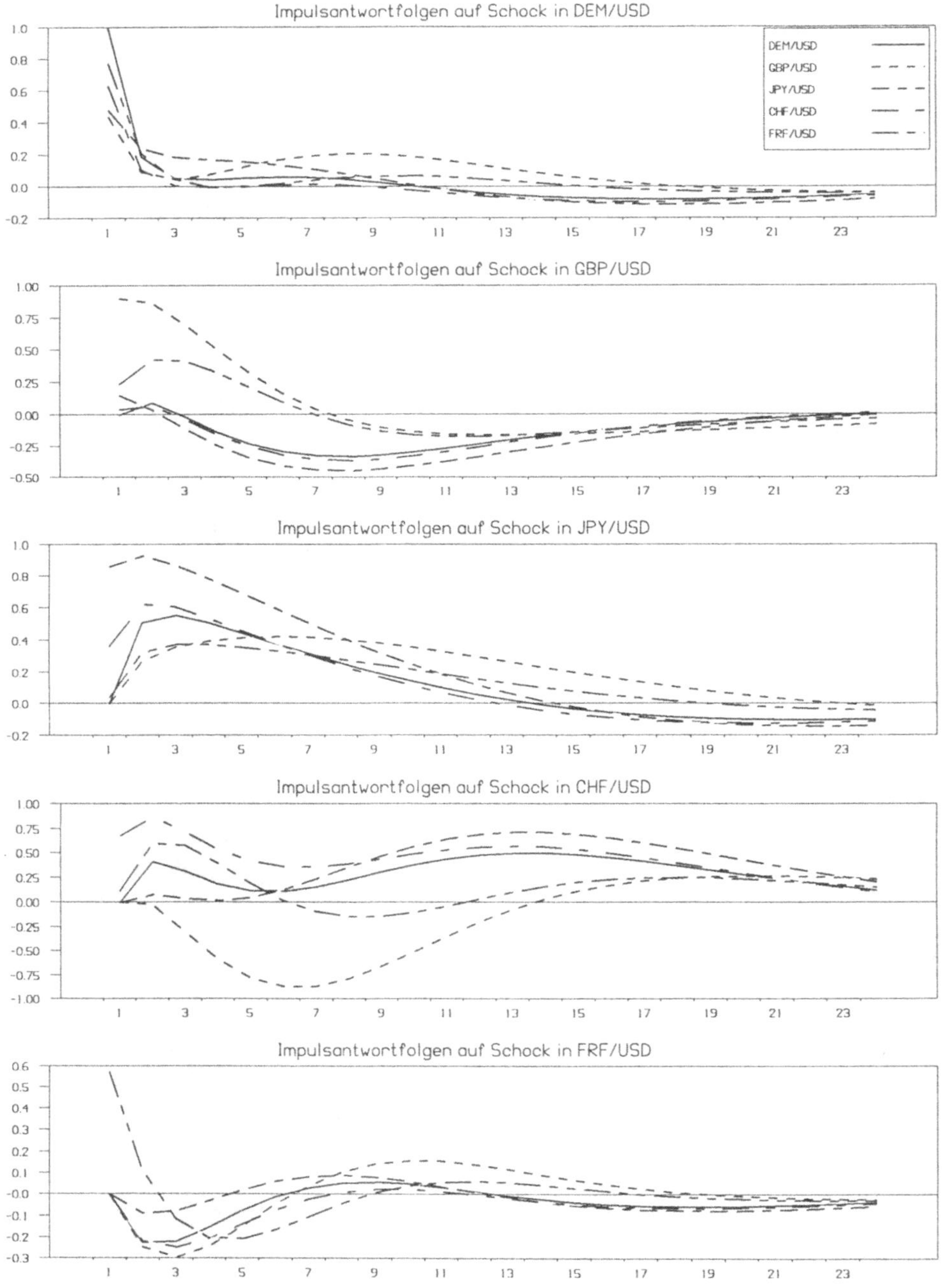

Wechselkursposition der untersuchten Länder gegenüber den Vereinigten Staaten zur Folge hat. Impulse in den anderen Kursen führen dagegen nicht zu entsprechenden Reaktionsmustern. Auffällig sind dabei insbesondere die relativ gegenläufigen Reaktionen auf einen Schock im japanischen Yen. Insgesamt gesehen deuten die Resultate somit auf eine Führungsrolle des DEM/USD-Kurses in diesem System hin.

Bei der Analyse der Impulsantwortfolgen sollte darauf hingewiesen werden, daß die Ergebnisse wie auch bei der Vorhersagefehler-Varianz-Zerlegung nicht überinterpretiert werden dürfen. Wie schon aufgezeigt, sind die Resultate zum Teil abhängig von der Anordnung der Variablen. Weiterhin beruhen die Analysen auf einem Modell, dessen Zeitverzögerungen und Kointegrationsrang nur geschätzt aber nicht eindeutig festgestellt werden können. Daher sollten Schlußfolgerungen nur mit Vorsicht vorgenommen werden.

12.4 Zusammenfassung

In diesem Kapitel werden die wichtigsten nominalen Wechselkurse auf langfristige Beziehungen zueinander und auf ihr dynamisches Verhalten untersucht. Auf der Grundlage der starken wirtschaftlichen Verflechtung der modernen Industriestaaten und Finanzmärkte unterliegen die entsprechenden Wechselkurse gemeinsamen stochastischen Trends. Unter Zuhilfenahme von vektorautoregressiven Systemen können langfristige Abhängigkeiten und typische dynamische Verhaltensmuster ermittelt werden. Die Ergebnisse der Analyse erweisen sich dabei als weitgehend konsistent mit den theoretischen Überlegungen und unterstreichen im besonderen die zentrale Rolle des D-Mark/US-Dollarkurses für die internationalen Devisenmärkte.

Um den Einfluß des Wechselkursmechanismus im Europäischen Währungssystem zu berücksichtigen, wird neben dem Ausgangsmodell, das den Zeitraum seit Beginn des EWS zur Grundlage hat, auch ein VAR-Modell für die Zeit davor betrachtet. Wie die empirischen Ergebnisse zeigen, können in beiden Phasen stabile langfristige Gleichgewichtsbeziehungen festgestellt werden. Obwohl die Wechselkurse selbst nichtstationär sind, existieren Linearkombinationen von ihnen, die stationär sind. Dabei zeigt sich anhand von Hypothesentests, daß der DEM/USD-Kurs in beiden Zeiräumen Grundlage der jeweiligen Kointegrationsbeziehung ist. Seit Beginn des EWS gehen zusätzlich noch die Kurse des britischen Pfundes und des Schweizer Frankens in die Gleichgewichtsbeziehung ein. An dieser langfristigen Beziehung orientieren sich die Bestimmungsgleichungen aller einbezogenen Wechselkurse, mit Ausnahme des Kurses für den japanischen Yen. Der JPY/USD-Kurs erweist sich als relativ unabhängig von der

Entwicklung der US-Dollarwechselkurse gegenüber den europäischen Währungen. Diese exogene Charakteristik der japanischen Währung wird auch durch die dynamische Analyse, insbesondere die Fehlervarianz-Zerlegung, bestätigt. Dagegen kommen dem britischen Pfund und dem Schweizer Franken besonders längerfristig innerhalb des Kointegrationsvektors eine wichtige Funktion zu.

In der Literatur werden Auswirkungen von Wechselkursabkommen wie dem EWS auf die Mitglieds- und Nichtmitgliedsländer mit besonderem Interesse betrachtet. Wie die Resultate der Kointegrationsanalyse zeigen, wirkt in unserem vektorautoregressiven Modell der Wechselkurs zwischen D-Mark und US-Dollar auf die Form der langfristigen Gleichgewichtsbeziehung. Dagegen hat die EWS-Währung französischer Franc (und ebenso auch die italienische Lira) keinen Einfluß auf die langfristigen Abhängigkeiten. Umgekehrt wirkt diese Gleichgewichtsbeziehung jedoch auf den französischen Franc und die italienische Lira. Diesen beiden EWS-Kursen fällt somit langfristig nur eine Anpassungsfunktion zu. Die Führungsrolle des DEM/USD-Wechselkurses zeigt sich daneben auch in der dynamischen Analyse. Während in der Zeit vor dem EWS Innovationen im DEM/USD-Kurs nur einen relativ geringen Teil der Wechselkursvariationen erklären, steigt dieser Anteil seit Beginn des EWS deutlich an und dominiert alle anderen Wechselkurse. Die Charakteristik einer Leitkursfunktion bestätigt auch die Impulsantwortanalyse: Impulse in der DEM/USD-Relation führen insbesondere seit dem EWS zu einem weitgehend entsprechenden Reaktionsverhalten der anderen Kurse.

Die obigen Schlußfolgerungen zeigen die Bedeutung und Notwendigkeit, Wechselkursbeziehungen nicht nur im Zwei-Länder-Fall, sondern auch im multivariaten Rahmen zu betrachten. In der empirischen Analyse wird dabei die in Hinblick auf die übrigen Wechselkurse relativ exogene Charakteristik des JPY/USD-Kurses deutlich. Innerhalb des von uns untersuchten VAR-Systems kommt dem Wechselkurs zwischen Deutschland und den Vereinigten Staaten die größte Bedeutung zu, die insbesondere seit Beginn des EWS weiter gestiegen ist. Die empirischen Resultate erweisen sich dabei auch weitgehend konsistent mit der Vorstellung, daß über den DEM-USD-Kurs eine gemeinsame Wechselkurspolitik des EWS gegenüber dem US-Dollar bestimmt wird (vgl. Fratianni und von Hagen [1990]).

13 Wechselkursprognosen mit bayesianischen VAR-Modellen

13.1 Einleitung

In diesem abschließenden empirischen Kapitel werden die von uns betrachteten theoretischen Wechselkursmodelle einer Untersuchung ihrer Prognosefähigkeit unterzogen. Bei dieser Analyse wird zum einen das Konzept der Kointegrtation berücksichtigt und zum anderen der von Litterman entwickelte Ansatz bayesianischer vektorautoregressiver Modelle (vgl. Abschnitt 6.5) eingesetzt. Dieses Vorgehen erscheint besonders vielversprechend, da es speziell die empirische Zeitreihencharakteristik von flexiblen Wechselkursen berücksichtigt. In vielen Untersuchungen hat es sich gezeigt, daß das Wechselkursverhalten sehr stark einem random-walk-Prozeß ähnelt, bei dem die Veränderungen von Periode zu Periode kaum vorhersehbar sind (vgl. Kapitel 7 oder z.B. Frenkel und Mussa [1985]). Gerade dieses Verhalten wird aber durch den bayesianischen Ansatz implizit berücksichtigt. Dieser restringiert mit Hilfe von Verteilungsannahmen auf die Koeffizienten die Gleichungen eines VAR-Modells in Richtung eines random walk.

Andererseits erscheint es aus Sicht der ökonomischen Theorie schlüssig, daß sich bilaterale Wechselkurse trotz ihrer starken Schwankungen nicht auf Dauer unabhängig von dem fundamentalen Umfeld der jeweiligen Volkswirtschaften entfernen und sich damit zumindest langfristig in Abhängigkeit von Einflußgrößen wie Zinsen, Preisen, Einkommen oder Geldmengen entwickeln. Die Resultate der vorangegangenen Kapitel haben aufgezeigt, daß tatsächlich entsprechende Gleichgewichtsbeziehungen bestehen.

In den folgenden Abschnitten wird daher der logische Schritt vollzogen und beide Verfahren miteinander kombiniert. Dies bedeutet, daß mit verschiedenen bayesianisch geschätzten VAR-Modellen, bei denen die jeweiligen Kointegrationbeziehungen zwischen den verwendeten Variablen berücksichtigt werden, out-of-sample-Prognosen durchgeführt werden.

Wie die empirischen Resultate von Teil III dieser Arbeit gezeigt haben, bestehen zwischen den fundamentalen Einflußgrößen und Wechselkursvariablen nicht nur kurzfristige sondern auch langfristige Wechselwirkungen. So können langfristig gültige Kointegrationsbeziehungen zwischen den Variablen festgestellt werden. Die Form dieser

Gleichgewichtsbeziehungen entspricht bei einem Teil der Modelle auch sehr schön den theoretischen Erwartungen in bezug auf die Hypothese der Kaufkraftparität (vgl. Kapitel 9) und die monetäre Wechselkurstheorie (vgl. Kapitel 10). Neben der Analyse langfristiger Abhängigkeiten wurden die von uns herangezogenen Modelle auch auf ihr dynamisches Verhalten untersucht. Die ermittelten Wechselwirkungen weisen dabei weitgehend konsistente Resultate mit der monetären Außenwirtschaftstheorie auf. Sowohl monetäre Reaktionsweisen (Abschnitt 10.3) als auch portfoliotheoretische Abläufe (Abschnitt 11.3) sind feststellbar. Ob sich jedoch die von uns zugrundegelegten VAR-Modelle auch für die Vorhersage zukünftiger Wechselkursbewegungen eignen, wird im Rahmen des vorliegenden Kapitels untersucht.

Wie in Kapitel 7 der Überblick über die Prognosefähigkeit von Wechselkursmodellen gezeigt hat, sind die Resultate entsprechender Untersuchungen entmutigend. Kaum ein empirisches Modell kann bei out-of-sample-Prognosen bessere Ergebnisse vorweisen als ein einfaches random-walk-Modell. Die Vorhersage der Wechselkursentwicklung zeigt sich damit als eine sehr schwierige, wenn nicht gar als die anspruchsvollste Aufgabe im Rahmen von makroökonomischen Prognosen in den Wirtschaftswissenschaften dar. So stellt sich für uns die Frage, ob es mit Hilfe der von uns entwickelten vektorautoregressiven Modelle und insbesondere durch die Berücksichtigung der ermittelten Kointegrationsbeziehungen möglich ist, bessere Resultate zu generieren als diejenigen der bestehenden Literatur. In diesem Fall müßten die Prognosen unserer Modelle in der Lage sein, dauerhaft die naiven random-walk-Prognosen zu schlagen. Eine Klärung dieser Fragestellung bildet somit das Untersuchungsziel in diesem sowie dem nächsten Kapitel. Dabei setzen wir innerhalb diesensKapitels den neueren Ansatz bayesianischer vektorautoregressiver Modelle ein. Diese Modelle haben gerade bei Prognoseuntersuchungen für makroökonomische Variablen wie Bruttosozialprodukt, Geldmenge, Arbeitslosenrate oder Zinssätze in den Vereinigten Staaten erfolgversprechende Resultate geliefert (vgl. Litterman [1986], McNees [1986]), wurden bisher jedoch nach unserem Kenntnisstand noch nicht für Wechselkursprognosen verwandt.

Während im folgenden Abschnitt der Untersuchungsrahmen präzisiert wird, stellen wir in Abschnitt 13.3 Prognoseresultate für die Kaufkraftparität und in Abschnitt 13.4 die Ergebnisse des monetären Modellansatzes für die von uns herangezogenen Wechselkurse vor. Abschnitt 13.5 ist dem Portfolioansatz gewidmet, bevor im letzten Abschnitt eine abschließende Beurteilung der Ergebnisse vorgenommen wird.

13.2 Der Untersuchungsrahmen für die out-of-sample-Prognosen

Wie oben angesprochen findet bei den Prognoseuntersuchungen der Ansatz bayesianischer VAR-Modelle Anwendung. Die Vorteile des Ansatzes, der in Abschnitt 6.5 vorgestellt wurde, wie z.B. die Vermeidung einer Überparameterisierung der Modelle oder die Möglichkeit realistische Verteilungsannahmen zugrundezulegen, lassen eine Anwendung für Prognosezwecke gerade im Wechselkursbereich erfolgversprechend erscheinen.

Bei der Untersuchung werden die bayesianischen VAR-Modelle in drei unterschiedlichen Formen verwendet:

1. unrestringiertes VAR-Modell im Niveau der Daten,
2. kointegriertes VAR-System und
3. VAR-Modell in den ersten Differenzen der Daten.

In der ersten Version werden die Kointegrationsrestriktionen ignoriert, und das VAR-Modell wird im Niveau der Daten ohne Differenzenbildung geschätzt, $x_t=\Pi_1 x_{t-1}+\ldots+\Pi_k x_{t-k}+\epsilon_t$ (5.4.1). Der unrestringierte multivariate Kleinste-Quadrate-Schätzer besitzt jedoch, wie Sims, Stock und Watson (1990) und Park und Phillips [1990] gezeigt haben, die gleichen asymptotischen Eigenschaften wie der Maximum-Likelihood-Schätzer und ist konsistent.

Bei dem kointegrierten VAR-Modell $\Delta x_t=\Gamma_1\Delta x_{t-1}+\ldots+\Gamma_{k-1}\Delta x_{t-k}+\Pi x_{t-1}+\epsilon_t$ (5.4.4) wird der zweistufige Ansatz von Engle und Granger [1987] (vgl. Abschnitt 5.2.) angewendet und leicht modifiziert (vgl. Gardeazabal, Regulez [1992]). Im ersten Schritt werden mit Hilfe des Johansenansatzes die multivariaten Kointegrationsvektoren β geschätzt. Die Schätzresultate werden daraufhin ohne weitere Restriktionen oder den Einsatz von Likelihoodratiotests für den zweiten Schritt verwendet, das Schätzen des Fehler-Korrektur-Modells[1]. Die dritte Version ist das VAR-Modell in den ersten Differenzen der Daten, es berücksichtigt nicht die Existenz von Kointegrationsbeziehungen und ist daher bei Vorliegen entsprechender Beziehungen misspezifiziert. Wie schon in Abschnitt 6.5 angesprochen, führt der bayesianische Ansatz aufgrund seiner Parameterrestriktionen allerdings in jedem Fall zu einem misspezifizierten Modell. Ein solches Modell kann hinsichtlich seiner Prognosefähigkeit jedoch trotzdem gute Resultate liefern (vgl. Litterman [1986], LeSage [1990], McNees [1986]).

[1] In Voruntersuchungen zeigte sich, daß bei der Aufnahme einer großen Zahl von Kointegrationsvektoren die Prognosequalität sank, daher werden bei den Prognosen maximal zwei Kointegrationsvektoren aufgenommen.

Bei den von uns eingesetzten VAR-Modellen wird die Zahl der zeitverzögerten Variablenterme auf sechs gesetzt. Dies resultiert aus einer Analyse mit Hilfe des Akaike-Informations-Kriteriums (AIC), das die Vorhersagefehler minimiert und generell höhere Lagordnungen präferiert. Entsprechende Empfehlungen für die Lag-Wahl in BVAR-Modellen werden auch von Litterman [1982] gegeben. Aus diesen Überlegungen erklärt sich auch die Wahl einer höheren Anzahl von zeitverzögerten Termen als in den Strukturuntersuchungen der Kapitel 10-12.

Um einen möglichst realistischen Maßstab für die Prognosequalität der Modelle zu erhalten und eine Vergleichbarkeit mit Prognoseuntersuchungen in der Literatur zu gewährleisten (insbesondere der Vergleich zu der einflußreichen Arbeit von Meese und Rogoff [1983]) werden reine out-of-sample-Prognosen untersucht, d.h. Vorhersagen, die außerhalb des Anpassungszeitraums erstellt werden. Dies bedeutet, daß ein Modell bis zu einem bestimmten Zeitpunkt geschätzt wird und daraufhin Prognosen über verschiedene Zeithorizonte durchgeführt werden. Dieses Vorgehen läuft rollierend ab, indem bei jedem Schritt ein weiterer Datenpunkt hinzugenommen wird. In unserem Untersuchungsrahmen werden die VAR-Modelle über den Zeitraum von 1973:1 bis 1985:4 geschätzt. Innerhalb dieses Anpassungszeitraums werden durch Optimierung der in-the-sample-Prognosefähigkeit über den Zeitraum von 1981:1 bis 1985:4 die Parametervorgaben für das bayesianische VAR-Modell ausgewählt und festgehalten. Unter Zugrundelegung der Schätzung und der gewählten Parametereinstellung werden, basierend auf den vorhandenen Informationen bis zum vierten Quartal 1985, Prognosen für 1,2,3,4, 8 und 12 Quartale erstellt. Im Anschluß daran wird eine weitere Beobachtung hinzugefügt und das Modell für eine weitere Prognose eingesetzt. Dieser Ablauf wird bis zum Ende der Datenbasis d.h. bis zum vierten Quartal 1991 wiederholt. Somit werden insgesamt 24 Ein-Schritt-Prognosen, 23 Zwei-Schritt-Prognosen usw. und zuletzt 13 Zwölf-Schritt-Prognosen generiert.

Im Rahmen des von Litterman entwickelten bayesianischen Ansatzes können durch Einstellung verschiedener Hyperparameter die Verteilungsannahmen der Koeffizienten eines vektorautoregressiven Modells verändert werden. Die von uns verwendeten Modelle werden für diese vergleichende Untersuchung jedoch nicht durch eine langwierige und schwer nachvollziehbare sequentielle Optimierung der Prognosefähigkeit spezifiziert. Stattdessen wird mit vier einfachen Grundeinstellungen die in-the-sample-Prognosefähigkeit der jeweiligen Modelle innerhalb des Zeitraums 1981:1 bis 1985:4 verglichen. Daraufhin wird die Parametereinstellung mit den besten Vorhersagen ausgewählt und für die out-of-sample-Prognosen verwendet. Anzumerken ist, daß wir uns im Rahmen dieser Arbeit allein auf die Prognosefähigkeit der Wechselkursentwicklung konzentrieren und hier auf die Prognosemöglichkeiten der übrigen Variablen des VAR-Systems nicht eingegangen wird.

In Abschnitt 6.5 wurden die verschiedenen Hyperparameter vorgestellt, mit denen die Verteilungsvorgaben spezifiziert werden. Bei der Vorgabe der hypothetischen Wahrscheinlichkeiten auf die Koeffizienten wird für die erste Parametereinstellung mit $\lambda=2$ ein hohes Gewicht auf die um eine Periode zeitverzögerte eigene Variable gelegt und mit $w=0.001$ den übrigen Koeffizienten der Variablen eine geringe Bedeutung zugeordnet. Der Parameter für die Bedeutung höherer Lagordnungen wird einheitlich auf den Wert $d=2$ gesetzt. Höheren Lags wird damit eine geringere Wirkung beigemessen. Diese erste Grundeinstellung entspricht im Prinzip einer univariaten Kleinste-Quadrate-Schätzung. Bei den übrigen Parametervorgaben wird der Charakter des bayesianischen VAR-Ansatzes stärker hervorgehoben. So werden für die zweite Vorgabe die Verteilungsparameter mit $\lambda=1$ und $w=0.01$ spezifiziert. Bei der nächsten Einstellung werden mit $\lambda=0.1$ die um eine Periode zeitverzögerte eigene Variable geringer und mit $w=0.5$ die anderen Variablen stärker gewichtet. Die vierte Grundeinstellung entspricht der dritten bis auf die Wahl von $w=0.001$. Mit diesen vier Parametervorgaben läßt sich das Spektrum an Möglichkeiten des bayesianischen Ansatzes weitgehend ausnutzen und trotzdem die Nachvollziehbarkeit der Untersuchungsergebnisse erhalten.

Als Kriterien für die Beurteilung der Prognosefähigkeit der Modelle werden in Übereinstimmung mit der bestehenden Literatur die folgenden statistischen Maße herangezogen (vgl. Meese und Rogoff [1983], Shinasi und Swami [1989] oder Wolff [1988]): der mittlere Fehler (mean error (ME)), der mittlere absolute Fehler (mean absolute error (MAE)), die Wurzel des mittleren quadratischen Fehlers (root mean square error (RMSE)) sowie die Theil'sche U-Statsitik:

$$ME = \sum_{i=0}^{n_k-1} [f_{t+i+k} - x_{t+i+k}] / n_k \qquad (13.2.1)$$

$$MAE = \sum_{i=0}^{n_k-1} |f_{t+i+k} - x_{t+i+k}| / n_k \qquad (13.2.2)$$

$$RMSE = \{\sum_{i=0}^{n_k-1} [f_{t+i+k} - x_{t+i+k}]^2 / n_k \}^{1/2}, \qquad (13.2.3)$$

wobei k die Anzahl der Vorhersageschritte angibt ($k=1,2,3,4,8,12$), n_k die Gesamtzahl der Vorhersagen in der Vorhersageperiode bezeichnet, in der der aktuelle Wert x_t bekannt ist, und f_t der Vorhersagewert ist. Die Theil'sche U-Statistik bezeichnet den Quotienten zwischen dem RMSE der Modellprognose und dem RMSE der naiven random-walk-Vorhersage. Somit nimmt die U-Statistik einen Wert $U>1.0$ an, wenn die Prognosefähigkeit des Modells schlechter ist als die eines random walk und Werte $U<1.0$, wenn das Modell besser als ein einfacher random-walk-Prozeß prognostiziert. Erhalten wir als Untersuchungsergebnis Theil'sche U-Statistiken, die dauerhaft unter 1.0 liegen, so deutet dies darauf hin, daß die von uns eingesetzten Modelle den naiven random walk schlagen und damit auch bessere Resultate vorweisen als der Großteil der Untersuchungen in der Literatur. Wie Meese und Rogoff [1983] angeben, ist der RMSE gegenüber dem MAE weniger geeignet, wenn die Wechselkurse einem nicht-normalen stabilen Paretoprozeß mit unendlicher Varianz folgen. Der MAE ist ebenfalls als Kriterium von Nutzen, falls die Wechselkursverteilung mehr Masse in den Enden hat, auch bei endlicher Varianz. Hat der ME dem Betrage nach die gleiche Größe wie der MAE und sind die Werte des mittleren Fehlers positiv, so prognostiziert das Modell dauerhaft zu hoch. Im umgekehrten Fall, bei negativen mittleren Fehlern, wird das Ausmaß der zukünftigen Wechselkursänderungen unterschätzt. Trotz der Einschränkungen hinsichtlich der Verläßlichkeit des RMSE-Kriteriums, stellt es doch das beste Maß dar, um die Vorhersagequalität zu untersuchen (vgl. McNees [1986], Litterman [1986]). In den folgenden Abschnitten werden nun die Prognoseresultate der verschiedenen Modelle vorgestellt.

13.3 Resultate für das bayesianische Kaufkraftparitäten-Modell

Die Analyse der Relevanz des theoretischen Konzeptes der Kaufkraftparitätenhypothese war der Untersuchungsgegenstand des Kapitels 9. Die Möglichkeit der Prognose der Wechselkursentwicklung auf der Basis der PPP wird im folgenden im Rahmen des bayesianischen Ansatzes betrachtet. In das jeweilige VAR-Modell gehen dabei drei Variablen ein: die entsprechenden zwei Preisindices und die Wechselkursgröße. Die Resultate der out-of-sample-Prognosen für die von uns betrachteten Wechselkurse DEM/USD, JPY/USD, GBP/USD, FRF/USD und CHF/USD werden in den Tabellen 13.3.1-13.3.5 angegeben. In den einzelnen Tabellen sind die Ergebnisse der Schätzungen des VAR-Modells im Niveau der Daten, diejenigen des kointegrierten VAR-Modells und die des Modells in den ersten Differenzen der Daten aufgelistet. Neben den Werten für die Parametervorgaben der bayesianischen Schätzung sind die Kriterien ME, MAE, RMSE und die U-Statistik für die verschiedenen Prognosehorizonte angegeben. Im weiteren werden die Resultate nicht für die verschiedenen Wechselkurse einzeln vorgestellt, sondern stärker auf die Unterschiede eingegangen, die sich aus den Modellprognosen im Niveau, mit Kointegrationsrestriktionen und in den ersten Differenzen der Daten ergeben.

Tabellen 13.3.1
Prognosestatistiken für DEM/USD-Wechselkurs.
Bayesianische Spezifikation: Kaufkraftparität.

Prognose-schritt	ME	MAE	RMSE	U-Statistik	Anzahl d. Beob.
VAR-Modell im Niveau:		$\lambda=2$, $d=2$, $w=0.001$			
1	0.01727	0.04179	0.05035	0.8597	24
2	0.03606	0.07073	0.08084	0.8812	23
3	0.05642	0.09110	0.10708	0.9308	22
4	0.08577	0.11390	0.13554	1.0092	21
8	0.22118	0.22118	0.24480	1.3974	17
12	0.28637	0.28637	0.29545	1.9231	13
Kointegriertes VAR-Modell:		$\lambda=1$, $d=2$, $w=0.01$, $r=1$			
1	0.00095	0.04073	0.04795	0.8188	24
2	-0.00228	0.06480	0.07530	0.8209	23
3	-0.00823	0.08213	0.10068	0.8751	22
4	-0.00868	0.10204	0.11867	0.8836	21
8	-0.00337	0.12823	0.14934	0.8525	17
12	-0.04719	0.10560	0.12846	0.8362	13
VAR-Modell in 1. Differenzen:		$\lambda=2$, $d=2$, $w=0.001$			
1	0.00568	0.04224	0.04991	0.8524	24
2	0.00888	0.07052	0.08048	0.8774	23
3	0.00875	0.08947	0.10669	0.9274	22
4	0.01382	0.10942	0.12748	0.9492	21
8	0.03925	0.14433	0.17005	0.9706	17
12	0.00780	0.09777	0.12514	0.8145	13

Tabelle 13.3.2
Prognosestatistiken für JPY/USD-Wechselkurs.
Bayesianische Spezifikation: Kaufkraftparität.

VAR-Modell im Niveau:		$\lambda=2$, $d=2$, $w=0.001$			
1	0.01667	0.05168	0.05954	1.0036	24
2	0.03837	0.08252	0.10233	1.1037	23
3	0.06115	0.10371	0.12962	1.1746	22
4	0.08595	0.13944	0.16493	1.3107	21
8	0.17630	0.24643	0.30142	1.5726	17
12	0.21717	0.27246	0.32156	1.6646	13
Kointegriertes VAR-Modell:		$\lambda=1$, $d=2$, $w=0.01$, $r=1$			
1	0.00061	0.04939	0.05579	0.9405	24
2	-0.00024	0.07494	0.09084	0.9798	23
3	-0.00520	0.08663	0.10409	0.9433	22
4	-0.01256	0.10409	0.12030	0.9561	21
8	-0.05574	0.17304	0.20470	1.0680	17
12	-0.12280	0.21514	0.24381	1.2621	13
VAR-Modell in 1. Differenzen:		$\lambda=1$, $d=2$, $w=0.01$			
1	0.00241	0.04897	0.05579	0.9405	24
2	0.00412	0.07417	0.09044	0.9754	23
3	0.00190	0.08416	0.10193	0.9237	22
4	-0.00263	0.10077	0.11615	0.9231	21
8	-0.03356	0.15732	0.19067	0.9948	17
12	-0.09211	0.19082	0.21579	1.1171	13

Tabelle 13.3.3
Prognosestatistiken für GBP/USD-Wechselkurs.
Bayesianische Spezifikation: Kaufkraftparität.

Prognose-schritt	ME	MAE	RMSE	U-Statistik	Anzahl d. Beob.
VAR-Modell im Niveau:		λ=2, d=2, w=0.001			
1	0.00527	0.04434	0.05623	1.0536	24
2	0.00902	0.07211	0.08218	1.0366	23
3	0.01300	0.08744	0.09789	1.0248	22
4	0.02496	0.08941	0.11022	1.0279	21
8	0.07129	0.10076	0.11360	0.8866	17
12	0.07011	0.07177	0.08709	0.8020	13
Kointegriertes VAR-Modell:		λ=2, d=2, w=0.001, r=1			
1	-0.00182	0.04402	0.05758	1.0788	24
2	-0.00774	0.07203	0.08596	1.0843	23
3	-0.01554	0.09275	0.10533	1.1027	22
4	-0.01611	0.09799	0.12026	1.1215	21
8	-0.02294	0.10078	0.12662	0.9883	17
12	-0.10113	0.10625	0.12894	1.1875	13
VAR-Modell in 1. Differenzen:		λ=1, d=2, w=0.01			
1	0.00896	0.04433	0.05766	1.0803	24
2	0.01747	0.07738	0.08732	1.1016	23
3	0.02646	0.09412	0.10795	1.1301	22
4	0.04397	0.10712	0.12680	1.1826	21
8	0.11663	0.15678	0.17682	1.3801	17
12	0.13874	0.15048	0.17531	1.6145	13

Tabelle 13.3.4
Prognosestatistiken für FRF/USD-Wechselkurs
Bayesianische Spezifikation: Kaufkraftparität.

VAR-Modell im Niveau:		λ=1, d=2, w=0.5			
1	0.02542	0.04713	0.05579	1.0447	24
2	0.04601	0.07851	0.09056	1.1068	23
3	0.06637	0.09956	0.12118	1.1877	22
4	0.09088	0.11947	0.15103	1.2803	21
8	0.16900	0.19357	0.23437	1.6200	17
12	0.18206	0.18206	0.20897	1.8578	13
Kointegriertes VAR-Modell:		λ=1, d=2, w=0.01, r=1			
1	0.00048	0.04315	0.04814	0.9015	24
2	-0.00303	0.06579	0.07813	0.9549	23
3	-0.01012	0.08295	0.09942	0.9744	22
4	-0.01037	0.10238	0.11880	1.0070	21
8	0.00707	0.16496	0.18255	1.2618	17
12	-0.03699	0.12010	0.14862	1.3213	13
VAR-Modell in 1. Differenzen:		λ=1, d=2, w=0.01			
1	0.00773	0.04223	0.04901	0.9178	24
2	0.01516	0.07047	0.08038	0.9825	23
3	0.02036	0.08863	0.10319	1.0113	22
4	0.03300	0.10556	0.12369	1.0485	21
8	0.10370	0.14596	0.17630	1.2186	17
12	0.11851	0.11862	0.14788	1.3147	13

Tabelle 13.3.5
Prognosestatistiken für CHF/USD-Wechselkurs
Bayesianische Spezifikation: Kaufkraftparität.

Prognose-schritt	ME	MAE	RMSE	U-Statistik	Anzahl d. Beob.
VAR-Modell im Niveau:		λ=1, d=2, w=0.01			
1	0.02010	0.04947	0.05592	0.9156	24
2	0.04224	0.08468	0.09371	0.9431	23
3	0.06528	0.11372	0.12841	0.9951	22
4	0.09141	0.13521	0.15891	1.0604	21
8	0.19372	0.19498	0.23143	1.2574	17
12	0.22368	0.22368	0.23288	1.7800	13
Kointegriertes VAR-Modell:		λ=1, d=2, w=0.01, r=1			
1	-0.00593	0.04642	0.05391	0.8826	24
2	-0.01858	0.07547	0.09020	0.9078	23
3	-0.03571	0.10279	0.12545	0.9721	22
4	-0.05166	0.13149	0.15528	1.0362	21
8	-0.11651	0.17959	0.21617	1.1745	17
12	-0.27367	0.29099	0.31288	2.3915	13
VAR-Modell in 1. Differenzen:		λ=1, d=2, w=0.01			
1	0.00317	0.04753	0.05422	0.8876	24
2	0.00331	0.07686	0.08989	0.9047	23
3	0.00105	0.10392	0.12227	0.9475	22
4	0.00084	0.12871	0.14718	0.9822	21
8	0.00037	0.15358	0.18066	0.9815	17
12	-0.06849	0.12160	0.14041	1.0732	13

Als erstes betrachten wir die Prognoseresultate des unrestringierten BVAR-Modells im Niveau der Daten. Die Resultate erweisen sich dabei als überraschend gut. Während die Yen- und Franc-Wechselkurse schlecht prognostiziert werden, sind die Ergebnisse für die D-Mark und den Schweizer Franken im kürzerfristigen Bereich und diejenigen für das britische Pfund bei den Acht- und Zwölf-Schritt-Prognosen besser als ein naives Modell. Der Vergleich der Werte des mittleren Fehlers mit denen des mittleren absoluten Fehlers zeigen, daß längerfristig eine teilweise deutliche Überschätzung stattfindet.

Die Prognoseresultate für die Modellversion mit Kointegrationsrestriktionen sind jeweils im mittleren Teil der Tabellen 13.3.1-13.3.5 angegeben. Es wird bei deren Betrachtung deutlich, daß bei dem DEM/USD-, dem JPY/USD- und FRF/USD-Wechselkurs eine Verbesserung der Prognosegüte eintritt. Der D-Mark-Kurs wird sogar über alle Horizonte hinweg besser prognostiziert als mit dem random-walk-Modell. Für das britische Pfund und den Schweizer Franken verschlechtern sich dagegen bei der Zunahme der Prognoseschritte die Resultate. Dies überrascht in Anbetracht der allgemein eher langfristig gültigen Wirkung der Kaufkraftparität. Wie der ME und MAE zeigen, findet bei den Prognosen eine leichte Unterschätzung der tatsächlich realisierten Werte statt.

Schließlich werden noch die Ergebnisse für die Modellschätzungen in den ersten Differenzen der Daten untersucht. Nur bei dem GBP/USD-Kurs verschlechtern sich die Werte deutlich. Bei allen anderen Wechselkursen sind die Resultate vergleichbar mit den Kointegrationsmodellen oder sogar noch besser. So werden für den Schweizer Franken und den japanischen Yen leichte Verbesserungen gerade im Prognosebereich bis acht Perioden erzielt. Wie die Resultate weiter zeigen, ist der mittlere Fehler meist deutlich kleiner als der mittlere absolute Fehler, so daß nur eine relativ geringe Über- oder Unterschätzung der realisierten Größen auftritt.

Tabelle 13.3.6
Prognosestatistiken für DEM/USD-Wechselkurs
Unrestringierter VAR-Ansatz: Kaufkraftparität.

Prognose-schritt	ME	MAE	RMSE	U-Statistik	Anzahl d. Beob.
VAR-Modell im Niveau:					
1	0.03089	0.04948	0.06062	1.0352	24
2	0.06202	0.09124	0.10358	1.1291	23
3	0.09219	0.11948	0.13790	1.1986	22
4	0.12758	0.14576	0.16872	1.2563	21
8	0.25495	0.25495	0.27246	1.5553	17
12	0.32196	0.32196	0.32693	2.1280	13
Kointegriertes VAR-Modell:		r=1			
1	0.00513	0.04354	0.05400	0.9221	24
2	0.00600	0.07121	0.08386	0.9142	23
3	0.00526	0.09153	0.11102	0.9650	22
4	0.00934	0.10617	0.12779	0.9515	21
8	0.01344	0.13834	0.15551	0.8877	17
12	-0.07093	0.10597	0.12495	0.8133	13
VAR-Modell in 1. Differenzen:					
1	0.00488	0.04384	0.05483	0.9362	24
2	0.00623	0.07249	0.08536	0.9305	23
3	0.01092	0.09892	0.11364	0.9878	22
4	0.02335	0.11342	0.13052	0.9719	21
8	0.04382	0.13066	0.16787	0.9582	17
12	0.02373	0.08758	0.13436	0.8745	13

Um einen Eindruck für die Möglichkeiten des bayesianischen Ansatzes zu bekommen, wird am Beispiel des DEM/USD-Kurses untersucht, welche Prognoseresultate ein VAR-Modell ohne bayesianische Parametervorgaben erzielt. In Tabelle 13.3.6. sind für die drei Modellversionen die Ergebnisse der out-of-sample-Prognosen angegeben[2]. Die Prognoseresultate für alle drei Versionen sind schlechter als die bayesianischen Schätzungen. Allerdings sind die Unterschiede relativ gering, und auch das einfache VAR-

2 Da sich aufgrund der großen Anzahl der Koeffizienten die Zahl der Freiheitsgrade sehr stark verringert, wurden die VAR-Modelle im Niveau und in den ersten Differenzen mit 5 Lags geschätzt und das Modell mit den Kointegrationsrestriktionen mit vier zeitverzögerten Variablen.

Modell ist bei der Schätzung als kointegriertes Modell bzw. in den ersten Differenzen in der Lage, einen einfachen random-walk-Prozeß zu schlagen.

13.4 Resultate für das bayesianische monetäre Modell

In Kapitel 10 wurde das monetäre Wechselkursmodell im Rahmen von Kointegrationstests und dem Ansatz eines strukturellen vektorautoregressiven Modells empirisch analysiert. In diesem Abschnitt wird nun die Prognosefähigkeit des Modells untersucht und dabei auf das Konzept des bayesianischen Ansatzes zurückgegriffen (siehe auch Gerhards [1993b]). Die Resultate der out-of-sample-Prognosen werden in den Tabellen 13.4.1-13.4.5 angegeben.

Zuerst werden die Resultate der Prognosen mit dem VAR-Modell ohne Restriktionen im Niveau der Daten betrachtet. Wie die Prognosestatistiken zeigen, werden überwiegend günstige Ergebnisse erzielt. Allerdings sind die Resultate für den japanischen Yen bei U-Statistiken von über 1.0 schlechter als ein naives Modell und damit enttäuschend. Bei den übrigen Wechselkursen werden dagegen auf einen Vorhersagehorizont von bis zu

Tabelle 13.4.1
Prognosestatistiken für DEM/USD-Wechselkurs.
Bayesianische Spezifikation: Monetäres Modell.

Prognose-schritt	ME	MAE	RMSE	U-Statistik	Anzahl d. Beob.
VAR-Modell im Niveau:		$\lambda=1$, d=2, w=0.01			
1	0.01329	0.04045	0.04932	0.8422	24
2	0.02637	0.06880	0.07755	0.8454	23
3	0.04034	0.09053	0.10227	0.8890	22
4	0.06205	0.10882	0.12577	0.9365	21
8	0.16257	0.16460	0.20103	1.1475	17
12	0.20994	0.20994	0.22064	1.4361	13
Kointegriertes VAR-Modell:		$\lambda=1$, d=2, w=0.01, r=2			
1	0.00687	0.04235	0.04968	0.8484	24
2	0.01204	0.06881	0.07813	0.8517	23
3	0.01466	0.08637	0.10047	0.8733	22
4	0.02491	0.10416	0.12142	0.9041	21
8	0.06874	0.17128	0.19720	1.1256	17
12	0.04171	0.13087	0.16492	1.0735	13
VAR-Modell in 1. Differenzen:		$\lambda=1$, d=2, w=0.01			
1	0.00550	0.04165	0.04919	0.8400	24
2	0.00853	0.06895	0.07861	0.8570	23
3	0.00851	0.08767	0.10387	0.9029	22
4	0.01391	0.10634	0.12378	0.9216	21
8	0.04101	0.13828	0.16350	0.9333	17
12	0.01184	0.08963	0.11711	0.7622	13

Tabelle 13.4.2
Prognosestatistiken für JPY/USD-Wechselkurs.
Bayesianische Spezifikation: Monetäres Modell.

Prognose-schritt	ME	MAE	RMSE	U-Statistik	Anzahl d. Beob.
VAR-Modell im Niveau:		λ=1, d=2, w=0.01			
1	0.01229	0.05753	0.06631	1.1178	24
2	0.02759	0.09524	0.12056	1.3004	23
3	0.04059	0.12053	0.15783	1.4303	22
4	0.04993	0.15245	0.20028	1.5916	21
8	0.03921	0.27145	0.33721	1.7593	17
12	-0.03249	0.33413	0.38423	1.9891	13
Kointegriertes VAR-Modell:		λ=1, d=2, w=0.01, r=1			
1	0.01354	0.04626	0.05364	0.9042	24
2	0.02768	0.06784	0.08649	0.9328	23
3	0.03856	0.06838	0.09584	0.8685	22
4	0.04716	0.08271	0.09944	0.7903	21
8	0.06090	0.10086	0.13056	0.6811	17
12	0.00730	0.07514	0.09524	0.4930	13
VAR-Modell in 1. Differenzen:		λ=1, d=2, w=0.01			
1	0.00169	0.05041	0.05861	0.9880	24
2	0.00308	0.08327	0.10025	1.0813	23
3	-0.00089	0.09547	0.11690	1.0593	22
4	-0.00938	0.11201	0.13190	1.0482	21
8	-0.05661	0.18563	0.21870	1.1410	17
12	-0.12839	0.24607	0.27229	1.4096	13

Tabelle 13.4.3
Prognosestatistiken für GBP/USD-Wechselkurs
Bayesianische Spezifikation: Monetäres Modell.

VAR-Modell im Niveau:		λ=0.1, d=2, w=0.001			
1	0.01161	0.04240	0.05407	1.0131	24
2	0.02122	0.06747	0.07797	0.9836	23
3	0.03099	0.07842	0.09345	0.9783	22
4	0.04561	0.08914	0.10627	0.9911	21
8	0.09141	0.11288	0.13317	1.0394	17
12	0.10025	0.10300	0.12230	1.1263	13
Kointegriertes VAR-Modell:		λ=1, d=2, w=0.01, r=2			
1	0.01773	0.04748	0.05994	1.1230	24
2	0.03435	0.08275	0.09279	1.1706	23
3	0.04964	0.10312	0.11651	1.2198	22
4	0.07064	0.12050	0.14166	1.3211	21
8	0.13451	0.18884	0.21072	1.6447	17
12	0.13432	0.14362	0.17097	1.5746	13
VAR-Modell in 1. Differenzen:		λ=1, d=2, w=0.01			
1	0.00917	0.04407	0.05755	1.0782	24
2	0.01778	0.07712	0.08707	1.0983	23
3	0.02695	0.09378	0.10764	1.1269	22
4	0.04456	0.10696	0.12659	1.1806	21
8	0.11727	0.15646	0.17665	1.3788	17
12	0.13971	0.15113	0.17555	1.6167	13

Tabelle 13.4.4
Prognosestatistiken für FRF/USD-Wechselkurs
Bayesianische Spezifikation: Monetäres Modell.

Prognose-schritt	ME	MAE	RMSE	U-Statistik	Anzahl d. Beob.
VAR-Modell im Niveau:		$\lambda=2$, $d=2$, $w=0.001$			
1	0.00659	0.04168	0.04795	0.8979	24
2	0.01183	0.06665	0.07703	0.9415	23
3	0.01518	0.08073	0.09546	0.9355	22
4	0.02615	0.08851	0.11171	0.9469	21
8	0.09406	0.12657	0.15725	1.0870	17
12	0.11871	0.12544	0.14379	1.2784	13
Kointegriertes VAR-Modell:		$\lambda=1$, $d=2$, $w=0.01$, $r=1$			
1	0.00535	0.04223	0.04919	0.9210	24
2	0.00878	0.07018	0.08108	0.9910	23
3	0.00861	0.08853	0.10500	1.0291	22
4	0.01486	0.10850	0.12549	1.0637	21
8	0.05389	0.12370	0.14858	1.0270	17
12	0.00683	0.07751	0.10511	0.9344	13
VAR-Modell in 1. Differenzen:		$\lambda=1$, $d=2$, $w=0.01$			
1	0.00792	0.04224	0.04906	0.9187	24
2	0.01562	0.07062	0.08053	0.9842	23
3	0.02112	0.08882	0.10333	1.0127	22
4	0.03410	0.10566	0.12394	1.0506	21
8	0.10643	0.14686	0.17763	1.2278	17
12	0.12259	0.12259	0.15080	1.3407	13

Tabelle 13.4.5
Prognosestatistiken für CHF/USD-Wechselkurs
Bayesianische Spezifikation: Monetäres Modell.

VAR-Modell im Niveau:		$\lambda=1$, $d=2$, $w=0.01$			
1	0.01430	0.04800	0.05452	0.8926	24
2	0.02887	0.07837	0.08918	0.8976	23
3	0.04355	0.10704	0.12032	0.9324	22
4	0.06093	0.12715	0.14625	0.9760	21
8	0.12657	0.15753	0.19686	1.0695	17
12	0.13088	0.13088	0.16108	1.2312	13
Kointegriertes VAR-Modell:		$\lambda=1$, $d=2$, $w=0.01$, $r=1$			
1	0.00382	0.04638	0.05332	0.8729	24
2	0.00478	0.07526	0.08674	0.8730	23
3	0.00468	0.09337	0.11619	0.9004	22
4	0.00734	0.11711	0.13987	0.9334	21
8	0.03265	0.13545	0.16515	0.8973	17
12	-0.02203	0.12490	0.14982	1.1451	13
VAR-Modell in 1. Differenzen:		$\lambda=1$, $d=2$, $w=0.01$			
1	0.00318	0.04810	0.05479	0.8969	24
2	0.00320	0.07803	0.09067	0.9126	23
3	0.00081	0.10406	0.12282	0.9518	22
4	0.00099	0.12923	0.14767	0.9855	21
8	0.00342	0.15667	0.18298	0.9941	17
12	-0.06516	0.12059	0.14165	1.0827	13

einem Jahr für die US-Dollarwechselkurse mit der D-Mark, dem französischen Franc und dem Schweizer Franken deutlich bessere Resultate erzielt als mit der naiven Prognose. Auf einen längerfristigen Horizont von zwei bis drei Jahren können mit dem BVAR-Modell im Niveau keine besseren Prognoseergebnisse erzielt werden. Ein Blick auf die Vorzeichen des mittleren Fehlers zeigt, daß für die Wechselkurse zu hohe Werte prognostiziert werden.

Das Bild ändert sich etwas, wenn die Schätzungen des kointegrierten VAR-Modells betrachtet werden. Während die Prognoseresultate für das britische Pfund enttäuschen, sind bei den restlichen Wechselkursen die Ergebnisse gerade auch bei den höheren Prognosehorizonten zufriedenstellend. Speziell die sehr guten Resultate für den japanischen Yen überraschen: das monetäre Modell für den JPY/USD-Kurs schlägt sehr deutlich über alle Prognosehorizonte hinweg die naive Prognose. Auch werden die tatsächlich realisierten Wechselkurse nur wenig überschätzt. Bei dem DEM/USD-, dem FRF/USD- und dem CHF/USD-Kurs verbessern sich die Prognosen im längerfristigen Bereich. So erzielt das Modell für Frankreich auf dem Dreijahreshorizont und das Schweizer Modell auf Sicht von zwei Jahren geringere RMSE als ein random-walk-Modell. Die Dimension der Werte des mittleren Fehlers im Vergleich zu denen des MAE zeigen, daß etwas höhere Werte für die Wechselkurse prognostiziert werden als tatsächlich eintreten.

Tabelle 13.4.6
Prognosestatistiken für DEM/USD-Wechselkurs
Unrestringierter VAR-Ansatz: Monetäres Modell.

Prognose-schritt	ME	MAE	RMSE	U-Statistik	Anzahl d. Beob.
VAR-Modell im Niveau:					
1	0.01126	0.05030	0.06202	1.0590	24
2	0.02010	0.09245	0.10415	1.1354	23
3	0.03238	0.12945	0.14591	1.2683	22
4	0.05116	0.14925	0.17760	1.3224	21
8	0.10654	0.20517	0.25655	1.4644	17
12	0.14141	0.21565	0.29328	1.9089	13
Kointegriertes VAR-Modell:		r=1			
1	0.00641	0.04496	0.05595	0.9555	24
2	0.00881	0.07069	0.09037	0.9852	23
3	0.01150	0.09384	0.11856	1.0305	22
4	0.02301	0.11231	0.14859	1.1064	21
8	0.07608	0.16856	0.19164	1.0939	17
12	0.03604	0.15670	0.19026	1.2384	13
VAR-Modell in 1. Differenzen:					
1	0.00842	0.04382	0.05559	0.9493	24
2	0.01010	0.07000	0.08677	0.9459	23
3	0.01258	0.09135	0.11208	0.9742	22
4	0.02016	0.11004	0.13805	1.0279	21
8	0.03678	0.18697	0.20722	1.1828	17
12	-0.05075	0.15683	0.19039	1.2392	13

Als drittes werden schließlich die Prognoseresultate des monetären Modells in den ersten Differenzen der Daten betrachtet. Hier tritt beim D-Mark/US-Dollarwechselkurs nochmals eine Verbesserung der Prognosefähigkeit ein, und das monetäre Modell schlägt über alle betrachteten Prognosehorizonte hinweg den random walk. Bei den übrigen Wechselkursen sind die Prognoseresultate meist etwas schlechter als die der kointegrierten Modelle und etwas besser als die der VAR-Modelle im Niveau. Die Prognosen sind auch zufriedenstellend, wenn die absolute Größe des ME gegenüber dem MAE verglichen wird. Wie die Resultate zeigen, ist der mittlere Fehler meist deutlich kleiner als der mittlere absolute Fehler, so daß nur eine geringe Über- oder Unterschätzung gegenüber den tatsächlich eingetretenen Werten stattfindet. Dies gilt in der Tendenz für alle Wechelkurse und über alle Prognosehorizonte hinweg.

Auch für das monetäre Modell wird am Beispiel des DEM/USD-Kurses untersucht, welche Prognoseresultate ein VAR-Modell ohne bayesianische Parametervorgaben erzielt. In Tabelle 13.4.6. sind für die drei Modellversionen die Ergebnisse der out-of-sample-Prognosen angegeben. Wie leicht zu erkennen, sind die Prognoseresultate für alle drei Versionen deutlich schlechter als die bayesianischen Schätzungen. Das VAR-Modell mit Kointegrationsrestriktionen prognostiziert nur in einem Fall (Zwei-Schritt-Prognose) und das Modell in den ersten Differenzen nur bei der Zwei- und der Zwölf-Schritt-Prognose besser als der random walk. Die Anwendung des bayesianischen Ansatzes mit realistischen Verteilungsannahmen für die Koeffizienten der vektorautoregressiven Modelle erweist sich damit in Hinblick auf die Verbesserung der out-of-sample-Vorhersagefähigkeit als deutlich im Vorteil gegenüber dem Standardverfahren.

13.5 Resultate für das bayesianische Portfoliomodell

Das Portfoliomodell wurde in Kapitel 11 untersucht. Gerade die dynamische Analyse zeigte weitgehende Übereinstimmung mit den theoretischen Erwartungen. Dagegen ergaben sich bei den Kointegrationstests keine eindeutigen Resultate hinsichtlich theoretisch konsistenter langfristiger Gleichgewichtsbeziehungen. Die Resultate der out-of-sample-Prognosen des Portfoliomodells werden in den Tabellen 13.5.1-13.5.5 für die verschiedenen Wechselkurse angegeben.

Im oberen Teil der jeweiligen Tabelle sind die Resultate für die Schätzung des bayesianischen VAR-Modells ohne Restriktionen im Niveau der Daten aufgelistet. Für die Wechselkurse D-Mark und Schweizer Franken sind die U-Statistiken über alle von uns betrachteten Zeithorizonte kleiner als Eins.

Tabelle 13.5.1
Prognosestatistiken für DEM/USD-Wechselkurs
Bayesianische Spezifikation: Portfoliomodell.

Prognose-schritt	ME	MAE	RMSE	U-Statistik	Anzahl d. Beob.
VAR-Modell im Niveau:		$\lambda=2$, d=2, w=0.001			
1	0.00925	0.04091	0.04876	0.8327	24
2	0.01672	0.06501	0.07599	0.8284	23
3	0.02346	0.08310	0.09779	0.8500	22
4	0.03721	0.09986	0.11853	0.8826	21
8	0.11484	0.13133	0.16965	0.9684	17
12	0.13677	0.13677	0.15237	0.9917	13
Kointegriertes VAR-Modell:		$\lambda=1$, d=2, w=0.01, r=1			
1	-0.00634	0.04539	0.05121	0.8745	24
2	-0.02364	0.07340	0.08762	0.9551	23
3	-0.05134	0.10823	0.12745	1.1079	22
4	-0.08018	0.15031	0.17339	1.2911	21
8	-0.25019	0.34450	0.42043	2.3999	17
12	-0.60512	0.61838	0.75134	4.8905	13
VAR-Modell in 1. Differenzen:		$\lambda=1$, d=2, w=0.01			
1	0.00394	0.04204	0.04908	0.8382	24
2	0.00442	0.06846	0.07831	0.8537	23
3	0.00094	0.08613	0.10350	0.8996	22
4	0.00198	0.10773	0.12370	0.9211	21
8	0.00713	0.14495	0.16886	0.9639	17
12	-0.05515	0.12082	0.14400	0.9373	13

Tabelle 13.5.2
Prognosestatistiken für JPY/USD-Wechselkurs
Bayesianische Spezifikation: Portfoliomodell.

VAR-Modell im Niveau:		$\lambda=2$, d=2, w=0.001			
1	0.01482	0.05965	0.06898	1.1628	24
2	0.03579	0.10177	0.13180	1.4215	23
3	0.05691	0.14280	0.18426	1.6698	22
4	0.07458	0.18553	0.24248	1.9270	21
8	0.06432	0.29178	0.35578	1.8562	17
12	-0.01913	0.29150	0.34561	1.7891	13
Kointegriertes VAR-Modell:		$\lambda=1$, d=2, w=0.01, r=1			
1	-0.00261	0.04616	0.05337	0.8997	24
2	-0.00827	0.07056	0.08402	0.9062	23
3	-0.01783	0.07656	0.09145	0.8287	22
4	-0.03132	0.07568	0.09467	0.7523	21
8	-0.09932	0.15384	0.17467	0.9113	17
12	-0.18905	0.25116	0.28531	1.4770	13
VAR-Modell in 1. Differenzen:		$\lambda=1$, d=2, w=0.01			
1	0.00016	0.05017	0.05848	0.9858	24
2	-0.00091	0.08322	0.10008	1.0795	23
3	-0.00806	0.09750	0.11686	1.0590	22
4	-0.02041	0.11250	0.13251	1.0530	21
8	-0.08908	0.19682	0.22974	1.1986	17
12	-0.19701	0.29649	0.31964	1.6547	13

Tabelle 13.5.3
Prognosestatistiken für GBP/USD-Wechselkurs
Bayesianische Spezifikation: Portfoliomodell.

Prognose-schritt	ME	MAE	RMSE	U-Statistik	Anzahl d. Beob.
VAR-Modell im Niveau:		$\lambda=0.1$, d=2, w=0.001			
1	0.01155	0.04240	0.05407	1.0130	24
2	0.02112	0.06747	0.07798	0.9837	23
3	0.03083	0.07846	0.09347	0.9785	22
4	0.04539	0.08916	0.10628	0.9912	21
8	0.09105	0.11285	0.13306	1.0385	17
12	0.09963	0.10259	0.12192	1.1228	13
Kointegriertes VAR-Modell:		$\lambda=1$, d=2, w=0.01, r=1			
1	-0.00763	0.04314	0.05791	1.0851	24
2	-0.02091	0.07457	0.08823	1.1130	23
3	-0.03803	0.09931	0.11103	1.1623	22
4	-0.05000	0.11505	0.13281	1.2386	21
8	-0.12160	0.16664	0.20090	1.5681	17
12	-0.28998	0.28998	0.32877	3.0278	13
VAR-Modell in 1. Differenzen:		$\lambda=1$, d=2, w=0.01			
1	0.00768	0.04405	0.05739	1.0753	24
2	0.01440	0.07626	0.08667	1.0933	23
3	0.02102	0.09264	0.10667	1.1167	22
4	0.03570	0.10481	0.12464	1.1624	21
8	0.09529	0.15092	0.16812	1.3122	17
12	0.10029	0.12600	0.15202	1.4000	13

Tabelle 13.5.4
Prognosestatistiken für FRF/USD-Wechselkurs
Bayesianische Spezifikation: Portfoliomodell.

VAR-Modell im Niveau:		$\lambda=2$, d=2, w=0.001			
1	0.00352	0.04235	0.04849	0.9081	24
2	0.00404	0.06775	0.07929	0.9692	23
3	0.00127	0.08307	0.10081	0.9880	22
4	0.00555	0.09876	0.11987	1.0161	21
8	0.05250	0.12970	0.16043	1.1090	17
12	0.03787	0.07943	0.10731	0.9540	13
Kointegriertes VAR-Modell:		$\lambda=1$, d=2, w=0.01, r=1			
1	-0.00731	0.04336	0.05118	0.9583	24
2	-0.02649	0.08200	0.09260	1.1318	23
3	-0.05777	0.11577	0.13245	1.2981	22
4	-0.09174	0.16569	0.18678	1.5833	21
8	-0.29006	0.41641	0.54428	3.7622	17
12	-0.67347	0.72155	1.00631	8.9466	13
VAR-Modell in 1. Differenzen:		$\lambda=1$, d=2, w=0.01			
1	0.00661	0.04243	0.04877	0.9132	24
2	0.01202	0.06916	0.07972	0.9744	23
3	0.01433	0.08606	0.10152	0.9950	22
4	0.02309	0.10353	0.12080	1.0240	21
8	0.07250	0.14233	0.16701	1.1544	17
12	0.05372	0.08327	0.11132	0.9897	13

Tabelle 13.5.5
Prognosestatistiken für CHF/USD-Wechselkurs
Bayesianische Spezifikation: Portfoliomodell.

Prognose-schritt	ME	MAE	RMSE	U-Statistik	Anzahl d. Beob.
VAR-Modell im Niveau:		λ=2, d=2, w=0.001			
1	0.00997	0.04832	0.05471	0.8957	24
2	0.01904	0.07823	0.08964	0.9023	23
3	0.02699	0.10548	0.12020	0.9315	22
4	0.03756	0.12780	0.14535	0.9699	21
8	0.08702	0.14843	0.18290	0.9937	17
12	0.07162	0.07681	0.11532	0.8814	13
Kointegriertes VAR-Modell:		λ=1, d=2, w=0.01, r=1			
1	-0.00497	0.04850	0.05613	0.9190	24
2	-0.01690	0.08296	0.09482	0.9544	23
3	-0.03401	0.11090	0.13210	1.0237	22
4	-0.05035	0.14657	0.16620	1.1091	21
8	-0.12839	0.22430	0.27964	1.5193	17
12	-0.30262	0.33123	0.37197	2.8432	13
VAR-Modell in 1. Differenzen:		λ=1, d=2, w=0.01			
1	0.00217	0.04812	0.05479	0.8970	24
2	0.00067	0.07854	0.09081	0.9140	23
3	-0.00367	0.10363	0.12331	0.9556	22
4	-0.00576	0.13092	0.14890	0.9937	21
8	-0.01483	0.16347	0.19207	1.0435	17
12	-0.10159	0.15218	0.17073	1.3050	13

Bei dem britischen Pfund und dem französischen Franc ergeben sich im kürzerfristigen Bereich günstigere Ergebnisse als bei der naiven Prognose, während das Modell für den japanischen Yen durchweg schlecht prognostiziert. Wie der Blick auf ME und MAE zeigt, sind die Abweichung von den tatsächlichen Werten zum Teil beträchtlich und diese werden durchgängig überschätzt.

Die Ergebnisse der Prognoseuntersuchungen mit den Portfoliomodellen in kointegrierter Form unterstützen die in Abschnitt 11.2 gewonnenen Resultate der Kointegrationsanalyse: Die Ergebnisse für die betrachteten VAR-Modelle erwiesen sich als nicht einheitlich und stimmten auch nicht miteinander überein. So war keine eindeutige Interpretation möglich. Ein Resultat, das auch dem eher kurzfristig orientierten Charakter des Portfolioansatzes entspricht (vgl. Abschnitt 3.5) Wie anhand der Werte in den Tabellen zu erkennen, sind die Resultate der out-of-sample-Prognosen mit Ausnahme der JPY/USD-Vorhersagen enttäuschend. Das Modell für den japanischen Yen weist für die Ein- bis Acht-Schritt-Prognosen bessere Resultate auf als eine naive Prognose und ist auch besser als bei der Schätzung im Niveau (oder in den ersten Differenzen s.u.). Für alle anderen Wechselkurse werden bei den Modellprognosen - speziell im längerfristigen Vorhersagebereich - sehr schlechte U-Statistiken berechnet, die zum Teil sogar einen explodierenden Charakter annehmen. Auch die Werte für ME und MAE sind unbefriedigend.

Diese enttäuschenden Resultate legen ein Nachforschen nach möglichen Ursachen nahe. Wie sich herausstellt, ist der Grund bei der Auslandsvermögensvariablen und deren Koeffizienten in den ermittelten Kointegrationsbeziehungen zu suchen. Das Auslandsvermögen wird aus kumulierten Leistungsbilanzsalden generiert. Während diese Größe in den siebziger Jahren und Anfang der achtziger Jahre noch relativ gering war, hat sie spätestens ab Mitte der achtziger Jahre mit den enormen Leistungsbilanzdefiziten in den USA und den hohen -überschüssen in Japan und Deutschland sehr große absolute Werte angenommen. Bei unserem Vorgehen für die Prognoseuntersuchungen werden die langfristigen Kointegrationsvektoren β mit Hilfe des multivariaten ML-Ansatzes von Johansen über den Zeitraum von 1973:1 bis 1985:4 geschätzt und dann mit dieser Form von β die ersten zwölf Prognosen durchgeführt. Dieses Vorgehen wird rollierend fortgesetzt bis zum letzten Quartal 1991. Der absolute Einfluß der Vermögensvariablen auf die Kointegrationsbeziehungen ist dabei in dem Anpassungszeitraum relativ gering. Im Laufe der achtziger Jahre und somit im out-of-sample-Prognosezeitraum hat sich die Variable des Auslandsvermögens im Vergleich zu den anderen verwendeten Variablen sehr stark verändert, wobei der Einfluß der Vermögensvariable auf die langfristigen Beziehungen ebenfalls sehr stark angestiegen ist. Die Gleichgewichtsbeziehungen sind daher langfristig nicht stabil und die Kointegrationsvektoren nicht mehr stationär. Daraus resultieren Verzerrungen bei den Kointegrationsrestriktionen, und man erhält die ausgesprochen schlechten Prognoseresultate. Es erscheint daher sinnvoller, die möglichen Kointegrationsbeziehungen nicht zu berücksichtigen und stattdessen auf das vektorautoregressive Modell in den ersten Differenzen der Daten überzugehen.

Die Prognoseresultate dieser dritten Version des Portfoliomodells werden jeweils im unteren Teil der Tabellen 13.5.1.-13.5.5 aufgelistet. Bei dieser Modellversion werden recht gute Prognoseresultate erzielt, wobei festzustellen ist, daß die Modellschätzungen im Niveau der Daten zu besseren Ergebnissen gelangten. Während die Modelle für den japanischen Yen und das britische Pfund weitgehend schlechter prognostizieren als eine naive Prognose, sind mit den übrigen Modellen - gerade auch bei kürzerfristigen Prognosen - bessere Resultate zu erzielen. Der DEM/USD-Kurs wird über alle Prognosehorizonte hinweg mit einem niedrigeren RMSE als dem des random walk vorhergesagt. Auch der Vergleich der Werte des mittleren Fehlers mit denen des mittleren absoluten Fehlers zeigen, daß nur eine geringe Über- oder Unterschätzung stattfindet.

Für das Portfoliomodell wird ebenfalls die Prognosefähigkeit des bayesianischen Ansatzes mit der eines normalen VAR-Modells verglichen. Wie anhand des Beispiels mit dem D-Mark/US-Dollarkurs in Tabelle 13.5.6 zu erkennen, ergibt sich das gleiche Bild wie bei dem monetären Modell: Die bayesianischen Prognoseresultate sind bei weitem besser als die des normalen VAR-Modells. Das unrestringierte Modell kann in keiner Version den random walk schlagen.

Tabelle 13.5.6
Prognosestatistiken für DEM/USD-Wechselkurs
Unrestringierter VAR-Ansatz: Portfoliomodell.

Prognose-schritt	ME	MAE	RMSE	U-Statistik	Anzahl d. Beob.
VAR-Modell im Niveau:					
1	-0.01548	0.05602	0.06912	1.1803	24
2	-0.04097	0.12080	0.14277	1.5564	23
3	-0.08022	0.18570	0.22170	1.9271	22
4	-0.13570	0.24595	0.28551	2.1259	21
8	-0.34834	0.58977	0.66654	3.8047	17
12	-0.98072	1.13397	1.21114	7.8833	13
Kointegriertes VAR-Modell:		r=1			
1	-0.01468	0.04325	0.05274	0.9006	24
2	-0.04285	0.08540	0.10267	1.1193	23
3	-0.07386	0.14569	0.16672	1.4492	22
4	-0.10947	0.20657	0.23551	1.7537	21
8	-0.30872	0.49625	0.59373	3.3891	17
12	-0.84003	0.86007	1.05208	6.8480	13
VAR-Modell in 1. Differenzen:					
1	-0.00993	0.04150	0.05073	0.8663	24
2	-0.03198	0.08219	0.09568	1.0430	23
3	-0.05860	0.12999	0.14879	1.2934	22
4	-0.09047	0.18366	0.20844	1.5520	21
8	-0.28173	0.44688	0.53798	3.0709	17
12	-0.81509	0.82843	1.02419	6.6664	13

13.6 Zusammenfassung

Die Ergebnisse der Prognoseuntersuchung auf der Grundlage der Kaufkraftparität, des monetären Ansatzes und des Portfoliomodells weisen darauf hin, daß es mit Hilfe des bayesianischen Ansatzes möglich ist, die Wechselkursprognosefähigkeit von VAR-Modellen zu erhöhen (vgl. entsprechende Ergebnisse für US-Arbeitsmarktdaten von LeSage [1990]). So wurde in den obigen Abschnitten untersucht, ob es mit Hilfe einer bayesianischen Spezifizierung möglich ist, mit out-of-sample-Wechselkursprognosen das naive Zufallsmodell zu schlagen.

Vor dem Hintergrund der bisher weitgehend enttäuschenden Ergebnisse in der Wechselkursliteratur (vgl. Abschnitt 7.3) sind die Resultate mit dem bayesianischen Ansatz als vielversprechend zu werten. Insbesondere für Prognosezwecke erweist sich dieser Ansatz gegenüber dem normalen VAR-Ansatz ohne Restriktion der Verteilungsparameter der Koeffizienten und gegenüber einem einfachen random walk als überlegen. Die Prognoseergebnisse der BVAR-Modelle im Niveau der Daten sind mehrheitlich besser als die eines random-walk-Prozesses, und gerade auch von den beiden anderen Versionen, dem Modell mit Kointegrationsrestriktionen und demjenigen in den ersten Differenzen werden günstige Resultate generiert. Die guten Ergebnisse des Modells in den ersten Differenzen fallen dabei besonders auf.

Bei einer vergleichenden Betrachtung der Prognosen für die drei von uns herangezogenen theoretischen Modellansätze gelangt man zu dem Ergebnis, daß mit dem monetären Modell die besten Resultate sowohl im kurzfristigen als auch im langfristigen Bereich erzielt werden. Die Prognosen auf der Grundlage des Portfoliomodells und der Kaufkarftparität sind besonders im kurzfristigen Bereich gut, wobei die des ersteren denen Portfoliomodells leicht überlegen sind. Beim monetären Modell sind speziell die Ergebnisse der Modellversionen im Niveau der Daten und als kointegriertes Modell hervorzuheben. Der Portfolioansatz weist bei den Modellversionen im Niveau und in den ersten Differenzen mehrheitlich bessere Vorhersageresultate als die naive Prognose auf. Demgegenüber sind die schlechteren längerfristigen Prognoseergebnisse für die kointegrierte Modellversion aufgrund der oben angesprochenen Problematik in Hinblick auf die Variablen des Auslandsvermögens und die nichtstabilen Kointegrationsbeziehungen zu relativieren. Die Prognoseresultate mit der Kaufkraftparität sind allgemein für die kointegrierten Modelle und die in den ersten Differenzen besser als für diejenigen mit der Niveauversion. Sie weisen in Anbetracht der oftmals kritischen Einschätzung der Erklärungsmöglichkeiten der PPP überraschend gute Ergebnisse auf.

Bei der Betrachtung der einzelnen Wechselkursrelationen werden die besten Prognoseresultate für die US-Dollarwechselkurse mit der D-Mark, dem Schweizer Franken und dem französischen Franc erreicht. Weniger gut sind die Ergebnisse für die Wechselkurse mit dem japanischen Yen und dem britischen Pfund Sterling. Gerade beim letzteren Wechselkurs sind die Vorhersagen bei Heranziehen des RMSE als Vergleichskriterium mehrheitlich schlechter als ein random walk. Dies trifft jedoch nicht zu, wenn der Mittlere Fehler bzw. der Mittlere Absolute Fehler betrachtet wird. Zum Vergleich sind in Anhang A13 für die verschiedenen Wechselkurse die Prognosefehlerstatistiken für ME, MAE und RMSE eines random-walk-Modells aufgelistet.

Bei einer zusammenfassenden Beurteilung der erzielten Prognoseergebnisse ist festzustellen, daß mit Hilfe der von uns eingesetzten bayesianischen VAR-Modelle die Vorhersagen eines einfachen Zufallsprozesses geschlagen werden. Damit können über den relativ groß gewählten Prognosezeitraum vom ersten Quartal 1986 bis zum vierten Quartal 1991 überraschend gute Resultate erzielt werden. Zusätzlich läßt sich vermuten, daß durch eine feinere Spezifizierung der bayesianischen Parametervorgaben noch günstigere Prognoseresultate erzeugt werden können, da im Rahmen unserer Untersuchung nur ein Gitter von vier Grundeinstellungen vorgegeben wurde.

Während die Prognoseergebnisse insgesamt im Vergleich zu den existierenden Resultaten in der Literatur somit als sehr gut einzuschätzen sind, darf trotzdem eine kritische Anmerkung in bezug auf die bayesianischen Parametervorgaben nicht mißachtet werden. Obwohl vier verschiedene Einstellungen zugrundegelegt wurden, ergibt sich bei den in-the-Sample-Prognosen bei einem Großteil der Modelle eine Wahl für die erste Parametereinstellung mit $\lambda=2$, $d=2$, $w=0.001$ oder für die zweite mit $\lambda=1$, $d=2$ und $w=0.01$. Diese Wahl der Parametereinstellungen hat zur Folge, daß für die anschließenden out-of-sample-Prognosen hauptsächlich die eigenen zeitverzögerten Wechselkursvariablen genutzt werden, während die fundamentalen Einflußgrößen, gerade bei der ersten Einstellung, ausgeklammert werden und damit nur relativ geringe Bedeutung erhalten.

In diesem Kapitel konnte aufgezeigt werden, daß unter der Verwendung von bayesianischen VAR-Modellen auf Quartalsbasis Wechselkursprognosen generiert werden, die einen Zufallsprozeß schlagen. Speziell durch die Berücksichtigung langfristiger Kointegrationsbeziehungen monetärer Prägung können diese Prognoseresultate noch verbessert werden. Mit Hilfe der oben gewonnenen Resultate kann somit auch die in der wissenschaftlichen Literatur geübte Kritik an den Prognosemöglichkeiten theoretischer Wechselkursmodelle relativiert und der Nutzen dieser Ansätze herausgestellt werden.

14 Zusammenfassung

Ausgangspunkt dieser Untersuchung sind die verschiedenen Ansätze zur Erklärung der Fluktuationen flexibler Wechselkurse. Diese theoretischen Modelle ordnen einem Wechselkurs die Bedeutung eines Austauschverhältnisses von Gütern, Inflationsraten oder Geldmengen zweier Volkswirtschaften, ebenso wie die Funktion eines Preises von dauerhaften Vermögensanlagen zu. Nach diesen Überlegungen entwickeln sich Wechselkurse in Abhängigkeit der Unterschiede in den nationalen Inflationsraten, der Einkommen, der Geldmengen und der (erwarteten) Ertragsraten von Anlagen in in- bzw. ausländischen Wertpapieren.

Was kann über die Zweckmäßigkeit dieser Modelle für die Erklärung und Vorhersage tatsächlicher Wechselkursfluktuationen ausgesagt werden?

Mit Hilfe moderner ökonometrischer Verfahren und einer speziellen Vorgehensweise wird das Zutreffen der theoretischen Modelle empirisch überprüft. Der verfolgte Ansatz kombiniert dabei verschiedene ökonometrische Schätzverfahren. Um die interdependenten ökonomischen Zusammenhänge der Einflußgrößen zu berücksichtigen, liegt die Konzentration auf multivariaten Ansätzen. Dies hat den Vorteil, daß die z.B. bei Eingleichungsmodellen notwendigen und oftmals unrealistischen Exogenitätsannahmen nicht getroffen werden müssen. Durch die Kombination der Untersuchung auf langfristige Gleichgewichtsbeziehungen und auf die Dynamik der Prozesse lassen sich Rückschlüsse auf die Wechselwirkungen zwischen den Modellvariablen ziehen und deren Übereinstimmung mit den theoretischen Erwartungen überprüfen. Der Schwerpunkt liegt hierbei weniger auf der Betrachtung der kurzfristigen Wechselkursschwankungen innerhalb eines Tages oder einzelner Wochen, sondern der längerfristigen Entwicklung in Abhängigkeit der makroökonomischen Daten der Volkswirtschaften. Bei den Prognoseexperimenten wird speziell auf die Zeitreiheneigenschaften der Wechselkurse eingegangen. Diese weisen eine große Ähnlichkeit mit einfachen random-walk-Prozessen auf. Die entwickelten Prognosemodelle ermöglichen über eine Gewichtung der Parameter die Einbeziehung der kurzfristigen Systemdynamik, die aus der Zeitreihencharakteristik der Modellvariablen resultiert, ebenso wie die Berücksichtigung langfristiger Abhängigkeiten.

Zum Abschluß seien nochmals die wesentlichen Aspekte und Resultate der vorliegenden Arbeit aufgeführt. Wir beschränken uns dabei jedoch auf eine kurz gehaltene

Zusammenfassung, da die Ergebnisse schon eingehend am Ende der jeweiligen Kapitel dargestellt und beurteilt wurden.

Ziel der Arbeit ist es, eine umfassende Analyse des Wechselkursverhaltens seit dem Zusammenbruch des Bretton-Woods-Systems 1973 zu geben. Die vorliegende Abhandlung gibt dazu einen Überblick über die theoretischen Wechselkursmodelle und arbeitet die entscheidenden Einflußfaktoren für die Erklärung des Wechselkursverhaltens heraus. Im ökonometrischen Teil werden neu entwickelte Ansätze vorgestellt, wie das theoretische Konzept kointegrierter Zeitreihen oder strukturelle und bayesianische vektorautoregressive Modelle. Diese sind Grundlage des weiteren Vorgehens.

In einer umfangreichen Studie werden daraufhin die Möglichkeiten und die Grenzen der Erklärung und Prognose makroökonomischer Fluktuationen und speziell des Wechselkursverhaltens herausgestellt. Die empirische Analyse führt zu einigen unerwarteten und neuen Ergebnissen. Wie die Untersuchungen zeigen, kann die Kaufkraftparitätenhypothese bei einigen Wechselkursen als langfristiges Phänomen bestätigt werden. Ebenso bestehen für die Geld- und die aggregierte Güternachfrage der meisten untersuchten Volkswirtschaften langfristige Gleichgewichtsbeziehungen. Weiterhin deuten die Resultate auf das Vorliegen von Kointegrationsbeziehungen zwischen Wechselkursen und fundamentalen Einflußfaktoren hin, deren Form häufig einer langfristigen monetären Wechselkursgleichung entspricht. Bei einer empirischen Untersuchung der wichtigsten bilateralen US-Dollarwechselkurse werden langfristige Abhängigkeiten ermittelt, die auf eine Dominanz des D-Mark/US-Dollarkurses auf den internationalen Devisenmärkten hinweisen.

Die Analyse der dynamischen Anpassungsprozesse innerhalb der von uns untersuchten multivariaten Modelle zeigt, daß das Reaktionsverhalten der Systeme auf Impulse in den makroökonomischen Modellvariablen weitgehend den Erwartungen eines stylisierten Mundell-Fleming-Modells entspricht. Die kurzfristige Wechselkursdynamik widerspricht dagegen den Erwartungen der monetären Theorie. Stattdessen zeigen sich Wirkungsbeziehungen, die mit portfoliotheoretischen Überlegungen im Einklang stehen. Im Rahmen der von uns durchgeführten out-of-sample-Prognosen kann schließlich gezeigt werden, daß es mit Hilfe bayesianisch geschätzter fundamentaler Wechselkursmodelle möglich ist, ein naives Zufallsmodell zu schlagen. Damit können bessere Resultate generiert werden, als in der bestehenden empirischen Literatur ausgewiesen.

Zusammenfassend zeigt sich, daß die theoretischen Erklärungsansätze des Wechselkursverhaltens somit für die Periode seit dem Zusammenbruch des Bretton-Woods-Systems unter Einschränkungen ihre Berechtigung haben. Zwar ist der Verlauf flexibler Wechselkurse sehr stark durch zufällige Schwankungen, spekulative Sonderbewegungen und

Störfaktoren überlagert, aber der gewählte Ansatz einer Verbindung grundlegender theoretischer Konzepte mit der Charakteristik des Zeitreihenverhaltens von Variablen erweist sich als vielversprechend.

Die Theorie kointegrierter Variablen und vektorautoregressiver Modelle steht noch am Anfang ihrer Entwicklung. Dies gilt besonders in bezug auf die Macht der Testverfahren, die Möglichkeiten der Modellüberprüfung, die Behandlung saisonaler Komponenten und die Begrenzung auf reine I(0)- und I(1)-Prozesse. Hier ergeben sich weitere Forschungsfelder, in denen in den kommenden Jahren weitere Fortschritte zu erwarten sind, die der theoretischen und empirischen Wirtschaftsforschung neue Impulse und Perspektiven geben können.

Anhang

A8 Anhang zu Kapitel 8

Die Datengrundlage

Die Daten für die von uns herangezogenen Zeitreihen stammen von DATASTREAM INTERNATIONAL LTD. (LONDON) und werden bis auf die Zinssätze und die kummulierten Leistungsbilanzdaten in logarithmierter Form verwendet. Die Zeitreihen beginnen im ersten Quartal 1973 und enden mit dem vierten Quartal 1991. Die Ausnahmen sind der japanische Euro-Geldmarktzinssatz, der erst ab dem dritten Quartal 1978 erhältlich ist, ebenso wie die Schweizer Geldmenge M1, für die Daten erst ab dem ersten Quartal 1974 vorliegen. Eine genaue Beschreibung der Daten sowie die DATASTREAM-Codes werden in der Tabelle A8.1.1 auf den folgenden Seiten gegeben.

Tabelle A8.1.1
Die verwendeten makroökonomischen Zeitreihen

Variable	Beschreibung	DATASTREAM-Kürzel
Deutschland		
Y	Nettoproduktion im produzierenden Gewerbe, ohne Bauhauptgewerbe Quelle: Deutsche Bundesbank Index 1985=100, Volumen, sais. adj.	BDUS1134G
M	Geldmenge M1 Quelle: Deutsche Bundesbank in Billionen DEM, laufende Preise, sais. adj.	BDTS0047B
P	Preisindex für Lebenshaltung Quelle: Statistisches Bundesbank Index 1985=100, nicht sais. adj.	BDCP....F
i_S	Zinsrate Dreimonatsgeld im Monatsdurchschnitt Quelle: Deutsche Bundesbank	BD3MONTH
i_B	Umlaufrendite von Bundesanleihen mit Restlaufzeit von 10J. Quelle: Deutsche Bundesbank	BDAU2101
F	Leistungsbilanzsaldo Quelle: Deutsche Bundesbank in Mio. DM, laufende Preise, nicht sais. adj.	BDEU0502A
S	DEM/USD-Wechselkurs Quelle: Bank of England	USX$DMK.
S_I	Gewogener Außenwert der DM gegenüber 18 Industrienationen Quelle: Deutsche Bundesbank Index 1972=100, nicht sais. adj.	BDWU5870F

Tabelle A8.1.1 (Fortsetzung)
Die verwendeten makroökonomischen Zeitreihen

Variable	Beschreibung	DATASTREAM-Kürzel
Vereinigte Staaten		
Y	Industrieproduktion Quelle: Federal Reserve Board Index 1987 = 100, Volumen, sais.adj.	USINPRODG
M	Geldmenge M1 Quelle: Federal Reserve Board in Billionen USD, laufende Preise, sais. adj.	USM1....B
P	Verbraucherpreisindex (all urban consumers) Quelle: Department of Labor Index 1982/84 = 100, nicht sais. adj.	USCP....F
i_S	Euro-Dollar Dreimonatsgeld Quelle: Deutsche Bundesbank	BDIV1212
i_B	Umlaufrendite von Treasury-Bonds mit Restlaufzeit von 10J. Quelle: Federal Reserve Board of Governors	USTRCN10
F	Leistungsbilanzsaldo Quelle: Department of Commerce in Mio. USD, laufende Preise, sais. adj.	USCURACBB
S_I	effektiver Wechselkurs (MERM) Quelle: International Financial Statistics Index 1985 = 100	USI..AMX

Tabelle A8.1.1 (Fortsetzung)
Die verwendeten makroökonomischen Zeitreihen

Variable	Beschreibung	DATASTREAM-Kürzel
Japan		
Y	Industrieproduktion Quelle: Ministerium für Internationalen Handel und Industrie Index 1990=100, Volumen, sais. adj.	JPINPRODG
M	Geldmenge M1 Quelle: Bank of England in Billionen JPY, laufende Preise, sais. adj.	JPM1MONYB
P	Verbraucherpreisindex (Tokio) Quelle: Statistische Büro des Premierministers Index 1990=100, nicht sais. adj.	JPCP....F
i_S	Euro-Yen Dreimonatsgeld in London Quelle: O.E.C.D., Paris	JPEURO3.
i_B	Umlaufrendite von langfristigen Regierungs-Anleihen (8 bis 10J.) Quelle: Tokio Stock Exchange	JPLNGYLD
F	Leistungsbilanzsaldo Quelle: Finanzministerium in Mio. USD, laufende Preise, sais. adj.	JPCURBALB
S	JPY/USD-Wechselkurs Quelle: Bank of England	USX$YEN.
S_I	effektiver Wechselkurs (MERM) Quelle: International Financial Statistics Index 1985=100	JPI..AMX

Tabelle A8.1.1 (Fortsetzung)
Die verwendeten makroökonomischen Zeitreihen

Variable	Beschreibung	DATASTREAM-Kürzel
Vereinigtes Königreich		
Y	Industrieproduktion Quelle: Central Statistical Office Index 1990=100, Volumen, sais. adj.	UKINPRODG
M	Geldmenge M0 Quelle: Bank of England in Mio. GBP, laufende Preise, sais. adj.	UKM0....B
P	Verbraucherpreisindex Quelle: O.E.C.D., Paris Index 1985=100, nicht sais. adj.	UKOCPCONF
i_S	Euro-Pfund Dreimonatsgeld in London Quelle: O.E.C.D., Paris	UKEURO3.
i_B	Umlaufrendite von Gilts mit Restlaufzeit von 20J. Quelle: Bank of England	UK20YEAR
F	Leistungsbilanzsaldo Quelle: Central Statistical Office in Mio. GBP, laufende Preise, sais. adj.	UKCURBALB
S	USD/GBP-Wechselkurs Quelle: Bank of England	UKXUS$..
S_I	effektiver Wechselkurs (MERM) Quelle: International Financial Statistics Index 1985=100	UKI..AMX

Tabelle A8.1.1 (Fortsetzung)
Die verwendeten makroökonomischen Zeitreihen

Variable	Beschreibung	DATASTREAM-Kürzel
Frankreich		
Y	Industrieproduktion (außer Baugewerbe) Quelle: I.N.S.E.E., Paris Index 1985=100, Volumen, sais. adj.	FRINPRODG
M	Geldmenge M1 Quelle: Banque de France in Billionen FRF, laufende Preise, sais. adj.	FRM1RMNYB
P	Verbraucherpreisindex Quelle: I.N.S.E.E., Paris Index 1990=100, nicht sais. adj.	FRCP....F
i_S	Euro-Franc Dreimonatssatz in London Quelle: O.E.C.D., Paris	FREURO3.
i_B	Umlaufrendite von Regierungs-Anleihen mit Restlaufzeit von über 7J. Quelle: Banque de France	FRLNGYLD
F	Leistungsbilanzsaldo Quelle: O.E.C.D., Paris in Mio. FRF, laufende Preise, nicht sais. adj.	FRCURACBA
S	FRF/USD-Wechselkurs Quelle: Bank of England	USX$FFR.
S_I	effektiver Wechselkurs (MERM) Quelle: International Financial Statistics Index 1985=100	FRI..AMX

Tabelle A8.1.1 (Ende)
Die verwendeten makroökonomischen Zeitreihen

Variable	Beschreibung	DATASTREAM-Kürzel
Schweiz		
Y	Industrieproduktion (außer öffentl. Verwaltung, Energie, Gas und Wasser) Quelle: Schweizer Nationalbank Index 1963=100, nicht sais. adj.	SWINPRODG
M	Geldmenge M1 Quelle: Schweizer Nationalbank in Mio. CHF, laufende Preise, nicht. sais. adj.	SWM1MONYA
P	Verbraucherpreisindex Quelle: Schweizer Nationalbank Index Dezember 1982=100, nicht sais. adj.	SWCP....F
i_S	Euro-Schweizer Franken Dreimonatssatz Quelle: O.E.C.D., Paris	SWEURO3.
i_B	Umlaufrendite auf langfristige Konföderations-Anleihen (>5J.) Quelle: O.E.C.D., Paris	SWOCLNG%
F	Leistungsbilanzsaldo Quelle: Schweizer Nationalbank in Mio. CHF, laufende Preise, nicht sais. adj.	SWCURBALA
S	CHF/USD-Wechselkurs Quelle: Bank of England	USX$SFR.
S_I	effektiver Wechselkurs (MERM) Quelle: International Financial Statistics Index 1985=100	SWI..AMX

A10 Anhang zu Kapitel 10

Tabelle A10.2.1
VAR(2)-Modell für DEM/FRF-Kurs.
LR-Kointegrationstests von Johansen, Eigenvektoren und Kointegrationsrelationen.

Eigenwert	0.523	0.326	0.308	0.285	0.165	0.128	0.022
H_0	r=0	r≤1	r≤2	r≤3	r≤4	r≤5	r≤6
λ_{max}-Test	54.707**	29.230	27.205	24.864	13.335	10.176	1.638
Trace-Test	161.158	106.449	77.218	50.013	25.15	11.815	1.638

	β_1	α_1
y^*	2.006	-0.048
m^*	1.378	0.015
i_S^*	0.038	-2.855
y	0.635	-0.037
m	-1.859	-0.017
i_S	-0.005	-1.130
s	1.000	-0.054

** zeigen Signifikanz auf dem 5% Niveau an. Zu vergleichen mit den Werten aus Tabelle A2 in Johansen und Juselius [1990, S.209].

Tabelle A10.2.2
VAR(2)-Modell für DEM/FRF-Kurs.
Tests des Kointegrationsraums auf schwache Exogenität und Ausschluß von Variablen, unter der Annahme von einem Kointegrationsvektor.

Variable	schwache Exogenität $\chi^2(1)$	Ausschluß aus Vektor β_1 $\chi^2(1)$
y^*	11.97***	0.77
m^*	3.71*	5.20**
i_S^*	1.80	7.24***
y	10.01***	0.12
m	3.34*	9.51***
i_S	3.31*	0.07
s	7.58***	1.73

** zeigen Signifikanz auf dem 5% Niveau an. Zu vergleichen mit den Werten aus Tabelle A2 in Johansen und Juselius [1990, S.209].

Tabelle A10.2.3
VAR(2)-Modell für DEM/CHF-Kurs.
LR-Kointegrationstests von Johansen, Eigenvektoren und Kointegrationsrelationen.

Eigenwert	0.503	0.432	0.408	0.246	0.241	0.074	0.001
H_0	r=0	r≤1	r≤2	r≤3	r≤4	r≤5	r≤6
λ_{max}-Test	48.975**	39.614**	36.695**	19.732	9.312	5.407	0.046
Trace-Test	169.780**	120.805**	81.192**	44.497	24.765	5.453	0.046

	β_1	β_2	β_3	α_1	α_2	α_3
y^*	-2.609	-43.752	11.054	0.010	0.020	0.003
m^*	0.677	18.679	-19.656	-0.039	-0.004	0.007
i_S^*	0.110	0.565	0.068	-0.542	0.144	-0.267
y	1.609	12.983	-9.068	-0.024	0.005	0.004
m	-0.655	1.880	7.105	-0.027	0.001	-0.001
i_S	-0.008	-0.266	-0.447	-0.401	0.022	-0.137
s	1.000	-20.713	16.848	-0.002	0.003	-0.003

** zeigen Signifikanz auf dem 5% Niveau an. Zu vergleichen mit den Werten aus Tabelle A2 in Johansen und Juselius [1990, S.209].

Tabelle A10.2.4
VAR(2)-Modell für DEM/CHF-Kurs.
Tests des Kointegrationsraums auf schwache Exogenität und Ausschluß von Variablen, unter der Annahme von drei Kointegrationsvektoren.

Variable	schwache Exogenität	Ausschluß aus Vektor		
		β_1	β_2	β_3
	$\chi^2(3)$	$\chi^2(1)$	$\chi^2(1)$	$\chi^2(1)$
y^*	16.61***	1.40	2.75*	15.85***
m^*	15.48***	0.30	1.36	14.29***
i_S^*	5.54	5.42**	2.88*	5.73**
y	14.35***	1.32	1.16	1.03
m	12.95***	1.31	0.11	2.42
i_S	3.56	0.07	0.56	3.71*
s	1.45	0.65	1.74	12.32***

*, **, *** zeigen Signifikanz auf dem 10%, 5% und 1% Niveau an.

Tabelle A10.2.5
VAR(2)-Modell für DEM/JPY-Kurs.
LR-Kointegrationstests von Johansen, Eigenvektoren und Kointegrationsrelationen.

Eigenwert	0.682	0.599	0.487	0.410	0.312	0.301	0.004
H_0	r=0	$r\leq 1$	$r\leq 2$	$r\leq 3$	$r\leq 4$	$r\leq 5$	$r\leq 6$
λ_{max}-Test	59.576**	47.508**	34.752**	27.442**	19.458	18.627	0.233
Trace-Test	207.597**	148.021**	100.513**	65.761**	38.319**	18.861**	0.233

	β_1	β_2	β_3	β_4
y^*	-1.919	24.449	-21.267	-17.639
m^*	1.892	20.088	-36.154	-18.500
i_S^*	0.117	-0.245	0.263	0.358
y	0.917	-12.690	-29.273	38.005
m	-0.972	-22.050	55.736	13.929
i_S	-0.014	-0.577	-0.005	-0.310
s	1.000	-16.879	-1.560	6.394
	α_1	α_2	α_3	α_4
y^*	-0.024	0.001	0.006	-0.003
m^*	-0.069	-0.007	0.002	0.005
i_S^*	-4.565	0.173	-0.163	-0.124
y	-0.028	-0.000	0.003	-0.001
m	-0.014	0.003	0.000	0.001
i_S	-2.024	0.071	0.113	0.234
s	0.134	0.016	0.010	0.003

** zeigen Signifikanz auf dem 5% Niveau an. Zu vergleichen mit den Werten aus Tabelle A2 in Johansen und Juselius [1990, S.209].

Tabelle A10.2.6
VAR(2)-Modell für DEM/JPY-Kurs.
Tests des Kointegrationsraums auf schwache Exogenität und Ausschluß von Variablen, unter der Annahme von vier Kointegrationsvektoren.

Variable	schwache Exogenität $\chi^2(4)$	Ausschluß aus Vektor β_1 $\chi^2(1)$	β_2 $\chi^2(1)$	β_3 $\chi^2(1)$	β_4 $\chi^2(1)$
y^*	14.11***	3.21*	4.08**	1.98	0.84
m^*	19.97***	2.91*	2.05	3.95**	1.18
i_S^*	27.79***	11.66***	11.62***	5.03**	4.11**
y	3.86	0.92	0.84	2.06	3.29*
m	7.94*	0.74	1.67	6.77***	4.37**
i_S	9.13*	0.84	12.75***	1.35	4.24**
s	15.39***	3.75*	12.60***	3.94**	3.05*

*, **, *** zeigen Signifikanz auf dem 10%, 5% und 1% Niveau an.

Tabelle A10.2.7
VAR(2)-Modell für DEM/GBP-Kurs.
LR-Kointegrationstests von Johansen, Eigenvektoren und Kointegrationsrelationen.

Eigenwert	0.406	0.387	0.317	0.293	0.227	0.139	0.000
H_0	r=0	r≤1	r≤2	r≤3	r≤4	r≤5	r≤6
λ_{max}-Test	38.517	36.260	28.172	25.617	19.032	11.076	0.023
Trace-Test	158.698**	120.181**	83.921**	55.748**	30.131	11.099	0.023

	β_1	β_2	β_3	β_4
y^*	-13.590	-8.137	15.802	-11.176
m^*	-8.730	6.753	4.218	3.453
i_S^*	0.271	0.035	-0.426	-0.197
y	2.437	-1.933	11.100	15.513
m	12.797	-0.688	-8.071	1.844
i_S	-0.676	0.164	-0.152	-0.218
s	3.985	0.266	2.964	13.301
	α_1	α_2	α_3	α_4
y^*	0.005	0.003	0.000	0.005
m^*	0.000	-0.004	0.000	-0.000
i_S^*	-0.405	0.106	0.478	0.445
y	0.005	0.002	0.001	0.000
m	0.001	-0.000	0.004	-0.002
i_S	0.218	0.058	-0.015	0.028
s	-0.003	0.004	-0.006	-0.018

** zeigen Signifikanz auf dem 5% Niveau an. Zu vergleichen mit den Werten aus Tabelle A2 in Johansen und Juselius [1990, S.209].

Tabelle A10.2.8
VAR(2)-Modell für DEM/GBP-Kurs.
Tests des Kointegrationsraums auf schwache Exogenität und Ausschluß von Variablen, unter der Annahme von vier Kointegrationsvektoren.

Variable	schwache Exogenität $\chi^2(4)$	Ausschluß aus Vektor β_1 $\chi^2(1)$	β_2 $\chi^2(1)$	β_3 $\chi^2(1)$	β_4 $\chi^2(1)$
y^*	6.30	1.36	1.81	1.57	3.11*
m^*	17.11***	1.21	3.36*	0.63	0.40
i_S^*	10.16**	2.11	0.51	2.11	5.60**
y	7.34	0.05	0.03	0.42	1.08
m	8.48*	2.24	1.49	1.30	0.10
i_S	8.00*	2.12	6.92***	1.17	2.44
s	6.77	0.72	0.00	0.10	3.59*

*, **, *** zeigen Signifikanz auf dem 10%, 5% und 1% Niveau an.

Tabelle A10.3.1
Matrix der Impulsantwortfolgen des
SVAR(2)-Modells für Deutschland und die Vereinigten Staaten

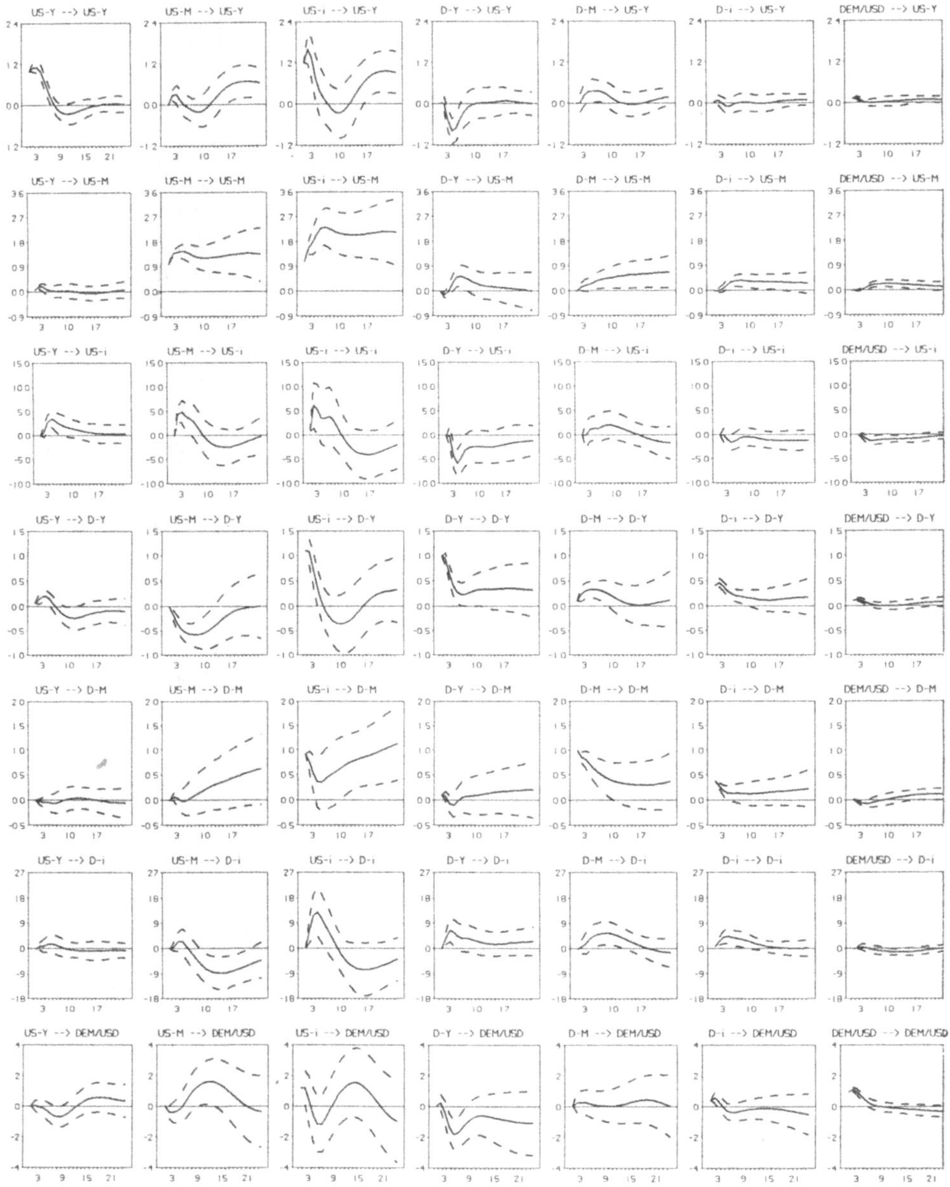

Tabelle A10.3.2
Matrix der Impulsantwortfolgen des SVAR(2)-Modells für Japan und die Vereinigten Staaten

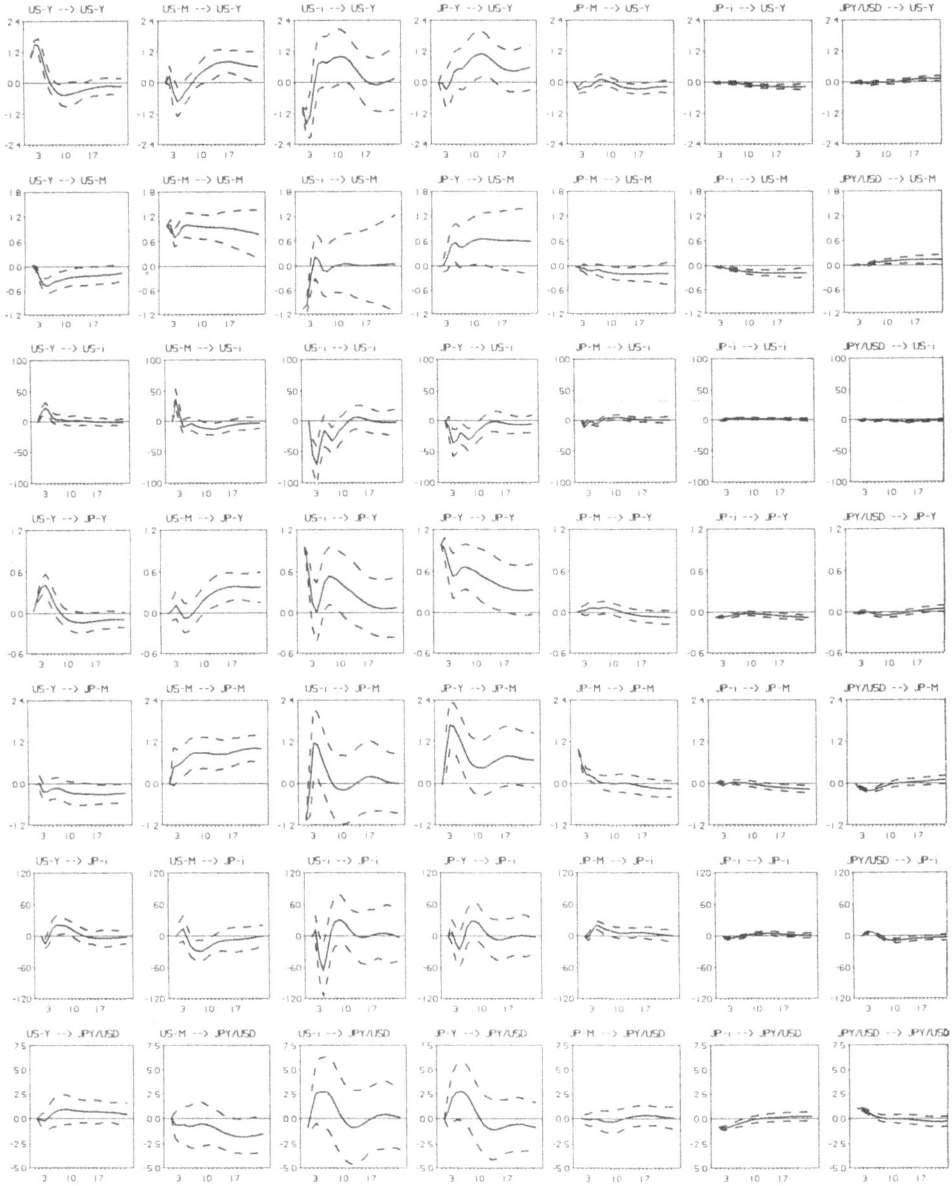

Tabelle A10.3.3
Matrix der Impulsantwortfolgen des
SVAR(2)-Modells für das Vereinigte Königreich und die Vereinigten Staaten

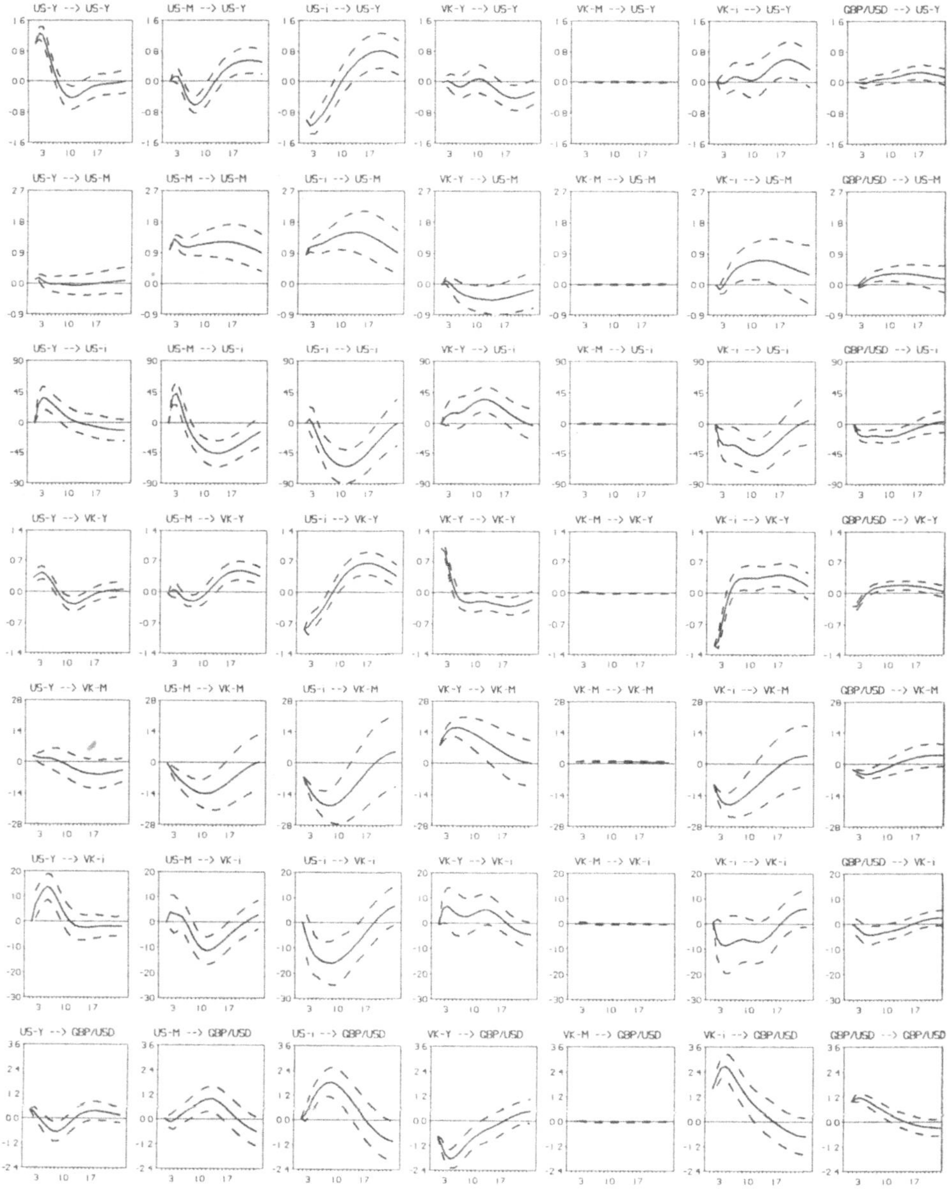

Tabelle A10.3.4
Matrix der Impulsantwortfolgen des
SVAR(2)-Modells für Frankreich und die Vereinigten Staaten

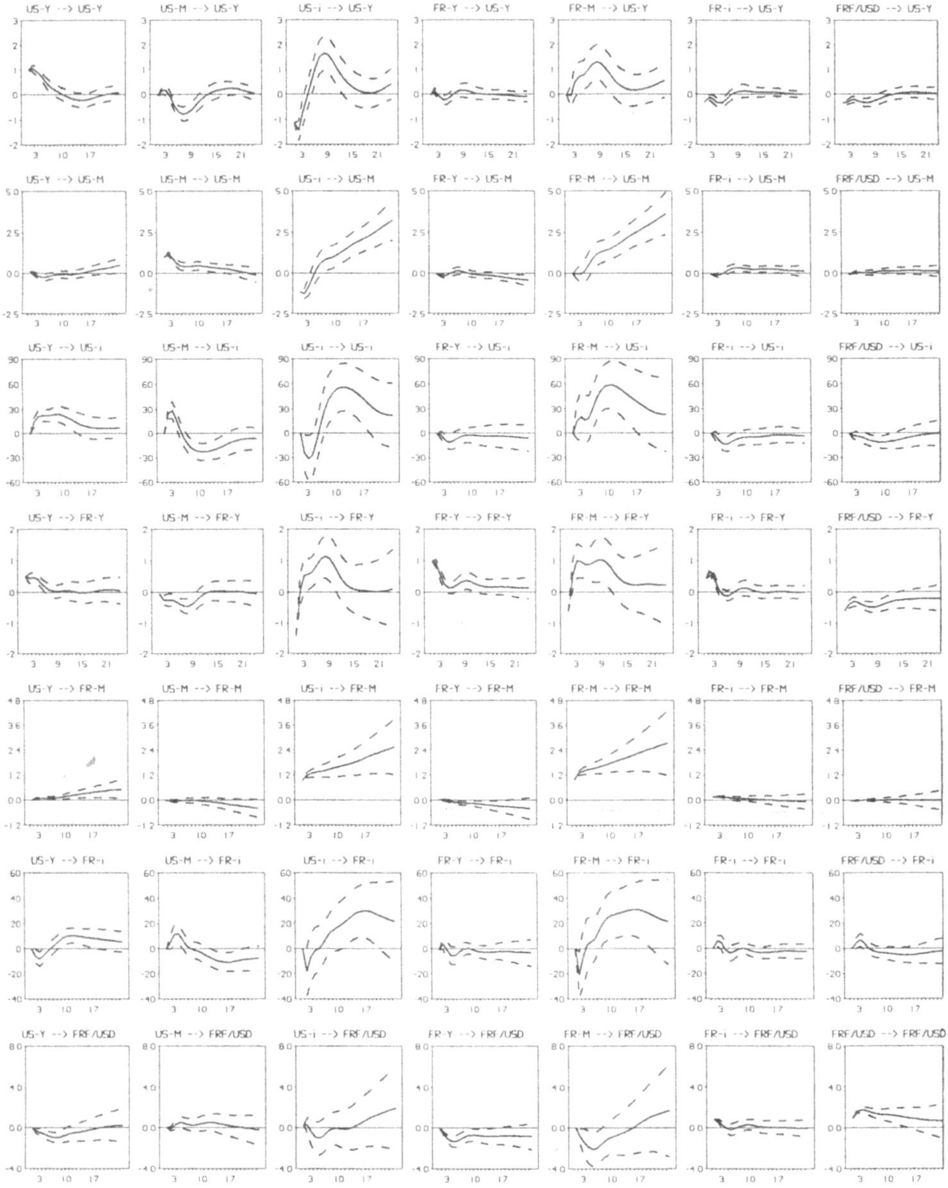

Tabelle A10.3.5
Matrix der Impulsantwortfolgen des
SVAR(2)-Modells für die Schweiz und die Vereinigten Staaten

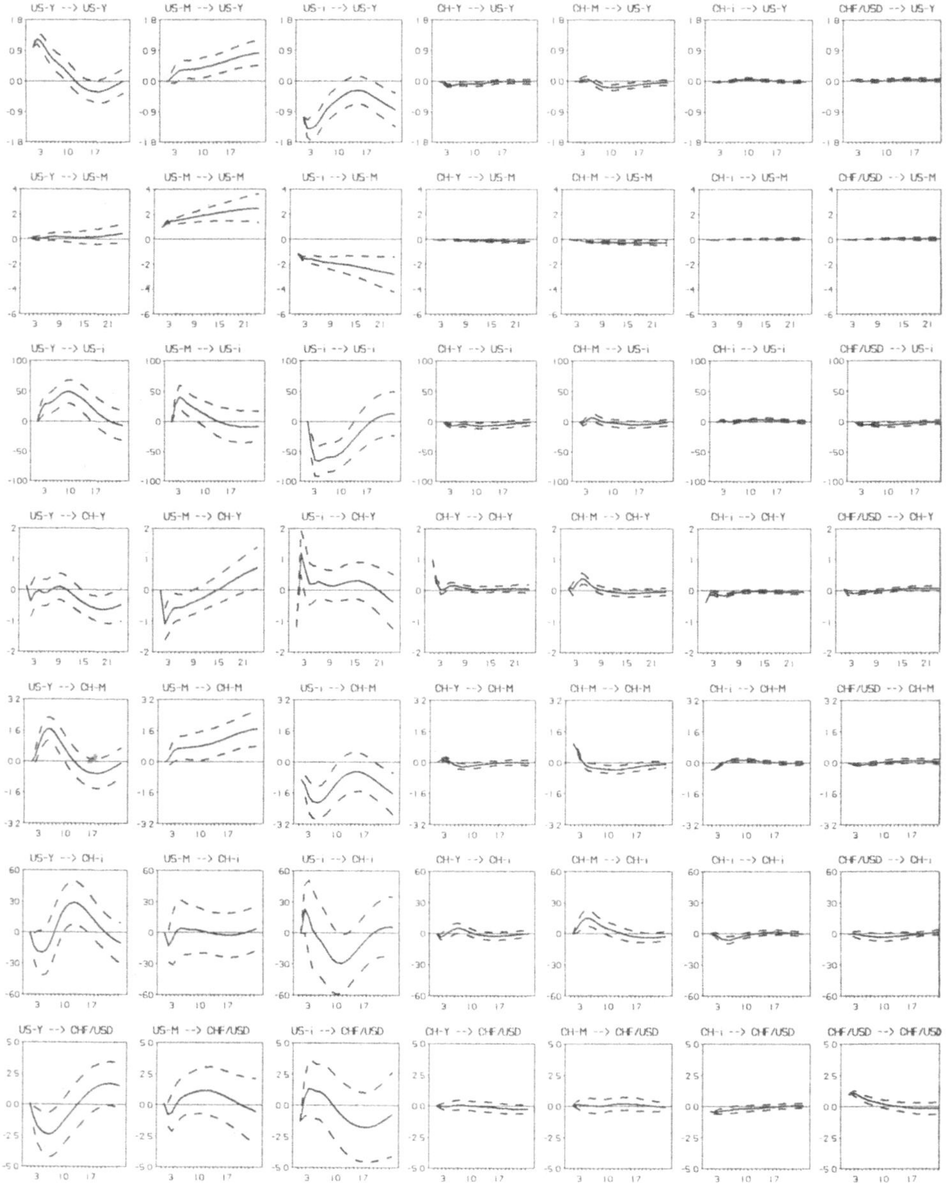

A11 Anhang zu Kapitel 11

Tabelle A11.3.1
Matrix der Impulsantwortfolgen des VAR(2)-Modells für Deutschland und die Vereinigten Staaten

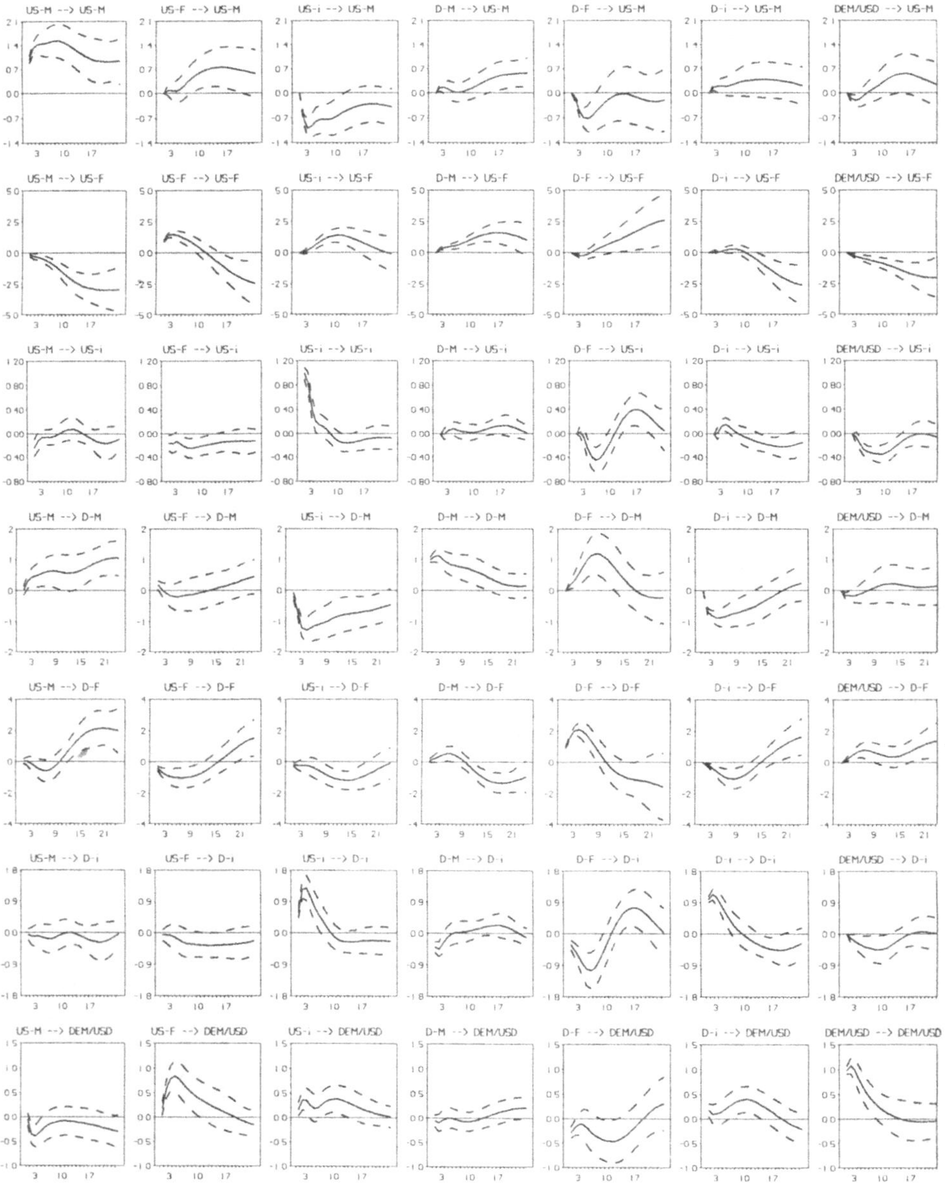

Tabelle A11.3.2
Matrix der Impulsantwortfolgen des
VAR(2)-Modells für Japan und die Vereinigten Staaten

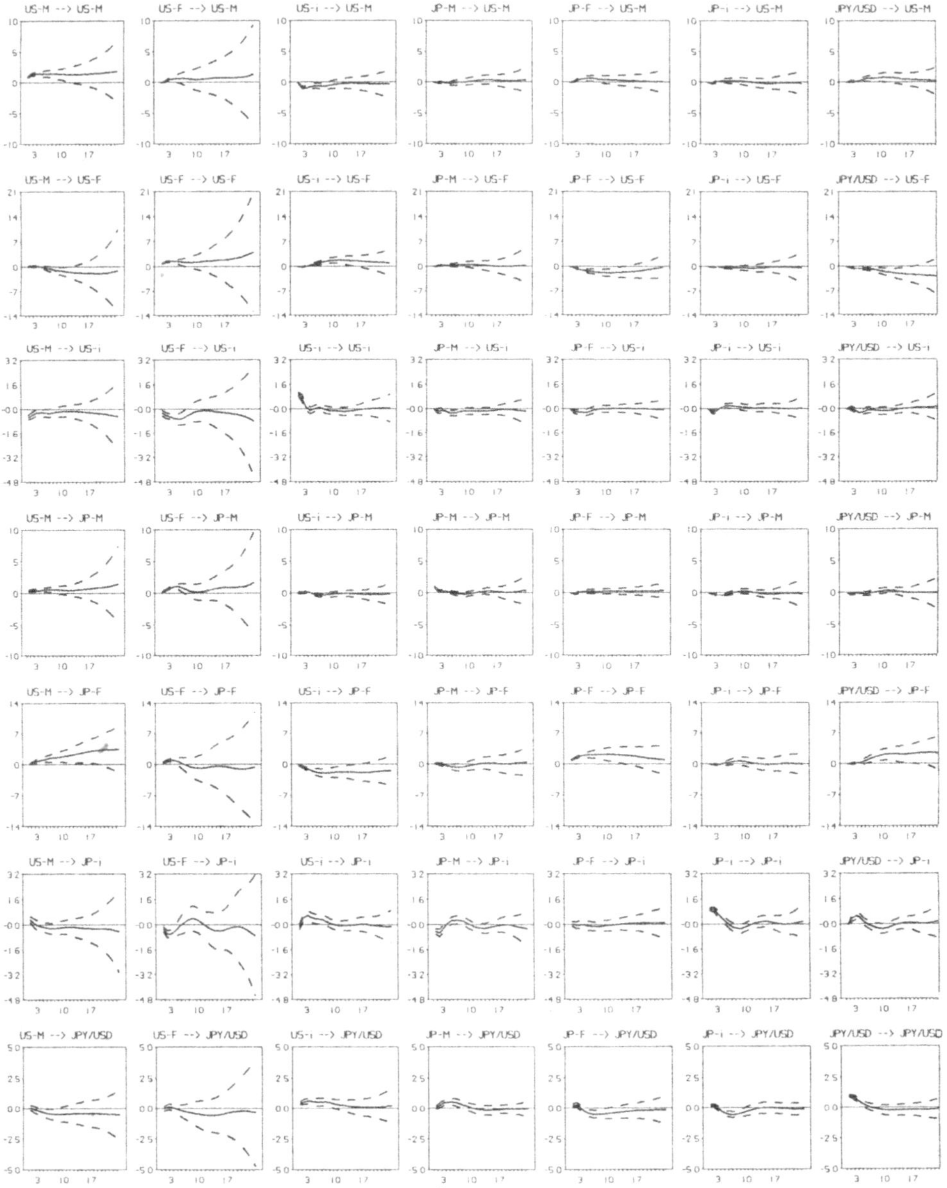

Tabelle A11.3.3
Matrix der Impulsantwortfolgen des
VAR(2)-Modells für das Vereinigte Königreich und die Vereinigten Staaten

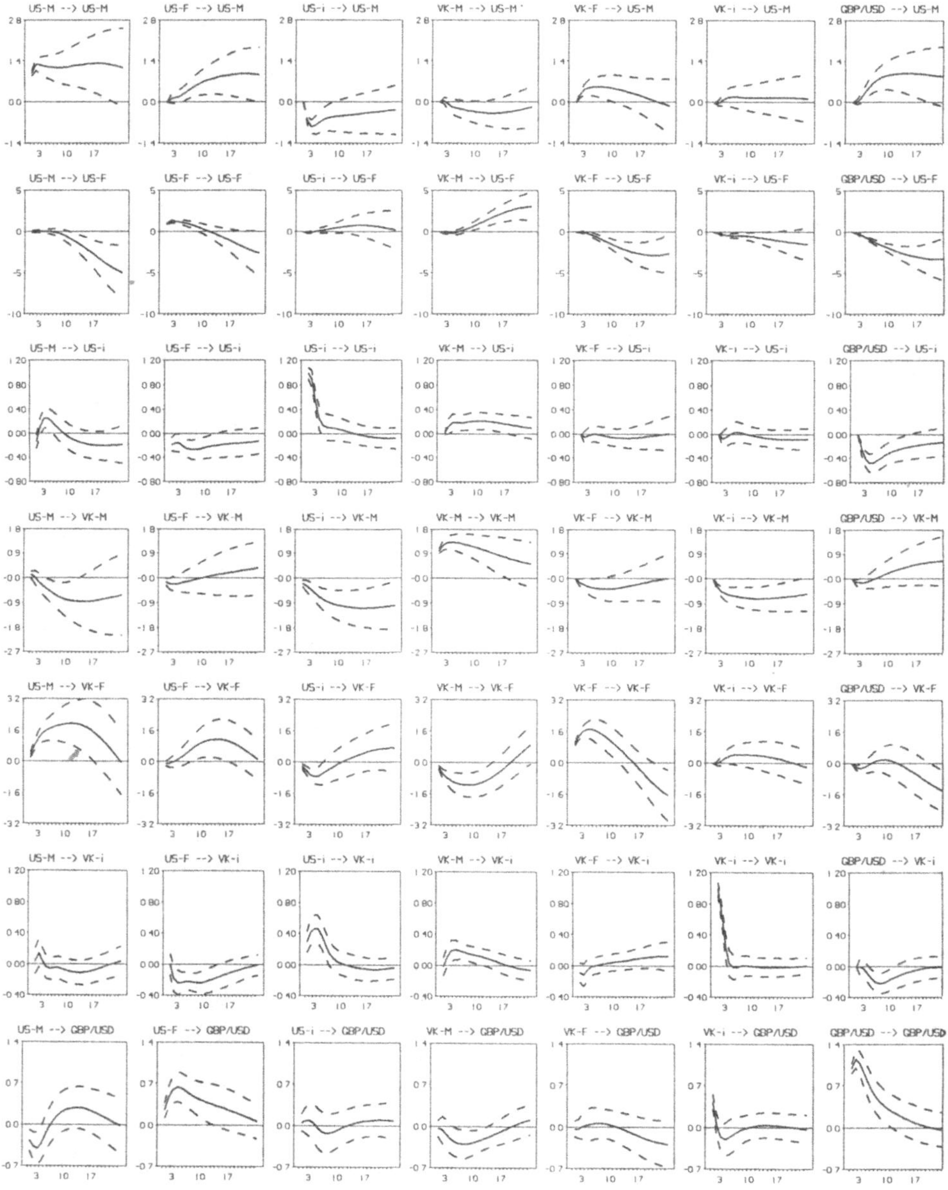

Tabelle A11.3.4
Matrix der Impulsantwortfolgen des
VAR(2)-Modells für Frankreich und die Vereinigten Staaten

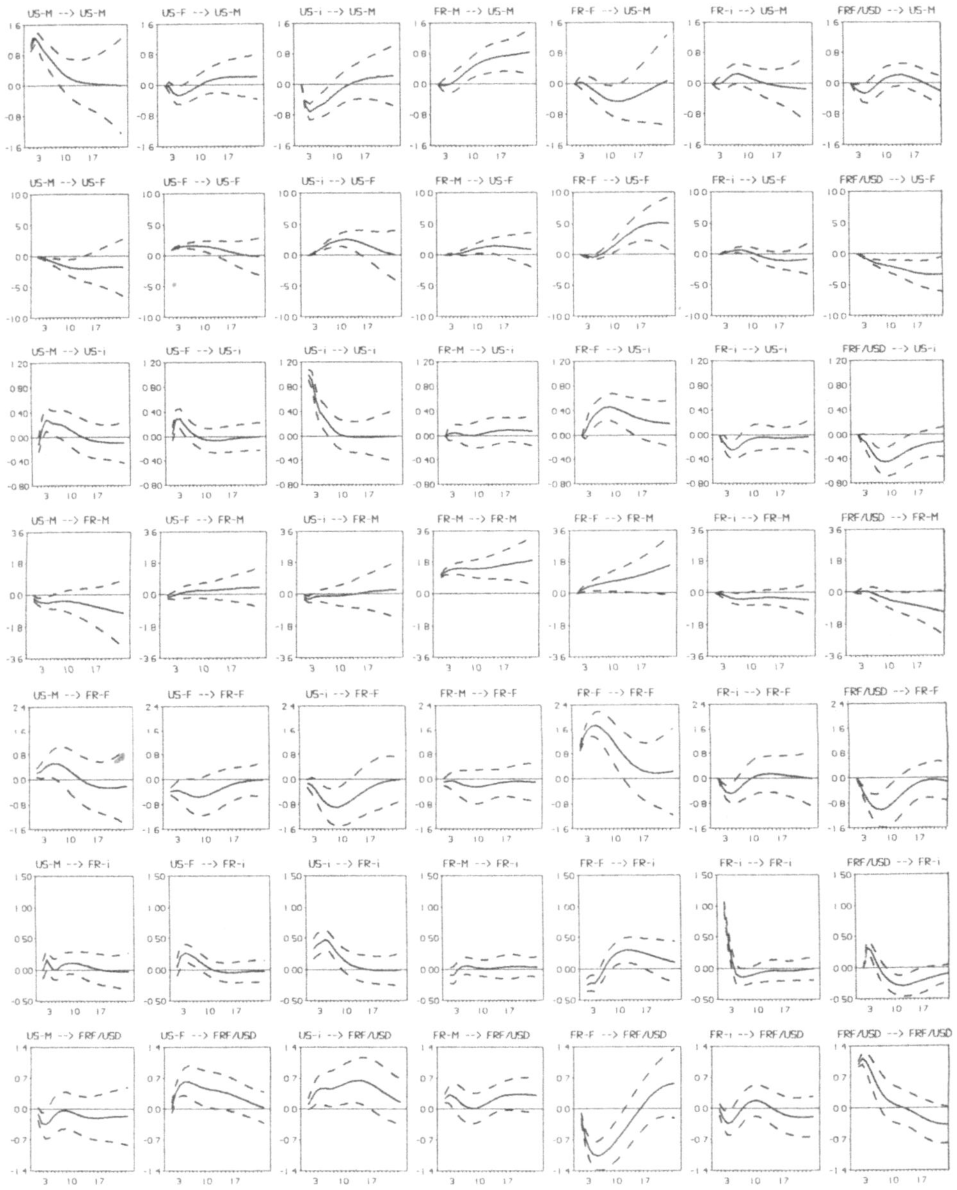

Tabelle A11.3.5
Matrix der Impulsantwortfolgen des
VAR(2)-Modells für die Schweiz und die Vereinigten Staaten

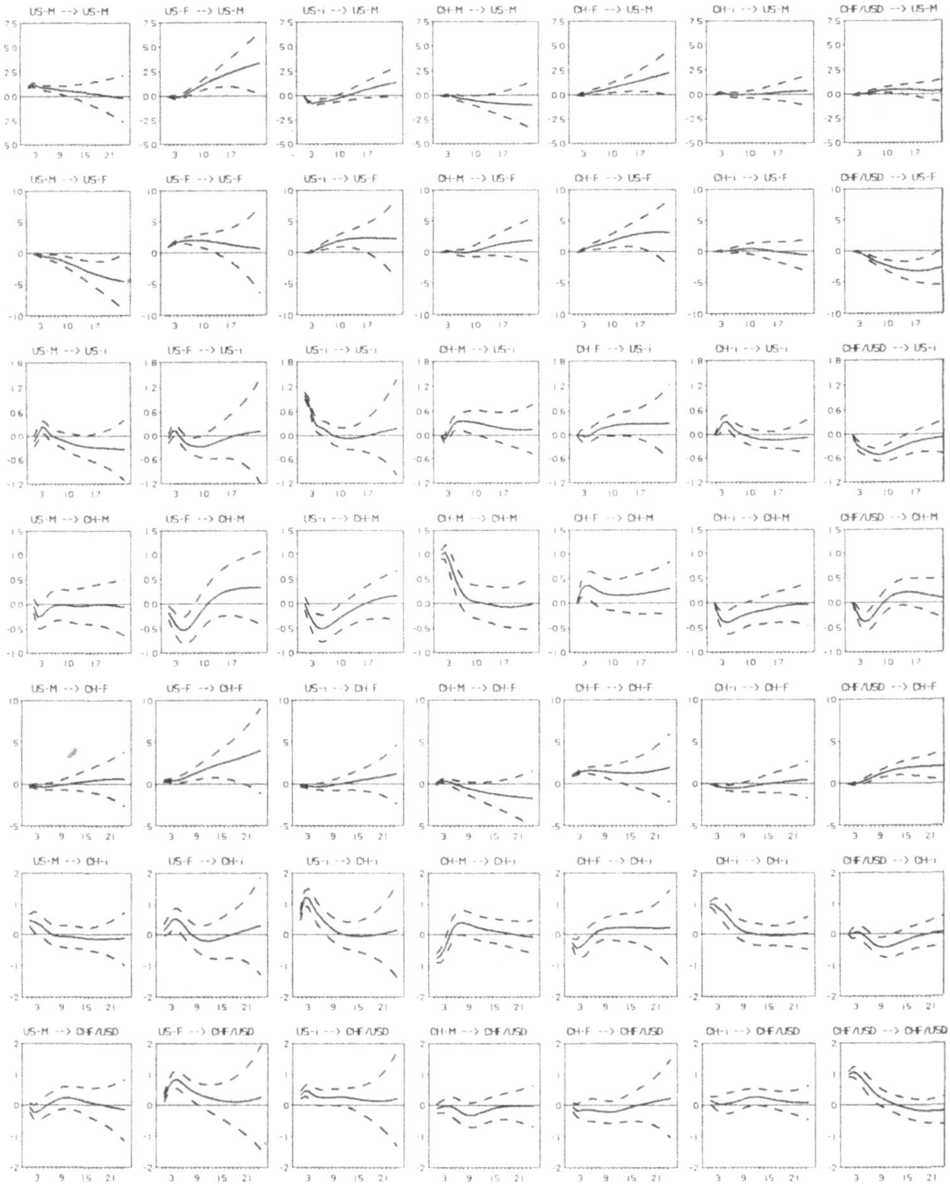

A13 Anhang zu Kapitel 13

Tabelle A13.6.1
Prognosestatistiken eines random-walk-Modells für die jeweiligen Wechselkursvariablen.

Prognose-schritt	ME	MAE	RMSE
DEM/USD			
1	-0.09606	0.09606	0.09606
2	-0.13997	0.13997	0.13997
3	-0.21422	0.21422	0.21422
4	-0.25237	0.25237	0.25237
8	-0.41544	0.41544	0.41544
12	-0.37518	0.37518	0.37518
JPY/USD			
1	-0.09802	0.09802	0.09802
2	-0.19835	0.19835	0.19835
3	-0.28397	0.28397	0.28397
4	-0.25524	0.25524	0.25524
8	-0.42275	0.42275	0.42275
12	-0.50367	0.50367	0.50367
GBP/USD			
1	-0.00266	0.00266	0.00266
2	-0.04966	0.04966	0.04966
3	-0.03592	0.03592	0.03592
4	0.00406	0.00406	0.00406
8	-0.20040	0.20040	0.20040
12	-0.22119	0.22119	0.22119
FRF/USD			
1	-0.08973	0.08973	0.08973
2	-0.09919	0.09919	0.09919
3	-0.15076	0.15076	0.15076
4	-0.18217	0.18217	0.18217
8	-0.31461	0.31461	0.31461
12	-0.26326	0.26326	0.26326
CHF/USD			
1	-0.07639	0.07639	0.07639
2	-0.13507	0.13507	0.13507
3	-0.23463	0.23463	0.23463
4	-0.24858	0.24858	0.24858
8	-0.41958	0.41958	0.41958
12	-0.35594	0.35594	0.35594

Literaturverzeichnis

Abouf, Niso, Jorion, Philip. 1990. Purchasing Power Parity in the Long Run. Journal of Finance, 45, 157-174.

Akaike, H. 1973. Information Theory and an Extension of the Maximum Likelihood Principle. In Petrov, B. N., Csaki, F. (eds.), 2nd International Symposium on Information Theory, Budapest: Academia Kiado, 267-281.

Akaike, H. 1974. A New Look at the Statistical Model Identification. IEEE Transaction on Automatic Control, 19, 716-723.

Aliber, R. Z. 1973. The Interest Rate Parity Theorem: A Reinterpretation. Journal of Political Economy, 81, 1451-1459.

Allen, Helen L., Taylor, M. P. 1990. Charts, Noise and Fundamentals in the Foreign Exchange Market. Economic Journal, 100, Supplement, 49-59.

Allen, Polly. R., Kenen, P. B. 1980. Asset Markets, Exchange Rates and Economic Integration. Cambridge: Cambridge University Press.

Ardeni, Pier G., Lubian, Diego. 1991. Is There Trend Reversion in Purchasing Power Parity? European Economic Review, 35, 1035-1055.

Artis, M. J. 1987. The European Monetary System: An Evaluation. Journal of Policy Modeling, 9, 175-198.

Artus, J. R. 1976. Exchange Rate Stability and Managed Floating: the Experience of the Federal Republic of Germany. IMF Staff Papers, 23, 312-333.

Artus, J. R., Young, J. H. 1979. Fixed and Flexible Exchange Rates: A Renewal of the Debate. IMF Staff Papers, 26, 654-698.

Backus, David. 1984. Empirical Models of the Exchange Rate: Separating the Wheat from the Chaff. Canadian Journal of Economics, 17, 824-846.

Bahmani-Oskooee, Mohsen. 1992. A Time-Series Approach to Test the Productivity Bias Hypothesis in Purchasing Power Parity. Kyklos, 45, 2, 227-236.

Balassa, Bela. 1964. The P-P-P Doctrine: A Reappraisal. Journal of Political Economy, 72, 584-596.

Baltensperger, Ernst. 1981. Geldpolitik und Wechselkursdynamik. Kredit und Kapital, 14, 320-340.

Baltensperger, Ernst. 1992. Monetäre Außenwirtschaftstheorie. Zeitschrift für Wirtschafts- u. Sozialwissenschaften (ZWS), 112, 505-565.

Banerjee, A., Dolado, J. J., Hendry, D. F., Smith, G. W. 1986. Exploring Equilibrium Relationships in Econometrics through Static Models: Some Monte Carlo Evidence. Oxford Bulletin of Economics and Statistics, 48, 253-277.

Barr, David G. 1989. Exchange Rate Dynamics: An Empirical Analysis. In Macdonald, Ronald, Taylor, Marl P. (eds.), Exchange Rates and Open Economy Economy Macroeconomics, New York: Basil Blackwell.

Barro, R. J. 1974. Are Government Bonds Net Wealth? Journal of Political Economy, 82, 5, 1095-1117.

Barro, R. J. 1977a. Unanticipated Money Growth and Employment in the United States. American Economic Review, 67, 101-115.

Barro, R. J. 1977b. Long Term Contracting, Sticky Prices, and Monetary Policy, Journal of Monetary Economics, 3, 305-316.

Barro, R. J. 1978a. A Stochastic Equilibrium Model of an Open Economy and Flexible Exchange Rates. Quarterly Journal of Economics, 92, 149-164.

Barro, R. J. 1978b. Unanticipated Money, Output, and the Price Level in the United States. Journal of Political Economy, 86, 549-580.

Barro, R. J. 1981. The Equilibrium Approach to Business Cycles. In Barro, R. J. (ed.), Money, Expectations, and Business Cycles, New York: Academic Press.

Bernanke, B. 1986. Alternative Explanations of the Money-Income Correlation. Carnegie-Rochester Conference Series on Public Policy, 25, 49-99.

Bierens, H. J. 1989. Testing Stationarity Against the Unit Root Hypothesis. Research Memorandum 1989-81, Vrije Univeriteit Amsterdam.

Bilson, J. F. O. 1978a. Rational Expectations and the Exchange Rate. In Frankel, J. A., Johnson, H. G. (eds.), The Economics of Exchange Rates, Reading, Mass.: Addison Wesley, 75-96.

Bilson, J. F. O. 1978b. The Monetary Approach to the Exchange Rate - Some Empirical Evidence. IMF Staff Papers, 25, 48-75.

Bisignano, Joseph, Hoover, Kevin. 1983. Some Suggested Improvements to a Simple Portfolio Balance Model of Exchange Rate Determination with Special Reference to the US Dollar/Canadian Dollar Rate. Weltwirtschaftliches Archiv, 119, 19-37.

Black, S. W. 1973. International Money Markets and Flexible Exchange Rates. Princeton Studies in International Finance, 23.

Black, S. W. 1976. Comment on J. Williamson, Exchange Rate Flexibility and Reserves Use. Scandinavian Journal of Economics, 78, 340-345.

Blanchard, Olivier J. 1979. Speculative Bubbles, Crashes and Rational Expectations. Economic Letters, 3, 387-389.

Blanchard, Olivier J. 1989. A Traditional Interpretation of Macroeconomic Fluctuations. American Economic Review,79, 1146-1164.

Blanchard, Olivier J., Quah, D. 1989. The Dynamic Effects of Aggregate Demand and Supply Disturbances. American Economic Review, 79, 655-673.

Blanchard, Olivier J., Watson, M. 1982. Bubbles, Rational Expectations and Financial Markets. In Wachtel, P (ed.), Crises in the Economic and Financial Structure. Lexington.

Blanchard, Olivier J., Watson, M. 1986. Are Business Cycles All Alike? In Gordon, R. (ed.), The American Business Cycle Continuity and Change. Chicago: NBER und University of Chicago Press, 123-156.

Böhm, P. 1984. Zur Theorie der Währungssubstitution. Diessenhofen.

Bomhoff, Edward J., Korteweg, Pieter. 1983. Exchange Rate Variability and Monetary Policy under Rational Expectations. Some Euro-American Experience 1973-1979. Journal of Monetary Economics, 11, 169-206.

Boothe, P., Glassman, D. 1987. Off the Mark: Lessons for Exchange Rate Modeling. Oxford Economic Papers, 443-457.

Bordo, M. D., Choudri, E. V. 1982. Currency Substitution and the Demand for Money: Some Evidence from Canada. Journal of Money, Credit and Banking, 14, 48-57.

Boughton, James M. 1984. Exchange Rate Movements and Adjustment in Financial Markets: Quarterly Estimates for Major Currencies. IMF Staff Papers, 31, 445-468.

Boughton, James M. 1987. Tests of the Performance of Reduced-Form Exchange Rate Models. Journal of International Economics, 23, 41-56.

Box, G. E. P., Jenkins, G. M. 1970. Time Series Analysis: Forecasting and Control. San Francisco: Holden-Day.

Box, G. E. P., Jenkins, G. M. 1976. Time Series Analysis: Forecasting and Control 2nd ed., San Francisco: Holden-Day.

Boyer, R. S. 1975. Commodity Markets and Bond Markets in a Small, Fixed-Exchange-Rate Economy. Canadian Journal of Economics, 8, 1-23.

Branson William. H. 1969. The Minimum Covered Interest Differential Needed for International Arbitrage Activity. Journal of Political Economy, 77, 1028-1035.

Branson William. H. 1975. Comment on M. v. N. Whitman: Global Monetarism and the Monetary Approach to the Balance of Payments. Brookings Papers on Economic Activity, 6, 537-542.

Branson William. H. 1977. Asset Markets and Relative Prices in Exchange Rate Determination. Sozialwissenschaftliche Annalen, 1, 69-89.

Branson, William H. 1981. Comment on Frenkel. European Economic Review, 16, 167-171.

Branson William. H. 1983. Macroeconomic Determinants of Real Exchange Risk. In Herring, R. J. (ed.), Managing Foreign Exchange Risk, Cambridge: Cambridge University Press, 33-74.

Branson William. H. 1984. Exchange Rate Policy after a Decade of "Floating". In Bilson, John F. O., Marston, Richard C. (eds.), Exchange Rate Theory and Practice. Chcago: University of Chicago Press. 88 A 3301.

Branson William. H., Halttunen, H. 1979. Asset Market Determination of Exchange Rates: Initial Empirical and Policy Results. In Martin, J. P., Smith, A. (eds.), Trade and Payments Adjustment under Flexible Exchange Rates, London: Macmillan, 55-85.

Branson William. H., Halttunen, H., Masson, P. 1977. Exchange Rates in the Short Run: The Dollar-Deutschemark Rate. European Economic Review, 10, 303-324.

Branson William. H., Halttunen, H., Masson, P. 1979. Exchange Rates in the Short Run. Some Further Results. European Economic Review, 12, 395-402.

Branson William. H., Henderson, D. W. 1985. The Specification and Influence of Asset Markets. In Jones, Ronald W., Kenen, Peter B. (eds.), Handbook of International Economics, Vol II, Amsterdam: Elsevier, 749-806.

Breusch, T. S. 1978. Testing for Autocorrelation in Dynamic Linear Models. Australian Economics Papers, 17, 334-355.

Breusch, T. S., Pagan, A.R. 1979. A Simple Test for Heteroskedasticity and Random Coefficient Variation. Econometrica, 47, 1287-1294.

Brillembourg, A., Schadler, S. M. 1979. A Model of Currency Substitution in Exchange Rate Determination, 173-1978. IMF Staff Papers, 26, 513-542.

Brittain, B. 1981. International Currency Substitution and the Apparant Instability of Velocity in some European Economies and the United States. Journal of Money, Credit and Banking, 13, 135-155.

Brockwell, P. J., Davis, R. A. 1987. Time Series: Theory and Methods. Berlin: Springer.

Brookes, Martin, Hall S., Henry B. Hoggarth, G. 1991. Modelling Broad and Narrow Money: A Study Using Cointegration. In Taylor, Mark P. (ed.), Money and Financial Markets. Oxford: Basil Blackwell, 131-148.

Bruce, Neil, Purvis, Douglas D. 1985. The Specification and Influence of Goods and Factor Markets in Open-Economy Macroeconomic Models. In Jones, Ronald W., Kenen, Peter B. (eds.), Handbook of International Economics, Vol II, Amsterdam: Elsevier, 807-857.

Bruno, Catherine, Portier, Franck. 1993. Macroeconomic Fluctuations in an Open Economy: How Well Does the Mundell-Fleming Model Fit the Postwar French Data? Discussion Paper OFCE.

Buiter, W., Miller, M. 1983. Real Exchange Rate Overshooting and the Output Cost of Bringing Down Inflation: Some Further Results. In Frenkel, J. A. (ed.), Exchange Rates and International Macroeconomics, Chicago: University of Chicago Press, 317-358.

Burnham, James B. 1991. Current Structure and Recent Developments in Foreign Exchange Markets. In Khoury, S.J. (ed.), Recent Developments in International Banking and Finance, North Holland: Elsevier.

Calvo, G. A., Rodriguez, C. A. 1977. A Model of Exchange Rate Determination with Currency Substitution and Rational Expectations. Journal of Political Economy, 85, 617-626.

Canzoneri, Matthew B. 1982. Exchange Intervention Policy in a Multiple Country World. Journal of International Economics, 13, 267-289.

Cassel, Gustav. 1916. The Present Situation of the Foreign Exchanges. Economic Journal, March.

Cassel, Gustav. 1918. Abnormal Deviations in International Exchanges. Economic Journal, December.

Chen, C. 1973. Diversified Currency Holdings and Flexible Exchange Rates. Quarterly Journal of Economics, 87, 96-111.

Chow, G. C. 1960. Tests of Equality Between Sets of Coefficients in Two Linear Regressions, Econometrica, 28, 591-605.

Chrystal, K. A. 1977. Demand for International Media of Exchange. American Economic Review, 67, 840-850.

Clague, Christopher, Tanzi, Vito. 1972. Human Capital, Natural Resources and the Purchasing Power Parity Doctrine: Some Empirical Results. Economia Internazionale, 25, 3-18.

Clements, Michael P., Mizon, G. E. 1991. Empirical Analysis of Macroeconomic Time Series. VAR and Sructural Models. European Economic Revierw, 35, 887-917.

Clendenning, E. W. 1970. The Euro-Dollar Market. Oxford: Clarendon Press.

Clinton, Kevin. 1988. Transaction Costs and Covered Interest Arbitrage: Theory and Evidence. Journal of Political Economy, 96, 358-370.

Cooley, Thomas F., LeRoy, Stephen F. 1985. Atheoretical Macroeconomics A Critique. Journal of Monetary Economics, 16, 283-308.

Cooper, R.L. 1972. The Predictive Performance of Quarterly Econometric Models of the United States. In Hickmann, B. (ed.), Econometric Models of Cyclical Behavior. NBER Studies in Income and Wealth, Columbia University Press.

Copeland, L. 1984. The Pound Sterling/US Dollar Exchange Rate and the "News". Economics Letters, 15, 109-113.

Corbae, D., Ouliaris, S. 1988. Co-integration and Tests of Purchasing Power Parity. Review of Economics and Statistics, 508-511.

Cosander, P. A., Laing, B. R. 1981. Interest Rate Parity Tests: Switzerland and Some Major Western Countries. Journal of Banking and Finance, 5, 187-200.

Cumby, Robert E., Obstfeld, Maurice. 1981. Exchange Rate Expectations and Nominal Interest Rates: A Test of the Fisher Hypothesis. Journal of Finance, 36, 697-703.

Cumby, Robert E., Obstfeld, Maurice. 1984. International Interest Rate and Price Level Linkages under Flexible Exchange Rates: A Review of Recent Evidence. In Bilson, John F.O., Marston, Richard C. (eds.), Exchange Rate Theory and Practice. chicago: University of Chicago Press.

Cumby, Robert E. 1988. Is it Risk? Journal of Monetary Economics, 22, 279-300.

Currie, D. 1981. Some Long-Run Features of Dynamic Time Series Models. Economic Journal, 363, 704-715.

Cuthbertson, Keith, Hall, Stephen G., Taylor, Mark P. 1992. Applied Econometric Techniques. New York: Phillip Allen.

Davidson, Jones E. H. 1985. Econometric Modelling of the Sterling Effective Exchange Rate. Review of Economic Studies, 52, 231-250.

Davidson, Jones E. H., Hendry, David F., Srba, Frank, Yeo, Stephen. 1978. Econometric Modelling of the Aggregate Time-Series Relationship between Consumer's Expenditure and Income in the United Kingdom. Economic Journal, 88, 661-692.

Davutyan N., Pippenger, J. 1985. Purchasing Power Parity Did not Collapse During the 1970s. American Economic Review, 75, 1151-1158.

Deardorff, A. V. 1979. One-Way Arbitrage and its Implication for the Foreign Exchange Markets. Journal of Political Economy, 87, 351-364.

DeLong, J. B., Summers, L. 1986. Is increased price flexibility stabilizing? American Economic Review, 76, 1031-1044.

De Macedo, J. B., Barga, J. 1982. Portfolio Diversification accross Currencies. In Cooper, R. N., Kenen, P. B., de Macedo, J. B., Ypersele, J. van (eds.), The International Monetary System under Flexible Exchange Rates, Cambridge, Mass., Ballinger, 69-100.

De Varies, Margeret G. 1968. Exchange Depreciation in Developing Countries. IMF Staff Papers, 15, 560-578.

Dickey, D. A., Pantula, S. G. 1988. Determining the Order of Differencing in Autoregressive Processes. Journal of Business and Economic Statistics, 5, 455-461.

Dickey, David A., Fuller, Wayne A. 1979. Distribution of the Estimators for Autoregressive Time Series With a Unit Root. Journal of the American Statistical Association, 74, 427-431.

Dickey, David A., Fuller, Wayne A. 1981. The Likelihood Ratio Statistics for Autoregressive Time Series With a Unit Root. Econometrica, 49, 1057-1072.

Diebold, Francis X. 1988. Empirical Modeling of Exchange Rate Dynamics. Berlin: Springer.

Diebold, Francis X., Husted, S., Rush, M. 1991. Real Exchange Rates under the Gold Standard. Journal of Political Economy, 99, 6, 1252-1271.

Diebold, Francis X., Nason, J. M. 1990. Nonparametric Exchange Rate Prediction. Journal of International Economics.

Diebold, Francis X., Nerlove, M. 1988. Unit Roots in Economic Time Series: A Selective Survey. Finance and Economic Discussion Series No.49. Federal Reserve Board, Washington, D.C.

Doan, Thomas, Litterman, Robert B., Sims Chritopher A. 1984. Forecasting and Conditional Projektion using Realistic Prior Distributions. Econometric Reviews, 3, 1-100.

Dominguez, Kathryn M. 1986. Are Foreign Exchange Rate Forecasts Rational? New Evidence from Survey Data. Econometric Letters, 21, 277-281.

Dooley, Michael, Isard, Peter. 1980. Capital Controls, Political Risk, and Deviations from Interest-Rate Parity. Journal of Political Economy, 88, 370-384.

Dooley, Michael, Isard, Peter. 1982. A Portfolio Balance Rational Expectations Model of the Dollar Mark Exchange Rate. Journal of International Economics, 12, 257-276.

Dornbusch, Rudiger. 1976. Expectations and Exchange Rate Dynamics. Journal of Political Economy, 84, 1161-76.

Dornbusch, Rudiger. 1978. Monetary Policy under Exchange Rate Flexibility. In Managed Exchange Rate Flexibility, Conference Series,20, Federal Reserve Bank Boston.

Dornbusch, Rudiger. 1980. Exchange Rate Economics: Where do we Stand? Brookings Paper on Economic Activity, 1, 143-185.

Dornbusch, Rudiger. 1983. Exchange Rate Risk and the Macroeconomics of Exchange Rate Determination. In Hawkins, R. et al. (eds.), The Internationalization of Financial Markets and National Economic Policy. New York: JAI Press.

Dornbusch, Rudiger. 1987. Exchange Rate Economics 1987. Economic Journal, 97, 1-18.

Dornbusch, Rudiger. 1988. Purchasing Power Parity. In Eatwell, John, Milgate, Murray, Newman, Peter (eds.), The New Palgrave: A Dictionary of Economics. London: Macmillan.

Dornbusch, Rudiger, Fischer, S. 1980. Exchange Rates and Current Account. American Economic Review, 70, 960-971.

Dornbusch, Rudiger, Giovannini, A. 1990. Monetary policy in the Open Economy. In Friedman, B. M., Hahn, F. H. (eds.), Handbook of Monetary Economics, Amsterdam: North-Holland, 1231-1303.

Dornbusch, Rudiger, Krugman, P. 1978. Flexible Exchange Rates in the Short Run. Brookings Paper on Economic Activity, 3, 537-584.

Driskill, R. A., Sheffrin, S. M. 1981. On the Mark: Comment. American Economic Review, 71, 1068-1074.

Driskill, R. A., Sheffrin, S. M. 1986. Is Price Flexibility Destabilizing? American Economic Review, 76, 802-807.

Durbin, J., Watson, G.S. 1950. Testing for Serial Correlation in Least Squares Regression I. Biometrica, 38, 159-178.

Durbin, J., Watson, G.S. 1971. Testing for Serial Correlation in Least Squares Regression III. Biometrica, 58, 1-19.

Eaton, J., Turnovsky, S. J. 1982. Effects of Monetary Disturbances on Exchange Rates with Risk Averse Speculation. Journal of International Money and Finance, 1.

Eatwell, John, Milgate, Murray, Newman, Peter (eds.). 1988. The New Palgrave: A Dictionary of Economics. London: Macmillan.

Edison, H. J. 1985. Purchasing Power Parity: A Quantitative Reassessment of the 1920s experience. Journal of International Money and Finance, 4, 361-372.

Edison, H. J. 1987. Purchasing Power Parity in the Long Run: A Test of the Dollar/Pound Exchange Rate (1890-1978). Journal of Money, Credit and Banking, 376-387.

Edwards, Sebastian. 1982. Exchange Rates and "News": A Multi-Currency Approach. Journal of International Money and Finance, 1, 211-224.

Edwards, Sebastian. 1983a. Floating Exchange Rates, Expectations and New Information. Journal of Monetary Economics, 11, 321-336.

Edwards, Sebastian. 1983b. Comments on 'An Accounting Framework and Some Issues for Modelling How Exchange Rates Respond to the News'. In Frenkel, J. A. (ed.), Exchange Rates and International Macroeconomics, Chicago: University of Chicago Press, 56-61.

Eichenbaum, Martin. 1992. Comments to Sims, Christopher A., Interpreting the Macroeconomic Time Series Facts. The Effects of Monetary Policy. European Economic Review, 36, 1001-1011.

Eichhorn, Wolfgang. 1972. Die Begriffe Modell und Theorie in der Wirtschaftswissenschaft. WiSt Wirtschaftswissenschaftliches Studium, 1, 281-288, 335-344.

Eichhorn, Wolfgang, Voeller, Joachim. 1976. Theory of the Price Index. Berlin: Springer.

Eichhorn, Wolfgang, Voeller, Joachim. 1982. The Axiomatic Foundations of Price Indices and Purchasing Power Parities. University of Karlsruhe: Discussion Paper 185.

Einzig, Paul. 1967. A Dynamic Theory of Forward Exchange. 2nd ed. London.

Einzig, Paul. 1970. The History of Foreign Exchange. 2nd ed. London: Macmillan.

Enders, W. 1988. Arima and Co-integration Tests of Purchasing Power Parity under Fixed and Flexible Exchange Rate Regimes. Review of Economics and Statistics, 505-508.

Engle, Robert F. 1982. Autoregressive Conditional Heteroskedasticity with Estimates of the Variance of the UK Inflation. Econometrica, 50, 987-1007.

Engle, Robert F., Granger, C. W. J. 1987. Co-integration and Error Correction: Representation, Estimation, and Testing. Econometrica, 55, 2, 251-276.

Engle, Robert F., Hendry, David F., Richard, Jean-Francois. 1983. Exogeniety. Econometrica, 51, 277-304.

Engle, Robert F., Yoo, B. S. 1987. Forecasting and Testing in Cointegrated Systems. Journal of Econometrics, 35, 143-159.

Evans, Gerald W. 1986. A Test for Speculative Bubbles in the Sterling-Dollar Exchange Rate: 1981-1984. American Economic Review, 76, 621-636.

Fama, Eugene F. 1984. Forward and Spot Exchange Rates. Journal of Monetary Economics, 14, 319-338.

Finn, Mary G. 1986. Forecasting the Exchange Rate: A Monetary or a Random Walk Phenomenon? Journal of International Money and Finance, 5, 181-193.

Fisher, Paul G., Tanna, S. K., Turner, David S., Wallis, Kenneth F., Whitley, J. D. 1990. Econometric Evaluation of the Exchange Rate Models of the UK Economy. The Economic Journal, 100, 1230-1244.

Fisher, Paul G., Turner, David S., Wallis, Kenneth F. 1992. Forward Unit Root Exchange Rate Dynamics and the Properties of Large-Scale Macroeconometric Models. In Hargreaves, C. P. (ed.), Macroeconomic Modelling of the Long Run, Aldershot: Edward Elgar, 207-228.

Fleming, J. Marcus. 1962. Domestic Financial Policies under Fixed and under Floating Exchange Rates. IMF Staff Papers, 9, 369-380.

Flood, Robert P., Garber, P. M. 1980. Market Fundamentals versus Price-Level Bubbles: The First Tests. Journal of Political Economy, 88, 745-770.

Frankel, Jeffrey A. 1979. On the Mark: A Theory of Floating Exchange Rates Based on Real Interest Differentials. American Economic Review, 69, 4, 610-622.

Frankel, Jeffrey A. 1981. On the Mark: Reply. American Economic Review, 71, 1075- 1082

Frankel, Jeffrey A. 1982a. The Mystery of the Multiplying Marks: a Modification of the Monetary Model. Review of Economics and Statistics, 64, 515-519.

Frankel Jeffrey A. 1982b. In Search of the Exchange Rate Premium: A Six-Currency Test Assuming Mean-Variance Optimization. Journal of International Money and Finance, 12, 255-274.

Frankel, Jeffrey A. 1983. Monetary and Portfolio Balance Models of Exchange Rate Determination. In Bhandari, J. S., Putnam, B. H. (eds.), Economic Interdependence and Flexible Exchange Rates, 84-115.

Frankel, Jeffrey A. 1984. Tests of Monetary and Portfolio Balance Models of Exchange Rate Determination. In Bilson, J. F. O., Marston, R. C. (eds.), Exchange Rate Theory and Pactice, 239-259.

Frankel, Jeffrey A. 1985a. Six Possible Meanings of "Overvaluation": The 1981-85 Dollar. Essays in International Finance, 159, Princeton University.

Frankel, Jeffrey A. 1985b. The Dazzling Dollar. Brookings Papers on Economic Activity, 1, 199-217.

Frankel, Jeffrey A., Froot, K. A. 1986. Understanding the Dollar in the Eighties: The Expectations of Chartists and Fundamentalists. Economic Record, Supplement, 24-38.

Frankel, Jeffrey A., Froot, K. A. 1987. Using Survey Data to Test Standard Propositions Regarding Exchange Rate Expectations. American Economic Review, 77, 133-153.

Frankel, Jeffrey A., Froot, K. A. 1989. Interpreting Tests of Forward Discount Bias Using Survey Data on Exchange Rate Expectations. Quarterly Journal of Economics, 104, 139-161.

Frankel, Jeffrey A., Froot, K. A. 1990. Chartists, Fundamentalists, and the Demand for Dollars. In Courakis, A. S., Taylor, M. P. (eds.), Private Behaviour and Governmental Policy in Interdependent Economics, Oxford: Clarendon Press.

Fraser, Patricia, Taylor, M. P. 1990. Some Efficiency Tests of International Real Interest Rate Parity. Applied Economics, 21, 1083-1092.

Fratianni, Michele, von Hagen, Juergen. 1990. The European Monetary System Ten Years After. Carnegie-Rochester Conference Series on Public Policy, 32, 173-242.

Fratianni, Michele, Wakeman, L. M. 1982. The Law of One Price in the Eurocurrency Market. Journal of International Money and Finance. 1, 307-323.

Frenkel, Jacob A. 1976. A Monetary Approach to the Exchange Rate: Doctrinal Aspects and Empirical Evidence. Scandinavian Journal of Economics, 78, 200-224.

Frenkel, Jacob A. 1978. Purchasing Power Parity: A Doctrinal Perspective and Evidence from the 1920s. Journal of International Economics, 8, 169-191.

Frenkel, Jacob A. 1980. Exchange Rates, Prices and Money: Lessons from the 1920s. American Economic Review, 70, 235-242.

Frenkel, Jacob A. 1981a. The Collapse of PPP during the 1970s. European Economic Review 16, 145-165.

Frenkel, Jacob A. 1981b. Flexible Exchange Rates, Prices and the Role of 'News': Lessons from the 1970s. Journal of Political Economy, 89, 4, 665-705.

Frenkel, Jacob A., Clements, Kenneth C. 1982. Exchange Rates in the 1920's: A Monetary Approach. In Flanders, M, Razin, A. (eds.), Development in an Inflationary World, New York: Academic Press, 283-318.

Frenkel, Jacob A., Rodriguez, C. A. 1982. Exchange Rate Dynamics and the Overshooting Hypothesis. IMF Staff Papers, 29, 1-30.

Frenkel, Jacob A., Levich, Richard M. 1975. Covered Interest Arbitrage: Unexploited Profits? Journal of Political Economy, 83, 325-338.

Frenkel, Jacob A., Levich, Richard M. 1977. Transaction Costs and Interest Arbitrage: Tranquil versus Turbulent Periods. Journal of Political Economy, 86, 1209-1226.

Frenkel, Jacob A., Mussa, Michael L. 1980. The Efficiency of Foreign Exchange Markets and Measures of Turbulence. American Economic Review, 70, 374-381.

Frenkel, Jacob A., Mussa, Michael L. 1985. Asset Markets, Exchange Rates and the Balance of Payments. In Jones, Ronald W., Kenen, Peter B. (eds.), Handbook of International Economics, Vol II, Amsterdam: Elsevier, 679-747.

Friedman, Milton. 1968. The Role of Monetary Policy. American Economic Review, 58, 1-17.

Friedman, Milton, Schwartz, A. J. 1963. A Monetary History of the United States, 1867-1960. Princeton: Princeton University Press.

Friedman, Milton, Schwartz, A. J. 1982. Monetary Trends in the United States and the United Kingdom: Their Relationship to Income, Prices and Interest Rates 1867-1975. Chicago: University of Chicago Press.

Froot, Kenneth A., Frankel, Jeffrey A. 1989. Forward Discount Bias: Is it an Exchange Risk Premium? Quarterly Journal of Economics, 104, 139-161.

Froot, Kenneth A., Ito, Takatoshi. 1989. On the Consistency of Short-Run and Long-Run Exchange Rate Expectations. Journal of International Money and Finance, 8, 487-510.

Fuller, Wayne A. 1976. Introduction to Statistical Time Series. New York: Wiley.

Gaab, Werner. 1983. Devisenmärkte und Wechselkurse. Eine theoretische und empirische Analyse. Berlin: Springer.

Gaab, Werner. 1988. Wechselkursbestimmung. In König, Heinz (Hrsg.), Möglichkeiten und Probleme der Rezessionsbekämpfung, Frankfurt: Campus, 267-281.

Gärtner, M. 1990. Makroökonomik flexibler Wechselkurse. Berlin: Duncker & Humblot.

Gali, Jordi. 1992. How Well Does the IS-LM Model Fit Postwar U.S. Data? The Quarterly Journal of Economics, 107, 709-738.

Gardeazabal, Javier, Regulez, Marta. 1992. The Monetary Model of Exchange Rates and Cointegration. Estimation, Testing and Prediction. Berlin: Springer.

Genberg, H. 1978. Purchasing Power Parity under Fixed and Flexible Exchange Rates. Journal of International Economics, 8, 247-276.

Genberg, H. 1984. Properties of Innovations in Spot and Forward Exchange Rates and the Role of Money Supply Pocesses. In Bilson, John F. O., Marston, Richard C. (eds.), Exchange Rate Theory and Practice. Chcago: University of Chicago Press.

Gerhards, Tilmann. 1990. Die Internationale Schuldenkrise - Analyse Neuerer Lösungsansätze. Universität Karlsruhe: Diplomarbeit.

Gerhards, Tilmann. 1993a. Purchasing Power Parity, Cointegration and Error Correction Mechanisms. Universität Karlsruhe: Discussion Paper 418. Als extended abstract erschienen in Karmann, A., Mosler, A., Schader, M. Uebe, G. (eds.), Operations Research '92, Heidelberg: Physica, 464-468.

Gerhards, Tilmann. 1993b. Zwanzig Jahre Flexible Wechselkurse - Eine Empirische Bewertung des Monetären Modells. Universität Karlsruhe: Discussion Paper 431.

Gerhards, Tilmann. 1994. Strukturelle Wechselkursbeziehungen auf den Internationalen Devisenmärkten. Universität Karlsruhe: Discussion Paper 430. Erscheint in Kredit und Kapital.

Geweke, J. 1984. Inference and Causality in Economic Time Series Models. In Griliches, Z., Intriligator, M. D. (eds.), Handbook of Econometrics, Vol II, Amsterdam: North Holland, Ch. 19, 1101-1144.

Geweke, J., Meese, R., Dent, W. 1983. Comparing Alternative Tests of Causality in Temporal Systems: Analytic Results and Experimental Evidence. Journal of Econometrics, 21, 161-194.

Giannini, Carlo. 1992. Topics in Structural VAR Econometrics. Berlin: Springer. 92 A 1865

Giannini, Carlo, Lanzarotti, Antonio, Seghelini, Mario. 1993. A Traditional Interpretation of Macroeconomic Fluctuations: the Case of Italy. Forthcoming in the European Journal of Political Economy.

Giavazzi, F., Giovannini, A. 1986. The EMS and the Dollar. Economic Policy: A European Forum, 1, 455-485.

Giovannini, Alberto. 1988. Exchange Rate and Traded Goods Prices. Journal of International Economics, 24, 45-68.

Giovannini, Alberto, Jorion, P. 1989. The Time-Varying Risk and Return in the Markets for Foreign Exchange and Stocks. Journal of Finance, 44, 307-325.

Girton, L., Roper, D. 1977. A Monetary Model of Exchange Market Pressure Applied to the Postwar Canadian Experiance. American Economic Review, 67,537-548.

Girton, L., Roper, D. 1981. Theory and Implications of Currency Substitution. Journal of Money, Credit and Banking, 13, 12-30.

Godfrey, L. G. 1978. Testing Against General Autoregressive and Moving Average Error Models When the Regressors Include Lagged Dependent Variables. Econometrica, 46, 1293-1302.

Granger, C. W. J. 1969. Investigating Causal Relations by Econometric Models and Cross Spectral Methods. Econometrica, 37, 424-438.

Granger, C. W. J. 1981. Some Properties of Time Series Data and Their Use in Econometric Model Specification. Journal of Econometrics, 121-130.

Granger, C. W. J. 1982. Generating Mechanisms, Models, and Causality. In Hildenbrand, H. (ed.), Advances in Econometrics, Cambridge: Cambridge University Press, Ch. 8, 237-253.

Granger, C. W. J. 1983. Co-integrated Variables and Error-Correcting Models. UCSD Discussion Paper 83, 13.

Granger, C. W. J. 1986. Developments in the Study of Cointegrated Economic Variables. Oxford Bulletin of Economics and Statistics, 48, 3, 213-228.

Granger, C. W. J. 1989. Forecasting in Business and Economics. 2nd ed. New York: Academic Press.

Granger, C. W. J., Newbold, P. 1974. Spurious Regressions in Econometrics. Journal of Econometrics, 2, 111-120.

Granger, C. W. J., Newbold, P. 1977. Forecasting Economic Time Series. New York: Academic Press.

Granger, C. W. J., Weiss, A. A. 1983. Time Series Analysis of Error-Correcting Models. In Studies in Econometrics, Time Series, and Multivariate Statistics. New York: Academic Press, 255-278.

Grubel, Herbert G. 1981. International Economics. Revised Edition. Homewood, Illinois: Irwin.

Grunwald, Joseph, Salazar-Carrillo, Jorge. 1972. Economic Integration, Rates of Exchange, and Value Comparison in Latin America. In Daly, D. J. (ed.), International Comparisons of Prices and Output. New York: NBER.

Hacche, G., Townend, J. 1981. Exchange Rates and Monetary Policy: Modelling Sterling's Effective Exchange Rate, 1972-80. In Eltis, W. A., Sinclair, P. J. N. (eds.), The Money Supply and the Exchange Rate, Oxford: Oxford University Press, 201-247.

Hacche, G., Townend, J. 1983. Some Problems in Exchange Rate Modelling: The Case of Sterling. Zeitschrift für Nationalökonomie, 3, 127-162.

Hagen, J. von, Fratianni, M. 1990. German Dominance in the EMS: Evidence from Interest Rates. Journal of International Money and Finance, 9, 358-375.

Hakkio, Craig S. 1984. A Re-examination of Purchasing Power Parity: A Multicountry and Multi-Period-Study. Journal of International Economics, 17, 265-277.

Hall, S. G., Henry, S. G. B. 1988. Macroeconomic Modelling. Amsterdam: North Holland.

Hamburger, M. J. 1977. The Demand for Money in an Open Economy: Germany and United Kingdom. Journal of Monetary Economics, 3, 25-40.

Hannan, E. J. 1970. Multiple Time Series. New York: John Wiley.

Hannan, E. J., Deistler, M. 1988. The Statistical Theory of Linear Systems. New York: John Wiley.

Hannan, E. J., Quinn, B. G. 1979. The Determination of the Order of an Autoregression. Journal of the Royal Statistical Society, 41, 190-195.

Hansen, L. P., Hodrick, R. J. 1980. Forward Exchange Rates as Optimal Predictors of Future Spot Rates: An Econometric Analysis. Journal of Political Economy, 88, 829-853.

Harvey, Andrew C. 1989. Forecasting, Structural Time Series Models, and the Kalman Filter. Cambridge: Cambridge University Press.

Harvey, Andrew C. 1990. The Econometric Analysis of Time Series. 2nd ed. London: Philipp Allan.

Haynes, S. E., Stone, J. A. 1981. On the Mark: Comment. American Economic Review, 71, 1060-1067.

Helpman, E. 1981. An Exploration in the Theory of Exchange Rate Regimes. Journal of Political Economy, 89, 865-890.

Henderson, D. W. 1984. Exchange Market Intervention Operations: Their Effects and their Role in Financial Policy. In Bilson, John F. O., Marston, Richard C. (eds.), Exchange Rate Theory and Practice. Chicago: University of Chicago Press.

Hendry, David F. 1980. Econometrics - Alchemy or Science? Economica, 47, 387-406.

Hendry, David F. 1986. Econometric Modelling with Cointegrated Variables: An Overview. Oxford Bulletin of Economics and Statistics, 48, 3, 201-212.

Hendry, David F., Mizon, Grayham E. 1978. Serial Correlation as a Convenient Simplification, Not a Nuisance: a Comment on a Study of the Demand for Money by the Bank of England. Economic Journal, 88, 549-563.

Hendry, David F., von Ungern-Sternberg, T. 1981. Liquidity and Inflation Effects on Consumer's Expenditure. In Denton, S.A. (ed.), Essays in Theory and Measurement of Consumer Behaviour. London: Cambridge University Press.

Heri, Erwin W. 1986. Irrationales rational gesehen. Eine Übersicht über die Theorie der "Bubbles". Schweizerische Zeitschrift für Volkswirtschaft und Statistik, 2, 163-186.

Heri, Erwin W., Theurillat, Michael J. 1991. Purchasing Power Parities for the DM. Kredit und Kapital, 333-349.

Herring, R. J., Marston, E. C. 1976. The Forward Market and Interest Rates in Eurocurrency and National Money Markets. In Stem, C. H., Mankin, J. H., Logue, D. E. (eds.), Eurocurrencies and the International Monetary System, Washington, 139-163.

Hicks, J. R. 1946. Value and Capital. 2nd edition. New York: Oxford University Press.

Hilley, J. R., Beidleman, C. R., Greenleaf, J. A. 1981. Why there is no Long Forward Market in Foreign Exchange. Euromoney, Jan., 94-103.

Hodrick, R. J. 1978. An Empirical Analysis of the Monetary Approach to the Determination of the Exchange Rate. In Frankel, J. A., Johnson, H. G. (eds.), The Economics of Exchange Rates, Reading, Mass.: Addison Wesley, 97-128.

Hodrick, R. J., Srivasta, S. 1984. An Investigation of Risk and Return in Forward Foreign Exchange. Journal of International Money and Finance, 3, 5-29.

Hoffman, Dennis L., Schlagenhauf, Don E. 1983. Rational Expectations and Monetary Models of Exchange Rate Determination. Journal of Monetary Economics, 11, 247-260.

Hoffman, Dennis L., Schlagenhauf, Don E. 1985. The Impact of News and Alternative Theories of Exchange Rate Determination. Journal of Money, Credit and Banking, 17, 328-346.

Holmes, A. R., Schott, F. H. 1965. The New York Foreign Exchange Market. New York.

Hooper, P., Morton, J. 1982. Fluctuations in the Dollar: a Model of Nominal and Real Exchange Rate Determination. Journal of International Money and Finance, 1, 39-56.

Hooker, R. H. 1901. Correlation of the Marriage-Rate with Trade. Journal of the Royal Statistical Society, 64, 485-92.

Hsieh, David A. 1982. The Determinants of the Real Exchange Rate: The Productivity Approach. Journal of International Economics, 12, 355-362.

Huang, Roger D. 1981. The Monetary Approach to Exchange Rates in an Efficient Foreign Exchange Market: Tests Based on Volatility. Journal of Finance, 36, 31-41.

Huizinga, John. 1987. An Empirical Investigation of the Long Run Behavior of Real Exchange Rates. Carnegie-Rochester Conference Series on Public Policy, 27, 149-214.

Intriligator, Michael D. 1983. Economic and Econometric Models. In Griliches, Z., Intriligator, M. D., Handbook of Econometrics, Volume I, Amsterdam: North-Holland, 181-221.

Isard, P. 1983. An Accounting Framework and Some Issues for Modelling How Exchange Rates Respond to the News. In Frenkel, J. A. (ed.), Exchange Rates and International Macroeconomics, Chicago: University of Chicago Press, 19-56.

Isard, Peter. 1977. How Far Can We Push the 'Law of One Price'? American Economic Review, 67, 942-948.

Isard, Peter. 1987. Lessons from Empirical Models of Exchange Rates. IMF Staff Papers, 34, 1-28.

Ito, Takatoshi. 1990. Foreign Exchange Rate Expectations: Micro Survey Data. American Economic Review, 80, 434-449.

Jevons, W. S. 1884. Investigations in Currency and Finance. London: Macmillan.

Johansen, Soren. 1988. Statistical Analysis of Cointegration Vectors. Journal of Economic Dynamics and Control, 12, 231-254.

Johansen, Soren. 1991. Estimation and Hypothesis Testing of Cointegration Vectors in Gaussian Vector Autoregressive Models. Econometrica, 59, 1551-1581.

Johansen, Soren. 1992. An I(2) Cointegratin Analysis of the Purchasing Power Parity Between Australia and the United States. In Hargreaves, C. P. (ed.), Macroeconomic Modelling of the Long Run, Aldershot: Edward Elgar, 229-248.

Johansen, Soren, Juselius, Katarina. 1990. Maximum Likelihood Estimation and Inference on Cointegration - With Application to the Demand for Money. Oxford Bulletin of Economics and Statistics, 52, 2, 169-210.

Johansen, Soren, Juselius, Katarina. 1991. Testing Structural Hypotheses in a Multivariate Cointegration Analysis of the PPP and the UIP for UK. University of Copenhagen.

Jones, Ronald W., Kenen, Peter B. (eds.). 1985. Handbook of International Economics, Vol II. Amsterdam: Elsevier.

Juselius, Katarina, Hargreaves, Colin P. 1992. Long-Run Relations in Australian Monetary Data. In Hargreaves, C. P. (ed.) 1992. Macroeconomic Modelling of the Long Run, Aldershot: Edward Elgar, 249-285.

Kalecki, M. 1954. Theory of Economic Dynamics. London: Unwin University Books.

Karfakis, C. J., Moschos, D.M. 1990. Interest Rate Linkages within the European Monetary System: A Time Series Analysis. Journal of Money, Credit and Banking, 22, 388-394.

Karras, Georgios. 1993. Sources of U.S. Macroeconomic Fluctuations: 1973-1989. Journal of Macroeconomics, 15, 47-68.

Kearney, C., MacDonald, R. 1986. A Structural Portfolio Balance Model of the Sterling-Dollar Exchange Rate. Weltwirtschaftliches Archiv, 122, 478-496.

Keynes, John M. 1923. A Tract on Monetary Reform. London: Cambridge University Press.

Keynes, John M. 1936. The General Theory of Employment, Interest, and Money. London: Macmillan.

Kirchgässner, Gebhard. 1991. Comments to Clements, Michael P., Mizon, G. E., Empirical Analysis of Macroeconomic Time Series. VAR and Sructural Models. European Economic Revierw, 35, 918-922.

Kirchgässner, Gebhard, Wolters, Jürgen. 1991. Does the DM Dominate the Euro Market. University of Osnabrück Discussion Paper, presented at the ZEW Conference on Financial-Markets Econometrics, Mannheim, February 13-14,1992.

Koedijk, Kees G., Schotman, Peter, 1990. How to Beat the Random Walk. An Empirical Model of Real Exchange Rates. Journal of International Economics, 29, 311-332.

Kohn, Wolfgang. 1991. Eine ökonometrische Analyse von Wechselkursmodellen unter Berücksichtigung nichtstationärer Zeitreihen. Frankfurt: Haag + Herchen.

Kouri, Pentti J. K. 1976. The Exchange Rate and the Balance of Payments in the Short Run and in the Long Run: A Monetary Approach. Scandinavian Journal of Economics, 78, 280-304.

Kouri, Pentti J. K., de Macedo, J. 1978. Exchange Rates and the International Adjustment Process. Brookings Papers on Economic Activity, 1, 11-50.

Kravis, Irving B., Lipsey, Robert E. 1978. Price Behaviour in the Light of Balance of Payments Theory. Journal of International Economics, 8, 193-246.

Krugman, P. 1978. Purchasing Power Parity and Exchange Rates: Another Look at the Evidence. Journal of International Economics, 8, 397-497.

Kydland, F. E., Prescott, E. C. 1982. Time to Build and Aggregate Fluctuations. Econometrica, 50, 1345-1370.

Laidler, D. E. W. 1985. The Demand for Money: Theories Evidence and Problems. 3rd ed., New York: Harper and Row.

Leamer, Edward E. 1985. Vector Autoregressions for Causal Inference? Carnegie-Rochester-Conference Series on Public Policy, 22, 255-304.

LeSage, James P. 1990. A Comparison of the Forecasting Ability of ECM and VAR Models. Review of Economics and Statistics, 72, 664-671.

Levich, Richard M. 1981. Exchange Rates and Currency Exposure. In Altman, E. (ed.), Financial Handbook, New York: John Wiley, Kapitel 12.

Levich, Richard M. 1985. Empirical Studies of Exchange Rates: Price Behavior, Rate Determination and Market Efficiency. In Jones, Ronald W., Kenen, Peter B. (eds.), Handbook of International Economics, Vol II, Amsterdam: Elsevier, 979-1040.

Levin, J. H. 1983. A Model of Stabilization Policy in a Jointly Floating Currency Area. In Bhandari, J. H., Putman, B. H. (eds.), Economic Interdependence and Flexible Exchange Rates, London, 329-349.

Lewis, Karen K. 1989. Changing Beliefs ans Systematic Rational Forecast Errors with Evidence from Foreign Exchange. American Economic Review, 79, 621-636.

Litterman, Robert B. 1981. A Bayesian Procedure for Forecasting With Vector Autoregressions. Working Paper, Massachusetts Institute of Technology, Dept. of Economics.

Litterman, Robert B. 1982. Optimal Control of the Money Supply. Federal Reserve Bank of Minneapolis Quarterly Review, 6, 1-9.

Litterman, Robert B. 1986. Forecasting with Bayesian Vector Autoregressions - Five Years of Experiance. Journal of Business & Economic Statistics, 4, 25-38.

Ljung, G. M., Box, G. E. P. 1978. On a Measure of Lack of Fit in Time Series Models. Biometrika, 67, 297-303.

Long, J. B., Plosser, C. I. 1983. Real Business Cycles. Journal of Political Economy, 91, 39-69.

Loopesko, Bonnie E. 1984. Relationships among Exchange Rates, Intervention, and Interest Rates: An Empirical Investigation. Journal of International Money and Finance, 3, 257-278.

Lothian, James R. 1991 A History of Yen Exchange Rates. In Ziemba, W. T., Bandy, W., Hamao, Y. (eds.), Japanese Financial Market Research. Amsterdam: Elsevier.

Lucas, R. E. Jr. 1973. Some International Evidence of Output-Inflation Tradeoffs. American Economic Review, 63, 326-334.

Lucas, R. E., Jr. 1982. Interest Rates and Currency Prices in a Two-Country World. Journal of Monetary Economics, 10, 335-359.

Lütkepohl, Helmut. 1982. Non-Causality Due to Omitted Variables. Journal of Econometrics, 19, 367-378.

Lütkepohl, Helmut. 1986. Prognose Aggregierter Zeitreihen. Göttingen: Vandenhoeck & Ruprecht.

Lütkepohl, Helmut. 1991. Introduction to Multiple Time Series Analysis. Berlin: Springer.

MacDonald, Ronald. 1992. Long Run Purchasing Power Parity: Is it for Real? Dundee Discussion Paper in Economics presented at the ZEW Conference on Financial-Markets Econometrics, Mannheim, February 13-14,1992.

MacDonald, Ronald, Taylor, M. P. 1990. International Parity Conditions. In Courakis, A. S., Taylor, M. P. (eds.), Private Behaviour and Governmental Policy in Interdependent Economics, Oxford: Clarendon Press.

MacDonald, Ronald, Taylor, M. P. 1991. Exchange Rates, Policy Convergence and the European Monetary System. Review of Economics and Statistics, 73, 553-558.

MacDonald, Ronald, Taylor, M. P. 1992. Exchange Rate Economics. IMF Staff Papers, 39, 1-57.

MacDonald, Ronald, Taylor, M. P. 1993. The Monetary Approach to the Exchange Rate. Rational Expectations, Long-Run Equilibrium, and Forecasting. IMF Staff Papers, 40, 89-107.

MacDonald, Ronald, Torrence, T. S. 1988. Exchange Rates and the 'News': Some Evidence Using U.K. Survey Data. The Manchester School of Economic and Social Studies, 56, 69-76.

MacDonald, Ronald, Torrence, T. S. 1989. Some Survey-Based Tests of Uncovered Interest Parity. In MacDonald, Ronald, Taylor, M. P., Exchange Rates and Open Economy Macroeconomics, Oxford: Basil Blackwell.

MacKinnon, James G. 1991. critical Values for Cointegration Tests. In Engle, R. F., Granger, C. W. J., Long-Run Economic Relationships, New York: Oxford University Press, 267-276.

Mark, Nelson C. 1990. Real and Nominal Exchange Rates in the Long Run: An Empirical Investigation. Journal of International Economics, 28, 115-136.

Marston, Richard C. 1976. Interest Arbitrage in the Euro Currency Markets. European Economic Review, 7, 1-13.

Marston, Richard C. 1985. Stabilization Policies in Open Economies. In Jones, Ronald W., Kenen, Peter B. (eds.), Handbook of International Economics, Vol II, Amsterdam: Elsevier, 859-916.

Marston, Richard C. 1985. Financial Disturbancies and the Effects of an Exchange Rate Union. In Bhandari, Jagdeep (ed.), Exchange Rate Management under Uncertainty, Cambridge: MIT Press.

Marwah, Kanta, Klein, L. R., Bodkin, R. G. 1985. Bilateral Capital Flows and the Exchange Rate. The Case of the U.S.A. vis-a-vis Canada, France, West Germany and the U.K. European Economic Review, 29, 89-110.

McCormick, F. 1979. Covered Interest Arbitrage: Unexploited Profits?: Comment. Journal of Political Economy, 87, 411-417.

McNees, Stephen K. 1986. Forecasting Accuracy of Alternative Techniques: A Comparison of U.S. Macroeconomic Forecasts. Journal of Business & Economic Statistics, 4, 5-22.

McKinnon, R. I. 1979. Money in International Exchange. Oxford University Press, New York.

Meade, James E. 1951. The Theory of International Economic Policy. Vol. I: The Balance of Payments. London: Oxford University Press.

Meese, Richard A., Rogoff, Kenneth. 1983a. Empirical Exchange Rate Models of the Seventies, Do They Fit Out of Sample? Journal of International Economics, 14, 3-24.

Meese, Richard, Rogoff, Kenneth. 1983b. The Out-of-sample Failure of Empirical Exchange Rate Models: Sampling Error or Misspecification? In Frenkel, Jacob A. (ed.), Exchange Rates and International Macroeconomics, Chicago: University of Chicago Press.

Meese, Richard, Rogoff, Kenneth. 1988. Was it Real? The Exchange Rate - Interest Differential Relation over the Modern Floating-Rate Period. Journal of Finance, 43, 933-948.

Meese, Richard A. 1986. Testing for Bubbles in Exchange Markets: A Case of Sparkling Rates? Journal of Political Economy, 94, 345-373.

Metzler, L. A. 1951. Wealth Savings and the Rate of Interest. Journal of Political Economy, 59, 93-116.

Miles, M. A. 1978. Currency Substitution, Flexible Exchange Rates and Monetary Independence. American Economic Review, 68, 428-436.

Mills, T. C. 1990. Time Series Techniques for Economists. Cambridge.

Mishkin, Frederic S. 1983. A Rational Expectations Approach to Macroeconometrics. Chicago: NBER and University of Chicago Press.

Mishkin, Frederic S. 1984. Are Real Interest Rates Equal Across Countries? An Empirical Investigation of International Parity Conditions. Journal of Finance, 39, 1345-1357.

Mishkin, Frederic S. 1984. The Real Interest Rate: A Multi-Country Empirical Study. Canadian Journal of Economics, 17,283-311.

Mundell, Robert A. 1961. Flexible Exchange Rates and Employment Policy. Canadian Journal of Economics and Political Science, 27, 509-517.

Mundell, Robert A. 1962. The Appropriate Use of Monetary and Fiscal Policy for Internal and External Stability. IMF Staff Papers, 9, 70-79.

Mundell, Robert A. 1963. Capital Mobility and Stabilization Policy Under Fixed and Flexible Exchange Rates. Canadian Journal of Economics and Political Science, 29, 475-485.

Mundell, Robert A. 1968. International Economics. New York: Macmillan.

Mussa, Michael L. 1976. The Exchange Rate, the Balance of Payments and Monetary and Fiscal Policy Under a Regime of Controlled Floating. Scandinavian Journal of Economics, 78, 229-248.

Mussa, Michael L. 1982. A Model of Exchange Rate Dynamics. Journal of Political Economy, 90, 74-104.

Mussa, Michael L. 1984. The Theory of Exchange Rate Determination. In Bilson, John F. O., Marston, Richard C. (eds.), Exchange Rate Theory and Practice. Chicago: University of Chicago Press.

Mussa, Michael L. 1986. Nominal Exchange Rate Regimes and the Behavior of Real Exchange Rates: Evidence and Implications. Carnegie-Rochester Conference Series on Public Policy, 25, 117-214.

Mussa, Michael L. 1988. Exchange Rates in Theory and Reality. Princeton Essays on Economic Theory.

Muth, J. F. 1961. Rational Expectations and the Theory of Price Movements. Econometrica, 29, 315-335.

Naylor, T. H., Seaks, T. G., Wichern, D. W. 1972. Box-Jenkins Methods: An Alternative to Econometric Models. International Statistical Review, 40, 123-137.

Nelson, C. R., Plosser, C. 1982. Trends and Random Walk in Macroeconomic Time Series: Some Evidence and Implications. Journal of Monetary Economics, 10, 139-162.

Nerlove, Marc, Grether, David M., Carvalho, José L. 1979. Analysis of Economic Time Series. A Synthesis. New York: Academic Press.

Niehans, J. 1975. Some Doubts about the Efficacy of Monetary and Fiscal Policy under Flexible Exchange Rates. Journal of International Economics, 5, 275-281.

Niehans, J. 1977. Exchange Rate Dynamics with Stock/Flow Interaction. Journal of Political Economy, 85, 1245-57.

Obstfeld, M. 1983. Exchange Rates, Inflation and the Sterilisation Problem: Germany 1975-1981. European Economic Review, 21, 161-189.

Obstfeld, M. 1990. The Effectiveness of Foreign-Exchange Intervention: Recent Experience, 1985-1988. In Branson, W. H., Frenkel, J. A., Goldstein, M. (eds.), International Policy Coordination and Exchange Rate Fluctuations, Chicago: University of Chicago Press, 197-246.

Obstfeld, M., Rogoff, K. 1984. International Exchange Dynamics with Sluggish Prices under Alternative Price Adjustment Rules. International Economic Review, 25. 1-15.

Officer, L. H. 1976a. The Purchasing Power Parity Theory of Exchange Rates: A Review Article. IMF Staff Papers, 23, 1-60.

Officer, L. H. 1976b. The Productivity Bias in Purchasing Power Parity: An Econometric Investigation. IMF Staff Papers, 23, 545-579.

Officer, L. H. 1984. Purchasing Power Parity and Exchange Rates.

Osterwald-Lenum, Michael. 1992. Practitioners' Corner. A Note with Quantiles of the Asymptotic Distribution of the Maximum Likelihood Cointegration Rank Test Statistics. Oxford Bulletin of Economics and Statistics, 53, 461-472.

Ouliaris, S., Park, J. Y., Phillips, P. C. B. 1989. Testing for a Unit Root in the Presence of a Maintained Trend. In: Baldev, Raj (ed.), Advances in Econometrics and Modelling, Needham, Mass.: Kluwer.

Pankratz, Alan. 1991. Forecasting with Dynamic Regression Models. New York: Wiley.

Papell, David H. 1985. Activist Monetary Policy, Imperfect Capital Mobility, and the Overshooting Hypothesis. Journal of International Economics, 18, 219-240.

Papell, David H. 1988. Expectations and Exchange Rate Dynamics after a Decade of Floating. Journal of International Economics, 25, 303-317.

Parikh, Ashok. 1991. Modelling the Exchange Rate Behaviour of Yen and Deutsche Mark Against the Dollar. Weltwirtschaftliches Archiv, 472-499.

Park, J. Y., Phillips, P. C. B. 1988. Statistical Inference in Regressions with Integrated Processes: Part 1. Econometric Theory, 4, 468-497.

Park, J. Y., Phillips, P. C. B. 1988. Testing for a Unit Root in the Presence of a Maintained Trend. In: Baldev, Raj (ed.), Advances in Econometrics and Modelling, Needham, Mass.: Kluwer.

Park, J. Y., Phillips, P. C. B. 1989. Statistical Inference in Regressions with Integrated Processes: Part 2. Econometric Theory, 5, 95-131.

Patel, J. 1990. Purchasing Power Parity as a Long-Run Relation. Journal of Applied Econometrics, 367-379.

Phillips, A. W. 1957. Stabilization Policy and the Time Forms of Lagged Responses. Economic Journal, 67, 265-277.

Phillips, P. C. B. 1986. Understanding Spurious Regressions in Econometrics. Journal of Econometrics, 33, 311-340.

Phillips, P. C. B. 1987. Time Series Regression with a Unit Root. Econometrica, 55, 277-301.

Phillips, P. C. B., Ouliaris, S. 1988. Testing for Cointegration Using Principal Components Methods. Journal of Economic Dynamics and Control, 12, 205-230.

Phillips, P. C. B., Perron, P. 1988. Testing for a Unit Root in Time Series Regression. Biometrika, 75, 335-346.

Pindyck, R. S., Rubinfeld, D. L. 1991. Econometric Methods and Economic Forecasts, 3rd ed.. Singapore: McGraw-Hill.

Putnam, B. H., Woodbury, J. R. 1979. Exchange Rate Stability and Monetary Policy. Review of Business and Economic Research, 15, 2, 1-10.

Quenouille, M. H. 1957. The Analysis of Multiple Time-Series. London: Griffin.

Quinn, B. G. 1980. Order Determination for a Multivariate Autoregression. Journal of the Royal Statistical Society, 42, 182-185.

Radaelli, Giorgio. 1990. EMS Stability, Capital Controls, and Foreign Exchange Market Intervention. In Courakis, A. S., Taylor, M. P. (eds.), Private Behavior and Government Policy in Interdependent Economies, Oxford: Oxford University Press, 159-187.

Reimers, Hans-Eggert. 1991. Analyse kointegrierter Variablen mittels vektorautoregressiver Modelle. Heidelberg: Physica.

Rich, Georg. 1990. The European Monetary System Ten Years After. A Comment. Carnegie-Rochester Conference Series on Public Policy, 32, 243-250.

Rodriguez, C. A. 1980. The Role of Trade Flows in Exchange Rate Determination: A Rational Expectations Approach. Journal of Political Economy, 88, 1148-1158.

Rogoff, Kenneth. 1984. On the Effects of Sterilized Intervention: An Analysis of Weekly Data. Journal of Monetary Economics, 14, 133-150.

Rogoff, Kenneth. 1985. Can Exchange Rate Predictability be Achieved without Monetary Convergence? Evidence from the EMS. European Economic Review, 93-115.

Rose, Andrew K. 1991. The Role of Exchange Rates in a Popular Model of International Trade. Does the 'Marshall-Lerner' Condition Hold? Journal of International Economics, 30, 301-316.

Rose, Andrew K., Yellen, Janet L. 1989. Is there a J-Curve? Journal of Monetary Economics, 24, 1, 53-68.

Rüdel, Thomas. 1989. Kointegration und Fehlerkorrekturmodelle. Heidelberg: Physica.

Runkle, David E. 1987. Vector Autoregressions and Reality. Journal of Business & Economic Statistics, 5, 437-442.

Sachs, J. A. 1981. The Current Account and Macroeconomic Adjustment in the 1970's. Brookings Papers on Economic Activity, 1, 201-268.

Said, S. E., Dickey, D. A. 1984. Testing for Unit Roots in Autoregressive-Moving Average Models of Unknowen Order. Biometrika, 17, 599-607.

Salmon, M. 1982. Error Correction Mechanisms. Economic Journal, 92, 615-629.

Samuelson, P. 1964. Theoretical Notes on Trade Problems. Review of Economics and Statistics, 46, 145-154.

Sargan, J. D. 1964. Wages and Prices in the United Kingdom: A Study in Econometric Methodology. In Hart, P.E., Mills, G. and Whittaker, J.N. (eds.), Econometric Analysis for National Economic Planning. London: Butterworths.

Schinasi, Garry. J., Swamy, P. A. V. B. 1989. The Out-of-Sample Performance of Exchange Rate Models when Coefficients are Allowed to Change. Journal of International Money and Finance, 8, 375-390.

Schmidt, Peter, Phillips, P. C. B. 1992. LM Tests for a Unit Root in the Presence of Deterministic Trends. Oxford Bulletin of Economics and Statistics, 54, 257-287.

Schwarz, G. 1978. Estimating the Dimension of a Model. Annals of Statistics, 6, 461-464.

Schwert, G. W. 1988. Test for Unit Roots: A Monte Carlo Investigation. National Bureau of Economic Research (NBER), Technical Working Paper No.73, Cambridge, Mass.

Shapiro, Matthew D., Watson, Mark W. 1988. Sources of Business Cycle Fluctuations. In Fisher, S. (ed.), Macroeconomics Annual 1988, Cambridge: The MIT Press, 111-148.

Shiller, Robert J. 1979. The Volatility of Long-Term Interest Rates and Expectations Models of the Term Structure. Journal of Political Economy, 87, 1190-1219.

Sims, Christopher A. 1972. Money, Income and Causality. American Economic Review, 62, 540-552.

Sims, Christopher A.(ed.) 1977. New Methods in Business Cycle Research. Federal Reserve Bank of Minneapolis.

Sims, Christopher A. 1980. Macroeconomics and Reality. Econometrica, 48, 1-48.

Sims, Christopher A. 1981. An Autoregressive Index Model for the U.S. 1948-1975. In Kmenta, J., Ramsey, J. B. (eds.), Large-Scale-Macro-Econometric Models, Amsterdam: North Holland, 283-327.

Sims, Christopher A. 1982. Policy Analysis with Econometric Models. Brookings Papers on Economic Activity, 1, 204-249.

Sims, Christopher A. 1987. Comment. Journal of Business & Economic Statistics, 5, 443-445.

Sims, Christopher A. 1986. Are Forecasting Models Usable for Policy Analysis? Federal Reserve Bank of Minneapolis Quarterly Review, Winter, 2-16.

Sims, Christopher A. 1991. Comments to Clements, Michael P., Mizon, G. E., Empirical Analysis of Macroeconomic Time Series. VAR and Sructural Models. European Economic Revierw, 35, 922-932.

Sims, Christopher A. 1992. Interpreting the Macroeconomic Time Series Facts. The Effects of Monetary Policy. European Economic Review, 36, 975-1000.

Sims, Christopher A., Stock, James H., Watson, Mark W. 1990. Inference in Linear Time Series Models with Some Unit Roots. Econometrica, 58, 113-144.

Smith, P., Wickens, M. 1990. Assessing Monetary Shocks and Exchange Rate Variability with a Stylized Econometric Model of the U.K.. In Courakis, A. S., Taylor, Mark P. (eds.), Private Behavior and Government Policy in Interdependent Economies, Oxford: Oxford University Press.

Somanath, V. S. 1986. Efficient Exchange Rate Forecasts: Lagged Models Better than Random Walks. Journal of International Money and Finance, 5, 195-220.

Spinelli, F. 1983. Currency Substitution, Flexible Exchange Rates, and the Case for International Monetary Cooperation. IMF Staff Papers, 30, 755-783.

Stock, James H. 1987. Asymptotic Properties of Least Squares Estimators of Cointegrating Vectors. Econometrica, 55, 5, 1035-1056.

Stockman, A. C. 1978. Risk, Information, and Forward Exchange Rates. In Frenkel, J., Johnson, H. (eds.), The Economics of Exchange Rates, Reading, Mass.: Addison-Wesley.

Stockman, A. C. 1980. A Theory of Exchange Rate Determination. Journal of Political Economy, 88, 673-698.

Stockman, A. C. 1983. Real Exchange Rates under Alternative Nominal Exchange Rate Systems. Journal of International Money and Finance. 2, 147-166.

Takagi, Shinji. 1991. Exchange rate Expectations. A Survey of Survey Studies. IMF Staff Papers, 38, 156-183.

Taylor, John B. 1980. Aggregate Dynamics and Staggered Contracts. Journal of Political Economy, 88, 1-23.

Taylor, John B. 1986. Improvements in Macroeconomic Stability: The Role of Wages and Prices. In Gordon, R. (ed.), The American Business Cycle Continuity and Change. Chicago: NBER und University of Chicago Press, 639-677.

Taylor, Mark P. 1987a. Risk Premia and Foreign Exchange: A Multiple Time Series Approach to Testing Uncovered Interest Parity. Weltwirtschaftliches Archiv 123, 4, 579-591.

Taylor, Mark P. 1987b. Covered Interest Parity: A High Frequency, High Quality Data Study. Economica, 55, 185-202.

Taylor, Mark P. 1988. An Empirical Examination of Long-Run Purchasing Power Parity Using Cointegration Techniques. Applied Economics, 20, 73-103.

Taylor, Mark P. 1989. Covered Interest Arbitrage and Market Turbulence. Economic Journal, 99, 376-391.

Taylor, Mark P. (ed.) 1991. Money and Financial Markets. Oxford: Basil Blackwell.

Taylor, Mark P., Allen H. L. 1992. The Use of Technical Analysis in the Foreign Exchange Market. Journal of International Money and Finance.

Taylor, Mark P., McMahon, P. C. 1988. Long-Run Purchasing Power Parity in the 1920s. European Economic Review, 32, 179-197.

Tirole, J. 1985. Asset Bubbles and Overlapping Generations: A Synthesis. Econometrica, 53, 1071-1100.

Tobin, J. 1965. The Theory of Portfolio Selection. In Hahn, F., Brechling, F. P. R. (eds.), The Theory of Interest Rates, London: Macmillan, 3-51.

Tobin, J. 1969. A General Equilibrium Approach to Monetary Theory. Journal of Money, Credit and Banking, 1, 15-30.

Tobin, J. 1975. Keynesian Models of Recession and Depression. American Economic Review, 65, 195-202.

Tobin, J., Buiter, W. H. 1978. Debt Neutrality: A Brief Review of Doctrine and Evidence. In Fürstenberg, G. (ed.), Social Security versus Private Saving in Postindustrial Societies, American Council of Life Insurance, 1-27.

Tobin, J., De Macedo, J. B. 1980. The Short-Run Macroeconomics of Floating Exchange Rates: An Exposition. In Chipman, J. S., Kindleberger, C. P. (eds.), Flexible Exchange Rates and the Balance of Payments. Essays in the Memory of Egon Sohmen, Amsterdam: North-Holland, 5-28.

Todd, Richard M. 1984. Improving Economic Forecasting with Bayesian Vector Autoregressions. Quarterly Review, Federal Reserve Bank of Minneapolis, Fall 1984, 18-29.

Turnovsky, S. J. 1981. Monetary Policy and Foreign Price Disturbances under Flexible Exchange Rates. Journal of Money, Credit and Banking, 13, 156-176.

Vaubel, R. 1980. International Shifts in the Demand for Money, their Effects on Exchange Rates and Price Levels and their Implications for the Pre-Announcement of Monetary Expansion. Weltwirtschaftliches Archiv, 116, 1-44.

Voeller, Joachim. 1981. Purchasing Power Parities for International Comparisons. Cambridge, Mass.: Oelschlager, Gunn & Hain.

Wakita, Shigeru. 1989. Are Survey Forecasts Trusted? American Trade Account Deficit and Yen/Dollar Rate. Economic Letters, 29,339-344.

Walker, G. 1931. On Periodicity in Series of Related Terms. Proc. Royal Society London, A 131, 518-532.

Wei, William W. S. 1990. Time Series Analysis. Reading, Mass.: Addison Wesley.

Wermuth, Dieter, Ochynski, Walter. 1987. Strategien an den Devisenmärkten. Eine Anleitung für die Praxis. 3. Auflage, Wiesbaden: Gabler.

Westaway, Peter, Walton, D. 1991. Endogenous Financial Innovation and the Demand for M0. In Taylor, Mark P. (ed.), Money and Financial Markets, Oxford: Basil Blackwell, 149-170.

White, Halbert. 1980. A Heteroskedasticity-Consistent Covariance Matrix Estimator and Direct Test for Heteroskedasticity. Econometrica, 48, 817-838.

Wilson, C. 1979. Exchange Rate Dynamics and Anticipated Disturbances. Journal of Political Economy, 87, 639-647.

Wold, H. 1954. A Study in the Analysis of Stationary Time Series. 2nd ed., Upsalla: Almquist and Wicksell.

Wolff, Christian C. P. 1988. Exchange Rates, Innovations and Forecasting. Journal of International Money and Finance, 7, 49-61.

Woo, Wing T. 1985. The Monetary Approach to Exchange Rate Determination Under Rational Expectations. The Dollar-Deutschmark Rate. Journal of International Economics, 18, 1-16.

Yule, G. U. 1926. Why do We Sometimes get Nonsense-Correlations Between Time-Series? A Study in Sampling and the Nature of Time-Series. Journal of the Royal Statistical Society, 89, 1-64.

Yule, G. U. 1927. On a Method for Investigating Periodicities in Disturbed Series with Special Reference to Wolfer's Sunspot Numbers. Phil. Trans. Royal Society London, A 226, 267-298.

Wirtschaftswissenschaftliche Beiträge

Band 55: P.-U. Paulsen, Sichtweisen der Wechselkursbestimmung, VI/264 Seiten, 1991

Band 56: B. Sporn, Universitätskultur, IX/213 Seiten, 1992

Band 57: A. Vilks, Neoklassik, Gleichgewicht und Realität, IX/112 Seiten, 1991

Band 58: M. Erlei, Unvollkommene Märkte in der keynesianischen Theorie, XII/267 Seiten, 1991

Band 59: D. Ostrusska, Systemdynamik nichtlinearer Marktreaktionsmodelle, VII/178 Seiten, 1992

Band 60: G. Bol, G. Nakhaeizadeh, K.-H. Vollmer (Hrsg.), Ökonometrie und Monetärer Sektor, VII/238 Seiten, 1992

Band 61: S. Feuerstein, Studien zur Wechselkursunion, VIII/132 Seiten, 1992

Band 62: H. Fratzl, Ein- und mehrstufige Lagerhaltung, VIII/190 Seiten, 1992

Band 63: P. Heimerl-Wagner, Strategische Organisations-Entwicklung, VIII/231 Seiten, 1992

Band 64: G. Untiedt, Das Erwerbsverhalten verheirateter Frauen in der Bundesrepublik Deutschland, XVIII/197 Seiten, 1992

Band 65: R. Herden, Technologieorientierte Außenbeziehungen im betrieblichen Innovationsmanagement, XVIII/265 Seiten, 1992

Band 66: P. B. Spahn, H. P. Galler, H. Kaiser, T. Kassella, J. Merz, Mikrosimulation in der Steuerpolitik, XVI/279 Seiten, 1992

Band 67: M. Kessler, Internationaler Technologiewettbewerb, X/232 Seiten, 1992

Band 68: J. Hertel, Design mehrstufiger Warenwirtschaftssysteme, XIII/319 Seiten, 1992

Band 69: H. Grupp/U. Schmoch, Wissenschaftsbindung der Technik, XIII/152 Seiten, 1992

Band 70: H. Legler/H. Grupp/B. Gehrke/U. Schasse, Innovationspotential und Hochtechnologie, XV/164 Seiten, 1992

Band 71: R. Schmidt, Modelle der Informationsvermittlung, 320 Seiten, 1992

Band 72: M. Kaiser, Konsumorientierte Reform der Unternehmensbesteuerung, XI/412 Seiten, 1992

Band 73: K. Meier, Modellbildung bei Mehrfachzielen, XVI/251 Seiten, 1992

Band 74: J. Thiele, Kombination von Prognosen, X/135 Seiten, 1993

Band 75: W. Sesselmeier, Gewerkschaften und Lohnfindung, XII/222 Seiten, 1993

Band 76: R. Frensch, Produktdifferenzierung und Arbeitsteilung, VIII/176 Seiten, 1993

Band 77: K. Kraft, Arbeitsmarktflexibilität, X/186 Seiten, 1993

Band 78: R. P. Hellbrück, Synergetik und Marktprozesse, XIV/190 Seiten, 1993

Band 79: L. Linnemann, Multinationale Unternehmungen und internationale Wirtschaftspolitik, X/207 Seiten, 1993

Band 80: K. Cuhls, Qualitätszirkel in japanischen und deutschen Unternehmen, XIV/215 Seiten, 1993

Band 81: B. Erke, Arbeitslosigkeit und Konjunktur auf segmentierten Arbeitsmärkten, X/228 Seiten, 1993

Band 82: M. Hillmer, Kausalanalyse makroökonomischer Zusammenhänge mit latenten Variablen, XI/408 Seiten, 1993

Band 83: M. Heinisch, W. Lanthaler, Im Brennpunkt Universität, XII/193 Seiten, 1993

Band 84: M. Göcke, Starke Hysteresis im Außenhandel, XII/216 Seiten, 1993

Band 85: T. Siegenführ, Optimale Gesundheitsinvestitionen in das Humankapital, XX/192 Seiten, 1993

Band 86: Matthias Wrede, Ökonomische Theorie des Steuerentzuges, XII/302 Seiten, 1993

Band 87: M. Raab, Steuerarbitrage, Kapitalmarktgleichgewicht und Unternehmensfinanzierung, X/185 Seiten, 1993

Band 88: K.-J. Duschek, Ein sequentielles empirisches allgemeines Gleichgewichtsmodell zur Beurteilung von Steuerreformprogrammen, XII/271 Seiten, 1993

Band 89: R. Schwager, Geld überlappende Nachfragestruktur und bilaterale Transaktionen, VIII/262 Seiten, 1994

Band 90: M. Sander, Die Bestimmung und Steuerung des Wertes von Marken, XVI/319 Seiten, 1994

Band 91: T. Ursprung, Propaganda, Interessengruppen und direkte Demokratie, X/187 Seiten, 1994

Band 92: G. Speckbacher, Alterssicherung und internationale Gerechtigkeit, VIII/151 Seiten, 1994

Band 93: G. Bol, G. Nakhaeizadeh, K.-H. Vollmer (Hrsg.), Finanzmarktanwendungen neuronaler Netze und ökonometrischer Verfahren, X/271 Seiten, 1994

Band 94: F. Kugler, Preisbildung auf spekulativen Märkten, IX/239 Seiten, 1994

Band 95: J. Schmoranz, Die Energienachfrage privater Haushalte, VII/215 Seiten, 1994

Band 96: M. Carlberg, Makroökonomische Szenarien für das vereinigte Deutschland, X/216 Seiten, 1994

Band 97: U. Schiller, Vertikale Unternehmensbeziehungen, XII/216 Seiten, 1994

Band 98: S. Huschens, Zur Modellierung der Erwartungsbildung in makroökonomischen Modellen, VIII/213 Seiten, 1994

Springer-Verlag und Umwelt

Als internationaler wissenschaftlicher Verlag sind wir uns unserer besonderen Verpflichtung der Umwelt gegenüber bewußt und beziehen umweltorientierte Grundsätze in Unternehmensentscheidungen mit ein.

Von unseren Geschäftspartnern (Druckereien, Papierfabriken, Verpackungsherstellern usw.) verlangen wir, daß sie sowohl beim Herstellungsprozeß selbst als auch beim Einsatz der zur Verwendung kommenden Materialien ökologische Gesichtspunkte berücksichtigen.

Das für dieses Buch verwendete Papier ist aus chlorfrei bzw. chlorarm hergestelltem Zellstoff gefertigt und im pH-Wert neutral.

GPSR Compliance

The European Union's (EU) General Product Safety Regulation (GPSR) is a set of rules that requires consumer products to be safe and our obligations to ensure this.

If you have any concerns about our products, you can contact us on ProductSafety@springernature.com

In case Publisher is established outside the EU, the EU authorized representative is:

Springer Nature Customer Service Center GmbH
Europaplatz 3
69115 Heidelberg, Germany

Batch number: 10815974

Printed by Printforce, the Netherlands